DER REICHSTAG

Michael S. Cullen

DER REICHSTAG

Parlament Denkmal Symbol

be.bra verlag

IMPRESSUM
Die Deutsche Bibliothek -
CIP-Einheitsaufnahme
Der Reichstag:
Parlament - Denkmal - Symbol
Michael S. Cullen. -
Berlin: be.bra verlag, 1995
ISBN 3-930863-06-5
NE: Cullen, Michael S.

© be.bra verlag
GmbH & Co. KG,
Berlin-Brandenburg, 1995,
Zehdenicker Str. 1
10119 Berlin
Einband, Gestaltung und
Computerlayout:
Dieter Heidenreich, Berlin
Lithos: Reprowerkstatt
Rink, Berlin
Druck und Bindung:
Universitätsdruckerei
H. Stürtz, Würzburg

ISBN 3-930863-06-5

Die Drucklegung
wurde ermöglicht
durch Unterstützung
von Klaus Groenke und
Eberhard Mayntz.

Inhalt

Vorwort

Während des amerikanischen Bürgerkrieges (1861 - 1865) wurde das noch nicht fertiggestellte Kapitol als Lazarett genutzt. Den Bauarbeiten drohte deshalb eine Unterbrechung. Lincoln, der besorgt war, daß die Gegner der Union einen solchen Schritt mißdeuten könnten, entschied, die Bauarbeiten zumindest an der Kuppel fortzusetzen. Er verstand dies auch als symbolisch für die Vitalität der Union und ihres Parlamentes. Ein Parlamentsgebäude ist eben kein Haus wie jedes andere. In ihm sollte so etwas wie das Gewissen der Nation pulsieren. Jeder Pulsschlag wird dabei genau registriert und interpretiert.

Wie das Capitol in Washington ist auch das Reichstagsgebäude in Berlin kein Haus wie jedes andere. Als Parlament errichtet, wurde es zum Symbol. Schon vor und insbesondere nach 1933 galt das von Paul Wallot geschaffene Bauwerk vielen als Inkarnation der »Schmach« von Versailles, der Weimarer Republik, der Inflation. Das Gebäude mußte Kritik einstecken, die eigentlich dem Parlament und Parlamentarismus selbst zugedacht war. Auch Bürgerliche und Liberale hätten nichts dagegen gehabt, wenn der wilhelminische »Kasten« (den Wilhelm II. allerdings keineswegs schätzte) abgerissen worden wäre. Insofern ist das Reichstagsgebäude innerhalb der wechselvollen politischen Entwicklung in Deutschland in besonderer Weise zu einem Symbol des Verhältnisses der Deutschen zum Parlamentarismus geworden.

Dies gilt auch mit Blick auf die jüngste Geschichte zwischen 1945 und 1989. Nach der friedlichen Revolution in der ehemaligen DDR und der Vollendung der deutschen Einheit im Jahre 1990 fanden in den folgenden Jahren im Reichstagsgebäude mehrere Sitzungen des Deutschen Bundestages sowie die Bundesversammlung zur Wahl des Bundespräsidenten im Mai 1994 statt. Nach seinem Umbau wird dieses Gebäude dauerhaft Sitz des Deutschen Bundestages sein. Hier, wo einst die parlamentarische Demokratie verächtlich gemacht wurde, wird künftig das »Herz unserer Demokratie« schlagen. Deshalb finde ich es wichtig, daß die wechselvolle Geschichte dieses Gebäudes nicht in Vergessenheit gerät. Vielmehr ist es auch mit Blick auf die Entwicklung der parlamentarischen Traditionen in Deutschland notwendig, sie zu kennen und bewußtzuhalten.

Wohl niemand kennt die Geschichte des Reichstagsgebäudes besser als der Amerikaner Michael S. Cullen. An ihn wenden sich fast alle, die Detailwissen zum »Hohen Haus« benötigen. Seinem Buch gelingt es, Baugeschichte mit politischer Geschichte aufs engste zu verknüpfen und dabei spannend und anschaulich zu vermitteln. Auch wenn man nicht allen von Cullens Schlußfolgerungen zustimmt, ist es zu begrüßen, daß die Geschichte des Reichstagsgebäudes auf solch fundierte und verständliche Art und Weise einem breiteren Publikum vermittelt wird. Deshalb wünsche ich dieser Publikation viele interessierte Leserinnen und Leser.

Prof. Dr. Rita Süssmuth
Präsidentin des Deutschen Bundestages
Mai 1995

It is for us a pleasure to write a greeting to the readers oft his book. This author has been our friend for almost a quarter of a century now, and without his work and help we would have never even started on the road which has led us up to the creation of the »Wrapped Reichstag, Berlin, 1971-1995.«

Actually, our thanks go out to several people: to the imaginative and knowledgeable Mike Cullen, who knew that we had wanted to wrap a Parliament since 1961 and who first approached us with the idea of the Reichstag; to the helpful Mike Cullen, who obtained and supplied us the visual material with which the work could really start; to the loyal Mike Cullen, who defended us when most others had their doubts; to the stubborn Mike Cullen, who refused to give up when all indications seemed against it; to the enthusiastic friend Mike Cullen, who worked hard and succsessfully with Roland Specker to have us meet with Mrs. Süssmuth,- to ignite the spark-; and finally to the curious Mike Cullen, who, when we asked him »to find out a few things« about the Reichstag, wrote an entire book, the first serious history of a unique German building, and which incidentally created a solid reputation and was helpful to Wolfgang and Sylvia Volz and ourselves in getting permission in 1994.

Reading this book will help many people to understand the Reichstag and to know what it once meant and what it means today.

Es ist für uns eine Freude, den Leser dieses Buches zu begrüßen. Sein Autor ist seit fast einem Vierteljahrhundert unser Freund, und ohne seine Arbeit und Hilfe wären wir niemals auf den Weg gestartet, der zur Schaffung des Projekts »Wrapped Reichstag, Berlin, 1971-1995« geführt hat.

Eigentlich möchten wir uns bei mehreren Personen bedanken: dem fantasievollen und kenntnisreichen Mike Cullen, der wußte, daß wir seit 1961 ein Parlament verhüllen wollten und der uns erst mit der Idee, das Reichstagsgebäude zu verhüllen, angesprochen hat; dem hilfsbereiten Mike Cullen, der uns mit dem Bildmaterial versorgte, damit die Arbeit im Ernst beginnen konnte; dem loyalen Mike Cullen, der uns verteidigte, als andere zweifelten; dem hartnäckigen Mike Cullen, der nicht aufgeben wollte, wenn alle Zeichen gegen das Projekt zeigten; dem begeisterungsfähigen Mike Cullen, der mit Roland Specker hart und erfolgreich arbeitete, damit wir Frau Süssmuth kennenlernen konnten, um den Funken zu zünden, und schließlich dem neugierigen Mike Cullen, der, als wir ihn um einige wenige Informationen über das Reichstagsgebäude baten, ein ganzes Buch schrieb. Die erste ernsthafte Geschichte eines einmaligen deutschen Hauses, ein Buch, das ihm nur nebenbei bemerkt einen soliden Ruf einbrachte und Wolfgang und Sylvia Volz und uns hilfreich war, um 1994 die Genehmigung zu erhalten.

Die Lektüre dieses Buchs wird vielen Menschen den Reichstag verstehen helfen, was er früher bedeutete und was er heute bedeutet.

Christo und Jeanne-Claude
April 1995

Als das Reichstagsgebäude am 5. Dezember 1894 eingeweiht wurde, fand im und vor dem Gebäude ein großes Schauspiel statt, mit Kaiser und Gefolge, mit uniformierten Militärs und einer Blaskapelle, die selbstverständlich »Heil Dir im Siegerkranz« und andere patriotische Weisen spielte. So groß der Tag für das Gebäude war, so schwarz war er für den Parlamentarismus.

Was für ein Kontrastprogramm: 1894 klirrendes Militärschauspiel, 1994, zum hundertjährigen Jubiläum, emsiges Beiseiteschaffen der jüngsten Nutzungsspuren. 1894 Reden - »Es bleibe der Bau ein Denkmal der großen Zeit, in welcher als Preis des schwer errungenen Sieges das Reich zu neuer Herrlichkeit erstanden ist ...« und Gesang; 1994 nur Möbelpacken.

Am 2. Dezember 1994 tauschten, »in der distanzierten Würde eines wissenschaftlichen Kolloquiums«, (Hermann Rudolph) Experten ihre Gedanken über deutsche Geschichte, Verfassung, Denkmalschutz und den Parlamentarismus aus, über die Rolle des Reichstags und seines Hauses in der 100jährigen Geschichte, aber sie blieben mehr oder weniger unter sich. Am 5. Dezember packten Arbeiter das Gestühl des Plenarsaals in Umzugskartons; von Feierlichkeit keine Spur; nachmittags versammelte sich das Verwaltungspersonal des Reichstagsgebäudes zu einer - etwas wehmütigen - Weihnachtsfeier. Schluß. Aus.

Für das Haus, in dem Demokratie schon erprobt wurde, in dem sie auch von links und rechts bekämpft wurde, war, außer einem Seminar am 2. Dezember, nicht einmal eine halbe Ehrung vorgesehen. Nichts fürs Auge, bloß keine Emotionen, geschweige denn Fernsehen.

Für diese massive Diskrepanz gibt es eine Erklärung. In Deutschland ist der Parlamentarismus und alles, was ihn symbolisiert - sein Haus, seine Mitglieder, seine Arbeit - nicht populär. Ganz tief im Lande herrscht Skepsis, selbst unter Demokraten und Befürwortern des Systems und seiner Arbeit. Die Abgeordneten verdienen zu viel und tun nichts, sie reden viel und sagen nichts; nicht der beste, sondern der lauteste, kommt durch, wer was in Deutschland erreichen will, geht lieber in die Wirtschaft als in die Politik. Gegen den Bau in Berlin waren und sind viele.

Für den Reichstag und sein Gebäude hatte Wilhelm II. viele beleidigende Ausdrücke auf Lager: »Gipfel der Geschmacklosigkeit«, »Reichsaffenhaus«, »Schweinestall«, den Parlamentarismus nannte er »feminin-französisch-jüdisch«. Ein mildes Urteil über das Reichstagsgebäude sprach Justizminister Gustav Radbruch aus; wegen des fahlen Lichtes im Innern konnte er nicht wissen, wie es draußen war, und nannte den Wallotbau »Haus ohne Wetter«. Walter Rathenau war drastischer: fettsüßer makronen byzantischer Bau.

Stadtbaurat Ludwig Hoffmann nannte ihn einen »Leichenwagen Erster Klasse«, der wortgewaltige Architekturkritiker Werner Hegemann hätte ihn am liebsten abgerissen gesehen. Und in unserer Zeit fand Adolf Arndt nur mildes Lächeln für den Wiederaufbau, während Günter Behnisch und Rudolf Augstein das Haus verdammten.

Als ich »Der Reichstag - die Geschichte eines Monumentes« 1983 veröffentlichte, stand dahinter der ursprüngliche Wunsch, der Verhüllung des Reichstagsgebäudes auf die Sprünge zu helfen. Das Buch wurde 1990 sehr zu meinem Bedauern ohne Korrekturen, ohne Veränderung bzw. Erweiterung nachgedruckt. Dem Wunsch, das Buch wieder ohne Korrekturen und Veränderungen ein drittes Mal aufzulegen, wollte ich nicht nachkommen; zu groß war mein Bedürfnis, die Ergebnisse eines weiteren Forschungsjahrzehnts mitzuteilen. Natürlich hätte ich, wie so viele Forscher, noch ein paar Jährchen angefügt, aber Verle-

11

ger wollen Bücher, und die Leser brauchen meine Ergebnisse jetzt. So kommt ein altes Dictum zu Ehren: Man beendet seine Bücher niemals, man setzt sie aus.

Dieses Buch ist also keine Neuauflage des ersten Werks, sondern eine komplette Neuschöpfung, auch wenn ich manche Kapitel, die mir in ihrem Kern richtig erschienen, nur leicht überarbeitet habe. Neu ist der Anfang, neu sind die Kapitel über das Reichstagsgebäude während der Jahre der Weimarer Republik, neu alles, was das Gebäude betrifft seit dem Zweiten Weltkrieg bis zum Umbau-Beginn durch Sir Norman Foster und zur Verhüllung durch Christo und Jeanne-Claude.

Seit 1980 sind zu viele Werke erschienen, sind zu viele Quellen zugänglich gemacht worden, bin ich auf viele Werke aufmerksam gemacht worden, um sie hier alle zu nennen.

Hier sei auf die wichtigsten Urheber hingewiesen, ausführlich stehen die Informationen in der Bibliographie: Tilmann Buddensieg, Helmut Engel, Hans J. Münzing, Jürgen Reiche, Wolfgang Schäche, Pamela Scott, Stefan Engelniederhammer und Heinrich Wefing.

Hier ist weder Kunst- noch Architekturgeschichte in ihrer weithin angenommenen Bedeutung zu sehen, sondern Bau- und Erlebnisgeschichte. Mein Ansatz war nie, vom Kunstwollen eines Architekten bzw. Baumeisters auszugehen, wie reizvoll dies immer ist, sondern von den Intentionen der Bauherren. Dies bedeutet, eine Reise in eine ältere Psyche anzutreten, deren Ende nicht immer sichtbar ist.

Das Reichstagsgebäude ist bedeutend nicht so sehr wegen seiner Architektur als in seiner Symbolwirkung und seinem Symbolgehalt. Und diese sind nicht nur in den Auseinandersetzungen über die Entstehung anzutreffen, sondern im Umgang mit dem fertigen Hause über einen Zeitraum von nunmehr einem Jahrhundert. Auch was nicht geschehen ist, spielt hierbei eine Rolle.

Was einer weiteren Bearbeitung bedarf, ist der Zeitraum, in dem Paul Baumgarten das Reichstagsgebäude wiederaufgebaut hat - in dem Falle werden die Akten erst allmählich erschlossen. Auch sind Unterlagen der Baukommissionen und verantwortlichen Politiker und Beamten in allen Phasen seit 1975 beinahe unzugänglich, so daß eine bessere und vor allem objektivere Einschätzung der letzten 20 Jahre noch warten muß. Und die Ergebnisse einer Forschungsarbeit über die Verwaltung und Bibliothek des Reichstags werden erst im Herbst vorliegen. 1983 hoffte ich noch, »daß die Forschung über den Bau und über das Bauwesen der Kaiserzeit eine Belebung erfährt«. Dafür habe ich, so gut es ging, die Namen aller am Bau beteiligten Personen mit Geburts- und Todesdaten versehen. Die Leser sind aufgefordert, mir fehlende Daten mitzuteilen. Selbstverständlich hätte ich auch gerne mehr Fotos von diesem Personenkreis. Der Satz ist heute genauso gültig.

Michael S. Cullen
Mai 1995

Prolog

DAS DEUTSCHE REICH UND SEINE STAATSORGANE

Bei seiner Gründung 1871 hatte das Deutsche Reich eine Fläche von 530.134 km², in der 41.010.150 Menschen wohnten.[1] Es bestand aus den Königreichen Preußen, Bayern, Sachsen und Württemberg, den Großherzogtümern Baden und Hessen sowie 19 kleineren Staaten: Anhalt, Braunschweig, Bremen, Hamburg, Lippe-Detmold, Lübeck, Mecklenburg-Schwerin, Mecklenburg-Strelitz, Oldenburg, Reuß ältere Linie, Reuß jüngere Linie, Sachsen-Altenburg, Sachsen-Coburg-Gotha, Sachsen-Meiningen, Sachsen-Weimar, Schaumburg-Lippe, Schwarzburg-Rudolstadt, Schwarzburg-Sondershausen und Waldeck-Pyrmont. Zwei weitere Territorien, das Reichsland Elsaß-Lothringen und das Großherzogtum Luxemburg, standen unter der Aufsicht des Deutschen Kaisers. In diesem Reich war Preußen bei weitem der größte Staat mit 351.020 km² und 24 Millionen Einwohnern; das waren etwa zwei Drittel der Fläche und rund 60% der Bevölkerung.

Nach der vorläufigen Verfassung - sie wurde nach der Annahme durch den Reichstag erst am 16. April 1871 vom Kaiser verkündet - ging die Macht im Staate von drei Organen aus: Dem Bundesrat, dem Präsidium und dem Reichstag. Der Kaiser ernannte einen Reichskanzler, der auch Präsident des Bundesrates war.[2]

Der Bundesrat bestand zunächst aus 58 »Bevollmächtigten« der Bundesstaaten. Entsprechend seiner Einwohnerzahl bzw. Flächengröße hätte Preußen alle Versammlungen beherrschen und von den 58 Stimmen zwischen 40 und 44 haben müssen, tatsächlich hatte es aber nur 17, Bayern 6, Sachsen und Württemberg jeweils 4, Baden und Hessen jeweils 3, Braunschweig, Mecklenburg und Schwerin jeweils 2, alle anderen hatten nur eine Stimme. Die Zahl der Bevollmächtigten entsprach der Anzahl der Stimmen.

Jeder Bundesstaat ernannte so viele Bevollmächtigte zum Bundesrat, wie er über Stimmen verfügte. Jene Staaten, die mehr als einen Vertreter in den Bundesrat schickten, benannten einen »Stimmführenden Bevollmächtigten«. Manche Staaten, z. B. die thüringischen, teilten sich gemeinsam einen Bevollmächtigten.

Obwohl der Bundesrat an erster Stelle in der Reihe der Verfassungsorgane stand, war dieses »Parlament der Regierenden« ein eher schwaches und erzkonservatives Glied. »Der Bundestag tagte, der Bundesrat beriet.«[3] So hatte er über die Steuerfestlegung und viele andere Bereiche der Gesetzgebung nur beratende Funktion. Er verhandelte nicht öffentlich, publizierte auch keine Wort-, sondern nur Ergebnisprotokolle und war deswegen wenig bekannt, folglich auch wenig populär. Natürlich trug dazu bei, daß die Mitglieder des Bundesrates nicht kandidieren mußten und sich zum größten Teil aus dem Adel rekrutierten, vielfach waren sie miteinander verwandt und verschwägert. Der Bundesrat tagte offiziell in einem größeren Sitzungsraum im hinteren Seitenflügel im provisorischen Reichstag Leipziger Straße 4. Die meisten Sitzungen fanden jedoch im Reichskanzleramt in der Wilhelmstraße 4 statt.

Nominelles Staatsoberhaupt war Wilhelm I., deutscher Kaiser und König von Preußen. Chef der Regierung war Otto von Bismarck, der zu Beginn der Legislaturperiode am 16. April 1871 vom Grafen zum Fürsten erhoben worden war. Mit der Annahme der Verfassung änderte sich gleichzeitig die Amtsbezeichnung Bundeskanzler in Reichskanzler. Erleichternd - oder auch erschwerend - kam die Tatsache hinzu, daß Bismarck nicht nur Reichskanzler, sondern - mit Ausnahme eines Jahres - auch Ministerpräsident von Preußen war. Da der Aufbau von zentralen Verwaltungen und Ministerien nicht über kurz oder lang abgeschlossen werden konnte, regelte in der ersten Zeit das Reichskanzleramt, die administrative oberste Reichsleitung, die wichtigsten Probleme im Reich und die auswärtigen Angelegenheiten. Fast alle anderen Aufgaben wurden von den preußischen Ministerien wahrgenommen, erst nach und nach bildeten sich fest abgesteckte zentrale Geschäftsbereiche heraus. Die Behörde, die für die Entstehung des Reichstagsgebäudes maßgeblich war, war die des Präsidenten des Reichskanzleramts, dem zunächst Rudolf Delbrück 1871-76 vorstand. Sein Nachfolger im Amt war von 1876-80 Karl von Hoffmann, gleichzeitig Staatssekretär des Reichsamts des Innern; für den Bau des Parlamentsgebäudes war der dritte Amtsinhaber, Karl Heinrich von Boetticher (1880-97), von allergrößter Bedeutung. Die wichtigsten Ministerien für den Reichstagsbau waren das für Inneres, für Kultur und für öffentliche Arbeiten, später auch das Reichsamt des Innern, 1879 in Nachfolge des Reichskanzleramtes geschaffen. Die meisten Ministerien befanden sich in oder um die Wilhelmstraße und waren vom Reichstag in der Leipziger Straße 4 aus leicht erreichbar.[4]

Nach dem zeitgenössischen Selbstverständnis war das Deutsche Reich nur eine Vergrößerung des Norddeutschen Bundes, dessen höchste politische Repräsentation der Reichstag schon seit 1867 darstellte. Hauptstadt des Norddeutschen Bundes war Berlin; Berlin blieb auch Hauptstadt des Deutschen Reiches.[5]

Die Wahlen zum Reichstag des neuen Deutschen Reiches fanden nach dem Wahlgesetz für den Reichstag des Norddeutschen Bundes vom 31. Mai 1869 am 3. März 1871 statt. Die Einwohnerzahl des Reiches betrug mehr als 41 Millionen. Von diesen waren infolge der Wahlrechtsbestimmungen nur 7.656.203 oder 18,67% wahlberechtigt, von diesen wiederum machten nur 3.886.515 oder 51% von ihrem Wahlrecht Gebrauch.[6] »Das aktive und passive Wahlrecht besaßen alle männlichen Staatsangehörigen, die das 25. Lebensjahr vollendet hatten, im Besitz der bürgerlichen und politischen Ehrenrechte waren und in einem der Bundesstaaten wohnten.«[7] Trotz mancher Einschränkungen war das Wahlrecht demokratischer als in anderen deutschen Staaten, z. B. für die Wahlen zum preußischen Abgeordnetenhaus, wo Eigentumsnachweise, Grundbesitz und Steuererklärungen erforderlich waren. Allerdings konnten 1871 Frauen nicht zur Urne gehen, und es gab auch keine Listenplätze.

Durch die geringe parlamentarische Tradition in Deutschland war es Brauch geworden, daß ein sich neu konstituierendes Parlament eine vorläufige Geschäftsordnung und einen vorläufigen Präsidenten erhielt. Als erster Sitzungstag war der 21. März anberaumt, als Ort das Preußische Abgeordnetenhaus in der Leipziger Straße. Als Alterspräsident wurde der 86jährige Leopold Freiherr von Frankenberg-Ludwigsdorf gewählt, die Geschäftsordnung war die des Reichstags des Norddeutschen Bundes. Am 23. März wählte der Reichstag seinen Präsidenten, den 61jährigen Dr. Eduard Martin von Simson, und erarbeitete eine definitive Geschäftsordnung.

Die bisherige Geschäftsordnung stand in der Tradition des englischen Unterhauses. Aus einer Kurzfassung jener schon im 16. Jahrhundert herausgebildeten Richtlinien hatte der Franzose Mirabeau die Geschäftsordnung für das französische Parlament übersetzt. Vom französischen Parlament hatte sie 1830 das belgische übernommen und vom belgischen das preußische Abgeordnetenhaus von 1850. Diese Linie endete mit der Geschäftsordnung des Norddeutschen Bundes.[8]

Nach der Konstituierung und der Wahl des Präsidenten wurde der Gesamtvorstand gewählt - die Vizepräsidenten Fürst von Hohenlohe-Schillingsfürst und Obertribunalsrat Franz von Weber, acht Schriftführer und zwei Quästoren. Im Vergleich zu heute war die Verwaltung des Reichstags äußerst bescheiden; dem Direktor Friedrich Bernhard Happel unterstanden die Bibliothekare, drei Registratoren, ein Kastellan, ein Botenmeister, ein Portier, zwei Postspediteure und ein Telegrafist. Das Stenographische Büro bestand aus 14 Stenographen.

Bis zum 8. Mai bildete der Reichstag sieben Kommissionen: I. Geschäftsordnung, II. Petitionen, III. Immatrikularbeiträge, IV. Gesetzentwurf von Inhaberpapieren, V. Vorbereitung eines Gesetzes über die privatrechtliche Stellung von Vereinen, VI. Haushaltsausschuß und VII. Vorbereitung eines Gesetzentwurfes betreffend die Vereinigung von Elsaß-Lothringen mit dem Deutschen Reich.

Leider war es mit den Vorrechten des Reichstages nicht so demokratisch bestellt wie ursprünglich gehofft, denn ureigene Kompetenzen - das Recht auf Zusammenkunft, Vertagung und Auflösung - blieben nach Art. 12 der Reichsverfassung beim Kaiser. In der ersten Legislaturperiode hat der Reichstag meist nur zweimal im Jahr - von März bis Mitte Juni und von Oktober bis Dezember - über jeweils sechs Wochen verhandelt.

Im Gegensatz zu den Vertretern des preußischen Abgeordnetenhauses erhielten die Reichstagsmitglieder keine Diäten bzw. Sitzungsgelder. Bismarck lag daran, daß sich die Politiker als ehrenamtlich verstanden und ihre Wahlkreise besser kannten als Berlin. Dies hatte zur Folge, daß die wenig betuchten Mitglieder, besonders wenn sie weit von Berlin entfernt wohnten, äußerst selten zu den Reichstagssitzungen kamen. Insofern waren beispielsweise die Abgeordneten aus Bayern und aus den fernen polnischen Gebieten stark benachteiligt.

Im ersten Reichstag gab es sieben Fraktionen: die Nationalliberalen waren mit 116, das Zentrum (die Katholiken) mit 57, die Konservativen mit 50, die Deutsche Fortschrittspartei mit 44, die Deutsche Reichspartei mit 38 und die Liberalen mit 29 Mitgliedern vertreten. Die Fraktionslosen und die Polen traten in bezug auf die Parlamentsbaufrage nicht in Erscheinung.[9] Im übrigen scheint die Fraktionszugehörigkeit keine große Rolle bei der Bevorzugung eines Standortes gespielt zu haben.

Man sollte sich auf keinen Fall zu einem Vergleich zwischen dem Fraktionsgehabe des heutigen Bundestages und dem des Reichstags in der frühen Phase verleiten lassen. Es gab

keine Fraktionsgeschäftsführer, auch so gut wie keine Fraktionsdisziplin. Eine explizite Regierungspartei bzw. organisierte Opposition fehlte fast völlig. In den Debatten spürte man aber relativ schnell antipreußische und Anti-Bismarck-Gefühle, besonders von den Süddeutschen und den katholischen Abgeordneten.

DER STAAT PREUSSEN

Verwaltungsmäßig war der preußische Staat seit 1815 in 14 Provinzen eingeteilt, von denen vor allem die Provinz Brandenburg, ihre Regierungsbezirke Potsdam und Frankfurt/Oder sowie die Kreise Treptow, Niederbarnim und die Stadt Berlin für die Geschichte des Reichstagsgebäudes wichtig sind.

In der Zeit der Reichsgründung, da sich das Reich administrativ organisierte, führten preußische Ministerien auch die Reichsgeschäfte; vor allem war es das Ministerium für öffentliche Arbeiten, das beim Bau des Reichstagsgebäudes eine wichtige Rolle spielte, da ihm das Ressort Bauwesen unterstand. Außerdem war das Problem einer Tagungsstätte in hohem Maße von den Aktivitäten um die Beschaffung eines Gebäudes für den Preußischen Landtag abhängig; und schließlich war es das alteingesessene Baubeamtentum, das für fast alle technischen Fragen zuständig war.

In keinem europäischen Land genoß das Beamtentum mehr Ansehen als in Preußen. Bereits unter Friedrich Wilhelm I. mußten zum öffentlichen Dienst Strebende nicht vom Adel kommen, sondern nur eine höhere Bildung vorweisen; unter Friedrich II. mußten Kandidaten für den öffentlichen Dienst eine Universitätsausbildung haben und mehrere Staatsexamina bestehen.[10]

Einer der baufreudigsten Könige war Friedrich II.; doch mit den Architekten hatte er seine Probleme: Ihre Bauten waren selten fristgerecht fertig, sie kosteten zuviel und waren nicht immer gut ausgeführt. 1770 schuf er das Ober-Bau-Departement. Keiner durfte ohne Ausbildung bauen oder rechnen; alle Staatsbauten wurden von dieser Behörde ausgeführt und überwacht. 1808, während der französischen Okkupation, wurde aus dem Ober-Bau-Departement das Technische Ober-Bau-Departement, das 1848 zur Technischen Baudeputation mutierte.

Für die Ausbildung in Preußen wurde erst ab 1799 gesorgt, als am 13. April die Bauakademie von Gilly und Eytelwein gegründet wurde. Wer in Preußen bauen wollte - Schlösser, Schleusen, Schulen - mußte durch diese Schule, mußte mehrere Examina bestehen. Eingestellt wurde man als Bauführer (Bauconducteur); von da an, nach der Ochsentour in der Provinz, erklomm man die Leiter zum Bauinspektor und endete vorläufig als Kreisbaumeister. Wollte man höher hinaus, ging es zurück nach Berlin, um Baurat und Oberbaurat zu werden. Die Titel waren mit harter Arbeit und schlechter Bezahlung verbunden. Absolventen der Bauakademie konnten mit einer geringeren Ausbildung mehr Geld verdienen, nur: Staatsbauten waren ausschließlich Beamten vorbehalten. Darüber hinaus kam es zur Gründung einer neuen Zeitschrift, »Wochenblatt für Architekten und Ingenieure«, das für die Interessen der Beamteten sorgte, während die »Deutsche Bauzeitung« nach wie vor als Organ des Architekten-Vereins mehr die kunsthistorischen und bauästhetischen Fragen veröffentlichte.[11]

Unterschwellig bestand schon seit der Reichsgründung ein Antagonismus zwischen den privaten und den verbeamteten Architekten. Dieser Zwist wurde auch bei den Reichstagswettbewerben deutlich, als z. B. der Beamte Busse sich beteiligte und Wallot seine umgearbeiteten Pläne immer wieder der 1880 gegründeten Akademie des Bauwesens vorstellen mußte.[12]

In der Organisationskultur war Preußen ein Musterknabe; es gab für beinahe alles eine Administration: für Inneres, für Äußeres, das Militär, für die Eisenbahnen, für Finanzen, Justiz, Kultur, Gesundheit etc.

DIE REICHSHAUPTSTADT BERLIN

Zur Zeit der Reichsgründung war Berlin ca. 18 km² groß und hatte nahezu 900.000 Einwohner. Eingeteilt war die Stadt in 18 Verwaltungsbezirke. Das Gesicht Berlins bis 1871 hatte sich in nur zwei Jahrhunderten entwickelt. Noch während des Dreißigjährigen Krieges 1641 - Brandenburg hatte ein separates Waffenstillstandsabkommen mit Schweden geschlossen - setzte der Neubau ein: Am 30. November 1641 erließ Friedrich Wilhelm eine für die Stadt verbindliche Bauordnung. Fast zur gleichen Zeit begann der große Kurfürst mit dem Ausbau seines Schlosses in Potsdam zur zweiten Residenz, Ursache für den späteren intensiven Verkehr zwischen Potsdam und Berlin, der in der Regel über den Potsdamer Platz verlief. Von außerhalb ließ er Baumeister und Ingenieure holen.

Schon während der Bauzeit der Berliner Befestigung durch Memhardt wurde ab 1674 eine neue Stadt, die Dorotheenstadt, in Waffeleisenmuster, gegründet. 1688 begann die systematische Anlage der Friedrichstadt - wieder mit geraden Straßen und rechtwinkligen Kreuzungen. Die Friedrichstadt wurde 1692 über einige Festungsdurchbrüche verkehrlich an das Stadtgebiet angeschlossen. Betrug die Stadtfläche bis dahin 2,17 km², erreichte Berlin mit der Erweiterung durch die Friedrichstadt um 1700 eine Fläche von 4,3 km².

Der Nachfolger des Großen Kurfürsten, Friedrich III. (ab 1701 König Friedrich I.), baute die Stadt weiter aus. 1709 waren die fünf bisherigen Orte - Berlin, Cölln, Friedrichswerder, Dorotheenstadt, Friedrichstadt, zu einer einzigen Stadt - der Residenzstadt Berlin - mit ca. 57.000 Einwohnern vereinigt.

Unter Friedrichs Sohn Friedrich Wilhelm I., dem »Soldatenkönig«, plante dessen Baumeister Philipp Gerlach weitere Stadtteile; der Oberst von Derschau setzte diese Pläne mit größter Härte durch.

Am nachhaltigsten wirkte sich die Planung Gerlachs auf die westliche Friedrichstadterweiterung ab 1722 aus. Dabei entstanden die Wilhelmstraße mit ihren vor allem an der Westseite stehenden Adelspalais, deren Gärten sich nach dem Tiergarten erstrecken sowie die Leipziger Straße und die drei Plätze Quarré (Pariser Platz), Oktagon (Leipziger Platz) und Rondell (Belle-Alliance-, später Mehring-platz).

Die nur 50 Jahre alte Befestigung hatte offenbar ausgedient, der König ließ, nicht zur Verteidigung, sondern um Zölle einzunehmen und Soldaten am Desertieren zu hindern, eine neue Mauer - die Akzisemauer - um die Stadt errichten, Memhardts Mauer wurde geschleift. Die »ummauerte« Fläche der Stadt betrug 13,3 km². Entlang und außerhalb der Akzisemauer entstanden die Maulbeerplantagen, Obst-, Gemüse- und Kaffeegärten der französischen Flüchtlinge.

Zwischen 1740, als Berlin rund 100.000 Einwohner, und 1786, als es rund 146.000 Einwohner hatte, war keine durchgreifende Stadterweiterung zu erkennen. Es scheint, daß mit Ausnahme der Planung für das *forum fridericianum* - Opernhaus von Knobelsdorff, Palais von Prinz Heinrich, ab 1810 Universität, und Hedwigskirche - keine Stadtplanung stattgefunden hat. Allerdings fiel in diese Zeit die Anlage eines Exerzierplatzes vor dem Brandenburger Tor, des späteren Königs- und heutigen Platzes der Republik, Standort des zukünftigen Reichstagsgebäudes.

Mit dem Regierungsantritt von Friedrich Wilhelm II. waren umfangreiche Veränderungen in und um Berlin sichtbar. Die Zollverwaltung wurde neu organisiert, die Straße nach Potsdam - die Potsdamer Chaussee - befestigt. Mit dem Bau dieser ersten befestigten Straße in Preußen nahmen alle anliegenden Gebiete einen enormen Aufschwung. Wenige Jahre später war der Platz vor dem Potsdamer Tor zum verkehrsreichsten der Stadt geworden.

Aus dieser Zeit gab es zwar Pläne für einzelne Stadtteile, nicht aber für die gesamte Stadt.

Berlins Magistrat wurde am 22. März 1816 vom Hofe die Aufstellung eines Bebauungsplanes übertragen. Es sollten keine »unregelmäßigen Anlagen entstehen, welche die

Kommunikation erschweren«. Ein Plan wurde offenbar eingereicht; dieser war jedoch »unausführbar«. Man erwartete, daß »das schon längst verfügte Nivellement endlich einmal zustande gebracht und hiernächst ein zweckmäßigeres, den örtlichen Verhältnissen entsprechendes Projekt eingereicht werde«.[13]

Dazu fehlten allerdings gleich mehrere Voraussetzungen. Zunächst gab es keine den Realitäten entsprechende Bauordnung. Die Stadt war seit vielen Jahren nicht mehr vermessen worden, unklar blieb vor allem, wer die Kosten dafür tragen sollte. Dennoch wurde Johann Ludwig Carl Schmid von der Oberbaudeputation beauftragt, den Plan zu entwerfen.

1826 war diese Arbeit für das Gebiet innerhalb der Stadtmauer beendet. Bereits 1827 beantragte der Magistrat bei der Königlichen Regierung auch die Vermessung und Aufstellung eines Bebauungsplans für die Gebiete *außerhalb* der Stadt. Wieder war es Schmid, dem die Aufgabe noch im selben Jahr zufiel.

Berlins Bevölkerung wuchs unaufhaltsam; 1840 zählte man innerhalb der Akzisemauer etwa 303.000, außerhalb 25.000, zusammen exakt 328.629 Einwohner. Am 20. Juni 1841 wurden weitere Gebietsteile einverleibt, so daß das Stadtgebiet auf nunmehr 35 km² anwuchs.

Mit Einzelplänen war den Problemen nicht mehr beizukommen; Berlin fehlte eine Wasserversorgung und Kanalisation, überall fehlte es zudem an Wohnraum. Nach der Revolution 1848 machte man Anstalten, diese Probleme durch eine erneute Eingemeindung zu lösen.

Da die Unterlagen nicht mehr ausreichten, erhielt der Bauinspektor Köbicke am 12. September 1852 den Auftrag, Berlin neu zu vermessen.

Er konnte so weit planen, daß es dem Magistrat gelang, 1856 eine zentrale Wasserversorgung in Betrieb zu nehmen. Als Köbicke 1859 wegen Erkrankung zurücktreten mußte, wurde der Bauingenieur James Hobrecht sein Nachfolger.

Der Auftrag an Hobrecht lautete, eine genaue Revision, Vervollständigung und nöti-

S. 18-19
Ansicht von Berlin um 1850. In Verlängerung der Wilhelmstraße am oberen Bildrand ist neben dem Brandenburger Tor der Königsplatz mit dem Palais Raczynski und der Kroll-Oper zu erkennen

genfalls Umzeichnung der vorhandenen Karten und, soweit erforderlich, eine neue Vermessung sowie vollständige Kartierung aller Teile der noch aufzustellenden Bebauungspläne mit Eintragung aller derzeit vorhandenen Bauwerke, Parzellen und Wasserläufe vorzunehmen.

Am 1. Januar 1861 wurde Berlins Stadtgebiet nach Norden und Süden erheblich erweitert. Mit dem Zugewinn von Wedding, Moabit, den Schöneberger und Tempelhofer Vorstädten, betrug es jetzt knapp 60 km², die Bevölkerung 547.600 Einwohner.

Die Akzisemauer riß man, nach anfänglichem Widerstand seitens des Militärs, in den Jahren 1865-69 ab. Viele Plätze wurden neu gestaltet - so auch der Potsdamer Platz, der Platz vor dem Brandenburger Tor und der vor dem Hamburger Tor.

Für Berlins Aufstieg zur Hauptstadt des Kaiserreichs lieferte Hobrechts Plan eine solide, wenn auch einseitige Grundlage. Doch damit gab sich Vater Staat zufrieden, den Bau von Wohnungen und Wohnanlagen überließ er privaten Initiativen, meist Spekulanten.

Es gab zwar einzelne Pläne für die Stadt, für Häuser und Hotels, aber - und das ist ein Charakteristikum der Berliner Stadtplanung - nichts ging von der Stadt aus; was geschah, war Privatarchitekten oder Immobiliengesellschaften zu verdanken.

DER PREUSSISCHE LANDTAG

Nach der oktroyierten Verfassung vom 5. Dezember 1848 fiel die Gesetzgebung in Preußen einem Parlament zu, dem Landtag. Dieser war in eine Erste - das Herrenhaus mit 180 Mitgliedern - und eine Zweite Kammer - das Abgeordnetenhaus mit 360 Mitgliedern - unterteilt. Die Mitglieder der Ersten Kammer wurden auf Lebenszeit ernannt, die Mitglieder der Zweiten Kammer wurden nach einem komplizierten System, dem Dreiklassen-Wahlrecht, gewählt; die ersten Wahlen wurden im Januar 1849 abgehalten. Von Beginn an drängte die Regierung den Abgeordneten Diäten

auf; bald schon erhielten sie deshalb den Beinamen »Tagelöhner«.[14]

Die Sitzungen des Landtags sollten am 26. Februar 1849 beginnen. Es standen also 83 Tage für die Suche nach den Tagungslokalen zur Verfügung; für beide Kammern einen Neubau, oder gar zwei Neubauten zu errichten, war ausgeschlossen. Nicht minder schwer war es, binnen kürzester Frist die richtigen Altbauten auszusuchen, An- und Umbauten zu entwerfen und sie dann auszuführen.

König Friedrich Wilhelm IV. hoffte auf »gute Winterquartiere«[15], ihm schwebte vor, beide Kammern im Zeughaus unterbringen zu können.[16] Bereits zu Beginn der Revolution, am 30. April 1848, hatte das Staatsministerium Fühler nach London, Paris und Washington ausgestreckt, um sich dort nach geeigneten Plänen für Parlamentsbauten zu erkundigen. Sie scheinen eingegangen zu sein, doch offenbar hatten sie keinerlei Einfluß auf den Bau bzw. Umbau von Parlamentslokalen in Berlin.[17]

Für einen Umbau ließ der König am 19. Dezember an den Architekten Georg Heinrich Bürde einen »Prüfauftrag« ergehen.[18] Bürde hatte nach seinem Studium als Bauführer für Schinkel, zum Beispiel beim Bau des Schauspielhauses 1821, gearbeitet. Bereits im Frühjahr 1848 hatte er die Singakademie und das Schauspielhaus zu Tagungsstätten für die preußische Nationalversammlung umgebaut. Da aber aus dem Prüfauftrag nichts geworden war, bat der Minister für Handel und Industrie am 31. Dezember den Oberbaudirektor Johann Carl Schmid, Bürde für eine gewisse Zeit von seinen sonstigen Aufgaben zu entbinden, um sich ganz der Suche bzw. dem Umbau des Kammergebäudes zu widmen.[19]

Wenn wir dem Berliner Architekten-Verein Glauben schenken dürfen, hat die Bautätigkeit an beiden Gebäuden nur sechs Wochen gedauert, vom 5. Januar bis zum 26. Februar 1849.[20]

DIE ZWEITE KAMMER: DAS HAUS LEIPZIGER STRASSE 75

Warum man für die Zweite Kammer das Palais des Fürsten Hardenberg in der Leipziger Straße 55 (später 75) wählte, ist nicht bekannt; die Mutmaßung von Wolfram Götze, die Lokalitäten in Frankfurt am Main - das Palais Thurn und Taxis - hätten möglicherweise als Vorbild gedient, muß man in das Reich der Spekulation verweisen; schließlich waren viele Provinziallandtage und Ständeversammlungen ähnlich untergebracht; was für andere Gebäude hätte man wohl in Berlin aussuchen können?[21] Für die Erste Kammer hatte man sich bereits für das Palais des Ministers Heinitz in der Oberwallstraße entschieden.

1739 wurde das Grundstück auf der Nordseite des späteren Dönhoffplatzes erstmals erwähnt. Es ging durch mehrere Hände, bis die Witwe eines Oberstwachtmeisters von Schwerin ein Haus errichtete, das durch die Erben Schwerin am 3. Oktober 1800 an Freiherrn Jacob von Eckardstein verkauft wurde. Von dessen Söhnen hatte der Geheime Staatsrat Karl August Freiherr von Hardenberg 1804 das Anwesen erworben und Wohnung und Amtssitz dorthin verlegt.[22]

1809 hatte Hardenberg das Haus für 69.000 Taler an die Preußische Seehandlung verkauft, 1819 war es an den Fiskus gegangen. Hardenberg, der hier Wohnrecht bis zu seinem Tode behielt, hatte in den Jahren 1814/15 den Hauptsaal durch Karl Friedrich Schinkel umbauen lassen.

Im Jahre 1848 wurde die Nr. 76 hinzugeschlagen, um ein größeres Grundstück für das Abgeordnetenhaus zu schaffen.[23] 1848/49 wurde es dann, wiederum durch Bürde und unter Mitarbeit von Gotthilf Ludwig Runge, für die Zweite Kammer - ab 1855 Abgeordnetenhaus - des Preußischen Landtags umgebaut.

Ursprünglich sollte diese Tagungsstätte nur als Provisorium für etwa sechs Jahre dienen, tatsächlich blieb es bis 1898 in Nutzung. 1866/67 baute Hermann Blankenstein, später der erste bedeutende Berliner Stadtbaurat, mit Eduard Jacobsthal den Saal nochmals um. »In

gewissen Kreisen hielt man ja bekanntlich den ganzen konstitutionellen Schwindel für einen rasch verschwindenden Zwischenfall ... und diese Auffassung fand in der äußerlichen Ausgestaltung des Sitzungssaales ... ihren denkbar drastischsten Ausdruck.«[24]

DIE ERSTE KAMMER: DAS HAUS OBERWALLSTRASSE 4

Für die Erste Kammer bestimmte man die Häuser der Gesundheits-Geschirr-Fabrik hinter der Hedwigskirche und einen Teil des Gouvernements-Gebäudes in der Oberwallstraße 4. Die Räumlichkeiten für die Erste Kammer in der Oberwallstraße waren ruhiger, dort war leichter zu verhandeln. Nur die Nähe zum Grünen Graben bereitete die gleichen Probleme wie 1848 bei der Singakademie, es »strömte im Sommer der Kupfergraben so unausstehliche Dünste aus, ... daß für die Sommersitzungen das Lokal beinahe unerträglich war«.[25]

Am 10. März 1851 brannte der Sitzungssaal aus.[26] Zunächst gewährte der Präsident des Abgeordnetenhauses dem Herrenhaus Gastrecht,[27] doch schließlich brauchte das »Unterhaus« sein Gebäude selbst.

Das Herrenhaus mußte nach nur vier Tagen im Abgeordnetenhaus in den Konzertsaal des Schauspielhauses umziehen, dort, wo die preußische Nationalversammlung 1848 zeitweise getagt hatte. Doch dieser Saal war, so der Abgeordnete Waldow-Rietzenstein, »feucht, ungesund und unzweckmäßig.«[28]

Im Frühjahr kam das Staatsministerium zu einer Vereinbarung mit der Familie Mendelssohn, die ein großes Haus in der Leipziger Straße 3 bewohnte.[29]

DIE ERSTE KAMMER: DAS HAUS LEIPZIGER STRASSE 3

Ab 1722 hatte sich der preußische König Friedrich Wilhelm I. intensiv dem Ausbau und der Erweiterung der 1688 begonnenen Friedrichstadt südlich der die Dorotheenstadt begrenzenden Behrenstraße gewidmet. Zur Beschleunigung der Bebauung hatte er für die uniformen Bürgerhäuser mit Soldatenstuben in den Dachgeschossen sowohl das Bauland als auch das Baumaterial kostenlos zur Verfügung gestellt. Anders als bei jenen Immediatbauten war mit den Palais um die Wilhelm- und die Leipziger Straße verfahren worden. Der König, vertreten durch den 1720 eingesetzten Generalbaudirektor Christian von Linger und dem Chef der 1721 gegründeten Baukommission Christian Reinhold von Derschau, beides hochrangige Militärs, hatte bestimmt, wer hier wie groß und prächtig zu bauen habe: »Der Kerl hat Geld, sol bauen«, so der König seinerzeit. Dieser rigorose Bauzwang hatte so manche Adelsfamilie ruiniert.[30]

Eine dieser Parzellen, auf der das spätere Haus Leipziger Straße 3 entstehen sollte, hatte der König an den Leutnant Johann Heinrich von der Groeben übergeben, dem es trotz finanzieller Schwierigkeiten gelungen war, das Haus innerhalb von zwei Jahren fertigzustellen. Alle Geld- und Baumaterial-Geschenke konnten jedoch nicht verhindern, daß der Hausbau die Mitgift seiner Frau verschlang, das Familiensilber verpfändet und sogar zwei Lotterien veranstaltet werden mußten, um die aufgelaufenen Schulden zu begleichen - ein frühes Beispiel für die alte Bauspekulanten-Weisheit, daß ein Objekt erst nach der zweiten Zwangsversteigerung rentabel ist.

In den folgenden Jahrzehnten hatte das Palais eine wechselvolle Geschichte erlebt. Der berühmte »patriotische Kaufmann« Johann Ernst Gotzkowsky hatte dort seine Seidenmanufaktur, später war es das Stadthaus der Familien von der Reck und Mendelssohn-Bartholdy gewesen.

Nach Theodor Fontanes Überlieferung soll Friedrich Wilhelm IV. als Kind hier im Garten gespielt haben.[31] »Der Kronprinz liebte diesen v. d. Reckeschen Garten ganz ungemein: ...der alte Taxusbaum mußte herhalten zu seinen ersten Kletterkünsten. Der Prinz vergaß das dem alten Eibenbaume nie.«[32] Bis 1851, dem Kauf durch den preußischen Staat, wohnte die Familie Mendelssohn-Bartholdy dort.[33] Im Sommer und Herbst 1851 wurde das Haus durch Bürde unter Mitwirkung von Adolf Her-

mann Lohse völlig umgebaut. Der ursprünglich geplante Saalbau im Garten wurde aus Pietät vor dem kronprinzlichen Kletterbaum, einer stattlichen Eibe, fallengelassen. Wegen der mächtigen »Fürsprache« beschloß man, den Sitzungssaal in den mittleren Hof zu legen statt außerhalb der Gemäuer.

Im November 1851 fand die erste Sitzung des Herrenhauses, dieses »Musterbeispieles des Scheinparlamentarismus«, statt.[34] Das Herrenhaus war dafür bekannt, seelenruhig seinen engen Geschäftsbereich auszufüllen. Die Ruhe der hohen Herren in ihren Sitzungen war sprichwörtlich: man hatte nicht getagt, sondern »genächtigt«. »Die Debatten des ... Herrenhauses waren so wenig verlockend und so selten besucht, daß, wie der Berliner Witz behauptet, sich hier nur Liebende zum Rendezvous einstellten, weil sie sich vor jeder Störung sicher fühlten.«[35]

Die Zweite Kammer (Abgeordnetenhaus) zwischen 1849 und 1867

An das Vorderhaus am Dönhoffplatz schlossen sich linkerhand die Stallungen und Bedienstetenwohnungen an. Der rückwärtige Teil des sehr unregelmäßigen Grundstücks, ein üppiger Garten, grenzte an den versumpften Rest des einstigen Festungsgrabens, den Grünen Graben. Sein Gestank und die Mükkenplage beeinträchtigten nicht nur den Garten. Bürde baute den Sitzungssaal in den Winkel zwischen Vorderhaus und Seitenflügel und machte aus dem Palais einen verwinkelten »Fuchsbau« mit Dutzenden kleiner Räume.[36] Der Plenarsaal des Abgeordnetenhauses sah anders aus als früher oder später in deutschen Parlamenten; nicht hufeisen- oder fächerförmig waren die Sitzplätze arrangiert, sondern in zwei Blöcken gegeneinander. Da kann die englische Sitzanordnung Pate gestanden haben.[37]

Das Abgeordnetenhaus litt an notorischen baulichen Mängeln: z. B. zog es »so fürchterlich«, daß mancher »durch [den Zug] so belästigt wurde, daß er krank wird und früh ins

Grab sinkt«.[38] Rudolf Virchow meinte: »Es gehört eine gewisse Festigkeit und Gesundheit dazu, Volksvertreter zu sein.«[39] August Reichensperger stellte »bedeutende Fehler bei der Construction des Hauses« fest.[40]

Wenige Tage nach Reichenspergers Feststellung, am 16. März 1857, wurde ein Versuch unternommen, aus akustischen Gründen das Rednerpult in die Ecke zu stellen. Dies bekam dem konservativen Abgeordneten Otto schlecht; nach einer Aufforderung, lauter zu sprechen, strengte er sich so stark an, daß er kurz nach seinem Beitrag eine Herzattacke erlitt und kurz darauf starb.[41]

Wenn schon nicht die preußische Regierung auf diese räumlichen Kalamitäten reagierte, so jedoch der Architekten-Verein zu Berlin, der 1859 eine Schinkelkonkurrenz für ein preußisches Parlamentshaus ausschrieb. Diese Konkurrenz war seit den 30er Jahren Tradition; im Herbst eines jeweiligen Jahres ausgelobt, am 13. März, an Schinkels Geburtstag, prämiert. Sicherlich war diese Initiative ohne amtliche Relevanz für ein Parlament; schließlich war der Architekten-Verein ein Privatverein. Dennoch zeigte das Verfahren, daß der Verein früher als das Parlament ein »Problembewußtsein« entwickelt hatte. Möglicherweise haben die zuständigen Behörden insgeheim den Wettbewerb sogar begrüßt.

Als Bauplatz war ein 22.000 m² großes Rechteck zwischen Georgenstraße im Süden und dem Weidendamm im Norden gewählt worden. Das Programm forderte Amtswohnungen für die Kammerpräsidenten, Festsäle, Sitzungssäle für das Herren- (250 Mitglieder) und das Abgeordnetenhaus (352 Mitglieder). Aufgestellt wurde das Programm u. a. von den Architektenvereins-Mitgliedern Gotthilf Hagen, Eduard Knoblauch, Johann Heinrich Strack und August Stüler.[42] Den ersten Preis gewann Heinrich Lauenburg (Motto »Motiv«), einen zweiten Preis Georg Theodor Schirrmacher (Motto »Schlüter«).[43]

Mag der Wettbewerb für den Verein von großem Nutzen gewesen sein, für das Abgeordnetenhaus selbst hat er schließlich nichts gebracht.

Während das Herrenhaus mit seinen prächtigen Räumen durchaus zufrieden war, wurden nun etwas vernehmlicher Stimmen im Abgeordnetenhaus für ein schöneres und zweckmäßigeres Gebäude laut. Am 16. März 1859 schlug August Reichensperger einen Neubau für beide Kammern vor - im neugotischen Stil,[44] doch Pläne, beide Kammern in einem Haus unterzubringen, standen im Widerspruch zum Beharren der »Herren« in den Räumen in der Leipziger Straße 3. So lehnten die »Herren« - nicht zum ersten, nicht zum letzten Mal - ab.

Von 1859 an kamen fast alljährlich Vorschläge für einen Neubau auf; stets ohne Erfolg. In der Debatte am 28. Juli 1862 beschloß das Plenum, »die Königliche Staats-Regierung aufzufordern, in Betreff des Baues eines Parlaments-Gebäudes bereits in der nächsten Session dem Hause der Abgeordneten Vorschläge zu machen«.[45]

Als August Reichensperger am 3. März 1863 wissen wollte, wie es damit stand, antwortete der Präsident Wilhelm Grabow: »Ich will bemerken, daß die Pläne privatim dem Präsidenten mitgetheilt worden sind, und daß derselbe Veranlaßung genommen hat, zunächst mit dem Vorstande des Hauses in Berathung zu treten unter Zuziehung von einigen Ministerial-Commissarien, daß in der letzten Sitzung aber der Vorstand noch zu keinem definitiven Beschluß gekommen ist, sondern zuvorderst noch einen Referenten ernannt hat. Ich muß jedoch zur Enttäuschung des Herrn Abgeordneten noch hinzufügen, daß nur für den früheren Plan, welchem zufolge das Haus der Abgeordneten nach dem Exercierplatz verlegt werden sollte, ganz specielle, architektonische Zeichnungen für die übrigen vorgeschlagenen Bauplätze sich zur Zeit noch nicht in unseren Händen befinden«.[46]

Am 31. Oktober 1863 beschloß das Staatsministerium, nur den Plan für ein Abgeordnetenhaus zu verfolgen.[47] Dies ist, nota bene, das erste Mal, daß der Standort »Exerzierplatz« genannt wird. Also: kein gemeinsames Haus am Exerzierplatz, sondern - wie Innenminister Friedrich Graf zu Eulenberg am 26. Januar

1865 verkündete - nur eines für das Abgeordnetenhaus auf dem Grundstück der Königlichen Porzellan-Manufaktur.

Mitten in diese Überlegungen fiel das Ende
des Deutschen Bundes. Nach Preußens Sieg
über Österreich bei Königgrätz am 3. Juli
1866 wurden Vorfriedensverhandlungen in
Nikolsburg aufgenommen, die bereits am 26.
Juli 1866 zur Auflösung des Deutschen Bundes führten, an dessen Stelle der Norddeutsche
Bund unter preußischer Führung trat, wofür ein
Gesamtparlament, der Reichstag des Norddeutschen Bundes, geschaffen wurde.[48] Preußen war u. a. um Schleswig-Holstein größer
geworden, das Abgeordnetenhaus mußte
schnell Plätze für 432 statt für 352 Abgeordnete schaffen.[49]

Der Deutsche Zollverein von 1831, dessen
Hauptentscheidungsorgan die jährliche Generalkonferenz war, büßte durch die Auflösung
des Deutschen Bundes seine Geschäftsfähig-
keit ein, für den Norddeutschen Bund trat, an
Stelle der Generalkonferenz, ein Zollparlament (zusammengesetzt aus dem norddeutschen Reichstag und einer entsprechenden
Zahl süddeutscher Abgeordneter); auch für jenes mußte eine Tagungsstätte gefunden werden. Da Berlin die Hauptstadt des Norddeutschen Bundes werden sollte, brauchte man
also drei Orte für die jeweiligen Versammlungen.

Die Regierung des neugeschaffenen Norddeutschen Bundes wies dem Zollparlament
das Abgeordnetenhaus als Tagungsort zu.
Aber wo sollte der neu geschaffene Reichstag
tagen? Wie schon 1848 für die Nationalversammlung dachte man auch jetzt wieder an
das Krollsche Etablissement, was sofort ver-
worfen wurde, weil die Bestimmung des Hauses, wie Handelsminister Itzenplitz schrieb,
»so wenig im Einklange mit dem Charakter
und der Würde« des Reichstags stehe. Außerdem sei die Akustik des Hauses eine »sehr
mangelhafte«.[50] Auch das Victoriatheater kam
nicht in Betracht. Als weitere Bauplätze wurden in Erwägung gezogen, »der Königsplatz
rechts vor dem Brandenburger Thor (Palais
Raczynski), das Akademiegebäude Unter den

Linden, die Artilleriecaserne an der Spree, die
jetzt leerstehende Franz-Grenadier-Caserne in
der Commandantenstraße und die Grundstü-
ke der Porcellanfabrik und des Herrenhauses
in der Leipziger Straße.«[51] Wenig später wurde entschieden, daß der Reichstag ins Herrenhaus zieht, allerdings nur provisorisch.[52] Zum
zweiten Mal war der Platz, auf dem das Palais
Raczynski stand, ins Gespräch gebracht worden.

Das Abgeordnetenhaus ging jetzt energi-
scher vor. Am 19. November 1866 wurde erneut ein Antrag auf einen Abgeordneten-Neu-
bau gestellt. Das Haus beschloß in der Sitzung
vom 23. November 1866, eine Kommission
aus sieben Mitgliedern einzusetzen.[53] Gewählt
wurden Heinrich von Arnim, Wilhelm Grabow, Eduard Simson, Max Graf von Schwerin, Hans Viktor von Unruh, Eduard Georg
Graf von Bethusy-Huc und Franz Duncker.[54]
Von diesen sollten sich 1871 Simson, Unruh
und Duncker in der Reichstagsbaukommission wiederfinden. In den Sitzungen der Kommission saßen seitens der Regierung der Innenminister sowie der Baubeamte Eduard
Wiebe und Baurat Heinrich Herrmann.

Es vergingen nicht einmal drei Wochen, und
Unruh konnte dem Plenum als Ergebnis von
zwei Sitzungen berichten, daß ein »monu-
mentales Parlamentsgebäude auf einem anderen geeigneten Platze« errichtet werden möge. Auf das Angebot, auf dem Grundstück der
KPM zu bauen, sollte nicht eingegangen werden, weil man dort kein freistehendes Gebäude werde errichten können, und nur ein freistehendes Gebäude sei wirklich monumental.

Am 7. März 1867 ließ Itzenplitz fragen, ob
der Regierungs- und Baurat Heinrich Herrmann eine Reise nach London, Paris und Brüssel unternehmen könnte, um die technischen
Fortschritte in Ventilation und Heizung von
Parlamentslokalen zu studieren.[55] So reiste im
September 1867 Herrmann nach Paris und
Brüssel - nicht nach London -, um die dortigen Säle in Augenschein zu nehmen.[56] In der
Zwischenzeit war allerdings das Abgeordnetenhaus von Blankenstein, Cornelius und Jacobsthal umgebaut worden.[57]

1867 zog der Reichstag ins Herrenhaus ein. Bei der ersten Sitzung gab es übrigens eine besonders peinliche Panne - das Rednerpult war vergessen worden. Bismarck ließ mit den Worten: »Es sollte den Herren ihre wichtigste Rolle keineswegs verkümmert werden« sogleich ein neues Pult herbeischaffen.[58]

Im Herrenhaus (Reichstag) sah es jetzt so aus: »Die Wände sind schmucklos, pompeianisch roth gestrichen, die Decke ist in Felder geteilt, mit einfachen Rosetten von Stuck geziert, der Raum beschränkt, die Beleuchtung gerade ausreichend, dagegen die Ventilation mangelhaft, so daß bald eine drückende Schwüle, bald eine rheumaerzeugende Zugluft herrscht.«[59]

VOM NORDDEUTSCHEN BUND ZUM DEUTSCHEN REICH

Als Bismarck am 9. Juni 1870 den Abschluß der KPM-Verlegung bekanntgab, schien einem Neubau an dieser Stelle nichts mehr im Wege zu stehen. Der Krieg gegen Frankreich, der am 19. Juli 1870 vom Reichstag beschlossen worden war, brachte die Angelegenheit wieder ins Stocken.[60]

Die Sitzung des Reichstags des Norddeutschen Bundes vom 12. Dezember 1870 war die letzte, die im Gebäude des preußischen Herrenhauses stattfand.

Am 5. Januar 1871 berichtete der Regierungs-Kommissarius, Regierungs-Assessor Nieberding, daß der KPM-Umzug doch nicht so schnell vor sich gehe, als daß mit der Planung des Neubaus begonnen werden könne. Das Problem Reichstagsbau drängte allerdings jetzt massiv auf eine Lösung. Kaum war die Kaiserproklamation vonstatten gegangen, erhielt der frisch gekürte Monarch noch in Versailles einen Brief von seinem Kanzler aus der Wilhelmstraße: »Die Herstellung eines eigenen Parlamentsgebäudes für den Reichstag, in zweckentsprechender Verbindung mit den für den Bundesrath bestimmten Räumlichkeiten und den Bureaus des Bundeskanzler-Amtes läßt sich in der That ohne die erheblichsten Unzuträglichkeiten nicht länger hinausschieben.«[61]

Ab 21. März 1871 tagte der Reichstag vorerst im völlig unzulänglichen Abgeordnetenhaus in der Leipziger Straße 75. »Wenn auch der Norddeutsche Reichstag als Vorgänger des Deutschen Reichstages im alten preußischen Herrenhaus getagt hatte, so konnte der Deutsche Reichstag diese Tradition nicht aufnehmen, da durch den Zuwachs der süddeutschen Abgeordneten der Sitzungssaal des Herrenhauses zu klein geworden war, während der Sitzungssaal des alten Abgeordnetenhauses rein volumenmäßig den Reichstag aufnehmen konnte. Freilich war dieses Provisorium alles andere als bequem. Außer neuen Teppichen, einem neuen Türanstrich und einer Erweiterung des Ministertisches hatte man keine Änderung am Dönhoffplatz für die Beherbergung des Reichstages für nötig gehalten. Die Bibliothek des Reichstages war vom Herrenhaus mit hinübergenommen worden, sie war aber noch sehr bescheiden und füllte gerade ein Zimmer aus. Sie bestand im wesentlichen aus Gesetzessammlungen der norddeutschen Kleinstaaten.«[62] So der Stand der Parlamentsbauangelegenheit im März 1871, als sich der neue Reichstag konstituierte.

AUF DER SUCHE NACH EINEM STANDORT: DER KÖNIGSPLATZ

Im Zuge seines Heeresausbaus ließ der »Soldatenkönig« um 1730 mehrere Exerzierplätze um Berlin herum errichten, einer davon war ein etwa 100.000 m² großer Platz nördlich der Charlottenburger Chaussee - heute Straße des 17. Juni - dicht vor der Akzisemauer. Diese Gegend ließ er abholzen, mit Kastanien und Linden umpflanzen und fortan hier seine Soldaten drillen. Nördlich davon entstanden an der Spree allmählich Holz- und Lagerplätze.[63]

1767 folgte südlich der späteren Kronprinzenbrücke der Bau der Kaserne des Regiments Prinz Friedrich. Dafür wurde hier die Akzisemauer nach Westen ausgeweitet, die vor der Mauer verlaufende Straße erhielt den Namen »Kasarmenstraße«, heute Ebertstraße.[64]

Bis zur ersten Gestaltung des Platzes durch Lenné 1844-46 war dieser eine Sandwüste geblieben.[65] An der Westseite errichtete Ludwig Persius auf persönliche Weisung Friedrich Wilhelms IV. von September 1843 bis zum Februar 1844 das Etablissement Kroll, eine im alten Berlin legendäre Vergnügungsstätte.[66] Gegenüber entstand mit gleichem königlichen Engagement das Palais Raczynski. Beide Grundstücke beherbergten später den Reichstag - statt des Palais steht im Osten noch heute der Wallot-Bau, Kroll war nach dem Reichstagsbrand provisorisches Tagungslokal. Mit der Platzgestaltung und dem offensichtlichen Interesse des Königs an dieser Gegend hatte um 1845 die Bebauung des Spreebogens mit Wohnhäusern für die gehobenen Klassen begonnen, in der Mehrzahl anfänglich von Strack und Hitzig entworfen.

Am ersten Jahrestag der Erstürmung der Düppeler Schanzen im Krieg gegen Dänemark wurde am 18. April 1865 der Grundstein für ein Siegesdenkmal - ein einfacher Obelisk - gelegt. Preußens militärische Rundumschläge auf dem Wege zum deutschen Nationalstaat unter seiner Hegemonie überholten schnell diese fast zivile Bescheidenheit. Am 26. Oktober 1869 folgte eine zweite Grundsteinlegung für den Sieg über Österreich und Silvester 1871 die dritte - Frankreich hatte kapituliert. Nach dem Entwurf Stracks war nun aus dem Obelisken eine 46,14 Meter hohe Säule geworden, gekrönt von der Siegesgöttin Heinrich Drakes, die bis in eine Höhe von 61,5 Meter ragte.[67]

Die Reliefs am hallenartigen runden Unterbau stellten Ereignisse aus den drei Kriegen dar. Das Mosaik in der Halle - die Darstellung des Konflikts mit dem »Erbfeind« Frankreich wurde bis auf die Kämpfe der Germanen gegen die Gallier zurückgeführt - schuf Anton von Werner. Nach vierjähriger Bauzeit wurde die Siegessäule am 2. September 1873, dem »Sedantag«, mit nationalistischem Pomp eingeweiht.[68]

Das inzwischen exklusive Wohnviertel war ab Mitte der sechziger Jahre durch Berlins bekannteste Architekten bebaut worden, u. a. durch Ende & Böckmann, Hude & Hennicke, Adolf Lohse und wieder Friedrich Hitzig. Für den Reichstag also ein durchaus adäquates Umfeld.[69]

DAS PALAIS RACZYNSKI

Besitzer des für den Reichstagsneubau auserwählten Grundstücks am Königsplatz war der aus Polen stammende preußische Diplomat, Kunstsammler und -historiker Athanasius Graf Raczynski.

Mit seinem Bruder Eduard, beide bekannt als »Posener Medici«, hatte er bereits 1816 die Idee eines »polnischen Athen«, nach heutigen Maßstäben ein Kultur- und Wissenschaftszentrum, für Posen entwickelt.[70] Für die von Eduard gestiftete Bibliothek wurde 1819-28 am Hauptplatz ein dominantes Gebäude errichtet, 1828-29 folgte als dessen Seitenflügel im Auftrag von Athanasius ein Galeriebau nach Entwurf Schinkels. Raczynski schätzte Schinkel sehr, der in Posen und Berlin für ihn gearbeitet hatte. In seinem berühmten Gemälde »Parade Unter den Linden im Jahre 1837« ließ Franz Krüger nicht zufällig Raczynski, Schinkel und Peter Beuth eng zusammenstehen.

Noch vor Hängung der Bilder entschied sich jedoch Raczynski, seine Galerie nach Berlin zu verlagern. Nicht nur sein dortiger Wohnsitz und sein diplomatischer Posten in Kopenhagen waren für diese Sinnesänderung ausschlaggebend, sondern auch sein Erschrekken vor den revolutionären Aspekten des nationalen antirussischen Aufstandes von 1830 bis 1831.

In dem 1834 erworbenen und durch Schinkel umgebauten Haus Unter den Linden 21, heute vom Grand-Hotel überbaut, war die Sammlung öffentlich zugänglich.

Da das Haus Unter den Linden - verglichen mit dem Posener Bau - Raczynskis Anliegen als Galerie auf Dauer nicht genügen konnte, machte er seinen Wunsch nach einem Grundstück für einen freistehenden Galeriebau beim König bekannt. Mit der königlichen Kabinettsorder vom 30. März 1842 wurde ihm das Grundstück Königsplatz 2 in Aussicht gestellt. Dies geschah nicht zufällig - Peter Josef Lenné hatte in königlichem Auftrag den Platz zu gestalten und brauchte ein dem Etablissement Kroll gegenüberliegendes bauliches Äquivalent. Zwischen März und Juli 1844 wurden die komplizierten Vertragsbedingungen für die Überlassung des Grundstücks ausgehandelt.

Bei dem Vertrag, der das Datum 19. Mai 1847 trägt, handelt es sich nicht um einen Verkaufsvertrag, sondern um eine Art Pachtvertrag, das heißt: Raczynski erhielt ein Nießbrauchrecht. Dieses Recht war zeitlich nicht begrenzt. Sollten nach § 3 Raczynski oder seine Erben mehr als ein Drittel der Kunstwerke veräußern oder von der Galerie entfernen, war der Fiskus berechtigt, ggf. die Räumung zu verlangen und das Gebäude abbrechen zu lassen.[71] Der am 7. Juli 1844 von Strack vorgelegte Bau-Entwurf erhielt bereits am 15. Juli die Zustimmung des Bauherren.

Zu diesem Entwurf, ausgeführt 1844-1847, gehörten nicht nur das dreigeschossige Palais mit der tempelartigen Giebel-Fassade zum Platz und der Galerie im oberen Geschoß, sondern auch die anschließenden ebenfalls als Putzbauten ausgeführten zweigeschossigen staatseigenen Gebäude Königsplatz 1 (südlich) und 3 (nördlich). Beide waren als relativ einfache Wohnhäuser spiegelbildlich symmetrisch zum Palais gestaltet und mit diesem jeweils durch eine achtbogige Backstein-Arkade verbunden. Im südlichen Haus wurde das Atelier des Malers Peter von Cornelius eingerichtet, dem die Hochschule für Tonkunst un-

ter Joseph Joachim folgte, im nördlichen fanden mehrere Künstlerateliers Platz - für solche damals bedeutenden Künstler wie Karl Benjamin Stürmer, Wilhelm von Kaulbach, Ludwig Knaus und August Kaselowsky; sie unterstanden dem preußischen Kultusministerium. Cornelius scheint bereits Anfang 1847 sein Atelier und seine Wohnung bezogen zu haben. Raczynski weilte zu dieser Zeit in Lissabon. Doch der König ließ den Vereinigten Landtag für den 11. April 1847 einberufen, zu dem Raczynski erwartet wurde. Er machte die »schreckliche Seereise« von Lissabon über London nach Berlin mit gemischten Gefühlen. Denn auf der einen Seite mußte er »am widerwärtigen Vereinigten Landtag« teilnehmen, auf der anderen Seite aber wollte er sein fertiges Haus in Augenschein nehmen. Er traf am 28. März in Berlin ein, am 29. März 1847 trug er in sein Tagebuch ein: »Ich bin gestern gegen 6 Uhr angekommen. Ich fand mein Haus gut geraten. Es gefällt mir außerordentlich, es ist sehr bequem und die Galerie genügt mir.«[72] Da er wieder Dienst versehen mußte - diesmal in Madrid - bezog Raczynski sein Palais endgültig erst nach seinem Abschied aus dem diplomatischen Dienst im Jahre 1852. 1866 wurden - ebenfalls nach einem Entwurf Stracks - die Arkaden halbiert und dem Palais zwei kleine Seitenflügel angefügt - ausführender Baubeamter war Wilhelm Haeger, der - Ironie der Geschichte - später Wallots rechte Hand wurde.[73]

Reichstagsprovisorien 1871-1894
Der Reichstag in der Leipziger Straße 3

Wie schon gesagt, betrachteten Zeitgenossen der Gründerzeit nicht 1871, sondern 1867 als das erste Jahr des Reichstags. Bereits der Norddeutsche Bund hatte am 12. Februar 1867 einen Reichstag wählen lassen, den der König am 24. Februar im Weißen Saal des Stadtschlosses eröffnete, und der vom 25. Februar bis zum 17. April im Hause Leipziger Str. 3 die erste Sitzungsperiode abhielt.[1] Die am 16. April angenommene Verfassung bestimmte Preußen zur Präsidialmacht und zur Übernahme der Außenpolitik, seinen König

zum Bundesfeldherren. Als Hauptstadt des Norddeutschen Bundes trat Berlin 1867 mit der Leipziger Str. 3 in die Geschichte der Parlamentsbauten des Deutschen Reiches ein.

Das Gebäude in der Leipziger Straße 75, in dem der am 3. März 1871 gewählte Deutsche Reichstag am 21. März 1871 zusammentrat und Otto von Bismarck zum Reichskanzler wählte, war baulich genauso mangelhaft wie das seines Vorgängers. Darüber ist bereits ausführlich berichtet worden.

Nach noch nicht einmal einer Woche im

Abgeordnetenhaus in der Leipziger Straße 75, früher 55, am Dönhoffplatz

29

»neuen« Hause richtete am 28. März 1871 der Abgeordnete Johannes Miquel, späterer preußischer Finanzminister, eine Interpellation oder kleine Anfrage an die Regierung. Er wollte Klarheit über Regierungspläne für einen Parlamentsneubau haben, insbesondere über eine eventuelle Regierungsvorlage noch in der laufenden Legislaturperiode. Miquel begründete seine Anfrage mit den in der Stadt Berlin kursierenden Gerüchten über derartige Pläne.[2] Am nächsten Tag fand die erste Aussprache über diese Anfrage statt und eröffnete die zwei Jahrzehnte dauernde Diskussion.

NEUBAU ODER UMBAU - DEBATTEN UND STANDPUNKTE IM FRÜHJAHR 1871

Das von Johannes Miquel aufgeworfene Problem eines Parlamentsneubaus wurde während der nächsten zweieinhalb Monate nicht nur im Reichstag, sondern auch in der Fachpresse und im Architekten-Verein lebhaft diskutiert. Nicht nur den Reichstagsabgeordneten lag an einem geeigneten Neubau, sondern auch der Regierung. Das Parlament war aber letztlich nicht so wichtig, es hatte zwar Gesetzgebungsfunktion, aber die Existenz der Regierung war von ihm unabhängig. Damit bestand für die Regierung keine Notwendigkeit, den Wünschen der Parlamentarier nach einem »würdigen, monumentalen« Neubau zu entsprechen. Für Bismarck und Minister Rudolf Delbrück hätte ein einfaches zweckmäßiges Gebäude in Nähe des Regierungsviertels durchaus genügt. In diese Richtung gingen bereits ausgearbeitete Pläne des Beamten Heinrich Herrmann vom Frühjahr 1871 für einen Neubau in der Wilhelmstraße zwischen der Deckerschen Oberhofbuchdruckerei und dem Palais des preußischen Königlichen Haus-Ministeriums.

Der Architekten-Verein vertrat wegen der Gestaltung eines Parlamentsbaus eine andere Position als die Regierung. Ein Parlamentsneubau wurde als »heilige Pflicht« und damit als eine Aufgabe gesehen, an der die besten Architekten Deutschlands ihre Kräfte messen

sollten.[3] Das Vereins-Organ, die von K. E. O. Fritsch herausgegebene »Deutsche Bauzeitung« (DBZ), war während der gesamten Geschichte des Reichstagsbaus eine nicht zu unterschätzende Stimme in der öffentlichen Diskussion.

Zur Diskussion der Miquelschen Anfrage benötigte der Reichstag zwei Sitzungen am 29. März und 19. April 1871. Im wesentlichen wurde die Debatte von Mitgliedern der nationalliberalen Fraktion einerseits und Vertretern der Regierung andererseits beherrscht. Obwohl Delbrück und der Abgeordnete der Fortschritts-Partei Leopold Freiherr von Hoverbeck sonst sehr gegensätzliche Ansichten vertraten, nahmen sie hier eine gemeinsame Position in der Befürwortung eines möglichst kleinen, funktionstüchtigen Gebäudes in Regierungsnähe ein. Als Präsident des Reichskanzleramtes erklärte Delbrück, daß die Regierung sogar während der Friedensverhandlungen in Versailles unablässig damit beschäftigt gewesen sei, eine Lösung für den Reichstag des Norddeutschen Bundes zu finden.[4] Vorgesehen sei ein Parlamentsgebäude auf dem Grundstück des Kanzleramtes gewesen; über den Standort eines neuen äußerte sich Delbrück allerdings nicht.[5]

Hoverbeck argumentierte ähnlich. Er befürchtete, daß die parlamentarische Arbeit zugunsten der Repräsentation vernachlässigt werden könne und warnte davor, Monumentalität statt Zweckmäßigkeit zu wählen: »Die erste Frage ist die, ob die parlamentarischen Zwecke sich erreichen lassen. Wenn das in einem verhältnismäßig einfachen Gebäude geschieht, dann ist es mir viel lieber, wenn die späteren Jahrhunderte sagen: Seht, in diesen schlichten, aber zweckmäßigen Räumen faßte man diese großen Beschlüsse! - als wenn man umgekehrt sagt: Mein Gott, das Gebäude sieht herrlich aus, aber die Beschlüsse sind etwas kleiner ausgefallen.«[6]

Völlig anderer Meinung waren Hans Viktor von Unruh in seltener Übereinstimmung mit August Reichensperger und der DBZ. Unruh meinte, ein Reichstagsgebäude müsse monumental sein, und ein Monument könne man nicht zwischen andere, noch dazu unpassende Häuser einzwängen. »Ein Gebäude in einer Straßenfront, sie mögen ihm eine hübsche oder schlichte Schürze vorbinden, bleibt eben nur eine einfache Facade, nichts weiter.«[7] Auch Reichensperger sprach sich für ein freistehendes Gebäude aus und plädierte darüber hinaus für eine neogotische Architektur, womit er unglücklicherweise viel zu früh für diese Phase der Debatte die Stilfrage aufgeworfen hat.

Eine dritte Position wurde von dem Geraer Nationalliberalen Dr. Karl Braun vertreten, der sich zwar für einen Monumentalbau als endgültige Lösung aussprach, zunächst aber für einen provisorischen Neubau plädierte, da, wie er sagte, »noch mancher Tropfen Wasser die Spree hinunterlaufen wird, ehe ein neues Parlamentsgebäude an deren Ufern fertig dasteht«.[8] Der preußische Abgeordnete (NL) Georg von Bunsen war derselben Ansicht. Er führte sogar zwei Selbstmorde[9] auf Baumängel im Abgeordnetenhaus zurück und forderte, daß sofort eine Sachverständigenkommission zur Behebung dieser baulichen Probleme eingesetzt werde. Die Gegner eines Provisoriums argumentierten, »daß es kein sichereres Mittel gibt, das Definitivum ad calendas graecas aufzuschieben, als ein recht bequemes Provisorium zu schaffen«.[10]

Bis zur Debatte am 19. April gingen noch mehrere Anträge ein, die mehr oder weniger die Ansicht Brauns stützten. Am Ende der Diskussion wurde beschlossen, eine Kommission zur Suche nach einem geeigneten Grundstück, Ausarbeitung des Bauprogramms und Festlegung der Teilnahmebedingungen für einen öffentlichen Wettbewerb zu bilden; ferner sollte diese Kommission Vorschläge für eine provisorische Lösung ausarbeiten.

Ein großer Teil der Debatte beschäftigte sich unnötigerweise mit in absehbarer Zeit überhaupt nicht aktuellen Problemen. Dazu gehörte die von Reichensperger vom Zaune gebrochene Kontroverse um den architektonischen Stil eines Neubaues, die er dann mit seiner kompromißlosen Befürwortung der Neogotik über Jahre hinweg schürte.

Da ihm heftig widersprochen worden war, ergriff Reichensperger als letzter Redner vor der Abstimmung nochmals das Wort. Er »verlangte in einer längeren, gegen die sichtbare Ungeduld des Hauses ankämpfenden Rede«, die Stilfrage hier und jetzt zu klären und sorgte zugleich im Plenum für einige Unterhaltung.[11] Er wies auch auf die Erfahrungen beim Londoner Parlamentsbau und auf den bevorstehenden Neubau des Reichsratsgebäudes in Wien von Theophil von Hansen hin. Dennoch war er nicht für eine öffentliche Konkurrenz, da eine solche noch niemals zu einem befriedigenden Resultat geführt habe.

Der anglophile Georg Graf zu Münster (Freie Konservative Vereinigung - FrKV) aus Hannover, der sich scharf gegen die Neogotik gewandt hatte, stellte eine die Baupläne beeinflussende Verfassungsänderung zur Einrichtung eines Oberhauses in den Raum, die wiederum vom Stettiner Zentrumsführer Moritz von Blanckenburg vehement attackiert wurde; schrecklich der Gedanke einer Stärkung der preußisch-junkerlichen Elemente - geradezu protestantisch - in der Legislative; sicherlich bot das Bild eines Oberhauses nach preußischem Vorbild keine Reize für einen Katholiken.

In dieser frühen Phase der Debatte ergriff als sechster Redner auch Bismarck das Wort, was sofort zu einer vollbesetzten Zuschauertribüne führte. Er bestätigte zunächst die Absicht der preußischen Abgeordneten, also der derzeitigen Gastgeber des Reichstages, das Grundstück der Königlichen Porzellan-Manufaktur Leipziger Str. 4 für einen eigenen Neubau zu reservieren. Damit waren alle Spekulationen über diesen Standort für den Reichstag gegenstandslos. Bismarck plädierte zwar für die Delbrücksche Lösung, hatte gleichzeitig jedoch Verständnis für die Klagen über die bestehenden Mängel. Das Haus sei zu eng. »In der Unmöglichkeit aufzustehen, ohne vier bis fünf Kollegen zu stören«, sei das Haus »unerträglich« und die Ermüdung, »die aus diesem zellenartigen Eingesperrtsein ... auf die Stimmung des einzelnen miteinwirkt« unvermeidlich (Heiterkeit). Die Nebenräume, wovon es

Das provisorische Reichstagsgebäude in der ehemaligen Königlichen Porzellan-Manufaktur, Leipziger Straße 4

zu wenig gäbe, seien schlecht. In anderen Parlamenten gäbe es Räumlichkeiten, »wo man selbst einen Ausländer, ohne zu erröthen ... kann warten lassen«.[12]

DIE REICHSTAGSBAUKOMMISSION

Die Bildung der Reichstagsbaukommission bereitete große Schwierigkeiten und wirkte auf viele eher komisch als parlamentarischwürdevoll. Uneinig war man zunächst über alles - die Mitgliederzahl, den Wahlmodus, die Beteiligungen des Bundesrates, des Staates Preußen und der Stadt Berlin sowie der Architektenschaft und die Zuerkennung von Stimm- und Vorschlagsrechten. Einigkeit bestand zumindest über den Status der Kommission; im Sinne der Geschäftsordnung war

es keine »gewöhnliche«, da auch Nichtparlamentarier Mitglied werden sollten. Aus formellen Gründen hießen sie nicht mehr »Vertreter« oder »Mitglieder«, sondern »Delegirte.«

Der Bundesrat beschloß am 15. Mai, drei Vertreter und zwei Stellvertreter in die Kommission zu entsenden. Das Reichstagsplenum erhöhte daraufhin die Zahl seiner Vertreter auf sieben, was zunächst nicht vorgesehen war. Um nicht den unerwünschten Eindruck zu erwecken, dies sei eine regelrechte Kommission, regte Unruh an, die Delegierten aus der Mitte des Reichstags zu wählen, nicht aus den Abteilungen. Das Plenum lehnte diesen Vorschlag ab und wählte am 17. Mai sieben Vertreter aus den sieben Abteilungen, Stellvertreter wurden nicht ernannt. Namentlich waren

dies Carl Friedrich von Denzin, Adalbert von Nordeck zur Rabenau, Franz Duncker, Georg Graf zu Münster, August Reichensperger, Hermann Römer, Hans Viktor von Unruh und Reichstagspräsident Martin Eduard von Simson. Aus dem Bundesrat kamen Theodor Weishaupt, Gustav von Schlör, der nach kurzer Zeit durch Maximilian Pergler von Perglas

ersetzt wurde, Friedrich Daniel Krüger, als Stellvertreter waren Karl von Hofmann und Bernhard von Bülow nominiert. Die preußische Regierung berief bei der Konstituierung der Baukommission zusätzlich zwei hohe Baubeamte in die Kommission, die allerdings kein Stimmrecht erhielten, die Architekten Heinrich Herrmann und Friedrich Hitzig. Vom

Das Gebäude des
Herrenhauses,
Leipziger Straße 3

*Der Sitzungssaal
des Reichstages,
Leipziger Straße 4*

Berliner Magistrat kam der Polizeipräsident Lothar von Wurmb hinzu.

Die Kommission hatte keine festgelegte Arbeitsweise. Sie trat nach Bedarf, in der Regel spätnachmittags oder frühabends, zumeist im Gebäude des Reichsamts des Innern in der Wilhelmstraße 74, das zugleich das Kanzleramt war, zusammen. Über jede Sitzung wurde Protokoll geführt, jedoch nicht wörtlich, sondern subsumierend. Die Bundesratsmitglieder schrieben zusätzlich Berichte an ihre Vorgesetzten, die Minister des Auswärtigen; Weishaupt berichtete Delbrück. Die vom Reichstag entsandten Delegierten waren nicht zur Berichterstattung verpflichtet.[13] Anfang 1898 wurde die in Besetzung und Aufgabenstellung mehrfach veränderte Kommission mit dem weitgehenden Abschluß der künstlerischen Ausstattung des Reichstagsgebäudes am Königsplatz aufgelöst.

Zur Schaffung eines Provisoriums beriet die Kommission zwischen dem 1. und dem 14. Juni sechsmal, vor 1873 sah sie keine Möglichkeit der Fertigstellung. Als Bismarck davon hörte, stattete er der Kommission in der vierten Sitzung am 10. Juni einen Besuch ab - er mußte ein Lokal bis zum Herbst haben, die Nachteile des jetzigen waren zu groß. Bismarck wies auf das provisorische Parlamentshaus in Wien als Beispiel für eine in kürzester Frist erreichbare befriedigende Lösung hin.[14] Ein provisorischer Bau brauche nicht länger als fünf Jahre zu stehen; bis dahin würde auf jeden Fall ein endgültiges Parlamentsgebäude fertig sein können. Und er schlug als allerschnellste Lösung die Überbauung bzw. Überdachung des ersten Hofes der Königlichen Porzellan-Manufaktur (KPM) vor.

Herrmann und Hitzig hielten eine derartige Lösung zwar für praktikabel, machten aber darauf aufmerksam, daß damit die Pläne für den Bau eines Sitzungslokals für das Abgeordnetenhaus nicht mehr realisierbar wären. Duncker und Reichensperger wandten sich gegen diesen Plan, weil die Überdachung des Porzellanmanufakturhofes nicht genügend Raum böte. Dennoch wurden die beiden Architekten beauftragt, einen Plan nach Bismarcks Vorschlag binnen drei Tagen vorzulegen und am 13. Juni darüber zu berichten.

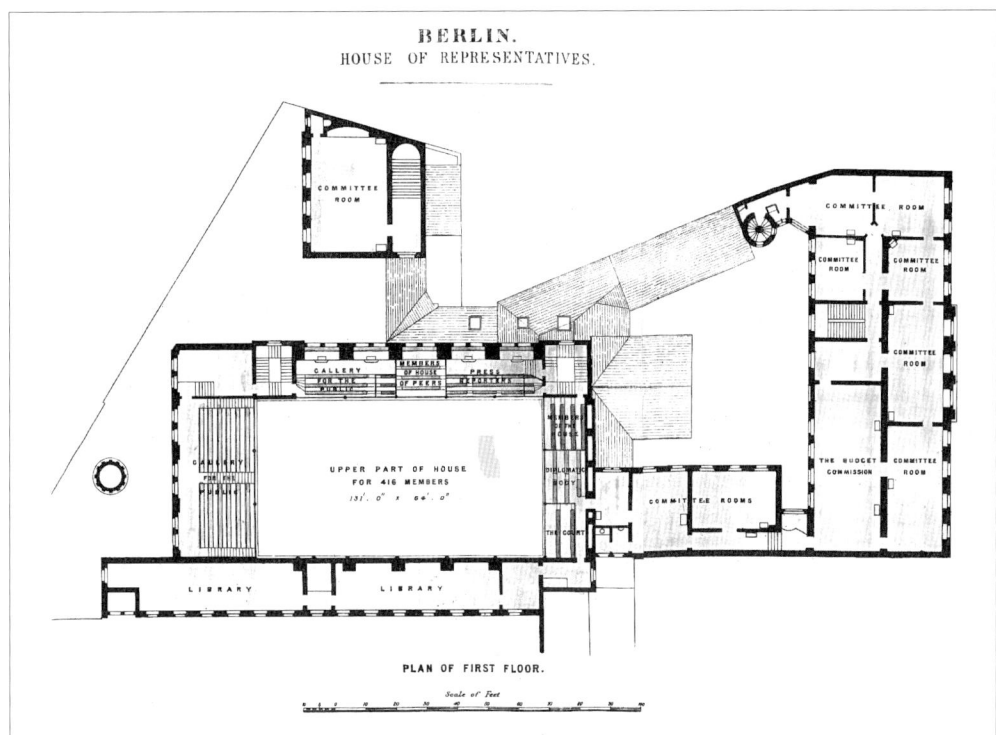

Über seinen furiosen Auftritt, mit dem er die Kommission regelrecht überfahren hatte, war Bismarck höchst zufrieden und soll am gleichen Abend geäußert haben, er sei so aufgeräumt, weil »er unmittelbar vorher wie eine Bombe in die Parlamentsbaukommission hineingeplatzt war und dort zum Entsetzen der Geheimräterei, aber zur großen Genugtuung der Parlamentsmitglieder den Stein in rasches Rollen gebracht hatte«.[15]

Zu den nächsten Sitzungen der Kommission am 13. und 14. Juni lag ein Plan Hitzigs zur Überbauung des ersten Hofes der KPM in Fachwerkbauweise vor. Obwohl sich Unruh dagegen aussprach, beschloß die Kommission, Hitzigs Entwurf dem Reichstagsplenum vorzuschlagen.[16]

Am nächsten Tag, dem 15. Juni, trat der Reichstag erneut zusammen, um Drucksache Nr. 195, betreffend den Bau eines Parlamentshauses für das Deutsche Reich, zu erörtern. Erneut sprach sich Unruh gegen den Plan von Hitzig aus, diesmal mit dem Argument, ein

Fachwerkbau werde die technischen Mängel überhaupt nicht beheben: »Man sollte nicht glauben, daß man in einem Fachwerkgebäude, in einem solchen neuen Gebäude, eine Ventilation herstellen kann ... Diese Anforderung ist für Norddeutsche überhaupt nicht zu erfüllen. Ventilation ist Luftveränderung, Lufterneuerung ist Luftbewegung und jede Bewegung der Luft, auch wenn sie ganz gleiche Temperatur hat, nennt der Norddeutsche Zug.«[17] Bismarck verteidigte seinen Plan. Man müsse jetzt bauen, die ursprüngliche Vorstellung der Kommission von zwei Jahren Planungs- und Bauzeit »würde uns dennoch in die Lage bringen, für diesen Herbst irgend ein Provisorissimum zu suchen (Heiterkeit), sei es durch Neubau, sei es durch Umbau des hiesigen Lokals oder desjenigen des Herrenhauses«.[18] So ging alles »par ordre de Bismarck« durch, und der Reichstag beschloß auf der letzten Sitzung vor der Sommerpause am 15. Juni, den Hof der KPM zu übernehmen.

Das provisorische
Reichstagsgebäude Leipziger Straße 4
Bismarck kontra KPM

*Der Hof des
KPM-Gebäudes*

Das auf dem langen schmalen Grundstück von 400 x 60 Metern stehende Haus Leipziger Straße 4 wurde von 1735 bis 1737 von einem Major von Aschersleben (offenbar gezwungenermaßen) errichtet, denn er verkaufte es umgehend an einen Geheimrat von Sellenthin. 1761 erwarb es der Bankier und Fabrikant Gotzkowsky, um dort auf Betreiben Friedrichs II. eine Porzellanfabrik einzurichten. Finanzi-

elle Schwierigkeiten, u. a. verursacht durch den Vorschuß von Geldern für Berlin 1760 auferlegte russische Kontributionen, zwangen ihn nach zwei Jahren zum Verkauf der Manufaktur an die Krone. Als Königliche Porzellan-Manufaktur (KPM) baute sie Friedrich II. zum Staatsunternehmen aus.[1] Wegen fehlender Erweiterungsmöglichkeiten stand eine Verlagerung schon länger ins Haus, als der preußische Innenminister Friedrich Graf zu Eulenburg im Preußischen Abgeordnetenhaus 1865 einen Antrag zur Verlegung der KPM an die Spree einbrachte - die Belästigung des benachbarten Herrenhauses durch Lärm, Staub und vor allem Rauch war inzwischen unerträglich. 1867 stimmte das Abgeordnetenhaus

Direktor der KPM. Damit waren die Tage der KPM in der Leipziger Straße gezählt. Auf welche Weise Bismarck, »der den Reichstag nicht am wenigsten mit erschaffen, ... ein vorzüglich gelungenes provisorisches Haus herbeigezaubert hat«[2], gehört zu den kuriosesten Episoden einer ohnehin schon merkwürdigen Geschich-

zu, und am westlichen Rande des Tiergartens wurde auf einem bereits von der KPM genutzten Areal ein neuer Betriebskomplex geplant.

In das beidseitig des heute verrohrten Schafgrabens zwischen Englischer und Wegelystraße gelegene Manufakturgelände wurde die Königliche Gesundheitsgeschirr-Manufaktur am Spreebogen, gegründet 1795 als Zweigbetrieb der KPM und 1866 geschlossen, einbezogen. Der Entwurf für die KPM stammte von dem Architekten Gustav Möller, dem späteren

te. Die Ausführung des »Provisoriums« sollte sofort beginnen. »Aber die Manufaktur hinderte durch ihre Anwesenheit den Beginn der Arbeit, denn die Neubauten in Charlottenburg gingen langsam vorwärts ... Da kam eines Morgens Bismarck in die Leipziger Straße geritten.« Auf die Frage nach dem Ende der Räumung bekam er zu hören, daß es noch einige Tage dauern könne. Bismarck sagte »... kurz und bündig, daß er die Feuerwehr anrücken lassen werde, wenn die Manufaktur

Sitzung im Reichstag, Leipziger Straße 4

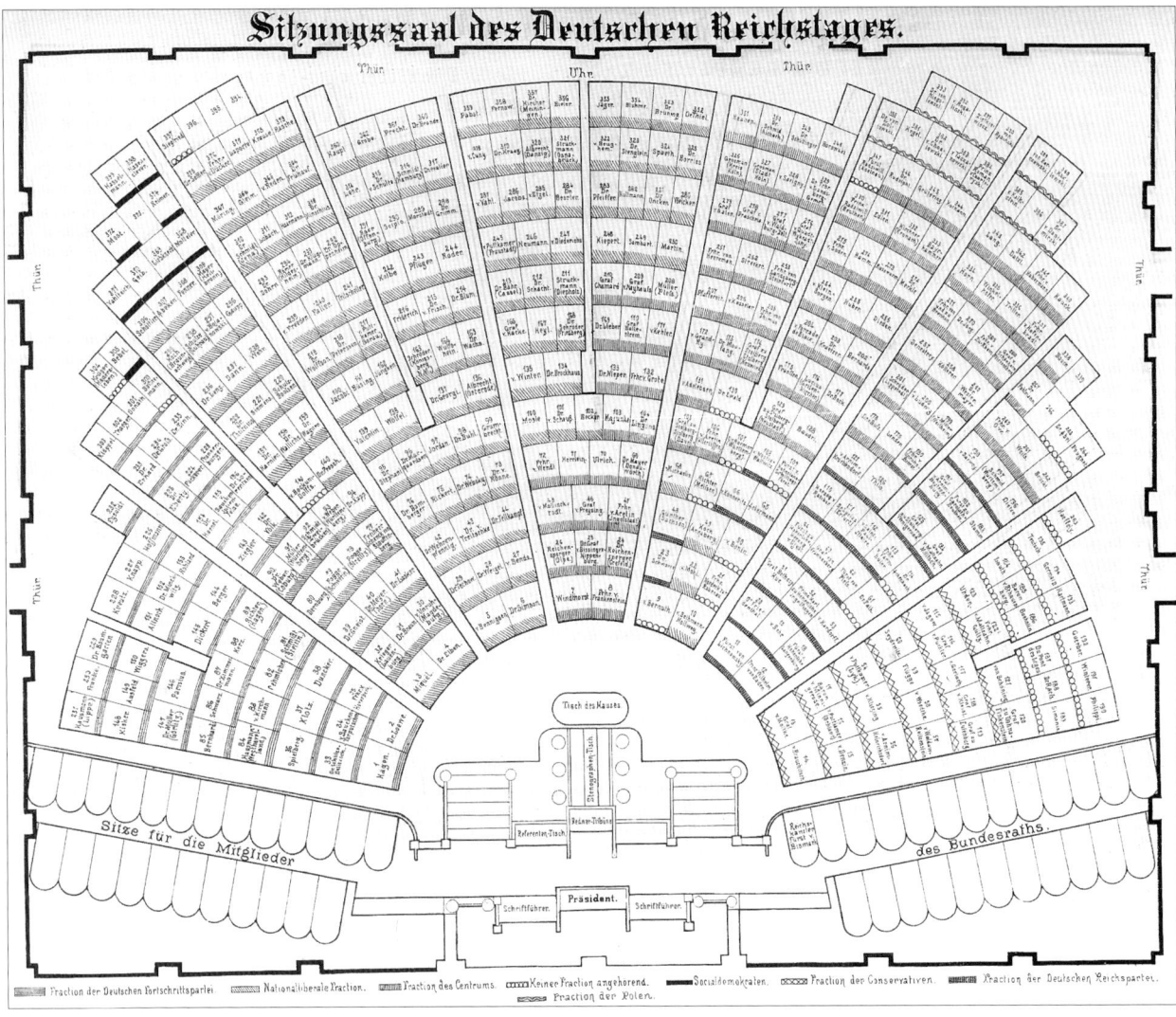

Sitzordnung im Reichstag, Leipziger Straße 4

sich nicht schleunigst zum Auszug bequeme ...«.[3] »Der Reichskanzler gab sofort dem Baumeister den Befehl, im Falle die Räumung innerhalb von drei Tagen nicht beendigt sei, das dann noch im Gebäude befindliche Porzellan auf die Straße zu werfen, und daß dies geschehen werde, der Direktion der Porzellan-Manufaktur sogleich anzuzeigen. Diese mietete nun eine Anzahl Möbelwagen und Körbe und die Räumung erfolgte innerhalb der bestimmten Frist.«[4] Der Direktor der KPM, der oben erwähnte Möller, war zum Zeitpunkt dieses Vorgangs zum Besuch der Gewerbeausstellung in London: »Telegraphisch zu-

rückberufen, fand ich die Sache so weit fortgeschritten, daß mir nur übrigblieb, zu retten, was zu retten war, auch selbst zu flüchten, da mir das Haus im buchstäblichen Sinne über dem Kopfe abgebrochen wurde ... Von einem geordneten Umzug konnte unter solchen Umständen nicht die Rede sein, um so weniger, da noch keines der Gebäude der neuen Fabrik völlig fertig war.«[5] So wurde nur das Vorderhaus in der Leipziger Straße geräumt; die Räumung des restlichen Lagers erstreckte sich noch über ein Jahr.

DAS PROVISORISCHE HAUS DES DEUTSCHEN REICHSTAGES.

Grundriss.

DER UMBAU

Der Bau des Plenarsaales in der angestrebten kurzen Zeit war nicht einfach: »Es scheint allerdings wahrscheinlich, daß dem berühmten Staatsmann bei seinem Vorschlage ... eine wesentlich einfachere und ziemlich primitive Lösung vorgeschwebt hat, und daß er die technischen Schwierigkeiten ... in vollem Umfange wohl nicht zu überschauen vermochte.«[6] Dennoch konnten die Berliner Architekten alle Probleme meistern. Nach Hitzigs Planung hatte die Architektengemeinschaft Gropius &

Schmieden die Ausführungsunterlagen geliefert und war auch mit der Bauleitung beauftragt worden, den Maurerfirmen Koch und Lauenburg oblag die Bauausführung.

Der Bauplatz wimmelte von Menschen: »170 Maurer, 60 Zimmerer, 130 Handlanger und 140 Schachtarbeiter bei Tage; 83 Maurer, 40 Zimmerer, 60 Handlanger und 190 Schachtarbeiter bei Nacht. Elektrisches Licht, ein Novum für den Baubetrieb, wurde an drei Stellen mit insgesamt 360 Elementen angebracht und war mit einem Kostenaufwand von 40 Talern

In der Registratur des Reichstags. Der Sitzende ist wahrscheinlich der Hausinspektor, »der alte Happel«

pro Nacht eine geradezu luxuriöse Einrichtung.«[7]

Der Baubetrieb erregte viel Aufsehen, nicht zuletzt wegen des Berliner Bauarbeiterstreiks. Innerhalb der 116 Tage vom Baubeginn am 24. Juni 1871 bis zur Fertigstellung am 16. Oktober 1871 gingen am provisorischen Reichstag 42 Tage durch Streiks vom 17. Juli bis zum 28. August verloren. Die Löhne im Berliner Baugewerbe waren zwar wesentlich höher als auf dem Lande, doch gemessen an den hohen hauptstädtischen Lebenshaltungskosten und dem langen Arbeitstag waren sie viel zu niedrig. Für den üblichen 11-Stunden-Tag erhielten die Maurer einen Taler. Im Jahr konnte auch nur von April bis November gearbeitet werden.

Am 7. Mai, also noch vor Beginn der Ar-

beiten am provisorischen Reichstagsgebäude, legten die Maurer ihre Forderungen auf den Tisch; die Meister ließen sich mit ihrer Antwort Zeit. Am 17. Mai lehnten sie die Forderungen ab. Es folgten zwei Monate heißen Disputs, bis die Maurer am 17. Juli in einen sechswöchigen Streik traten. Mit der Zeit schlossen sich die Zimmerleute, die Steinträger und Vertreter anderer Gewerke an, bis die Arbeit am Bau schließlich völlig eingestellt werden mußte. Für alle Beteiligten galt der Streik als einer der »schweren und hartnäckigeren Konflikte«. Nur an jenen Bauten wurde weitergearbeitet, wo die Meister einen Lohnrevers unterschrieben hatten, durch den die Forderungen anerkannt wurden. Die Meister beim Reichstagsbau - Koch und Lauenburg - mußten unterschreiben, »unter dem äußersten

Druck der Verhältnisse«.[8] Als am Sonnabend, dem 14. Oktober, eine Delegation des Architekten-Vereins die Baustelle besuchte, war der Bau, von einigen »ganz unwesentlichen Ausrüstungen« abgesehen, trotz des Streiks nur vierzehn Tage später als ursprünglich vorgesehen fertiggestellt.[9]

Am 16. Oktober 1871 zogen die Abgeordneten zur ersten Sitzung in das neue Haus ein. Präsident Martin Eduard von Simson dankte den Baumeistern in der 6. Sitzung am 20. Oktober. Der Reichstag hatte nun sein Provisorium, seinen neuen »Kriegsschauplatz«.[10] Ein recht dauerhaftes Provisorium, das dann 23 Jahre seinen Dienst tat![11]

Die umfänglichen Umbauten im Inneren waren an der Fassade vorerst kaum sichtbar: »Der Haupteingang für die Mitglieder des Hauses liegt in der Mitte, während die seitlich gelegene Durchfahrt zu den Bureaus und den Tribünen führt. Die letzteren liegen auf drei Seiten des Sitzungssaales über den Korridoren. Der Sitzungssaal, 22 m breit, 28,25 m lang und 13-15 m hoch, enthält 400 Klappsitze mit verschließbaren Pulten ... Das zu beiden Seiten der Tribünen-Anlage angeordnete, erhöhte Podium des Bundesrathes enthält 44 Sitze. Die Tribünen des Publikums ... enthalten 315 Plätze. Der Saal ist durch Oberlicht erleuchtet. Bei Abendsitzungen werden eiserne Wagen mit 660

Mitglieder des Reichstags. In der Mitte Feldmarschall Hellmuth von Moltke

41

Reichstagspräsident Albert von Levetzow

Gasflammen, über denen neusilberne Reflektoren angebracht sind, über die Glasfläche des inneren, schräg liegenden Oberlichtes gerollt.«[12] Diese Beleuchtungstechnik hatte in Berlin erstmals Eduard Knoblauch bei der Neuen Synagoge angewandt.

Die in einem zum Rednerpult geöffneten Halbkreis angeordneten Sitze mit einer Breite von 0,63 m und einer Tiefe von 0,78 m waren so gruppiert, »dass neben einem zentralen Mittelgange so viele radiale Quergänge angelegt wurden, dass ein Abgeordneter beim Verlassen seines Sitzes höchstens an einem Nachbar vorbei zu passiren hat. Diese Anordnung, durch welche die Gesamtzahl der Plätze in sieben keilförmige Hauptgruppen zerlegt worden ist, die in dem inneren Halbkreise in einer Breite von zwei Plätzen auslaufen, macht neben ihren sonstigen Vorzügen auch eine sehr bequeme und übersichtliche Vertheilung der einzelnen Fraktionen möglich, die auf jenen Vorderplätzen voraussichtlich ihre streitfertigsten Kräfte plaziren werden, während die schweigsameren Mitglieder des Hauses die aufwärts gelegenen Sitze erhalten dürften.«[13]

Ein Bauwerk, bei dem die veranschlagten Kosten eingehalten werden, gilt als Kuriosum, wenn nicht als Wunder. So gesehen war das Provisorium völlig normal; unnormal war aber das Maß der Kostenüberschreitung für den Umbau. Geplant waren 170.000 Taler, die tatsächlichen Kosten betrugen schließlich aber 451.304 Taler. Dafür lassen sich zwei wesentliche Gründe nennen: die durch den Streik entstandenen Kosten und die während des Baues gesteigerten Ansprüche an Komfort und Ausstattung.

Dem Bautempo geschuldet waren erhebliche Konstruktionsfehler. Bereits am 19. Mai 1873 erntete der Hildesheimer Römer Heiterkeit mit seiner Bemerkung, daß das Haus »fast täglich durch kleine Zeichen zu erkennen giebt, daß es sich bereits in der Auflösung befindet«. Der Zentrumsführer, »kleine Exzellenz« Ludwig Windthorst sprach sogar davon, daß man sich »in einer gewissen Lebensgefahr« befinde.[14] »Es ist nämlich fort und fort von der Decke dieses Saales bald Glas, bald Anderes hinunter gefallen, (Heiterkeit links) und hat sehr scharf eingeschnitten. Es ist das garnicht lächerlich.«[15]

LEBEN IM REICHSTAG, LEIPZIGER STRASSE 4

Der Raummangel führte zwar schon 1874 zu einem fünfmonatigen Umbau des Vorderhauses mit den Büroräumen durch Wilhelm Neumann, der auch die Fassade umgestaltete, der Saal aber blieb bis zum Umzug in das neue Reichstagsgebäude 1894 ohne grundlegende bauliche Verbesserungen bestehen. Die Arbeitsbedingungen waren teilweise katastrophal, wie sie der spätere Reichstagsdirektor Oskar Knack in seiner Raumbedarfsanalyse für den Wettbewerb 1882 beschrieb: »Gegenwärtig bestehen 7 Arbeitszimmer für Journalisten. Für das weitere Bedürfniß ist ein Mehr von 3 Piecen [Zimmer] in Aussicht genommen. Ein Theil der Journalisten hat bis zum Schluß der vorigen Session in ungeeigneter Weise in einem Kellerraum neben Holzvorräthen und dem Maschinenraum untergebracht werden müssen. Durch Räumung einer Dienstwohnung sind zwar 5 Arbeitszimmer im unmittelbaren Anschluß an den Plenar-Sitzungssaal hergestellt. Doch entsprechen diese, mit 2,53 m Höhe, in keiner Weise dem Bedürfniß.«[16] Bis zum Abriß Ende Dezember 1898 nutzte der »Nationalverein zur Hebung der Volksgesundheit« das Haus.[17]

Dies, und nicht der erst 1895 fertiggestellte Wallotbau, war das Gebäude, in dem Bismarck am 19. Oktober 1878 das Sozialistengesetz durchgesetzt hatte. Auch das Scheitern dieses Gesetzes am 30. September 1890 erlebte dieses Haus.[18] Hier hatte Bismarck am 6. Februar 1888 den denkwürdigen Satz gesprochen: »Wir Deutschen fürchten Gott und sonst nichts in der Welt.« 23 Jahre wurde hier deutsche Politik gemacht. Das Ende des Gebäudes war alles andere als rühmlich: »Das alte Reichstagsgebäude ist in diesem Herbst [1899/d.V.] auf Abbruch verkauft und in wenigen Wochen - in Berlin arbeitet dieses Spezialhandwerk der Häuserschlächterei ungewöhnlich schnell - niedergerissen worden ... Man braucht gar nicht sentimental zu sein, um noch jetzt zu bedauern. daß das ehrwürdige alte Reichstagsgebäude pietätlos ausgenützt und etwa so behandelt worden ist wie ein edles Roß, das schließlich im warmen Wurstkessel des nächtlichen Hausierers endet ... Auch daß man nichts aus dem alten in das neue Haus zum Andenken übergeführt hat, ist zu bedauern und beweist mangelndes Interesse für geschichtlichen Zusammenhang.«[19]

Zumindest konnte der Preußische Landtag nunmehr seine uralten Pläne verwirklichen. Bereits 1892 hatte der Bau des neuen Preußi-

Journalisten auf der Tribüne

schen Landtages mit dem Abgeordnetenhaus an der Prinz-Albrecht-Straße, heute Niederkirchnerstraße, und dem Herrenhaus an der Leipziger Straße 3/4 nach Entwürfen von Otto Schulze-Kolbitz begonnen; diese Bauvorhaben waren 1899 bzw. 1904 beendet worden.

Reichstagsbau-Wettbewerb 1872
Die Standortwahl...

*Der 1872 preis-
gekrönte Entwurf
von Ludwig Bohnstedt*

Zu den Aufgaben der Reichstagsbaukommission gehörte nicht nur die Schaffung eines Provisoriums, sondern auch die Suche nach einem Grundstück für den Neubau und die Formulierung des Bauprogramms sowie der Teilnahmebedingungen für einen öffentlichen Wettbewerb. Die Kommission arbeitete zweigleisig: Während der Beratungen über das Provisorium verständigten sich die Mitglieder zugleich über den in Aussicht zu stellenden Bauplatz. Da es beinahe allen klar schien, daß der Neubau freistehend errichtet werden sollte, wurde die Zahl der möglichen Standorte aufgrund der dichten Bebauung im Berliner Zentrum auf acht reduziert. Dies waren, in der Reihenfolge der Erwähnung im Protokoll der Sitzung vom 14. Juni 1871: 1.) ein Platz an der Königgrätzer Straße (ungefähr dort, wo heute die Stresemannstraße auf die Straße Am Preußischen Landtag stößt); 2.) der Platz des damaligen Preußischen Innenministeriums (ungefähr der Block, der von Unter den Linden, der verlängerten Wilhelmstraße, der Dorotheenstraße und der Schadowstraße umgeben wird); 3.) ein Platz an der Königgrätzer Straße (der in etwa dort liegt, wo heute die Stresemannstraße auf die Nordseite des Lenné-Dreiecks stößt); 4.) das Terrain am Brandenburger Tor unweit des Palais Raczynski; 5.) ein Grundstückskomplex zwischen der Spree, der Herkulesbrücke und dem Schloß Monbijou; 6.) das Gelände, auf dem der Marstall-Untermieter war die Akademie der Künste - stand (später für die Staatsbibliothek abgerissen); 7.) der Platz der Artilleriekaserne am Kupfergraben;[1] 8.) die Ostseite des Königsplatzes, auf dem das Palais Raczynski mit Galerie stand. Zur Disposition standen ferner, wenn auch nicht expressis verbis, der Alsenplatz (Kleiner Königsplatz), Leipziger Straße 3 (Herrenhaus), Leipziger Straße 4 (KPM), Leipziger Straße 75 (Abgeordnetenhaus am Dönhoffplatz).[2] Die Ostseite des Königsplatzes war bereits für einen Reichstagsneubau für den Norddeutschen Bund im Gespräch gewesen; die Grundstücksvorschläge von Delbrück aus der Sitzung vom 28. März, eine Lage am Gendarmenmarkt,[3] und von Fritsch in

tisch nannte man sie die »Todtenkommission«. Doch hinter verschlossenen Türen geschah einiges. Graf Raczynski starb am 21. August 1874 in seinem Palais am Königsplatz. Staatsminister Delbrück verlor keine Zeit und erbat am 31. August vom Kaiser Verhandlungsvollmacht mit dem Sohn Raczynskis, die am 18. September einging.[7] Sofort begann ein Schriftwechsel mit dem Sohn, Carl Eduard Nalecz von Raczynski. Der aber winkte ab.[8] Somit war wieder eine große Gelegenheit verpaßt. Dies wiederum war das Signal für den Kaiser, jetzt endlich seinen Willen mit aller Macht durchzusetzen.

Aus Gründen, die bis heute ungeklärt sind, versuchte Wilhelm die Entscheidung zugunsten des Kroll'schen Platzes mit beinahe allen ihm zur Verfügung stehenden Mitteln zu forcieren, auch gegen die Opposition im Reichstag. Delbrück schrieb ihm, daß die Regierung die Zeit zwischen den Sitzungsperioden vom 30. Januar bis 27. Oktober 1875 nutzen wolle, um eine Vorlage für das Grundstück auszuarbeiten. Der Kaiser ließ nicht locker und befahl, ihm die Vorlage zu Beginn der Sitzungsperiode Ende Oktober 1875 vorzulegen. Während dies geschah, wuchsen im Parlament derart heftige Widerstände heran, daß es nun auch den Monarchen - wollte man es als Vertrauensfrage verstehen - mit aller Wucht traf.

Zwischenzeitlich konsultierte Wilhelm seinen Kanzler. Am 23. November 1875 schrieb er: »Es ist so viel über den ... Bauplatz gesprochen, discutirt, geplant etc. worden, daß meiner Ansicht nach nur der Kroll'sche Platz zu wählen übrig bleibt, dem doch eigentlich nur der gefürchtete Schnupfen einiger fränkischer Deputirter entgegensteht, den man sich auf dem Wege vom Brandenburger Thor zum Parlamentsgebäude zuziehen könne, aber nicht muß, und dem man durch eine Droschke oder einen guten Paletot sehr gut begegnen kann, ganz abgesehen davon, daß jene Fürsorge für später zu Verschnupfende doch sehr weit ginge, wenn man auf diese Fürsorge eingehen wollte. Ich ersuche Sie daher nun allen Ernstes, die Angelegenheit schnell in die Hand zu nehmen, was auch noch einen anderen Grund für sich hat, daß nämlich eine Menge unbeschäftigter Arbeiter Berlins und auch auswärts den schweren Winter leichter hinnehmen würde, wenn sie zum Frühjahr einer großen dauernden Beschäftigung entgegensehen würden.«[9]

Bismarcks Antwort ist überliefert[10] und enthält aufschlußreiche Randbemerkungen. Der Kanzler trug alle Gründe des Reichstags für die bisherige Ablehnung Krolls zusammen und legte dem Kaiser nahe, sich diesen anzuschließen. »Wenn Eure Majestät Allerhöchstlich bewogen finden sollten, über dies Bedenken, deren huldreiche Erwägung ich ehrfurchtsvoll anheimstelle, hinwegzusehen und zu befehlen, daß dem Bundesrat und dem Reichstag wegen Erwerbung des Areals des Kroll'schen Etablissements für das Reich eine Vorlage gemacht werde ...«, so werde er dementsprechend handeln. Doch die Argumente des Reichstages seien nicht von der Hand zu weisen. Wilhelm vermerkte mit Bleistift eigene Einwände, so zur Feststellung, daß in der Nähe nicht ausreichend Quartier für die Abgeordneten vorhanden sei: »Es wird ein mächtiges Hotel jetzt dort erbaut.« Zur Frage der Entfernung vom Regierungsviertel: »Droschken und Omnibus werden in großer Zahl immer disponible sein.« Wegen der Schwierigkeiten, in der Nähe von Kroll weitere Behörden anzusiedeln, konterte er: »Sind diese Inconvenienzen mit denen in Paris u. Versailles zu vergleichen?« Über Bismarcks Bedenken schrieb er schließlich: »Da ich allerdings nach nochmaliger Erwägung über die gemachten Bedenken hinwegsehe, so ist nebenstehendem Antrage nunmehr Folge zu geben und mir derselbe nach Berathung im Preuß. Staatsministerium vorzulegen. W. 1. 12.75.«[11] Wilhelm war inzwischen ungeduldig geworden; seine Ungeduld sollte noch wachsen.

Im Januar 1876 passierte die Vorlage den Bundesrat mit seiner preußischen Mehrheit ohne viel Aufhebens.[12] Als sie aber dem Reichstag zuging, war sie von vier entgegengesetzten Anträgen begleitet, die alle gegen Kroll argumentierten.[13] Nur so ist Wilhelms

Brief an Bismarck vom 3. Februar zu verstehen: »Soeben habe ich einen Zeitungs-Ausschnitt gesehen, der mit Bestimmtheit verheißt, daß die Reichstagsgebäude-Vorlage morgen mit 25 Stimmen Majorität abgelehnt werden wird. Ich muß Sie ersuchen, die nur noch kurze Zeit zu benutzen, um die Stimmen, welche auf Sie hören und doch gewiß mehr als 25 betragen, zu vermögen für die Vorlage zu stimmen. Es wird dabei erzählt, die Minister hätten überall über dieselbe geschwiegen, um sie zu Falle zu bringen, was ich nicht glauben kann, da ich das Ministerium veranlaßt habe, die Vorlage einzubringen. Ihr Wilhelm. Derselbe Zeitungs-Ausschnitt verlangt wieder die Gärten der Wilhelm-Straße, den Theil des Thiergartens vis-à-vis und das Gewerbe-Museum etc., die ich bestimmt nicht hergebe.«[14] Bismarck vermochte auch diesmal das Plenum nicht für das Grundstück Kroll zu gewinnen. Eine lange, sechs Stunden währende Debatte am 5. Februar wurde zunächst vertagt, um am 7. Februar erneut in aller Heftigkeit auszubrechen.

Reichensperger war wegen der Entfernung zur Innenstadt und den Wohnungen der Parlamentarier nach wie vor gegen die Standorte Kroll und Raczynski. Er unterschrieb die Drucksache 201 zur Drucksache 54 - »Antrag Preußens, den Bau eines Reichstagsgebäudes betreffend« - und folgte damit seinem alten Traum vom Terrain hinter der KPM. Seine Argumentation war dennoch eigenartig: »Denn in der Winterjahreszeit wäre uns doch wahrlich nicht zuzumuthen ... namentlich an den Abenden in jene Gegend zu gehen. Herr Duncker hat uns auf das Beispiel unseres hochverehrten Herrn Feldmarschalls hingewiesen, der den Weg zum Generalstabsgebäude in der härtesten Winterzeit zu Fuß zurücklege.« Auf den Zwischenruf »Omnibusse« antwortete Reichensperger, es könne ja sein, »daß das schöne Ideal des Herrn Abgeordneten Duncker, ein Reichstagspferdeomnibus, verwirklicht wird. ... Aber meine Herren, dann bitte ich Sie ... sich zu vergegenwärtigen, ob das mit der Würde des Reichstags und seiner Mitglieder verträglich ist, wenn man

Abends nach einer Kommissionssitzung oder nach parlamentarischen Vereinigungen ... zu solcher Zeit immer einen Pferdeomnibus zur Verfügung haben müßte - denken Sie sich das Gedränge der verehrten Herren Kollegen (Heiterkeit) - denn man kann doch keine Arche Noah hinstellen (Heiterkeit), - wo Jeder zuerst in den Omnibus kommen will; man müßte für je 10 Mann einen Omnibus zur Verfügung stellen. ... und ob das würdig ist, wenn um die Winternachtszeit die Vertreter der deutschen Nation schlotternd oder triefend (Heiterkeit) durch das Brandenburger Thor einmarschiren - das scheint mir doch sehr zweifelhaft zu sein.«

Dem Nationalliberalen Ludwig Bamberger war das Grundstück Kroll einfach zu zugig: »Meine Herren, Sie brauchen ja nur auf den Kroll'schen Platz zu gehen. Jeder, je länger er in Berlin wohnt, überzeugt sich davon, daß da das Rendezvous aller 32 Winde der Windrose ist (Heiterkeit) ..., wenn der Reichstag Neigung fühlen sollte, sich für den Kroll'schen Platz zu entscheiden, so würde ich einmal so den ersten Gebrauch vom Reichsgesundheitsamt machen, indem ich an dasselbe appelirte, damit es sein Veto dagegen einlege (Heiterkeit).« Dann meldete Bamberger seine ästhetischen Bedenken an: »Da stimme ich mit dem Herrn Kollegen Reichensperger überein, und es ist für mich wahrhaftig ein Räthsel, wie man vom künstlerischen Standpunkt aus dafür plädiren kann, daß ein Gebäude gesetzt werde auf einen großen, weiten, unabsehbaren, unbebauten Platz ... ich habe die Karte von Berlin zur Hand genommen und ich finde, hier wird der Horizont begrenzt durch einige Bahnhöfe, Kasernen, einen Exerzierplatz und ein Mustergefängnis (Heiterkeit).« Schließlich machte Bamberger finanzielle Rücksichten geltend. »Wenn ich recht unterrichtet bin, so wartet der jetzige Eigenthümer des Kroll'schen Etablissements auf die 2, 3, 4 Millionen, die wir ihm zahlen sollen, um selbst in die Stadt hinein zu wandern, und auf dem Theile, wo wir sein sollten, sein Theater zu bauen (Heiterkeit); dann wird er als Inschrift an die Giebelfront seines neuen Baues schreiben: 'Dem deutschen Reichstage der dankbare Kroll!' (große Heiterkeit)«.[15]

Der Kaiser stand mit seinem - dem preußischen - Antrag auf verlorenem Posten, er wurde abgelehnt und die Arbeit der Kommission abgeschlossen. Bei einer Analyse des Verhaltens des Kaisers wie auch des Reichstages ist es sicher nicht falsch, wenn man dahinter andere Motive vermutet. Wilhelms Entscheidung, dem Reichstag mit allen Mitteln das Kroll'sche Grundstück aufzuzwingen, fällt in eine Zeit, in der er im Reichstag einen ernstzunehmenden Gegner sah, der mit seiner Opposition zum Septenat die Grundfesten seiner soldatischen Würde untergraben wollte.[16] Dem Reichstag, so zitiert Stürmer den Kaiser, »werde zum Bewußtsein gebracht werden müssen, daß er sich verirrt habe und daß seine Macht nicht über gewisse Grenzen hinausreiche«. Er sprach gleichzeitig von den »Gefahren der Nachgiebigkeit gegen parlamentarische Versammlungen«.[17] Der Reichstag seinerseits hatte in diesen Konflikten sein Machtpotential erkannt, Rückzüge waren nunmehr kaum denkbar.

Im Plenum hatte man den Gang der Dinge nicht ganz aus der Hand geben wollen und beschlossen, eine neue Kommission zur Ermittlung eines geeigneten Terrains zu wählen. In diese Kommission wurden keine Mitglieder des Bundesrats gewählt, sondern lediglich die Reichstagsmitglieder Duncker, Friedrich Forcade de Biaix, Reichensperger, Römer, Bamberger, Lucius von Ballhausen und Edwin Carl Wilhelm Graf von Hacke, die in der Sitzung am 9. Februar 1876 bestätigt wurden. Diese Kommission hat jedoch so gut wie gar keine Arbeit geleistet, teils, weil der Reichstag bereits im Januar 1877 aufgelöst wurde, teils, weil er danach mit dem Sozialistengesetz und anderen komplizierten Situationen alle Hände voll zu tun hatte.

Dafür wurde der Architekten-Verein zu Berlin aktiv. Er lobte einen internen Wettbewerb aus mit der Aufgabenstellung, ein neues Reichstagsgebäude in die Bebauung der Hauptstadt zu integrieren, also kein Solitär am Rande der Stadt zu schaffen.[18] Die wahr-

scheinlich beste Lösung lieferte Friedrich Oswald Kühn aus Dresden. Er schuf mit dem Reichstag ein neues Forum als Verlängerung der Linden westlich des Brandenburger Tores. Damit wäre der Reichstag unmittelbar Bestandteil des Regierungsviertels um Leipziger und Wilhelmstraße geworden. Die offiziellen Stellen nahmen aber von diesen Vorschlägen keine Notiz.[19]

ZURÜCK ZUM PALAIS RACZYNSKI

Erst im Juli 1879 stand die Frage eines Bauplatzes für den Reichstag wieder zur Debatte. Nun aber richteten sich die Blicke nicht mehr auf den Platz von Kroll, sondern wiederum auf den des Palais Raczynski. In einer Zeitung stand der Text eines Vertrages zwischen dem Deutschen Reich und dem Grafen Athanasius Raczynski, vertreten durch den Staatsminister Karl von Hofmann[20] bzw. einen Rechtsanwalt Ignaz von Pieniazek. Dieser Vertragsentwurf vom 15. März 1879 sah den Verkauf des Palais Raczynski an das Deutsche Reich zu einem Preis von 1.100.000 Mark vor. Nun war dazu nur noch die Genehmigung des Reichstags erforderlich.

Die gelegentliche Behauptung, daß Bismarck in seiner antipolnischen Haltung den Grafen Raczynski von seinem Besitz verdrängt habe, entbehrt jeder Grundlage.[21] Raczynskis Sohn war im Frühjahr 1877 in Dresden von einem obskuren Grafen Nostitz-Rieneck aufgesucht worden. Dieser hatte ihm ein Angebot von der Posen-Warschauer-Eisenbahn, deren Direktor er sei, für das Grundstück in Berlin gemacht und darüber hinaus beteuert, daß die Sache mit den zuständigen Behörden in Berlin abgesprochen sei. Raczynskis Sohn traute der Sache nicht und setzte sich mit seinem Freund, dem preußischen Gesandten in Dresden Graf Solms-Sonnewalde in Verbindung, der seinerseits Kontakt mit Bismarck aufnahm. Bismarck bat seinen Gesandten, der Sache nachzugehen, während er gleichzeitig Erkundigungen über den Grafen Nostitz-Rieneck einzog. In dem Briefwechsel zwischen den

Athanasius
Graf Raczynski

einer Abstimmung über die Standortfrage. Und was geschah? Der Reichstag lehnte das Raczynskische Grundstück ab und wollte nun eine Entscheidung zugunsten des nördlich gelegenen Alsenplatzes herbeiführen - welche Wende! In dieser Debatte vertrat Reichensperger die gleiche kontroverse Haltung wie Blankenstein. Er favorisierte auf einmal ebenfalls den Alsenplatz.[27]

Doch wie 1871 gab es auch gewichtige Stimmen gegen einen Neubau als solchen. So der Abgeordnete und Finanzexperte Eugen Marcard, der für einen solchen »Luxusbau vorderhand nicht« stimmen wollte: »Ich bin der Meinung, daß wir hier in diesem Hause gut untergebracht sind ... Unsere Zeit ist freilich sehr monumentenlustig und sie baut sogar Denkmäler für Nichtgeschehenes, wie z. B. das Denkmal in Harzburg für das Nichtgehen nach Kanossa. Ich denke, einige Analogie hätte das mit dem vorliegenden monumentalen, in dem gerade in der Zeit, wo die meisten wirtschaftlichen Gesetze der Reichstage umgestoßen werden, ein solches Denkmal kaum eine andere Bedeutung haben könnte, wie die eines Epitaphiums. Ich wenigstens wüßte nicht viele Thaten, denen man ein Monument bauen könnte; etwa dem Aktiengesetz oder der Freizügigkeit, oder dem Kulturkampf, auch den noch sehr unsicheren Segnungen des neuen Justizgesetzes? Vielleicht würde als Inschrift sich eignen der gewiß beträchtlich überschrittene Etat der Baukasse, vielleicht auch die Kosten unserer neuen Münzreform, wo es vielleicht ganz angemessen wäre, oben auf der unausbleiblichen Renaissancekuppel eine Germania aus vergoldetem Nickel aufzustellen (Heiterkeit). Ich wiederhole mich dahin: Wir haben ein neues Reichstagsgebäude nicht nöthig, wir sind nicht so reich, einen Luxusbau zu errichten, unsere Kunst, wie sie dermalen ist, obgleich ich gerne anerkenne, daß auch hier ein Umschwung zum Besseren besteht, würde kaum etwas anderes zu Stande bringen als ein Monument von unserer Zeitenarmuth.«[28] Kurz nach Marcards Ausführungen vertagte der Reichstag die Entscheidung auf eine spätere Sitzung.

Am 10. Juli kam alles noch einmal zur Sprache, wobei der Abgeordnete Helmuth Freiherr von Maltzahn-Gültz davor warnte, die Entscheidung wiederum zugunsten eines noch nicht verfügbaren Platzes zu vertagen. Der Abgeordnete Ludwig Löwe erinnerte die Reichstagsabgeordneten daran, daß der Alsenplatz vor vielen Jahren, zuletzt 1873, als ungeeignet für das Reichstagsgebäude angesehen wurde. Er war auch der Meinung, daß man nun keine Zeit mehr verlieren dürfe: »Meine Herren, ich gebe Ihnen die Versicherung, daß, wenn Sie heute den Raczynskischen Platz ablehnen, daß Sie in einem halben oder in einem oder in zehn Jahren bei jeder Vorlage mindestens soviel Bedenken haben werden, wie heut bei dieser Vorlage, aber ich fürchte eins, daß es zu diesen Bedenken gar nicht kommen wird, wenn Sie jetzt, wo die gesammten Milliarden erschöpft sind, das, was reservirt worden ist, nach den Beschlüssen des Reichstags und der Reichsregierung nicht zu dem Zweck verwenden, wozu es bestimmt ist, ... sondern ich bin überzeugt, daß dieser Fonds allerdings seine Verwendung finden wird, aber nicht zu diesem Zweck.«[29]

Der Vertrag zwischen dem Deutschen Reich und Raczynski wurde aber abgelehnt und die Reichsregierung noch einmal mit der Bauplatzfrage betraut, diesmal in Hinblick auf den Alsenplatz bzw. Kleinen Königsplatz. Es vergingen wiederum mehr als zwei Jahre, ohne daß im Reichstag von der Angelegenheit gesprochen wurde. Hinter den Kulissen taten jedoch Beamte, Magistrat und Architekten ihre Arbeit, um eine Entscheidung gegen den Alsenplatz herbeizuführen. Die Architektenschaft Berlins war gespalten. Blankenstein war nach wie vor für den Alsenplatz, mit ihm die meisten beamteten Architekten. August Orth, lange Jahre »Hausarchitekt« des Eisenbahnkönigs Bethel Henry Strousberg, plädierte dagegen in Briefen für das Grundstück Raczynski.[30]

ENTSCHEIDUNG 1881: RACZYNSKI

Bismarck, ohnehin von der Aufmüpfigkeit des

Reichstags irritiert, begann seine Ungeduld zu zeigen, sei es wegen der »Verberlinerung« des Reichstags oder wegen der seine ganze Politik störenden Wirkung der Neubaufrage. In einer Reichstagssitzung sagte er: »Ich habe mich immer den Gedanken nicht verschließen können, daß der Reichstag und die Zentralbehörden besser in einer anderen, weniger bevölkerten Stadt als Berlin ihren Sitz erhielten. Da würden wir dann ja sehen, ob Berlin demzufolge eine große Erleichterung empfände.«[31] Damit aber auch dem letzten Hinterbänkler klar wurde, was er damit meinte, äußerte er am 29. April 1881: »Die politischen Nachtheile, die mit dem Tagen des Reichstags in Berlin verknüpft sind, auseinanderzusetzen, dazu würde ich von der Sache noch weiter abweichen müssen wie die Vorredner. Sie bestehen, kann ich hier nur sagen, nicht bloß in der äußerlichen Gefährdung der höchsten Behörden und des Reichstags, sondern noch mehr in dem Einfluß, welche das Tagen an einem Ort von mehr als einer Million Bevölkerung schließlich durch die Bequemlichkeit, hier zu wohnen, auf die Wahlen, also auf die Zusammensetzung des Reichstags übt, welche aufhört, die Zusammensetzung des Volkes richtig wiederzugeben, - ich berühre dies nur obiter - wir haben jetzt zu viel Berliner im Reichstage (Heiterkeit) und es ist ja auch natürlich, denn sie brauchen keine Reisen zu machen und brauchen sich ihrer sonstigen Beschäftigung nicht zu entziehen ...«[32]

Das war ein Wink mit dem Zaunspfahl; Bismarck hat seine Idee, wie die Leibhistoriker Moritz Busch und Heinrich von Poschinger zu berichten wissen, durchaus ernst gemeint. Nicht nur sprach er mit seinen Vertrauten darüber, er ließ seine Fühler auch nach Kassel und Hannover ausstrecken. Busch sagte er: »Der Berliner ist so wenig mit dem Deutschen zu verwechseln, wie der Pariser mit dem Franzosen; es sind hier wie dort zwei ganz verschiedene Nationen.« Die Reichstagsmitglieder würden von einem Ortswechsel profitieren; sie bekämen einen Luftwechsel und »würden in ihrer Gesamtheit mit andern Sphären der Nation, andern Leuten, andern

Verhältnissen in Berührung kommen, anders beeinflußt werden als bisher.«[33] Und seinen Innenminister von Puttkamer ließ er in Kassel und Hannover einen Briefwechsel mit den Oberpräsidenten in Kassel und Hannover führen, um in Erfahrung zu bringen, ob dort ein Sitzungslokal für den Reichstag zu finden sei.[34] Um Klartext zu sprechen: Die Zeit der Katz-und-Maus-Spiele mit den Bauplätzen war vorbei.

Als erste Institution spurte die Kommune. Obwohl Berlins Oberbürgermeister Max von Forckenbeck die Auffassung vertrat, daß der Krollsche Platz der geeignetere sei, war der Magistrat durchaus bereit, dem Kanzler zu folgen, solange er seine offenbar bereits früher bekannte Drohung, den Reichstag nach Kassel zu verlegen, nicht wahr mache.[35]

Schon am 23. August 1881 übereignete Berlin dem Deutschen Reich unentgeltlich weiteres Straßenterrain um das Palais Raczynski.[36] Alles lief auf eine Annahme des Vertrags mit Raczynski im Reichstag hinaus. Anfang Dezember 1881 brachte die Regierung noch einmal den alten, unveränderten Vertrag in den Reichstag ein.

So kam es am 13. Dezember zu einer abschließenden Debatte über den Reichstagsbauplatz. Reichensperger reagierte auf Bismarcks Drohung vom April, den Reichstag aus Berlin zu verlegen: »Wer bürgt uns dafür, daß der Reichstag in Berlin seßhaft bleibt? (Rufe: Aha!) Die Berliner sind vielleicht schon außer sich bei dem bloßen Gedanken; aber es ist doch möglich, - ich glaube nicht, daß einer von den Herren, die eben: Aha! gerufen haben, eine Bürgschaft in dieser Hinsicht übernehmen kann.« Er zitierte den Kanzler aus der Sitzung vom 29. April 1881 und sagte daraufhin: »Es wird niemand bestreiten können, daß der Kaiser den Reichstag an jeden Ort berufen kann, welcher ihm für angemessen erscheint.«

Obwohl sich Reichensperger eindeutig für eine andere Lösung aussprach, trugen die Befürworter des Grundstücks Raczynski den Sieg davon. Ausschlaggebend waren wohl die Ausführungen des badischen Bauingenieurs

Robert Gerwig: »Werfen Sie doch endlich einmal wieder eine Summe, die schon parat liegt, hinein unter das Volk und lassen Sie die Menschen wieder etwas verdienen, lassen Sie die Künstler, die Architekten streben, geben Sie ihnen wieder einen Vorwurf und seien Sie nicht so entsetzlich nüchtern und verschlossen gegen die Bedürfnisse des Ganzen! ... Da haben wir vor zehn Jahren schon gestanden und ich freue mich dessen. Freilich, wenn ein anderer Platz gekommen, wäre es mir vielleicht auch lieber gewesen. On revient toujours à ses premiers amours! zu deutsch: man kommt eben immer wieder zu seiner alten Liebe zurück, und heute will ich bei dieser alten Liebe Raczynski bleiben und mir die Schwachheiten, die sie besitzt, weil es eine alte Liebe von mir ist, gefallen lassen und ein Auge zudrücken ... Wir müssen froh sein, daß wir noch einmal in die Lage gekommen sind, dazu etwas zu sagen ... Fassen wir die Hand, welche uns die Regierung anbietet! Ich weiß nicht, wenn wir ablehnen, ob wir die Hand wieder bekommen.«[37]

Wie dem auch sei, die Würfel waren gefallen. Am 13. Dezember 1881 gegen 15.45 Uhr stimmte der Reichstag ohne namentliche Abstimmung mit einfacher Mehrheit für den Abschluß des Vertrages zwischen dem Deutschen Reich und dem Grafen Raczynski und gab damit den Weg für den Grundstückserwerb frei. Die Bauplatzfrage war endlich gelöst, ein zweiter Wettbewerb konnte ausgeschrieben werden.

Wenn auch die Debatte im Reichstag abgeschlossen war, so hatte Reichensperger noch lange nicht sein letztes Wort dazu gesprochen. Im Januar 1882 veröffentlichte er in der von Hans von Wolzogen redigierten Monatsschrift »Bayreuther Blätter. Monatsschrift des Bayreuther Patronatvereins« einen Aufsatz, in dem er mit dem Beschluß und mit den Ausführungen Gerwigs hart ins Gericht ging. Statt für einen Neubau des Reichstags plädierte Reichensperger für »sozialen Wohnungsbau«.[38]

Auch in der Berliner Presse war das Thema der Standortwahl noch lange nicht vom Tisch. Sechs Wochen nach Veröffentlichung des Preisausschreibens meldete sich Hermann Maron zu Wort. Er scheint der einzige gewesen zu sein, der die Rangfrage der Bauwerke Kroll/Parlament stellte: Wie kommt es, daß sich der Reichstag dem Krollbau unterordnen muß; müßte es nicht umgekehrt sein, wenn eines Tages ein großartiges Gebäude für das Parlament entsteht, und man das Kroll'sche Haus als weniger wert abbricht: Einem neuen Reichstagsgebäude gegenüber »ist Kroll nur ein unbedeutender und ebenso voraussichtlich rasch wandelbarer Faktor. Zu einer Zeit gebaut, in welcher die Verhältnisse im Vaterlande und in der Residenz noch klein und enge waren, gereichte es seiner Zeit dem Königsplatze zur Zierde« ..., aber »es ist in Zukunft für die Physiognomie des Königsplatzes das Monumentale und Charaktergebende voraussichtlich für eine Reihe von Jahrhunderten allein das Reichstagsgebäude«.[39]

Durch königlichen Erlaß vom 16. August 1882 wurde dem Reich das Recht zur Enteignung des Raczynskischen Besitzes verliehen. Die Enteignung wurde vollzogen, die Entschädigung durch das Posener Oberlandesgericht, bei dem die Familienstiftung von Raczynski registriert war, am 26. Februar 1883 bestätigt. Die anderen Grundstücke wurden ohne viel Schwierigkeiten erworben.[40]

Der Wettbewerb 1882
Ausschreibungen, Modalitäten und Jury

Ausstellungsgebäude am Cantianplatz, später Museumsinsel

Der zweite Reichstags-Wettbewerb unterschied sich von dem des Jahres 1872 in vielfältiger Weise, Vergleiche sind kaum zu ziehen.[1] Bereits der Standort war anders definiert. Während das Grundstück 1872 150 x 115 Meter maß, war es 1882 auf die Größe von 135 x 96 Meter geschrumpft. Maßgeblich hierfür war zum einen der Abstand zur Siegessäule, zum anderen die Reduzierung des Raumprogramms durch die Auslagerung von Funktionsbereichen, wie z. B. die Präsidenten- bzw. Direktorenwohnung, Festsäle, Stallungen und Maschinenraum. Die den Abgeordneten selbst zur Verfügung stehenden Flächen blieben aber gleich. Auch der Plenarsaal sollte aus akustischen Gründen nicht größer als der des provisorischen Reichstagsgebäudes werden. Um jedes Mißverständnis auszuschließen, fügte der Auslober den Wettbewerbsunterlagen einen Grundriß des provisorischen Reichstagsgebäudes bei. Arbeitsgrundlage für das Raumprogramm war ein detailliertes Papier des Reichstagsdirektors Oskar Knack, in dem dieser die bestehenden und wünschenswerten Raumgrößen mit Erläuterungen angab.[2]

Nach dem Beschluß vom 13. Dezember 1881 wählte der Bundesrat fünf Mitglieder aus seinen Reihen in die neue Kommission: Heinrich von Boetticher, Hugo Graf von Lerchenfeld auf Koefering, Fidel Baur von Breitenfeld, Adolf Heerwart und Friedrich Daniel Krüger (das einzige Mitglied aus der ersten Kommission). Der Reichstag entsandte Max von Forckenbeck, Robert Gerwig, Clemens Freiherr Heeremann van Zuydwyck, Friedrich von Kehler, Konrad Graf Kleist-Schmenzin, Wilhelm Löwe-Calbe, Hans Heinrich Fürst von Pless und seinen Präsidenten Albert von Levetzow. Bedeutende Mitglieder der ersten Kommission, wie Duncker, Unruh und Reichensperger, waren nicht mehr vertreten, letzterer auf eigenen Wunsch. Als Vorsitzender fungierte Boetticher.

Boetticher berief eine erste Sitzung der Baukommission zum 9. Januar 1882 ins Reichskanzleramt. Zu dieser Sitzung erschienen fast alle Genannten, zusätzlich der Vortragende Rat im Reichsamt des Innern und einer der Väter des Bürgerlichen Gesetzbuches (BGB), Rudolf Arnold Nieberding, sowie der Architekt und Bauhistoriker Friedrich Adler. In dieser Sitzung wurde eine Subkommission mit der Ausarbeitung des Bauprogramms beauftragt. Zu ihr gehörten Nieberding und Adler, der Ressortleiter Staatsbauten im Reichskanzleramt August Busse, Hermann Ende und der Direktor der Schloßbaukommission Reinhold Persius; Lucae, Hitzig und Strack waren in der Zwischenzeit verstorben.

Die Subkommission erarbeitete in acht Sitzungen zu je vier Stunden zwischen dem 12. und dem 24. Januar 1882 das Bauprogramm. Ob der Kaiser es gesehen hat, geht zwar aus den Unterlagen nicht hervor, dürfte aber nach seinen Bemerkungen zum technischen Gutachten vom 12. Dezember 1882 nicht der Fall gewesen sein. Bereits am 29. Januar konnte die »National-Zeitung« das Programm abdrucken, die amtliche Drucklegung erfolgte jedoch erst am 2. Februar 1882 im »Centralblatt der Bauverwaltung«.

Über die Schwierigkeiten der Umsetzung bzw. die verbliebenen Widersprüche - beispielsweise das Eingangsproblem - blieb der Pressespott natürlich nicht aus: »Ja, das Programm! Eine wahre monumentale Sphinx! Vorn appetitlich anzusehen, wegen der Verheissungen des krönenden Lorbeers, aber hinten die mit durchsichtigem, nicht zu hebendem Schleier bedeckten Krallen, der räthselhaften sybilinischen Forderungen betreffs der Eingänge, der Lage und des Zusammenhangs der Räume, u. was noch weiter an Wolfsgruben und spanischen Reitern vorgesehen war.«[3]

DIE JURY

In diesen letzten Sitzungen einigte man sich auch auf die Jurymitglieder, die selbstverständlich aus den Reihen der Kommission kommen sollten. Zusätzlich wurden dann noch Fachleute berufen. Im Gegensatz zum ersten Wettbewerb wurden auch Ersatzmitglieder gewählt, falls potentielle Jurymitglieder am Wettbewerb teilnehmen würden. In die Jury wurden berufen: der Maler Anton von Werner (Berlin) sowie die Architekten Friedrich Adler und Reinhold Persius, Joseph von Egle (Stuttgart), Ernst Giese (Dresden), Gottfried von Neureuther (München), Friedrich von Schmidt (Wien) und Vinzenz Statz (Köln). Nach Gieses Absage wegen seiner Wettbewerbsteilnahme wurde Martin Haller (Hamburg) in die Jury aufgenommen.

Die Namen der Ersatzmitglieder blieben vorläufig vertraulich. Vorgesehen waren Hermann Blankenstein und Julius Raschdorff (Berlin), Johannes Schilling (Dresden), Max von Siebert (München), Christian von Leins (Stuttgart), Heinrich Lang und Josef Durm (Karlsruhe). Am Ende mußte Siebert für den erkrankten Neureuther einspringen, während Raschdorff, Lang und Durm sich am Wettbewerb beteiligten. Bei der Zusammensetzung der Jury spielten politisch-geographische Gesichtspunkte, d. h. die Vertretung aller deutschen Landschaften, eine große Rolle. Schließlich sollten die bedeutendsten Architekten deutscher Zunge an der Konkurrenz teilnehmen. Um dies zu gewährleisten, mußten aber auch bedeutende Architekten in der Jury vertreten sein. So waren bereits im Vorfeld Erkundigungen eingezogen worden, wer eventu-

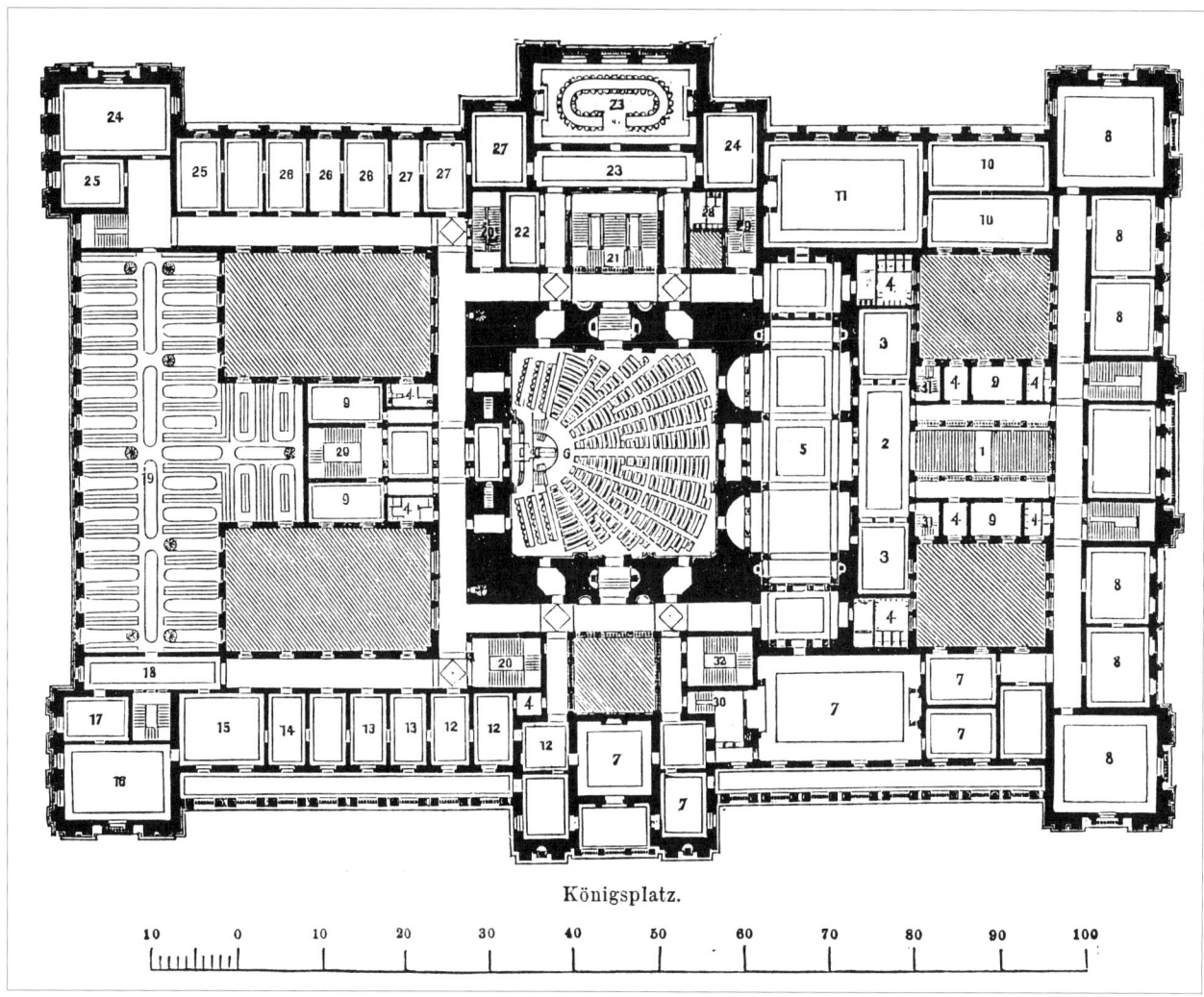

Königsplatz.

Entwurf von Bluntschli

ell an eine Teilnahme dachte. Die amtliche Bekanntmachung der Jurymitglieder erfolgte am 18. Februar 1882.

DIE TEILNAHMEBEDINGUNGEN

Von großer Bedeutung für diesen Wettbewerb waren die Teilnahmebedingungen. Über die Frage eines offenen oder beschränkten Wettbewerbs war die Fachwelt bis zuletzt zerstritten. Bedeutende Bauhistoriker wie Bruno Meyer und andere waren der Meinung, daß offene Wettbewerbe nichts taugen. Meyer schrieb im »Deutschen Montagsblatt« noch am 30. Januar 1882, daß bereits der erste

Wettbewerb »den größten Beweis für die Frivolität und Verwerflichkeit des Konkurrenzspiels« geliefert habe.

Zur Teilnahme gegen ein unabhängig von der Wertung festgelegtes Honorar wurden die fünf Preisträger der ersten Konkurrenz, d. h. Bohnstedt, Kayser & von Groszheim, Vater und Sohn Scott, Mylius & Bluntschli und Ende & Böckmann aufgefordert. Außer John Oldrid Scott - sein Vater George Gilbert Scott war verstorben - nahmen alle die Einladung an. Damit konnte auch das »Problem« Ludwig Bohnstedt mit einigem Anstand gelöst werden. Bohnstedt hatte nie nachgelassen, öffentlich zu bekunden, daß er auch bei einem neu-

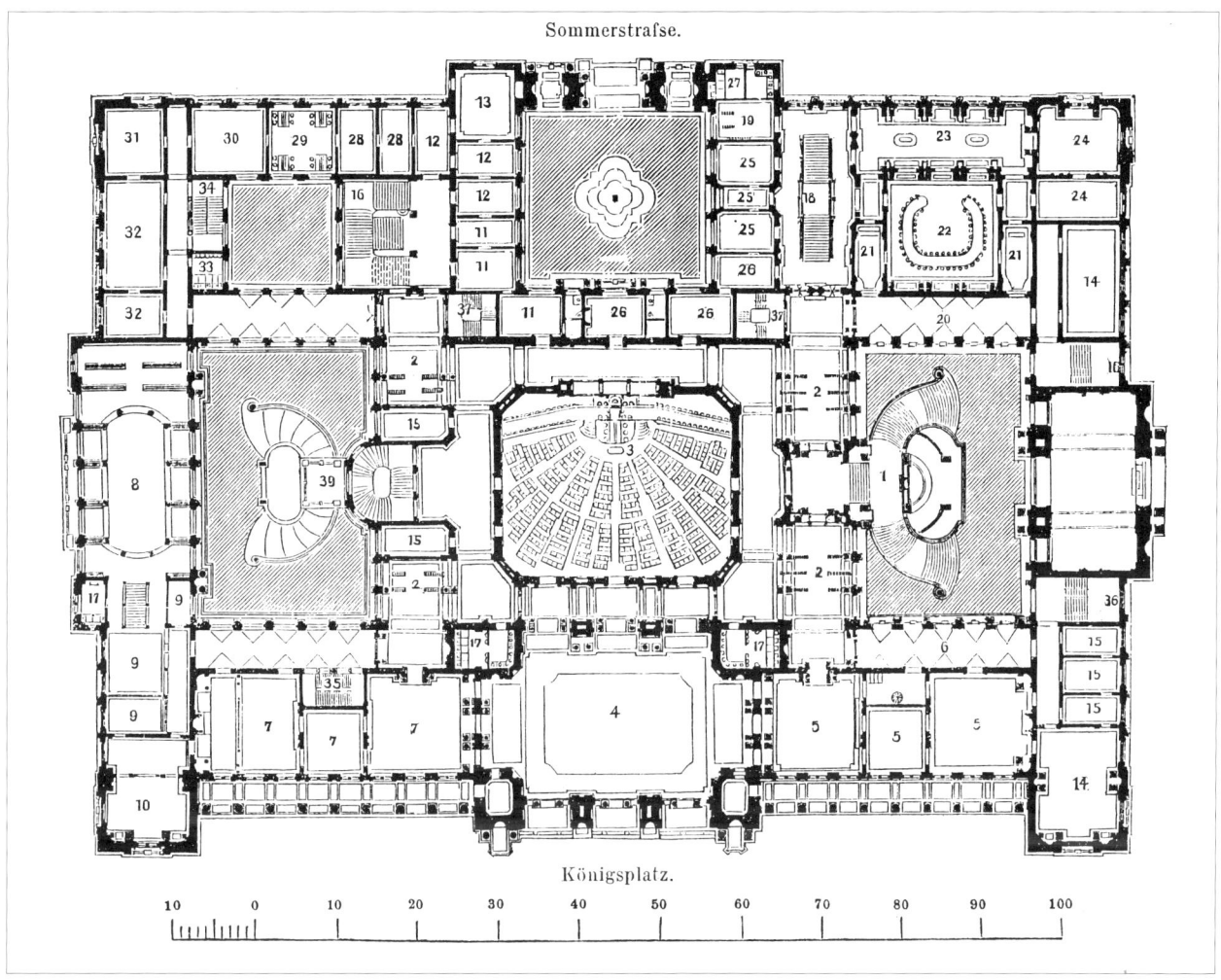

Sommerstrafse.

Königsplatz.

en Wettbewerb ein Anrecht auf eine besondere Aufforderung habe. Seiner Meinung nach sei ein neuer Wettbewerb überflüssig, man müsse ihn nur mit der Überarbeitung seines Entwurfs beauftragen.[4]

Ein Herr Meyer zu Waldeck behauptete im Januar 1882, daß die Berliner Architektenschule, allen voran die »Deutsche Bauzeitung« und die »National-Zeitung« gegen Bohnstedt agieren: »Und zwar warum? Einzig und allein, weil er nicht der Berliner Schule angehört und ein Süddeutscher ist, der nicht in Berlin wohnt. Schon gleich nach der Verkündigung des Ausfalls der Konkurrenz machte sich in den Berliner Architektenkreisen ein Gefühl des Neides gegen diese hervorragende

Leistung geltend und das Bestreben, die Ausführung derselben möglichst zu verhindern.« Als Beweis für die Bedeutung des Bohnstedtschen Projektes führte er an, daß die Reichsregierung nur diese Pläne als deutsche Beteiligung zu einer großen Ausstellung nach Moskau geschickt habe, »was sie unzweifelhaft nicht getan hätte, wenn sie nicht von der Ansicht ausginge, daß dieses Projekt in erster Linie zur Ausführung bestimmt sei«.[5] Fritsch konterte in der »Deutschen Bauzeitung«, daß die Ansichten Meyers, »dessen sachliche Ausführungen deutlich beweisen, daß er in den Reihen der Sachverständigen nicht zu suchen ist und den in dieser Beziehung zu widerlegen sich nicht lohnen würde, unseriös sind ... Wir

Entwurf von Seeling

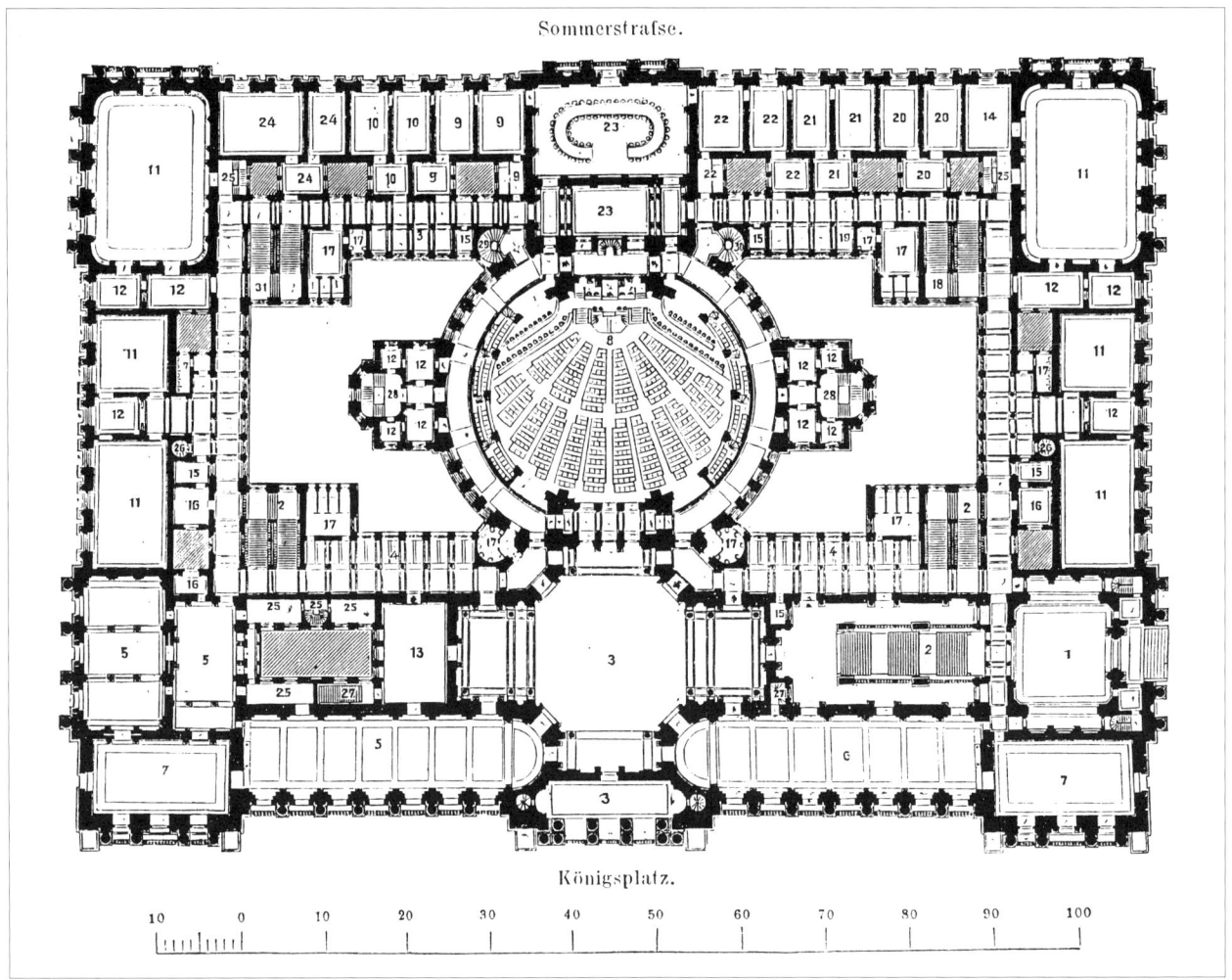

Entwurf von Kayser und von Groszheim

bemerken beiläufig, daß Bohnstedt ... in seiner künstlerischen Richtung wohl mit keiner der bestehenden Architekturschulen enger zusammenhängt als gerade mit der Berliner...«[6]

Neben den früheren Preisträgern waren nur Architekten deutscher Zunge zugelassen, wobei von vornherein klargestellt war, daß damit keineswegs ein Ausschluß der Deutsch-Österreicher bzw. Deutsch-Polen beabsichtigt war - ganz im Gegenteil. Daß es hierüber keine Debatte im Reichstag und keinerlei Diskussion in der Fachpresse gab, verdankten die deutschen Architekten der Tatsache, daß die »Germanisierung« in den deutschen Ländern nach der Reichsgründung bereits so fortgeschritten

war, daß sich die Frage im Reichstag oder in der Fachpresse gar nicht stellte. Die Auslober erreichten mehr oder weniger, was sie wollten; zumindest ein bedeutender Österreicher - Heinrich von Ferstel - nahm an der Konkurrenz teil.

DAS JURY-URTEIL

Die Organisation der Juryarbeit war im Vergleich zum Wettbewerb von 1872 geändert worden. Zuerst wurden die Entwürfe gehängt, dann durften die Jurymitglieder ihr Amt wahrnehmen, und erst danach wurde das Publikum und mit ihm die Presse zur Ausstellung zugelassen. Ausschlaggebend für diese Änderung

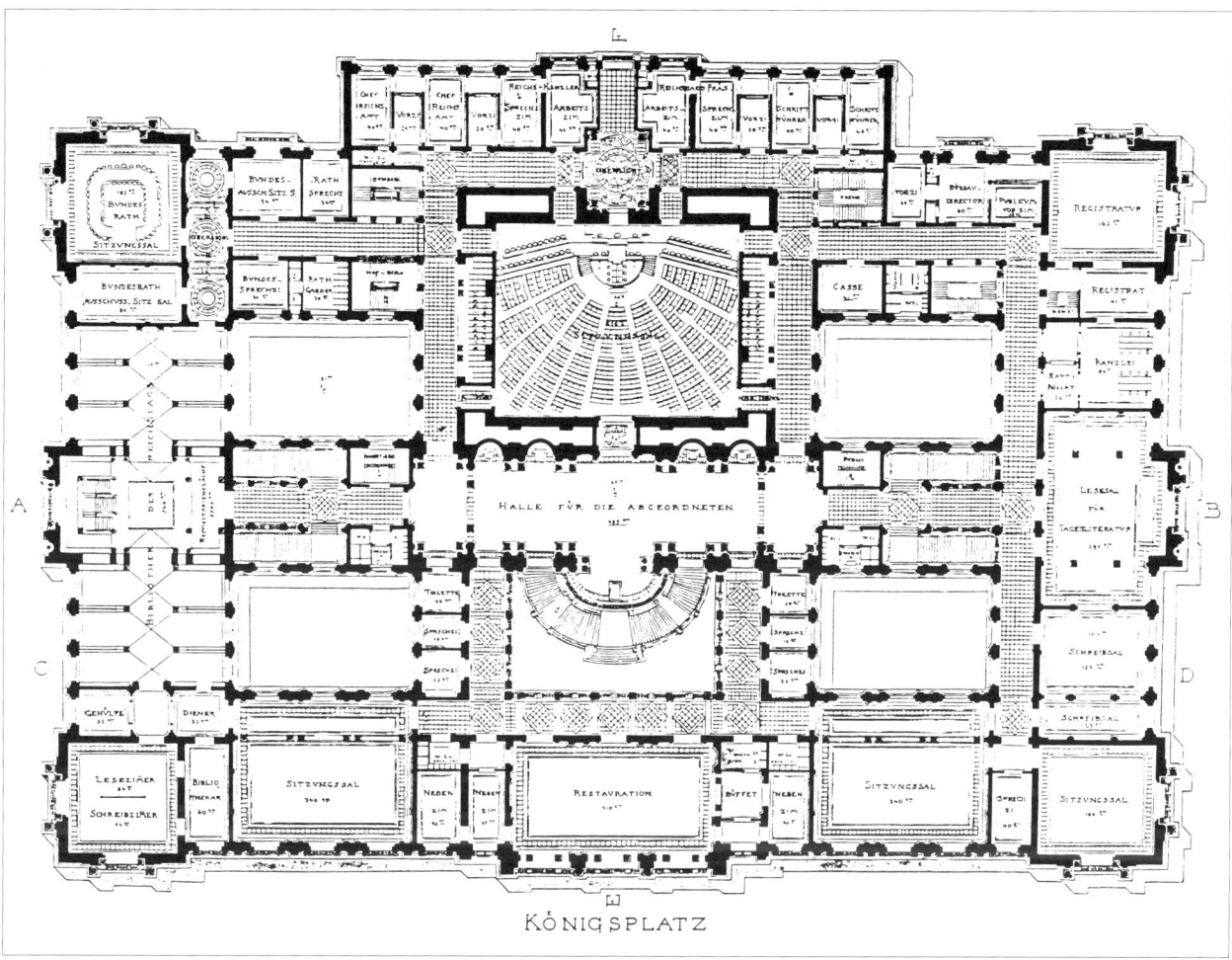

dürften einerseits der bevorstehende Abschluß der Reichstagssession, der nach einer öffentlichen Ausstellung keine Zeit für die Juryarbeit gelassen hätte, gewesen sein und andererseits die Sorge, daß einflußreiche Kritiker die Urteilsbildung im Vorfelde erschweren könnten. So konnte die Jury-Arbeit bis Ende Juni abgeschlossen werden und das Parlament unabhängig von der noch laufenden Ausstellung beruhigt in den Urlaub gehen.

Mehr als 800 Bauprogramme waren angefordert worden, zwischen 186 und 194 Entwürfe mit mehr als 3.000 Blatt Zeichnungen gingen ein. Statistiken jedoch vermitteln nur einen unvollständigen Eindruck von den außergewöhnlichen Anstrengungen, die die deutsche Architektenschaft diesem Bauvorha-

ben widmete. Der Berliner Architekten-Verein mußte eine bereits im Frühjahr geplante gemeinsame Exkursion nach Wien vertagen, »da die Konkurrenz zum Reichstagshause das Interesse und die Zeit der meisten Clubgenossen vorläufig zu sehr in Anspruch nimmt«.[7]

Kurz nach dem Ablieferungstermin vom 10. Juni 1882 machte sich eine Gruppe von vier Baubeamten, Wilhelm Haeger, Max Spitta, Moritz Hellwig und ein nicht näher bekannter Herr Bergmann an die Arbeit, die Pläne auf ihre Bedingungstreue zu prüfen.[8] Diese Arbeit hat sich als Quelle mancher Verwirrungen erwiesen, denn seitdem ist nicht mehr zu ermitteln, wieviele Entwürfe eingegangen bzw. ausgestellt wurden. Unter den Ausgeschiedenen waren die Entwürfe des Münchners Joseph

Wallots preisgekrönter Entwurf vom Frühjahr 1882. Grundriß

75

Bühlmann und des Wieners Ferstel. Bemerkenswert ist, daß Ferstels Entwurf ausgeschlossen wurde, weil er die westliche Baufluchtlinie mit einer Rampenanlage überschritten hatte. Jahre später sollte Paul Wallot eben das gleiche tun, dann allerdings mit Genehmigung des Kaisers und der Baubehörde. Die Entwürfe von Bühlmann und Ferstel sind trotzdem von der Kommission angekauft worden und auch erhalten.

Die Ausstellung fand diesmal nicht in der Akademie der Künste statt, sondern in der Ausstellungshalle am Cantianplatz nahe dem Mehlhaus auf der späteren Museumsinsel. Es war ein Holzbau, der extrem feuergefährdet war. Das Reichsamt des Innern mußte die Ausstellung - Gebäude und Dokumente - versichern und dies den »verunsicherten« Einreichern öffentlich erklären.[9]

Die Jury trat zum ersten Mal am 17. Juni 1882 in der Ausstellungshalle zusammen und traf ihre Entscheidung im wesentlichen am 23. Juni. Spekulationen und Tatsachen sind von

dieser Juryarbeit gleichermaßen überliefert, die Juryprotokolle lassen die Entscheidungsfindung nachvollziehen. Nach einer Vorauswahl, über die die Jury nach gemeinsamen Rundgängen entschied, blieben zehn Entwürfe in der engeren Wahl. Per Los wurden diese den Jury-Mitgliedern mit Nummer und Motto für das jeweilige Fach-Referat in der Schlußsitzung zugeteilt. Adler bekam die Nummern 124 (Paul Wallot) und 149 (Heinrich Seeling), Egle Nr. 84 (Giese & Weidner) und 93 (Cremer & Wolffenstein), Haller Nr. 83 (Friedrich Thiersch) und 86 (Georg Frentzen), Siebert Nr. 99 (Alfred Hauschild), 104 (Hubert Stier) und 157 (Ende & Böckmann), Persius Nr. 119 (Hartel & Lepsius), 138 (Ludwig Schupmann) und 153 (Busse & Schwechten), Schmidt Nr. 72 (Ludwig Bohnstedt) und 142 (Giesenberg & Stöckhardt), Statz Nr. 131 (Kayser & von Groszheim) und 134 (Schmieden & Speer).

Daraufhin wurde über die beiden ersten Preise abgestimmt: »In der Abstimmung erhielt

der Entwurf mit dem Motto 'Für Staat und Stadt' 19 von 21 Stimmen. Der versiegelte Umschlag wurde geöffnet, und es stellte sich heraus, daß es der Architekt Paul Wallot aus Frankfurt am Main war.«[10] Die Nr. 83 - Friedrich von Thiersch - bekam neun Stimmen und damit den zweiten ersten Preis. Die Nr. 157 hatte sieben Stimmen, Nr. 149 sechs Stimmen und Nr. 131 eine Stimme erhalten; die anderen Entwürfe kamen für einen ersten Preis nicht in Betracht. Die weiteren Abstimmungen über die Plazierungen ergaben zweite Preise für Nr. 93, 131 und 149, dritte Preise erhielten Nr. 84, 104, 138, 153 und 157.

Alle drei zweiten Preise gingen also nach Berlin an Heinrich Seeling sowie die Büros Kayser & von Groszheim und Cremer & Wolffenstein, dritte Preise erhielten Giese & Weidner aus Dresden, Hubert Stier aus Hannover sowie die Berliner Ludwig Schupmann, Busse & Schwechten und Ende & Böckmann. Die Namen der Preisträger wurden am 24. Juni 1882 bekanntgegeben.

Unmittelbar nach dem Juryspruch setzte Boetticher ein Telegramm auf an: »architekt paul wallot frankfurt a main neue mainzerstrasse 22 = jury fuer reichstagsbau hat ihnen einen ersten preis zuerkannt. brief folgt = staatssekretair des innern von boetticher +«

Wenige Tage später erhielt der glückliche Sieger weitere Telegramme, so vom unterlegenen Thiersch: »Besten Glückwunsch. Morgen mittag in Berlin. Auf Wiedersehen.« oder vom befreundeten Frankfurter Bauunternehmer Philipp Holzmann: »Herzliche Glückwünsche. Freut mich riesig.« - »Bitte wiederholt um Genehmigung zur Publikation/wenn hier Hotelangabe«, kabelte der Verleger Ernst Wasmuth. Vom »Berliner Börsencourier« stammte: »Wärmste Glückwünsche zum Reichstagspreis, erbitten umgehend telegraphisch gegen sofortige Kostenvergütung ausführliches Curriculum, wenn auch nachts ankommend«.[11]

DIE WETTBEWERBS-AUSSTELLUNG

Noch am 26. Juni 1882 wurde bekannt gemacht, daß die Wettbewerbsentwürfe in der Ausstellungsbaracke am Cantianplatz vom 28.

Entwurf von Friedrich Thiersch

Juni bis zum 31. Juli 1882 zu sehen sein würden. »Die Ausstellungsräume sind täglich von 10 Uhr vormittags bis 7 Uhr nachmittags, an den Sonntagen von 11 Uhr vormittags bis drei Uhr nachmittags geöffnet. Vom 20. Juli ab muß die Schließung eines Theiles der Räume vorbehalten bleiben. Der Eintritt ist unentgeltlich.«[12] Die Ausstellung wurde außerordentlich gut besucht. »Was rennt das Volk, was wälzt sich dort durch überbrückte Gassen? Es strömt zum Cantianplatze fort, das Haus faßt kaum die Massen...«[13] Wallot selbst stieg am 4. Juli 1882 im Hotel »Kaiserhof« am Wilhelmplatz ab und besuchte umgehend die Ausstellung, nicht zuletzt, um dort erste Gespräche mit Regierungsvertretern über das weitere Vorgehen zu führen.

In der Ausstellung setzte das Rätselraten, welche Architekten sich hinter den Motti bzw. Nummern verbargen, ein. Während etwa 60-70 Architekten im Laufe der Ausstellung den Motti ihren Namen hinzufügten, haben die meisten darauf verzichtet. Noch heute sind viele Entwürfe nicht identifiziert. Die Baukommission hatte damit beabsichtigt, die gröbsten Schummeleien auszuschließen. Den Berufskritikern mißfiel die Weigerung der Architekten, ihr Inkognito zu lüften. Anders als beim ersten Wettbewerb war es unmöglich, eine Liste der Einreicher zu veröffentlichen. Trotzdem haben einige Kritiker den Versuch unternommen, wenigstens den Ursprungsort der Entwürfe herauszufinden. Hier der Versuch des Korrespondenten der »Kölnischen Zeitung« vom 30. Juni 1882: Wien 8, München 9, Dresden 12, Frankfurt 9, Leipzig 4, Hamburg 8, Braunschweig 3, Stuttgart 5, Karlsruhe 4, Hannover 6, Darmstadt 3, die Rheinprovinz 13, andere Provinzen und Städte 45, »so daß hiernach auf Berlin allein etwa 70 Konkurrenten entfallen, eine Zahl, die der Wirklichkeit sehr nahe liegen wird«.[14]

Und so sah es am Cantianplatz aus: »Eine halbe Stunde genügte, um die langhingestreckten Galerien und Säle mit Scharen von Besuchern zu füllen, die ganze Architektenwelt Berlins war versammelt ... 189 Bewerber haben ihre Pläne eingeschickt, jeder Bewerber

hat zehn Blatt zu liefern gehabt: Zwei perspektivische Ansichten vom Königsplatz und von der Sommerstraße aus, Situationsplan, die Fassaden, die Durchschnitte, die Grundrisse der Stockwerke. So sind hier nahezu 2000 Blatt beisammen, alle im gleichen vorgeschriebenen Maßstab. Alle nicht etwa flüchtige Skizzen, sondern Ergebnisse angestrengten Studiums und redlichen Fleißes, mit Tusche und Feder am großen Reißbrett. ... Der Besucher wird die zumeist interessierenden Entwürfe bald finden. Der erste preisgekrönte von Paul Wallot hängt in einer der hintersten Galerien an der Querwand rechts. Der von Thiersch im großen Skulpturensaal, der von Kayser & von Groszheim, welcher mit um den ersten Preis rang, in einer der kurzen hinteren Galerien, die Zeichnung von Reinhold Begas ist mit dem Motto 'Des Deutschen Reiches Heiligthum' in der letzten Galerie, wo bei den Kunstausstellungen die Architekturzeichnungen zu sein pflegen. In der Ausstellung ist das von dem Bildhauerprofessor R. Begas ausgeführte Gypsmodell seines Projektes nicht zu sehen, weil dasselbe nach den Bestimmungen des Programms, welches plastische Darstellungen ausschließt, nicht zugelassen werden konnte. Das interessante Werk ist in der permanenten Ausstellung des Vereins Berliner Künstler, Kommandantenstraße 77/79 ausgestellt.«[15]

PREISTRÄGER, ENTWÜRFE UND KRITIKEN

Im Mittelpunkt des öffentlichen Interesses standen natürlich die prämierten Entwürfe und ihre Autoren[16], vor allem waren ja alle zweiten Preise in der Hauptstadt geblieben. Über die Architekten Wallot, Thiersch, Seeling, Kayser & von Groszheim, Cremer & Wolfenstein, Giese & Weidner, Hubert Stier, Ludwig Schupmann, Busse & Schwechten sowie Ende & Böckmann und deren Entwürfe siehe den Anhang.

War es für Ludwig Bohnstedt schon deprimierend genug, daß sein Entwurf diesmal keinen Preis errungen hatte, wurde während der

Ausstellung auch noch bekannt, daß sein zehn Jahre zuvor erbautes Theater in Riga gerade abgebrannt war - er muß in diesen Tagen ein schwergeprüfter Mann gewesen sein. Bohnstedt hatte bei seinem 82er Entwurf, der eine Überarbeitung seines Siegesentwurfes von 1872 darstellte, einige veränderte Vorgaben bewußt mißachtet, da sie seinen fachlichen - und auch staatsbürgerlichen - Auffassungen widersprachen. So behielt er den Haupteingang in der Hauptfassade, d. h. am Königsplatz, bei. In der Ausschreibung hatte es aber unter »D./3.« deutlich geheißen: »Bei der Anordnung der Vestibule ist davon auszugehen, daß die Zugänge für den regelmäßigen Geschäftsverkehr, der lokalen Verhältnisse wegen, nicht von der Seite des Königsplatzes genommen werden.« Eine kaiserliche Auffahrt am Königsplatz und den Zugang der gewählten Volksvertreter durch den Hintereingang konnte er nicht billigen. Zwar fiel er dadurch schon aus der Gruppe der zu prämierenden Entwürfe heraus, sein Entwurf erregte dennoch öffentliche Beachtung.

Mit den Anregungen von 1872 hatte er die Grundrißorganisation wesentlich klarer gestalten und verbessern können, sie war durchaus preisverdächtig. In der äußeren Gestaltung behielt er die einst euphorisch gelobte Westfassade im wesentlichen bei, übertrug ihre Grundstruktur aber auf die anderen drei Fassaden. »So gelangte Bohnstedt zu einem Entwurf, der wie aus einem Guß erscheint und in seiner allseitig symmetrischen Durchbildung und in jede Richtung mit gleicher Intensität wirkenden Repräsentanz auf die Sympathie der Auftraggeber rechnen konnte, jedoch keineswegs mehr jene differenzierte städtebauliche Aussagekraft besaß wie der des Jahres 1872.«[17]

Einer der größten Architekten jener Zeit, Theophil Hansen[18], beteiligte sich zwar nicht am Wettbewerb, veröffentlichte aber im August 1882 die »Skizze eines Entwurfs für das Gebäude des Deutschen Reichstags zu Berlin«. Er schrieb: »Das Resultat der Concurrenz für die Pläne des deutschen Reichstages legt dem Erbauer des österreichischen Reichs-raths-Gebäudes die Verpflichtung ob, einige der bei seinem Bau gewonnenen Anschauungen in beiliegender Skizze zu veröffentlichen ... An allen Projecten lassen sich gewisse Mängel nachweisen, die nur aus der zu geringen Tiefe des Bauplatzes hervorgegangen sind, die es nicht gestattete, dass ein, dem hervorragendsten Gebäude Deutschlands entsprechender Haupteingang mit zugehörigen Vestibules an die Haupt-Facade gelegt werden.«[19] Hansen wies wiederum auf den wesentlichen Nachteil des Grundstücks hin, der bereits seinem Kollegen Ferstel zu schaffen gemacht hatte, und über den auch Paul Wallot stolpern sollte, bis ihm 1883 bzw. 1889 die Genehmigung gegeben wurde, seine Rampen über die westliche Baufflucht zu schieben.

KURIOSA

Natürlich gab es Entwürfe, die Heiterkeit auslösten, jedenfalls nach dem Urteil der Kritiker. Ähnlich wie im Fall Gösling 1872 tauchte ein gotischer Entwurf auf, über den die Kritiker nur den Kopf schütteln konnten: »Einen Triumpfh unermeßlicher Heiterkeit erringt ein Projekt, das die Kommission auf die letzte Wand des letzten Saales plaziert und mit der berufenen No. 11 ausgestattet hat. ... Der Verfasser schlägt neben anderen Projekten vor, den Königsplatz mit Kolonnaden zu umgehen, einen Obelisken als Symbol der deutschen Einheit zwischen zwei Schlangensäulen aufzurichten und auf das Dach seines Gebäudes Gestalten in den deutschen Landestrachten zu stellen.«[20]

Ein weiterer recht grotesker Entwurf - oder war es derselbe? - wird in den Lebenserinnerungen des Malers Eugen Bracht erwähnt: »Von der Konkurrenz aber habe ich ausser den trocken-klassizistischen Berliner Entwürfen und einigen anderen noch einen ganz ulkigen in Erinnerung, bei dem der Begriff des Zusammenschließens der ca. 40 deutschen Staaten in einem Gesammtbaugedanken in der Weise zum Ausdruck gebracht war, dass die entsprechende Anzahl von mit kleiner Kuppel versehener Röhren - gleichsam lang ausgezogener

Pantheons - zu einem Cigarrenbündel vereinigt waren, die grossen in der Mitte, die kleineren rings um! Von einer Gliederung von Innenhöfen für Luft und Licht war keine Rede, es war ein sehenswerthes Curiosum wie man es nicht für möglich gehalten hatte.«[21]

Vielleicht war es dieser Entwurf, der dem Kronprinzen und künftigen Kaiser Friedrich III. so gefiel. Am 4. Juli 1882 bemerkte Boetticher in einem Brief an Bismarck: »Der Spruch der Jury hat, wie ich heute aus sicherer Quelle vernahm, durchaus nicht den Beifall seiner k.u.k. Hoheit des Kronprinzen. Der hohe Herr hat sich ebenso wie ihre k.u.k. Hoheit die Frau Kronprinzessin, besonders für ein Projekt interessiert, welches dem Londoner Parlamentsgebäude nachgebildet ist und welches von humoristischen Jurymitgliedern nicht unzutreffend mit einem umkehrten Ausziehtische verglichen wurde, welcher seine Beine gen Himmel streckt. Bei keinem der Jurymitglieder habe das Projekt die Gnade einer Inbetrachtnahme für die Preisvertheilung gefunden.«[22]

Manche der Motti sind eher der Erinnerung wert als die dazugehörigen Entwürfe. »Innen einig, außen stark« (Hossfeld & Hinckeldeyn, Berlin) oder »Rast' ich, so rost' ich« (Hugo Stamman & Gustav Zinnow, Hamburg), »Glückauf« (Brost & Grosser, Breslau), »Furchtlos und treu« (Hermann Eggert, Berlin), »Da ist's« (Hartel & Lipsius, Leipzig und Dresden), »Des Deutschen Reiches Rathhaus« des Georg Hauberrisser, Erbauer des Münchner Rathauses, oder das Wortspiel des Berliner Architekten Hermann Ende: »Endlich.«

Es fällt auf, daß beinahe alle prämierten Entwürfe im Stil der Neorenaissance lagen und die meisten ähnliche Strukturen aufwiesen. Vor allem Ecktürme und Kuppeln waren bei vielen anzutreffen. Der amerikanische Kunsthistoriker John Maass behauptet, Wallots Entwurf schulde dem Kunstpavillon auf der Weltausstellung in Philadelphia 1877 sein Aussehen; auch dort Ecktürme und eine Glaskuppel. Nur: Wallots fertiges Gebäude sah in vieler Hinsicht anders aus als das Gebäude in Philadelphia. Vielmehr kann man alle Entwürfe,

auch den in den USA, als Ergebnis eines Stilklärungsprozesses betrachten, der seinen Höhepunkt bei der großen Kunstausstellung in München 1877 erreichte: Dort gewannen Entwürfe für das Reichstagsgebäude, die im Stil der Neorenaissance standen und beim Wettbewerb 1872 gut abgeschnitten hatten, die höchsten Architekturpreise. Spätestens ab 1877 war alles, was an Schinkel oder an Neogotik erinnerte, nicht mehr staatsbaufähig.[23]

NACHWEHEN

Kein Wettbewerb ohne Schönheitsfehler. Wie beim ersten Wettbewerb beschloß die Jury, die Gründe für ihre Entscheidung nicht zu veröffentlichen. So kam es zu Spekulationen. Im »Wochenblatt für Architekten und Ingenieure« war zu lesen: »Nachdem bei mehrfacher Sichtung schließlich eine Anzahl von (wie es heisst) 16 Arbeiten zur engsten Wahl übrig geblieben war, überliess es die Gesammtheit der Jury dem freien Ermessen der Sachverständigen, die zu prämirenden Arbeiten auszuwählen und die Reihenfolge derselben für die Preisvertheilung festzustellen. Die Sachverständigen ihrerseits bestimmten durch das Loos einen aus ihrer Mitte, der sich dieser Arbeit unterziehen sollte und das Schicksal fügte es, dass dasselbe auf Herrn Prof. Adler fiel. Nun ist die Person und Ansicht eines Referenten wohl immer von entscheidendem Einfluss auf den Ausfall der durch denselben vertretenen Sache, zumal wenn derselbe sich einer so überwältigenden Beredtsamkeit erfreut, wie im vorliegenden Falle, und so konnte das Resultat bei der bekannten Sonderstellung des Herrn Prof. Adler gegenüber der Berliner Architektenschule zweifellos nur das sein, dass kein Berliner Architekt einen ersten Preis davontrug. Von den übrigen nicht preisgekrönten Arbeiten der engsten Wahl wurde nur eine einzige, die von Schmieden und Speer angekauft, während die Auswahl der 9 übrigen - theilweise wenigstens - nach Gesichtspunkten erfolgte, welche sich auch nach genauem Studium derselben unserem Verständnis entziehen. Der Wahrheit am

den früheren Knick nach Nordwesten über das ehemalige Kasernengelände direkt auf die Spree stieß.[4] Im Februar 1883 konnte der Vertrag zwischen dem Reich und der Familie Raczynski endgültig vom Gericht ratifiziert werden, und das Abholzen der Lindenbäume um das Palais begann.[5] Das Gebäude selbst ist erst im Herbst 1883 und Winter 1883/1884 abgerissen worden.[6]

Das ehemalige Wohnhaus und Atelier Cornelius am Königsplatz 1 blieb zunächst als vorläufiges Baubüro für Wallot und Haeger stehen. Anfang November zog das Baubüro dann in einen Backsteinneubau südwestlich der Baugrube. In den Neubau wurden Teile aus dem alten Atelierbau, wie eiserne Ornamente, Treppen usw., eingebaut.

Im Herbst 1883 wurden Erkundungsbohrungen vorgenommen, die an einigen Stellen auf wenig tragfähigen Baugrund stießen, hier war eine zusätzliche Fundamentierung notwendig.[7] Im Frühjahr 1884 erfolgte sowohl die Ausschachtung als auch ein großer Teil der Grundwassersenkung.[8]

Daß Wilhelm I. in jeder Weise seinen geliebten Königsplatz vor den Auswirkungen des Reichstagsbaus schützte und den Bau selbst weiter als seine - des Monarchen - Angelegenheit sah, zeigt die wenig bekannte Episode um den Bauzaun. Bei der Absteckung der Baustelle im Frühjahr 1884 wurde recht großzügig verfahren, so daß für die Baustelleneinrichtung genügend Platz vorhanden war.[9]

Wenn der im Juni 1884 in der »Post« abgedruckte Artikel am 1. April erschienen wäre, hätte man ihn für einen Aprilscherz halten können: »Der Zaun am Reichstagsgebäude: die erste künstlerische That! ... Wollte man den Charakter der Umzäunung möglichst kurz gefasst ausdrücken, so dürfte 'harmonisch' wohl die treffendste Bezeichnung sein. Denn es sind die beiden wesentlichen Elemente des Harmonischen, welche in ihrer Gestaltung zu unverkennbarem, klarem Ausdruck gelangen: individuelle Sonderung der einzelnen Bestandtheile und zugleich allgemeine Gebundenheit derselben zu einem einigen Ganzen, was man in der Architektur auch als die

Durchdringung des Vertikalismus mit dem Horizontalismus bezeichnen könnte.« Tatsache ist, daß sowohl Wilhelm I. als auch Boetticher dem Aussehen des Bauzaunes besondere Aufmerksamkeit schenkten, wie deren Briefwechsel in den Monaten März und April 1884 zu entnehmen ist. Es war dem Monarchen ein Greuel, daß wesentliche Teile des Tiergartens nahe der von ihm über alle Maßen geschätzten Siegessäule, den er ursprünglich nicht für den Reichstagsbau hatte hergeben wollen, für längere Zeit durch die Baustelle verunstaltet werden sollten. Er erwirkte deshalb strenge Auflagen zur Gestaltung des Bauzaunes. Wer für die Gestaltung des Zauns zuständig gewesen ist, ist nicht bekannt. Wilhelm jedenfalls wies wohl seine Pressestelle an, entsprechende Artikel zu lancieren, was vor allem der kaisertreuen »Post« nicht das geringste Problem bereitete. Aber selbst der Referendar, der diesen Artikel pflichtbewußt ausschnitt und in eine Akte einklebte, nannte ihn »langathmig« und »überflüssig«.

BAUBÜRO WALLOT

Bereits am 8. Juli 1883, eine Woche nach Wallots Dienstantritt, bewilligte der Reichstag die notwendigen Mittel und veranlaßte den Kanzler, »diejenigen Maßnahmen zu treffen, welche die bestimmungsmäßige Verwendung der bewilligten Mittel bedingt.«[10] Wallot wurde zum 1. Juli 1883 als künstlerischer Leiter eingestellt, sein gleichberechtigter Partner Haeger zum 1. September. Damit stand - so die Denkschrift - »nunmehr die Reichstagsbauverwaltung. Die Organisation letzterer fand dadurch ihren Abschluß, daß jedem der beiden Architekten ein Bureau mit dem nöthigen technischen Personal überwiesen, der beiderseitige Geschäftskreis abgegrenzt, der Geschäftsverkehr geordnet, insbesondere für den Geldverkehr die Einrichtung einer Reichstagsbaukasse vorgesehen, und endlich die Befugnisse der Bauverwaltung gegenüber dem Reichsamt des Innern, dessen Geschäftsbereich die Verwaltung angehört, bestimmt worden.«[11] Die »Kommission für den Reichstags-

Angelroth, Otto Rieth, Albert Lüthi und Christian Fürst. Auch ein Wallot im Wettbewerb unterlegener Konkurrent, Ludwig Schupmann, trat später in sein Atelier ein. Wenn auch am Wettbewerb keine Ausländer hatten teilnehmen dürfen, in Wallots Atelier waren sie willkommen: Carl Zehnder aus der Schweiz, Evert Strokirk aus Schweden und der ebenfalls in Berlin lebende Schwede Alfred Grenander.

Als Partner für die technische Bauleitung bestimmte Boetticher Wilhelm Haeger, sicher der Architekt, der den Reichstagsbau am längsten begleitet hat.

Wallot und Haeger erhielten im September 1883 vollständig eingerichtete Büros mit den nötigen Planstellen und der notwendigen Sachausstattung. Haeger stellte ebenfalls eine nicht geringe Zahl an Technikern ein. In einer späteren Bauphase wurden zwei weitere Büros eingerichtet; eines ab 1. Oktober 1889 unter der Leitung von Paul Wittig für den Innenausbau und um 1889 ein Konstruktionsbüro für die Kuppel, dem der Bau- und Maschinenbau-Ingenieur Hermann Zimmermann vorstand.[13]

Die Erarbeitung von Ausführungsunterlagen lief jetzt parallel zu Wallots Entwurfsüberarbeitung gemäß der Auflagen aus den Gutachten und der Reichstagsbaukommission. Cornelius Gurlitt beschrieb das Büro und seine Arbeit folgendermaßen: »Nun erst begann die eigentliche Durchbildung der Pläne. Auf riesigen Brettern entstehen die Baurisse unter den Händen einer stattlichen Anzahl von Gehilfen, deren Arbeit der Meister überwacht. Jeder, auch der kleinste Mauervorsprung wird eingezeichnet, viele Wochen dauert nur das Einschreiben der Maasse aller Winkel und Ecken. Dann werden die Querschnitte und die Façaden in ihrem größten Maasstab aufgezeichnet, in Blättern, welche Manneshöhe haben. Dann kommt ein Fachmann, der die Tragfähigkeit der Pfeiler und Säulen berechnet, der die Abmessungen der Eisenconstructionen prüft.«[14]

In dieser Phase waren auch zahlreiche Reisen der bauleitenden Architekten und Ingeni-

Zeitgenössischer Stich von der Grundsteinlegung. Im Gegensatz zum fotografischen Dokument herrscht hier offensichtlich bestes »Kaiser«wetter

bau mit der zugehörigen Bauverwaltung und Baukasse« ressortierte 1890 als letzte Stelle beim Reichsamt des Innern.[12]

Ohne daß es eine öffentliche Stellenausschreibung gegeben hätte, lagen Wallot schon Ende Juli 1883 mehr als 300 Bewerbungen von Architekten vor. Wallot baute seinen »Stab« aber schrittweise auf, je nach Erfordernis wechselten sich bis zum Ende des Baues die Spezialisten ab. Er beschäftigte zeitweise bis zu 15 Architekten, während der gesamten Bauzeit waren es insgesamt 26, abgesehen vom Heer der technischen Hilfskräfte. Wallots erste Mitarbeiter waren seine aus Frankfurt nachgeholten Kollegen Hermann

eure zur Beschaffung von Materialien und Ausrüstungen notwendig. Im Herbst 1883 fuhr Haeger mit dem Heizungsspezialisten Hermann Rietschel nach Wien, um die dortigen Heizungs- und Lüftungssysteme in den neuen Prachtbauten und Palästen an der Ringstraße zu studieren.[15] Nach seiner Rückkehr unternahm er zusammen mit Wallot weitere Reisen nach Schlesien, in den Thüringer Wald und in das Fichtelgebirge, um dort Steinbrüche zu inspizieren, in denen der Naturstein für die Fassaden und die Innenausstattung gebrochen werden sollte. Ob sie dem alten Architektenbrauch gefolgt sind und Friedhöfe besuchten, um die Verwitterung der Steine aus den umliegenden Brüchen zu prüfen, ist nicht bekannt, denkbar ist es aber schon.[16]

AUFTRÄGE UND FIRMEN

Von den um 1883 gängigen vier Verdingungsformen - Arbeit mit Tagelohnsätzen, in Regie, Arbeitsaufträge an Einzelunternehmer oder an Großunternehmer - kam für das Reichstagsgebäude nur das letzte ernsthaft in Betracht. Für die Ausführung der Maurer- und Zimmererarbeiten wurde ein Konsortium aus den Maurerfirmen Ramelow und Krebs & Lauenburg gebildet.

Das Konsortium war zuständig für die Ausschachtung, das Rammen der Rundpfähle, den Bau von Spundwänden für die Wasserhaltung sowie für das Mauerwerk bis zum Kranzgesims. Diese Firmen lieferten auch ihr eigenes Bauholz bzw. die Gerüste. Aufträge für Ziegelsteine, Mörtelkalk und anderes wurden von der Reichstagsverwaltung in direktem, einfachem Submissionsverfahren vergeben.

Für die Fassaden wurden wiederum einzelne größere Steinmetz- und Baufirmen unter Vertrag genommen, so z. B. die Firma Philipp Holzmann am 22. Juni 1885 nach öffentlicher Ausschreibung für die Ausführung der Steinmetzarbeiten am Erdgeschoß des südlichen Hofes mit einem Volumen von 45.156,19 Mark.[17] Diese größeren Baufirmen verfügten über eigene Steinbrüche und organisierten die Gewinnung, den Transport und die Bearbei-

tung des Materials bis zum Versetzen am Bau.

Der Innenausbau aber mußte vorwiegend von einzelnen und zum Teil sehr kleinen Möbeltischlereien durchgeführt werden. Nicht selten kam es vor, daß eine Tischlerei, um einen Auftrag zu bekommen, Kaution bei der Reichstagsverwaltung hinterlegen mußte. Im Regie-System stellte der Auftraggeber das Material, der Handwerker erbrachte unter dessen Aufsicht die Arbeitsleistung. In der Hauptsache ist das Regie-System aber bei künstlerischen Arbeiten angewandt worden, insbesondere bei den Steinmetzarbeiten für die Bildhauer Otto Lessing und Wilhelm Widemann.

Eine modifizierte Form der Regiearbeit, verbunden mit dem Einzelunternehmer-System, wurde in der künstlerischen Ausstattung mit den Firmen Riedinger, Linnemann und Hulbe praktiziert. Alexander Linnemann war Architekt und Glasmaler und besaß in Frankfurt Werkstätten für die Herstellung von Glasgemälden. Er war sozusagen Künstler und Unternehmer in einer Person. Ähnlich verfuhr man mit Georg Hulbe, der in seinen Berliner und Hamburger Werkstätten sämtliche Lederarbeiten für das Reichstagsgebäude herstellte, sowie mit Oskar Dedreux, der als künstlerischer und technischer Leiter der Abteilung für Lampen und kleine Bronzen der Augsburger Firma L. A. Riedinger auch den Typ des Künstler-Unternehmers darstellte.

Am 10. Januar 1884 wurde nach Maßgabe der Informationen, die Rietschel und Haeger aus Wien mitgebracht hatten, ein Wettbewerb für die Heizungs- und Lüftungsanlagen ausgeschrieben. In die Jury wurden namhafte Heizungsspezialisten berufen, die am 10. April 1884 entschieden. Vorgesehen war eine außerhalb des Gebäudes liegende Feuerungsanlage, eine erste Folge der Reduzierung des Gebäudevolumens.

Nach dem Bauprogramm sollte der große Sitzungssaal einen etwa 5maligen Luftwechsel pro Stunde erfahren. »Die Heizungssysteme sind derartig zu disponieren, daß die Wohnungen, das Büro und die Bibliothek, sowie sämtliche Klosetts unabhängig von dem Betrieb der Gesamtanlage erwärmt werden können.« 96 Sätze von Unterlagen für die Heizungs- und Lüftungsanlage wurden an die Konkurrenten vergeben. Es gingen 34 Entwürfe ein, von denen 17 aus Berlin stammten. Bedeutende Firmen beteiligten sich an dem Wettbewerb, wie z. B. Schaeffer & Walcker aus Berlin oder Rietschel & Henneberg aus Dresden. Sieger wurde der seit 1864 als preußischer Staatsbürger in Berlin lebende gebürtige Engländer David Grove. Die Entwürfe wurden in der Technischen Hochschule in Charlottenburg ausgestellt und in der Fachpresse besprochen. Sogar ausländische Zeitungen und Zeitschriften würdigten die vorgelegten Arbeiten.[18]

DIE VORBEREITUNG ZUR GRUNDSTEINLEGUNG

Kann man sich eine parlamentarische Demokratie vorstellen, in der der Premier und das Staatsoberhaupt es wagen, die Geschäfte des Parlaments unter sich zu regeln, ohne überhaupt den Parlamentspräsidenten zu konsultieren? Im 2. Deutschen Reich des Jahres 1884 war das nicht nur Usus, es kam auch keinem - nicht einmal dem Parlament - in den Sinn, dieses Verfahren in Frage zu stellen.

Wie ein roter Faden zog sich die bewußte Verhöhnung des Reichstags und der Volkssouveränität durch die gesamte Baugeschichte des Gebäudes, ohne daß das Parlament tatsächlich berechtigte Kritik äußerte. Zuerst zeichnete der Kaiser das Bauprogramm ab und sanktionierte die Wahl des Bauplatzes. Daraufhin maßte er sich an, sich in die Revision der Wallot'schen Pläne einzumischen, Vorschläge zu machen, Verbote und Gebote auszusprechen. Als es darum ging, die Grundsteinlegung zu planen und zu realisieren, wurde sogar der Magistrat von Berlin stärker berücksichtigt als der Reichstag. Jenes vom Staatssekretär Boetticher im Einvernehmen mit dem Kaiser in prächtigen Farben nach dem Muster der Feier zur Grundsteinlegung der Siegessäule entworfene, wegen des naßkalten Junitages jedoch in ein eher trübes militärisches Schauspiel verwandelte Spekta-

kel konnte wie kein anderer Akt der Welt vor Augen führen, wie sehr das junge Parlament ein äußeres Zeichen seiner Bedeutung nötig hatte.[19] Wallot blieb immerhin der Entwurf der Tribünen. Die vollzogene Grundsteinlegung war der selbstverständliche Ausdruck eines monarchistischen Staates, in dem ein Parlament bestenfalls symbolische, auf keinen Fall aber reale Bedeutung haben durfte.

Über den Termin der Grundsteinlegung herrschte lange Unklarheit. Bereits während der Ausstellung der Entwürfe im Juli 1882 erschienen Zeitungsberichte, wonach der 18. Januar (1883) als Gründungstag des Deutschen Reiches vorgesehen sei.[20] Boetticher, der sich des Themas annahm, machte immer wieder neue Vorschläge, ohne daß eine Chance auf ihre Verwirklichung bestanden hätte. In den hohen Regionen der Regierung wurden Daten wie der 22. März (Geburtstag des Kaisers) oder der 10. Mai (Frankfurter Friedensschluß nach dem Krieg gegen Frankreich) genannt. Daß der Reichstag einen Vorschlag gemacht hätte oder daß irgendeiner auf die Idee gekommen wäre, an den Ausbruch der 48er Revolution, die Daten des Paulskirchen-Parlaments, die Eröffnung des ersten Reichstages 1871 oder ähnliches zu denken, ist nicht bekannt. Man sollte vielleicht dafür dankbar sein, daß nicht der Sedantag gewählt wurde.[21]

Dafür, daß die meisten Terminvorschläge nicht zu realisieren waren, sorgte auch der dramatische Verlauf von Wallots Entwurfsüberarbeitung, die erst im Dezember 1883 die allerhöchste Genehmigung fand. Boetticher hatte allerdings am 23. August 1883 einen ersten, zaghaften Versuch in dieser Richtung unternommen. In einem langen Brief mit Anlagen schlug er Kaiser Wilhelm ein Datum - entweder den 5. oder 6. September 1883 - vor.[22] Wilhelm I. konnte seine Zustimmung hierzu nicht geben, weil der Kronprinz zu diesem Termin in Bayern weilen würde. Da absehbar war, daß er selbst die Vollendung des Baues nicht mehr erleben würde, bestand der greise Monarch auf der Teilnahme seines Sohnes und Nachfolgers bei der Grundsteinlegung. Er konnte nicht ahnen, daß sie beide im

Telefonleitung umspannte den Platz, Wasserhebe- und Rammgeräte, zum Teil von der ortsfesten Lokomobile angetrieben, waren im Einsatz. Der Grundstein stand noch frei. Am Bau waren ca. 100 Arbeiter tätig, zwei Dampframmen, zwei mit Dampf betriebene Mörtelwerke sowie mehrere Pumpen zur Grundwasserabsenkung in Betrieb. Das Arbeitsmaterial wurde auf kleinen Karren, die auf Schienen liefen, zur Baustelle gebracht bzw. auf der Baustelle befördert.[5] Ebenfalls im November wurden die Granitproben aus dem Fichtelgebirge für den Sockel vom Reichskanzleramt geprüft und genehmigt.[6] Bevor die Arbeiten im November wegen des Frostes eingestellt werden mußten, waren die Gründungen etwa zur Hälfte fertiggestellt - von der südlichen Baufluct bis zur Mittelachse in Höhe der Siegessäule. Ende September war das Haus des Baubüros so weit, daß man in sechs Wochen - also etwa Anfang November - mit dem Einzug rechnen konnte.[7] Bei den Arbeiten wurden »allerhand kultur- und naturgeschichtliche Funde gemacht«, die dem Märkischen Museum geschenkt wurden.[8]

Nach der Winterpause 1884/85 wurden als erstes die Fundamente vollendet und Teile des Kellers und des Untergeschosses in Angriff genommen: »Im Juni des Jahres 1885 erlitten die Bauarbeiten eine empfindliche Störung durch den damals eingetretenen Ausstand der Maurer. Man half sich mit Heranziehung auswärtiger Kräfte, doch nur 44 Mann trafen ein, die auf dem Bauplatze einquartiert und verpflegt wurden. Erst gegen Ende Juli wurde die Arbeit in größerem Umfange wieder aufgenommen. Die Arbeiterzahl betrug damals 230 Köpfe und stieg bis zum 6. August auf 262 Mann, darunter 140 Maurer ausschließlich Poliere und Burschen. Die Arbeitsleistung war dementsprechend erheblich geringer als im Vorjahre; doch wurden bereits 754 m Granit- und Sandsteinquadern versetzt.«[9] Ende November, zum Beginn der Winterpause, war der Bau »an der Stelle, wo künftig die große Freitreppe mit der Säulenhallen sich erheben wird« ein Stockwerk hoch.[10] Zu diesem Zeitpunkt waren bereits 5,5 Mio. Steine vermau-

ert; an der Westfassade sowie an den Ecktürmen hatte der Bau bereits eine Höhe von 6,5 Metern erreicht.[11] Hinsichtlich der Submission für die Ausführung der Maurerarbeiten hatte Haeger gelernt, »wie schlecht gerechnet wird«, das niedrigste Gebot lag bei 832.000, das höchste bei 1.971.000 Mark. »Nach solchen Resultaten kann man es den Baubeamten wahrlich nicht verdenken, wenn sie die Ansicht haben, es werde bei den Submissionen auch jetzt noch viel verdient.«[12] Auch bei den Gerüsten schien dieser Zeitung, daß dort ebenfalls zu viel verdient werde.[13] Fertiggestellt war die Rammarbeit für 134 laufende Meter Spundwände, 2,50 bis 5,50 m lang; an Maurerarbeit die Herstellung von 350 m Betonfundament, die Verarbeitung von 5.500 m³ Kalksteinen und von 5,5 Millionen Ziegelsteinen, und das Versetzen von 670 m Granit- und Sandstein-Quadern.[14] Am 11. März 1885 wurden aufgrund eines kaiserlichen Erlasses die Steinsorten und -farben für die verschiedenen Fassaden bestimmt. Es hatte zuvor »sorgfältige, durch die örtliche Besichtigung hervorragender Steinbrüche in verschiedenen Landestheilen unterstützte Untersuchungen der leitenden Architekten« gegeben, »deren Ergebniß unter Anschluß zahlreicher Steinproben der Reichstagsbaukommission vorgelegt wurde« und »in Uebereinstimmung mit einem Gutachten der Akademie des Bauwesens, nach den von der Reichstagsbaukommission gebilligten Vorschlägen der Architekten für die Bekleidung des Sockels die Wahl eines blaugrauen Granites und für die Bekleidung der Fronten im Uebrigen die Wahl eines hellgrauen Sandsteines« ausgesucht wurden. Der Granit sollte aus dem Fichtelgebirge stammen, der Sandstein aus den »leistungsfähigen ... deutschen Brüchen« in Schlesien, im Weserbergland und Unterfranken.[15]

DAS BAUJAHR 1886

Am 26. Januar 1886 traf sich die Reichstagsbaukommission im Hause des Reichsamts des Innern und beschloß die Aufstellung eines 20 m hohen Gerüstes für die Bauperiode 1886.[16] Im April wurden der Akademie des Bauwe-

Maurerkolonne

sens neue Fassadenpläne zur Begutachtung überbracht und mit Ausnahme der Westfront genehmigt.[17]

Am 25. Mai gab es einen Zwischenbericht, der dem Reichsamt des Innern vorgelegt wurde. Darin behauptete die Reichstagsbauverwaltung, daß es ihr gelungen war, bei verschiedenen Verdingungen Geld zu sparen. Einige Bauabschnitte waren weiter fortgeschritten als geplant, u. a. waren zwei Geschosse bereits vollendet. Die Steinmetzarbeiten hatten das Gurtgesims erreicht.[18]

Für das Baujahr 1886 zog Haeger am 16. Dezember 1886 Bilanz. Die Außenmauern waren bereits 5 m, an manchen Stellen sogar bis 7 m hochgezogen worden. Insgesamt waren 3.589 m Werkstein versetzt, die Sandsteinfassaden der beiden Höfe waren über das

Soll hinaus hochgeführt, erneut waren 5,5 Millionen Ziegelsteine verarbeitet worden.

DAS BAUJAHR 1887

Am 21. Februar 1887 fanden für die 7. Legislaturperiode des Reichstags Wahlen statt, ohne daß diese wesentlichen Einfluß auf den Fortgang der Planung bzw. Bauarbeit genommen hätten. Als Präsident wiedergewählt war Wilhelm von Wedell-Piesdorf, aber Levetzow saß nach wie vor in der Reichstagsbaukommission, zusammen mit Boetticher und Max Forckenbeck. Gegen Ende des Jahres 1887 wurde ein Beirat gebildet, bestehend aus den Architekten und hohen Baubeamten Friedrich Adler, August Busse und Reinhold Persius.[19]

Der Rohbau wurde 1887 bis zur Höhe des

*Versetzung einer
Säulentrommel für das
Hauptportal. Dahinter
ist Wallots Baubüro zu
erkennen*

Dachgesimses fertiggestellt. Bereits am 28. Juli war die Natursteinverblendung 5,5 m hoch »und hat darüber hinaus im Backsteinkern eine Höhe von theilweise 20-22 m über Erde erreicht ... Mit dem Gang der Arbeiten bin ich zufrieden und habe noch nichts gemacht, was

Planzeichnung für die
Fundamente

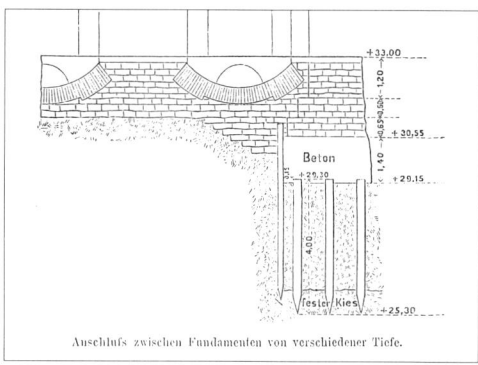

Anschluß zwischen Fundamenten von verschiedener Tiefe.

ich zu bereuen hätte«, schrieb Wallot an Reichensperger am 31. Dezember 1886; Reichensperger gegenüber bereute er jedoch die Bauweise, d. h. die getrennte Ausführung des tragenden inneren Ziegelbaues und der äußeren Natursteinverblendung: »Ich weiß es, daß Sie diese getrennte Ausführung tadeln werden; ich konnte es nicht verhüten, da im Jahr '93 der Bau in allen Theilen fertig sein soll; die Ausführung gestattet ein früheres Aufbringen des Daches und damit eine frühere Inangriffnahme des Innenbaus. Ich habe wenigstens dafür gesorgt, daß der Außenbau nicht zu einer Verblendung wird. Die Steinmetzarbeit hat eine solche Stärke, daß sie einen vollständigen Quaderbau darstellt. Einen Vortheil hat diese Art der Ausführung - daß man auf das sehr verschiedenartige Setzen des Quadermauerwerks und des Sandsteinmauerwerks keine Rücksicht zu nehmen braucht.«[20]

Nochmals zogen Haeger und Wallot Bilanz, der Bericht ist datiert 24. November 1887. Verschiedentlich hatte Wallot die Raumdisposition - selbstverständlich nicht ohne mit dem Beirat oder dem Ausschuß zu konsultieren - geändert; das Archiv wanderte, ein Raum für Polizei und Feuerwehr wurde im Kellergeschoß geschaffen. An der westlichen Front wurden Sprechzimmer für die Abgeordneten geschaffen. Das Hauptgeschoß wurde um einen Meter gegenüber dem genehmigten Ausführungsplan angehoben. Die Regelung der Bauplatz- bzw. Grundstücksfragen war dem Abschluß nahe. Die Neuanlage der Straßen hinter dem Reichstag konnte erst nach der

Grundsteinlegung in Angriff genommen werden, diese sei jetzt, Ende 1887, fast fertig. Jetzt wurde auch bekannt, daß die Gesamtkosten des Grunderwerbs bei 7.222.437,50 Mark gelegen haben.

Was die innere Ausbildung betraf, stand erst jetzt die genaue Größe mancher Säle fest, insbesondere des Sitzungssaales: Programmgemäß hätte er 620 m² betragen, im Wettbewerb waren es nur 613, künftig sollten es 623 werden. Die Bibliotheksfläche betrug 3.620 m², 2.500 waren damals verlangt worden.

Naturgemäß bot die alljährliche Pause Gelegenheit, nicht nur über das Geschehene Bilanz zu ziehen, sondern Künftiges zu beraten und zu beschließen. Die Zeit zwischen Ende November 1887 und dem 3. März wurde aber intensiver als sonst dafür genutzt; es gibt die beiden Berichte von Haeger im Dezember 1887 und einen dritten, diesmal vom 3. März 1888, kurz vor Wiederaufnahme der Bauarbeiten.

Gegen Endes des Jahres wurde ein Beirat gebildet, bestehend aus Adler, Persius und Busse, die der Reichstagsbaukommission für die künstlerischen Teile des Innenausbaues beratend zur Seite stehen sollten. Zusammen mit Wallot, Haeger, Boetticher und Nieberding trat der Beirat am 14. April 1888 zusammen, um über die Fußböden zu beraten, vor allem über den »bevorzugten« Räumen »aufgenagelten eichenen Stabfußboden«; in der Bibliothek und im Archiv tat es auch Kiefernholz.[21]

Die Baujahre 1888 und 1889

1888 galt Zeitgenossen gemeinhin als das »Dreikaiserjahr«: Wilhelm I. starb am 9. März, sein Sohn Friedrich III., der »im Einvernehmen mit seiner Gemahlin und wohl infolge Beeinflussung der Letzteren den Reichstagsbau und meine Person vollständig ignorierte«[22], starb am 15. Juni. In seiner 99-Tage-Herrschaft hatte er sein langjähriges Engagement für den Dombau fortgesetzt - der Reichstag interessierte ihn nicht. Wilhelm II., der

neue Kaiser, sollte in kurzer Zeit zum gefähr-
lichsten Gegner Wallots werden, doch war
zunächst davon noch nichts zu spüren.

Wallot hatte schon im Vorjahr trotz aller
noch vorhandenen Unklarheiten den Innenausbau optimistisch gesehen: »Die Innenräume, auch diejenigen des Hauptgeschosses sind
großentheils durchgearbeitet und theilweise
schon ausgeführt. Sämtliche Eingangshallen
etc. werden nämlich auch massiv und zwar in
Sandstein ausgeführt. Werthvolles od. besser
edleres Material - auch Farbe, soll vorwiegend
in den eigentlichen Innenräumen verwendet
werden.«[23]

Das Jahr 1888 brachte zwar die notwendige
Klärung für die Innenausstattung, das künstlerische Programm blieb aber in den meisten
Punkten noch offen. In einer Sitzung der Reichstagsbaukommission am 18. Februar wurde
eine Reihe von Beschlüssen über die Inneneinrichtung gefaßt. Danach sollten die meisten
Repräsentationsräume Eichenholztäfelung
und Marmor- bzw. Eichenholzfußboden erhalten. Für die Wandelhalle wurde istrischer
Kalkstein als Verblendungsmaterial gewählt.
Der Vorschlag Wallots, die nördliche und südliche Eingangshalle mit Skulpturen deutscher
Geistesgrößen auszustatten, wurde zunächst
zurückgestellt. Zur weiteren Beratung dieses
Vorschlags wurden neue Skizzen angefordert.[24] Am 14. April trat dann auch der Reichstagsbeirat zusammen: Boetticher, Nieberding,
Adler, Persius, Wallot, Haeger; Busse war
durch Krankheit verhindert.

Sein grundlegendes Gestaltungsprinzip hatte Wallot in einem Brief an Friedrich Bluntschli formuliert: »Im Allgemeinen leitete
mich beim Entwerfen die Absicht, möglichst
einfach zu bleiben und in den Räumen beim
Weiterschreiten von den Eingangshallen aus
eine Steigerung zu erreichen und zwar sowohl
räumlich als auch im Material.«[25] Hier stellt
sich dem heutigen Betrachter mit Blick auf
das Ergebnis durchaus die Frage nach der
Definition des Maßstabes »einfach«. Allein
die Vielfalt und Qualität des Materials sowie
die Summe der plastischen und malerischen
Details stand diesem Vorsatz entgegen.

War man bis 1888 innerhalb des 1884 auf-
gestellten Zeitplanes, stand die Bauausführung
1890 »erheblich« hinter diesem Plan zurück;
der Rohbau hätte bereits 1889 fertig sein müssen, tatsächlich sah es so aus, als würde dies
erst Ende 1891 der Fall sein. Die geplante Fertigstellung des Baues im Jahre 1892 wurde immer unwahrscheinlicher.[26] Dies sei einer Vielzahl von »verschiedenen Nebenumständen«
geschuldet, wie z. B. »unvorhergesehene
Schwierigkeiten der Fundirung, wiederholte

Eingerüstete Kuppel

113

Arbeiterausstände, ungenügende Leistungsfähigkeit der Steinbrüche.« Weil die Pläne für
die Ecktürme nicht vor dem September 1887
vorlagen, konnte die Ausschreibung erst im
Oktober, die Ausführung erst im Frühjahr
1888 beginnen; damit sei das Jahr 1887 »für
die Arbeiten an den Fronten verloren gegangen.«[27] Vor allem war aber die ungeklärte Kuppelfrage schuld, folglich könne das Haus erst
am 1. Oktober 1894 übergeben werden.[28]

WALLOT, DIE KAISER
UND DIE KUPPEL

In Wallots ursprünglichen, mit dem ersten
Preis gekrönten Entwurf zeigte das Reichstagsgebäude eine steinerne Kuppel, die 85 m
über dem Plenarsaal emporragte. Im Laufe der
Überarbeitung mußte er sie über die westliche
Kuppelhalle verlegen; die Akademie des Bauwesens und der Kaiser hatten wegen der Saal-
belichtung massive Bedenken geäußert bzw.
geltend gemacht.

Wallot selbst hatte Anfang 1889 behauptet,
daß er damals mit dieser Lösung nicht zufrieden war, er sei zu der Erkenntnis gekommen
»... daß nicht die Form einer Kuppel an dieser
Stelle, sondern deren Masse in Anbetracht der
Thürme an den Ecken und der verhältnismäßig nicht großen Länge der Westfaçade das
Entscheidende sei. Diese Façade mit ihren 136
m ist zu kurz, um 3 massige Aufbauten zu vertragen. Weiter störte es mich ganz gewaltig,
dass alle Aufbauten infolge dieser Anordnung
an der Peripherie der Baumasse Platz gefunden hätten, dass der Aussenstehende von dem
inneren Leben, von den Höfen etc keine Ah-
nung bekommen hätte. Der Bau hätte ausgesehen wie ein ausgebranntes Schloß«.[29]

Diese Erkenntnis scheint ihm jedoch erst
gegen 1885, ca. ein Jahr nach der Grundsteinlegung gekommen zu sein; erst im August
1885 gibt es ein Anzeichen für seine Bemühungen, die Kuppel doch noch zurück über
den Plenarsaal zu bringen.

Am 13. August 1886 schrieb Boetticher dem
Kaiser, daß die Ausarbeitung der Ausführungsunterlagen einige Änderungen ergeben

hätten, die eine erneute Genehmigung durch
den Kaiser erforderlich machten. Die wesentlichen »Abweichungen«: 1. eine Erhöhung
des gesammten Baukörpers, eine schlankere
Gestaltung des Kuppelaufbaues, »unter gleich-
zeitiger Erhöhung desselben«, und »in der
Einfügung von je einem schlanken Thurme
rechts und links hinter dem Mittelbau der Ostfront« »Die Erhöhung des Baukörpers [um drei
Meter] ... hat sich ... als nöthig erwiesen, um
dem Gebäude nach dem Königsplatze hin die
genügende Wirkung zu sichern.« ... Dies sei
die Folge davon, »daß die Kuppel nicht mehr
über dem großen, rechteckigen Sitzungssaal,
sondern über dem kleineren, rechteckigen
Mitteltheil der Halle aufgebaut wird. Die beiden Thürme der Ostfront hat der Architekt
eingeschaltet, um die Ostfront des Baues
gegenüber der, mit dem massigen Kuppelaufbau belasteten Westfront zu heben.« Dem-
nach wäre die Kuppel statt der genehmigten 77
92 m hoch geworden. Er habe sich dem Gutachten der AdB angeschlossen, Wallot aufgegeben, die Pläne noch einmal zu überarbeiten.
Dies habe Wallot getan - die Kuppel ist nunmehr um etwa 9 Meter niedriger, - also 83 m
hoch - jedoch erklärt, daß eine »noch stärkere
Höhenermäßigung die architektonische Wirkung des Kuppelaufbaues in sehr empfindli-
cher Weise beeinträchtigten« würde; Wallot
würde dies in einem Modell nachweisen können. Boetticher kann, nach einer technischen
Prüfung, Wallots Bedenken nicht teilen. Es sei
zwar richtig, daß nur ein Modell letzte Gewißheit verschaffen könne, dennoch bittet er,
Boetticher, Wilhelm »allerunterthänigst,
durch huldigste Vollziehung des angeschlos-
senen Erlasses Allergnädigst genehmigen zu
wollen, daß die Ausführung der Façaden des
Reichstagsgebäudes nach den Zeichnungen ...
bei Einhaltung einer Höhe von 26,50 Meter
bis zur Oberkante des Hauptgesimses des
Baukörpers, von 40 Meter bis zur Oberkante
des Hauptgesims der Eckthürme und von 77
Meter bis zur Oberkante der Laterne der Kuppel, erfolge.«[30] Boetticher legte dem Kaiser
dieses vorformuliert bei, jedoch ohne Datum.
Der Kaiser hat nicht unterschrieben.[31]

In den Akten des Civil-Cabinets befindet sich eine Notiz des AdB-Chefs Schneider vom 25. August 1886, wonach die Lichte Höhe der Kuppel 25 m, die Abmessungen des Sitzungssaals, Lichte Höhe 13 m, betragen. Danach der Satz: »S. Maj. wollen vor Unterzeichnung der den Facaden-Entwurf des Reichstagsgebäudes genehmigenden Order nach dem Vortrag des Ministers v. Bötticher und des Architekten Wallot in Betreff der Kuppel entgegennehmen.«[32] Darauf, daß Schneider, Wallot und Minister Boetticher ihm, dem Kaiser, »gemeinschaftlich« Bericht erstatten, geht Wilhelm am 31. August 1886 ein, und zwar dann, »in der Zeit, in welcher Allerhöchstderselbe ... wieder in Berlin« anwesend ist.[33]

Dennoch scheint Wilhelm »Mißbehagen« gefühlt zu haben, jedenfalls ist Boetticher schon am 11. September 1886 bemüht, dieses zu beseitigen: »Ich kann versichern, daß, solange ich einen Einfluß auf die Durchführung des Baues habe, nichts geschehen wird, was den Intentionen des Kaisers widerspricht. Es sollte mich tief schmerzen, wenn unser Allergnädigster Herr dem Bau, welchem Sein Interesse bisher so lebhaft zugewendet worden ist, ferner die Theilnahme entziehen wolle.«[34]

Es muß in dieser Zeit gewesen sein - Wallot spricht davon, daß ihm beim Kaiser Audienz gewährt worden ist. Er legt die Audienz »kurz vor meiner Abreise nach Straßburg«, aber wann sie stattgefunden hat, ist nicht bekannt. Er habe »eine längere - über eine Stunde währende Audienz bei Sr. Majestät« gehabt: »Der Kaiser war, wie immer, sehr gütig, sehr mild - aber ich hielt ihm in einer Sache ganz scharfen Widerpart und wie es sich gehört, gab er nach. Natürlich.«[35]

Wilhelm forderte am 7. Oktober genauere Pläne an, die ihm Boetticher am 19. d. M. mit einer Erklärung einreichte. Wilhem habe sehen wollen, wie der Kuppelraum von Innen her gesehen werde. Man könne auf einer Zeichnung erkennen, »daß der Kuppelraum nicht durch eine Decke in der Höhe des Daches getheilt wird. ... Nach dieser Zeichnung [sie fehlt in der Akte] wird der innere Raum der Kuppel vom Fußboden der großen Halle ungetheilt

bis auf etwa zwei Drittel der Kuppelhöhe hinaufreichen und dort durch eine gewölbte Decke geschlossen werden; sein Licht erhält er durch die großen, mit Glas zu schließenden Seitenöffnungen der Kuppel. Oberhalb des so geschlossenen Raumes bleibt von dem Inneren der Kuppel nur noch ein verhältnismäßig kleiner Raum übrig, von welchem nur deshalb nicht ganz abgesehen werden kann, weil ein Doppeldach für die Kuppel unentbehrlich ist.« Beim bisherigen Projekt würde der Saal sein Licht »durch eine Mittelöffnung der Decke, welche oberhalb gegen die, durch die nicht mit Glas geschlossenen Seitenöffnungen des Kuppelaufbaues sich ergebenden Einflüsse der Witterung durch eine Glasdecke geschützt wird.« Boetticher spricht sich für die Ausführung nach der ersten Skizze aus.[36]

Der Kaiser war nun doch verunsichert und schrieb am 22. Oktober an Bismarck.

Er habe gedacht, daß man die äußere Kuppelhülle von innen werde sehen können, jetzt - »das Schlimmste war mir verschwiegen geblieben« - sei dieser »verbaut« worden, mit einer kleineren Kuppel, »die gar keinen Einblick gestattet in die hohe Pracht-Kuppel, denn sie geradezu zu meinem Bedauern condemnirt wird, in deren Mitte eine Art Cylinder sehr schmal, eng, den man glücklicherweise vom Innern nicht sehen wird, eine Hühnerstiege gedacht ist, für Amateurs um die Aussicht zu genießen!!, während [man] den zum Bedauern degradirten inneren Kuppelbau glücklicherweise nicht sehen kann. Ich erklärte, daß ehe ich diesem Project meine Zustimmung geben könne, ich lieber die ganze Kuppel einreißen lassen wolle, oder mich ganz von fernerem Bau als Unternehmer [sic!] zurückziehen würde.« Ehe er sich für das eine oder andere Projekt entscheide, wolle er Bismarcks Ansicht haben.[37] Dem Brief waren die erwähnten Zeichnungen beigefügt.

Der Brief hat Bismarck, der auf seinem Gut in Varzin weilte, in große Verlegenheit gebracht. Er schrieb: »Bei meiner laienhaften Stellung zu diesen Aufgaben wage ich nicht, meine Aeußerungen über die ... Fragestellung ... auszudehnen. Ich würde mir überhaupt nicht erlauben, meine Ansicht technischer Sachkunde und höherem künstlerischem Urteil gegenüberzustellen, wenn ich von letzterem nicht die Gewißheit hätte, daß es nicht unbeeinflußt ist durch die, nicht bloß Künstlern eigentümliche Neigung, einen einmal eingenommenen Standpunkt um deshalb festzuhalten, weil es der eigene ist. Der Gefahr, eigensinnig zu werden, sind hervorragende Künstler ebenso ausgesetzt, wie andere Sterbliche.«[38]

Bismarck setzte sich auch mit dem Chef des Civil-Cabinets, Wilmowski, sowie mit Boetticher in Verbindung. Boetticher schrieb Wilmowski am 4. November: Der Kaiser könne sich mit Wallots Kuppel deswegen nicht anfreunden, »weil danach zwischen der Decke des inneren Kuppelraumes und der äußeren Kuppelbedachung noch immer ein nicht unbeträchtlicher, jeder Verwendung entzogener Innenraum verbleiben würde.« Auch sei Wilhelm dagegen, daß der Sitzungssaal »nicht, mit Einrichtung zur Seitenbeleuchtung, unmittelbar an die Straße stößt«. Doch erinnert Boetticher daran, daß der Kaiser diese Pläne bereits am 5. Dezember 1883 genehmigt habe, und daß inzwischen in dieser Beziehung die Fundamentierung bereits erfolgt sei. Abgesehen davon, empfiehlt sich die Abtrennung des Sitzungssaales von der Straße, »auch durch die politische Rücksicht, daß in unruhigen oder aufgeregten Zeiten die Berathung des Reichstags jeder Einwirkung von der Straße her mit Sicherheit entzogen bliebe. Dies würde nicht der Fall sein, wenn der Saal mit Fenstern versehen wäre, welche auf die Straße gehen.«[39] Das muß dem Kaiser eingeleuchtet haben, denn daraufhin hat Wilhelm von seinem Bedenken hinsichtlich der Lage des Sitzungssaales Abstand genommen.[40]

Doch damit war noch nicht alles erledigt. Boetticher holte noch eine Zeichnung von Wallot, auf der »der innere Saalraum durch die ganze Höhe der Kuppel hindurch bis in die Laterne hineinreichen« soll. »Der Raum der Laterne ist von dem darunter liegenden Kuppelraum durch keine Scheidewand getrennt; auch von jenem Raum her empfängt das Inne-

re der Kuppel noch Licht. Die Kuppel selbst ist in ihrer Gesammthöhe um 6 Meter erniedrigt, damit der Innenraum der Kuppel nicht eine zu dem Durchmesser außer Verhältnis stehende Höhe erreiche. Die Gesammthöhe des Innenraumes bis in die Laterne hinein würde nach der Zeichnung 62 Meter (oder etwa 200 Fuß) erreichen, während der Durchmesser des Raumes nur 22 Meter beträgt. Sollten Eure Majestät gleichwohl geruhen wollen, für die Kuppel bisherige, um 6 Meter größere, Höhe festzusetzen, so würde sich dies ohne Weiteres ausführen lassen, derart, daß dann der Innenraum der Kuppel die Höhe von 68 Metern erreichen würde.«[41]

Am 15. November 1886 genehmigte Wilhelm diese Pläne. Wallots Argumente waren immerhin soweit überzeugend, daß der Kaiser ihm sein Oberlicht für den Plenarsaal zugestand, nicht jedoch mit einer Kuppel. Ein Besuch der Reichstagsbaukommission in Wallots Atelier folgte am oder um den 15. Dezember: »Excellenz u. die übrigen Herren schienen von dem, was bisher geschehen, sehr befriedigt zu sein.«[42] Es blieb, abgesehen von der allseits begrüßten Streichung zweier Türme auf der Ostseite, alles beim alten, eine Steinkuppel 77 Meter hoch über der Halle. Wallot selbst scheint nichts mehr unter Wilhelm I. unternommen zu haben, die Akten enthalten kein Anzeichen von einem erneuten Versuch. Nur: Der Architekt scheint nicht ganz aufgegeben zu haben. Denn der Bericht der Reichstagsverwaltung vom November 1887 enthält den Passus:

»Die Architektur des Gebäudes ist mit diesen Festsetzungen, abgesehen von dem Kuppelaufbau, endgültig gegeben; der letztere bedingt in Bezug auf Anordnung und Gestaltung noch mancherlei Erwägungen und Vorarbeiten, so daß er voraussichtlich nach einiger Zeit die abschließende Feststellung finden wird.«[43]

Wallot mußte nicht lange warten. Kurz nach Wilhelms Tod am 9. März 1888 trat am 14. April der Reichstagsbeirat zusammen. Diesmal versuchten Wallot und Haeger, einen neuen Kuppelstandort durchzusetzen, aber der

Arbeiten an den Säulenornamenten. Foto von Paul Graef, der seinen Bildern häufig einen Alltags- gegenstand hinzufügte, um die Maßstäbe zu verdeutlichen

Beirat bestand vor einer Diskussion auf der Vorlage ausgereifter Pläne.[44]

In Verbindung mit seinen Wünschen, die Kuppel doch noch verändern zu lassen, kam es zu einem Gedankenaustausch zwischen Wallot und dem neuen Kaiser Wilhelm II. En- de Dezember 1888. Zuvor hatte Boetticher Bismarck geschrieben: »Gegen die Anord- nung [der Kuppel] sind von Seiten des leiten- den Architekten so erhebliche Einwendungen

erhoben worden, daß eine erneute Erörterung der ganzen Frage geboten war.« Diese sei im Beirat nun abgeschlossen, und man ist nunmehr der Ansicht, daß die Kuppel doch noch über den Sitzungssaal errichtet werden möge; die Reichstagsbaukommission sei dieser Auffassung beigetreten. Möge der Kaiser dieser Auffassung auch beitreten, damit es keine Verzögerung gibt.[45]

Als erster der drei den Reichstagsbau begleitenden Monarchen besuchte Wilhelm II. Ende Dezember 1888 Wallot.[46] »Der Besuch des Kaiser's war, wie Sie sich denken können, für mich im höchsten Maaße interessant. Es war die erste Begegnung, welche ich mit demselben hatte. Er interessierte sich augenscheinlich und mit wirklichem Verständniß für mein Machwerk und war im Uebrigen sehr gnädig. Für die Förderung des Werk's ist diese Stellungnahme des Kaiser's von größter Wichtigkeit, ...«[47] Dies sollte Wallot noch auf andere, ungeahnte Weise erfahren. Das war die erste Begegnung zwischen Wallot und dem Kaiser.

Im Januar 1889 trat die Reichstagsbaukommission wieder zusammen und bestellte erneut Berechnungen für eine neue Kuppel. Diese wurden von dem Bau- und Maschinenbau-Ingenieur Hermann Zimmermann sowie

seinen Mitarbeitern Philipp Lodemann und Bury[48] ausgeführt und lagen im Frühjahr vor. Wallot hatte sich endgültig von der massiven Steinkuppel verabschiedet, neben funktionellen Gründen spielten ästhetische Gesichtspunkte eine große Rolle: »Da kam mir die übrigens so naheliegende Erleuchtung, von allen traditionellen Kuppeln abzusehen, die Hauptmasse wiederum in das Centrum des Gebäudes, also über den Sitzungssaal zu verlegen, nunmehr aber das Dach des Aufbau's an dieser Stelle den Verhältnissen entsprechend in Glas und Kupfer auszubilden, um die Belichtung des darunter liegenden Saales außer alle Frage zu stellen. Dies ist nun geschehen ...«[49]

Im März war das neue Modell des Reichstagsgebäudes mit dem veränderten Kuppelentwurf »... im alten Reichstagsgebäude den Herren Abgeordneten zur Besichtigung u. Kritik aufgestellt. Wie es den Anschein hat, gefällt das Modell nicht besonders. Ob ich daran schuld bin od. der architect. Bildungsstand der Herren Kritiker, weiss ich nicht. Der Eine sagt dies, der Andere das. - Jedenfalls wird mein Erzeugnis angezweifelt«, schrieb Wallot.[50]

Die zweite Begegnung zwischen Wallot und dem Kaiser fand fast ein Jahr später - offenbar Ende November 1889 - im Neuen Palais in Potsdam statt. Eugen Bracht berichtete: »Eigentlich war der Reichstag - resp. die von demselben erwählte Baukommission die ausschlaggebende Instanz - der Reichstag war der 'Bauherr', und die Reichsregierung, so wenig wie der Kaiser, hatten da hineinzureden; dem Kaiser aber spielte das 'Mittun' stets eine wichtige Rolle, er glaubte sich berufen, einen Einfluss auf diesen wichtigsten Bau seiner Regierungszeit auszuüben und war offenbar gewohnt, dass die berufenen Architekten, wie Schwechten etc. sich die Kaiserlichen Eingriffe mittels Blaustift gefallen liessen ... Nachdem Wallot S. M. die Pläne dargelegt und die bestehenden Schwierigkeiten gestreift hatte, war Jener mit seiner Meinung bereits fertig und Wallot mit der Hand auf die Schulter klopfend sagte er siegesbewusst: 'Mein

Einrüstungsarbeiten an der Südwestecke

Sohn [Wallot war achtzehn Jahre älter! M. C.] - das machen wir so!' und wollte loszeichnen oder hatte bereits damit begonnen - worauf Wallot in seiner entschiedenen Art, sich gross aufrichtend, erwiderte: 'Majestät, das geht nicht!' Es muss wohl nicht nur den Worten nach, sondern auch im Ton ein Etwas in sich gehabt haben, das S. M. nicht gewohnt war zu hören - er sah sich damit als Mitbauer abgelehnt, und damit war Wallot ein Feind geschaffen wie er unversöhnlicher nicht gedacht werden kann. Ich gebe es so wieder wie Wallot es mir ganz warm erzählt hat, vielleicht hatte er im Augenblick der Antwortformulierung so sehr die sachliche Seite der Frage im Sinn, dass er nicht einmal daran dachte, dass es auch ein Ablehnen in passivem Widerstande gab und er eine artigere Form des Bedauerns wählen konnte - jedenfalls kam in seiner Antwort der ganze Schrecken vor solch dilettantischer Beeinflussung deutlich genug zum Ausdruck ...«[51] Ob diese Auseinandersetzung mit der Kuppelfrage zu tun hatte, ist auch nicht bekannt, sie ist erst Ende 1889 entschieden worden.

Wallot hat über die letzten Hürden auf dem Wege zur endgültigen Kuppel an Reichensperger geschrieben: »Sodann war ja, wie Sie ja wissen - denn Sie gratulieren mir ja in Ihrem Schreiben - die Kuppel auf dem Tapet. Hier blieb ich Sieger. Ich spannte die grössten, schwersten Pferde, einige Maulesel u. einige ganz gewöhnliche Esel davor u. liess sie die Kuppel in meine Scheuer fahren: die Scheuer ist ja Gott sei Dank, gross genug. Im Ernst gesprochen, es ist im Ganzen u. mit der Kuppel insbesondere ein gewichtiger Wechsel auf mich gezogen u. den muss ich einlösen, wenn ich nicht ein Duzbruder vom seligen Herostrat werden will. Wegen derselben Frage hatte ich ja auch die Ehre, Sr. Majestät einen Vortrag zu halten. Es war das im neuen Palais in Potsdam: es war ja ganz interessant, den 'Juvenis imperator' in den Räumen seiner großen Ahnherren sich bewegen zu sehen. Majestät waren auch ganz gnädig, u. er benannte mich sogar

zu 'mein Sohn', aber dann verfasste er einen Erlass, worin er erklärte, die Sache scheine ihm nicht recht. Als dieser in der Reichstagsbaucommission verlesen wurde, fielen sofort einige dieser Säulen um; allerdings war es auch nicht schwer, dieselben nachträglich, als die 'Autoritäten' für mich gesprochen hatten, wieder aufzurichten.«[52]

DAS BAUJAHR 1889

Im Frühsommer 1889 wurden auf der Unfallschutz-Ausstellung im Pavillon am Lehrter Bahnhof in Berlin die Baugerüste am Reichstagsbau im Modell gezeigt. Am 5. Juni brach jedoch ein Teil des »nach der Sommerstraße zu gelegenen verbundenen Gerüstes beim Aufwinden schwerer Sandsteine ... zusammen ... Die Arbeiter hörten das Knistern im Gebälk und retteten sich sämmtlich. Unglücksfall nicht vorgekommen«, meldete ein Polizeibericht vom selben Tag.[53]

Im Sommer herrschte auf der Baustelle völlige Ruhe. Gurlitt besichtigte wieder einmal die Baustelle: »Ein Blick durch die offene Thüre des Bauzaunes schafft neue Eindrücke. Heute grade ists ganz still: die Herren Maurer und Steinmetzen streiken einmal wieder!« Der Ausstand dauerte mehrere Monate.[54]

*Versetzung
eines Gesimsstückes*

121

Bauausführung 1890-1894
Das Baujahr 1890

Verglasen der Kuppel

Mit der Verschiebung der Kuppel über den Plenarsaal mußten 1890 auch Veränderungen an bereits ausgeführten Bauteilen vorgenommen werden. So waren die Stützen für die ursprünglich geplante Kuppel schon fertig. Wegen der neuen Position der Kuppel wurden die Treppenhäuser an den Ostecken des Sitzungssaales verfüllt. Für Heizung und Lüftung muß-

ten neue Berechnungen erfolgen, da der Sitzungssaal andere Dimensionen erhalten hatte. Für die Umarbeitung der Giebelfront am Königsplatz engagierte Wallot den Schweizer Architekten Carl Zehnder.[1]

Über die große Zeit der Umarbeitung schrieb Wallot am 19. Mai 1890 an Bluntschli: »Die Gebäudemasse hat durch diese Centralmasse unbedingt sehr gewonnen. Eine grosse arch. Schwierigkeit entstand dann durch die Gleichheit der Abmessungen des Mittelbaus a. d. Westseite und derjenigen des ... Kuppelaufbau's. Ganz aus der Welt kann man diese störende Gleichheit natürlich nicht schaffen ... Im Großen und Ganzen habe ich bis jetzt nichts zu bereuen, d. h. wenn ich nochmals die Sache, Grundriß und Architektur zu machen hätte, würde es nicht viel anders ausfallen - trotzdem ich - der Autodidakt - in den verflossenen Jahren manches gelernt habe. Nur eins ärgert mich immer. Nämlich gerade die Bildung des Erdgeschosses ... Bezüglich des 'Character's' der Architektur bitte ich Sie, mich nicht verantwortlich zu machen. Ich hatte keine Zeit, dabei selbsttätig zu sein.«[2]

Am 17. Mai 1890 wurde die Reichstagsbaukommission neu gewählt bzw. bestätigt. In ihr waren diesmal: Dr. Clemens Freiherr Heeremann von Zuydwyk (Zentrum), Friedrich von Kehler (Zentrum), Konrad Graf von Kleist-Schmenzin (Konservative), Gustav Siegle (Nationalliberale), Friedrich Johannes Goldschmidt (Deutsche Freisinnige Partei), Paul Singer (SPD) und Wilhelm von Kardorff (Deutsche Reichspartei).[3]

Der Architekt Paul Wittig wurde zum 1. Oktober bei der Reichstagsbauverwaltung angestellt mit der Aufgabe, »zur Entlastung Wallots den inneren Ausbau der Geschäftsräume im Unter-, Zwischen- und Obergeschoß selbständig zu entwerfen und auszuführen«.[4]

Im Baubericht vom 15. Dezember 1890 heißt es: »Eine weitere Veränderung hat der Bauplan hinsichtlich des Mittelbaues der Westfront erfahren. Künstlerische Rücksichten lassen es geboten erscheinen, das Mittelportal mehr hervorzuheben, als es nach dem anfänglichen Projekte der Fall war. Andererseits hat die Durcharbeitung der Spezialbaupläne zu der Erkenntniß geführt, daß eine Rampenanlage von der bisher beabsichtigten Längen- und Breitenausdehnung gegenüber der mächtigen Front des Gebäudes unzulänglich sein würde. Die Säulenhalle wird das Mittelrisalit um etwa 8 m über die Baufluchtlinie hervortreten lassen.«[5]

Der Bericht erwähnt, daß 15 Mio. Ziegelsteine bis zum April 1890 vermauert waren, nichts jedoch über die Anzahl bis zum Ende Im Sommer wurden die Säulentrommeln aus Alt-Warthauer Sandstein von der Steinmetzfirma P. Wimmel mit einer »Schälmaschine« hergestellt, die Versetzung erfolgte später. Anfang Dezember 1890 waren bereits 13.167 m³ Werkstein versetzt. Noch vor Jahresende wurde mit dem Eisengerüst der Kuppel begonnen, das Ende 1891 fertiggestellt war.[6] Im Winter 1890/91 konnte auch bereits mit ersten Probeläufen für die Heizung begonnen werden, der Bau war schon weitgehend »unter Dach«. Dennoch ist es nicht möglich zu sagen, wie weit der Bau konkret gediehen war.

Ebenfalls im Laufe des Jahres 1890 - die Akten geben nicht das genaue Datum an - war wegen der Feuergefahr auch eine Versicherung über 8,5 Mio. Mark abgeschlossen worden. Aber - nicht für das Gebäude, sondern für die Gerüste.

»GIPSHALLE REICHSTAG?«
Wegen der Umbauarbeiten für die neue Kuppel, vor allem aber wegen der Ausfälle durch Streiks und ungenügender Leistungsfähigkeit der Steinbrüche, wurde die Fertigstellung des Gebäudes zum geplanten Termin Herbst 1892 nun fraglich.[7]

In der Reichstagssitzung vom 24. Januar 1891 debattierte man deshalb heftig über die Baumaterialien. Wegen der Bauverzögerungen sowie aus finanziellen Erwägungen verlangte Boetticher, daß für den Innenausbau, vor allem für die Wandelhalle, nicht der vorgesehene istrische Kalkstein, sondern der neue von der Wiener Kunststeinfabrik Matscheko & Schredl vertriebene »Incrustatstein« verwendet werden sollte.[8] Dieser Kunststein war durch Zementzusatz aus dem altehrwürdigen »Scagliola« (Stuckmarmor) entwickelt worden.[9]

Die wesentlichen Debatten im Parlament fanden am 24. Januar und 7. Februar statt. Boetticher behauptete, daß »wenn man beispielsweise in der großen Halle und in den

anderen Eingangshallen jetzt noch die Decken aus echtem Material herstellen wolle, das gleichbedeutend sei mit einer Hinausschiebung der Vollendung des Baues um 4 Jahre (Hört! Hört! Bewegung). - Nehmen Sie auch nur 2 Jahre (Heiterkeit), ... ein bedenklicher Aufschub.«

Ihm widersprach der Zentrumspolitiker Karl

Bachem: »Nun rechnet man heraus, daß es 100.000 Mark billiger sein würde, wenn man nicht Sandstein, sondern Ziegelmauerwerk mit Stuck verwendet. Ich kann mich, um diese 100.000 zu ersparen, nicht dafür erwärmen, gleich die Eingangshalle des Reichstagsge- bäudes in einer Weise auszustatten, die sehr unangenehme Vergleiche nahelegt. Wenn ich in ein Gebäude hineintrete, so soll ich sofort von demjenigen Geiste angeweht werden, der in diesem Gebäude wehen soll (Heiterkeit) ... Das Reichstagsgebäude ist ein Gebäude für

Baubeteiligte kurz vor Abschluß der Arbeiten

den praktischen Bedarf; aber wir wollen nun doch im Reichstag nicht alltägliche Arbeiten verrichten: wir wollen in demjenigen, was wir wollen, das Ideale hochhalten, und dasjenige, was wir machen, wollen wir auch auf dem gesetzgeberischen Standpunkte zu künstlerischer Vollendung bringen (Heiterkeit). Meine Herren, wir wollen in unseren Gesetzen keine Ornamente anbringen aus Ziegelmauerwerk und Stuck; unsere Gesetze müssen etwas solider abgefaßt werden, sie müssen einen solideren Grund haben ... Das Gebäude soll gediegen sein, gediegen wie unsere Gesetzgebung (Heiterkeit), fest wie unser Deutsches Reich, und echt wie unsere deutsche Gesinnung. Dem muß das Material ganz entsprechend sein ...«.[10]

Auch die Künstler meldeten sich in einer Petition vom 12. März an den Reichstag zu

Wort: »Die Deutsche Kunstgenossenschaft richtet ... an den hohen Reichstag die Bitte, in diesem Falle den Sparsamkeitsrücksichten nicht den Vorzug geben zu wollen vor den Rücksichten auf die Bedeutung dieses monumentalen Werkes für die Deutsche Kunst und das Deutsche Kunstgewerbe, sondern die Mittel für die würdige Vollendung des Baues hochgeneigtest bewilligen zu wollen.«[11] Als Vorsitzender unterschrieb Anton von Werner. Der Aufschrei half nicht, am 8. Mai 1891 faßte der Reichstag den Beschluß gegen den Naturstein.

Daß das Plenum damit dem Manne Argumente für seinen Hohn über den Parlamentarismus lieferte, der 1933 die Beseitigung der Demokratie übernahm, konnte es nicht ahnen: »Während ein einziges Schlachtschiff einen Wert von rund sechzig Millionen darstellt,

wurde für den ersten Prachtbau des Reiches, der für eine Ewigkeit bestimmt sein sollte, das Reichstagsgebäude, kaum die Hälfte bewilligt. Ja, als die Frage der inneren Ausstattung zur Entscheidung kam, stimmte das Hohe Haus gegen die Verwendung von Stein und befahl, die Wände mit Gips zu verkleiden; dieses Mal allerdings hatten die Parlamentarier ausnahmsweise recht gehandelt: Gipsköpfe gehören auch nicht zwischen Steinmauern.« - So Adolf Hitler.[12]

Im Juni 1891 begann Wallot nach der Klärung der Materialfrage auch endlich mit der Planung des wichtigsten Raumes, wenngleich bis Ende des Jahres noch kein fertiger Entwurf vorlag: »Ich habe mich in den letzten Wochen hauptsächlich mit der Architektur des Sitzungssaal's beschäftigt u. da ich nichts Rechtes herausbekommen habe, gerieth ich all-

mählich in eine so missmuthige, bärbeissige Stimmung, dass ich nicht wagte, mich meinen Freunden zu nahen.«[13]

Am Montag, dem 24. August 1891, besuchte der Berliner Architekten-Verein die Baustelle. Im Exkursionsbericht hieß es u. a.: »An den Außenflächen des Gebäudes und an den Fassaden der beiden großen Höfe ist theils Warthauer Sandstein, theils solcher vom Teutoburger Walde oder aus bayerischen Brüchen verwendet worden, welcher sich dem ersteren in Güte und Farbe fast gleich stellt. Das verschiedene Material ist aber nicht etwa schichtweise untermischt, sondern derart versetzt worden, daß ganze Hoffronten, Thürme usw. von Grund auf aus demselben Gestein bestehen. Die Trennung ist also nach der Vertikalen erfolgt. Ueber die Ausführung des Innern lässt sich im übrigen noch wenig sagen, da die

Arbeiten am
Nordostecktturm

127

*Kronenträgergruppe
von Adolf Brütt*

Räume noch so mit Gerüsten verbaut sind, dass der Uneingeweihte vollständig die Uebersicht verliert. Besondere Aufmerksamkeit erregte der Kuppelbau, der sich in der Montage der Konstruktions-Theile seinem Ende nähert. Man ist z. Zt. beschäftigt, den Later- nen-Aufsatz zu montiren und beginnt im übri- gen schon damit, die Außenflächen der Spar- ren usw. mit Kupferblech zu umhüllen.«[14] Am 2. September 1891 wurde die Laterne abgerü- stet[15], im Dezember war die Kuppelkonstruk- tion fertiggestellt. Im Winter 1891/92 fielen

die meisten Baugerüste an den Fassaden des Gebäudes.

DIE AUSBAUPHASE 1892-94
Mit der Verglasung der bereits Ende 1891 fer-

tiggestellten Kuppelkonstruktion wurde im Frühjahr 1892 begonnen; gleichzeitig erhielten alle äußeren Teile der Konstruktion einschließlich der Laterne und Krone eine Vergoldung durch die Berliner Firma Karl Röhlich. Im Reichstag wurde jedoch bemängelt,

daß die Firma ihr Gold aus Belgien bezogen habe. Während der für den Bau und den Architekten erfolgreichen Debatte über die Kuppelvergoldung, vor allem am 24. Februar 1892, vergab Wallot größere und kleinere Aufträge für die Inneneinrichtung und beschäftigte sich mit allen künstlerischen Details.

Über die Kuppel schrieb Wallot: »Sie ist, wie die ganze Laterne, in Kupfer getrieben und zum Theil vergoldet. Die Oberkante des Kreuzes liegt 74,80 m über der Fläche des Königsplatzes. Es ist geplant, die gesamte Verglasung bis zum Wintereinbruch zu vollenden.«[16]

Boetticher drängte nun auf eine verbindliche Erklärung von Wallot und Haeger über den zu erwartenden Termin der Fertigstellung. Wallot hatte 1884 den Herbst 1892 in Aussicht gestellt, konnte allerdings seinerzeit nicht mit Streiks und Lieferschwierigkeiten rechnen. Das provisorische Reichstagsgebäude in der Leipziger Straße verfiel mit jedem Tag mehr, da mit Rücksicht auf die Einweihung des neuen Hauses seit fast zwei Jahren kein Geld mehr für Reparaturen bewilligt worden war. Das Preußische Abgeordnetenhaus, seit vier Jahrzehnten in allergrößter Raumnot, konnte seinerseits wegen der Blockade des Grundstücks durch den Reichstag nicht mit dem bereits

Die Glasdecke des Sitzungssaals und ein Teil des Wandabschlusses, dessen Ornamente aus Gips, bzw. Stuck sind. Der Entwurf für diesen Raum stammt von Wallot und Linnemann

S. 130 Der Ausbau der Innenräume. Das Bayernportal zur Wandelhalle

beschlossenen Neubau beginnen. Wallot und Haeger machten sich an neue Berechnungen und gaben Boetticher zu verstehen, daß, wenn nichts dazwischenkäme, im Herbst 1894 definitiv mit der Vollendung des Neubaus gerechnet werden könne.[17] Dies wurde in einem Briefwechsel zwischen Wallot, Nieberding und Boetticher am 18., 23., und 24. Januar 1892 vertraglich festgelegt.[18]

Im Herbst 1892, während Wallot in Zusammenarbeit mit seinem Frankfurter Freund Alexander Linnemann letzte Hand an die Planung des Sitzungssaales legte, wurde die Kuppelverglasung abgeschlossen. Da das Haus nun ein geschlossenes Dach hatte und alle anderen Öffnungen verglast oder zumindest abschließbar waren, begann die Firma David Grove mit intensiven Probeläufen der Heizungs- und Belüftungsanlage. Die nachträgliche Verlegung der Kuppel hatte in zweifacher Hinsicht zu bedeutenden Änderungen geführt: Einerseits mußten die veränderten Raumverhältnisse im Bereich des Sitzungssaals bzw. Kuppelraums berücksichtigt werden, andererseits hatte die nachträgliche Leitungsverlegung in bereits fertiggestellten Bereichen neue Berechnungen zur Folge - zusätzlich waren natürlich Zeit und Kosten erforderlich. Nach Darstellung Groves sind jedoch bei den Probeläufen keine nennenswerten Probleme aufgetaucht.[19]

Im November 1892 schrieb Thiersch: »Wallot war ... bei vorzüglichem Humor, da man ihm die vollständige 'Verguldung' aller sichtbaren Kupfertheile seiner Kuppel gewährt hatte. Sein Bau hat mir sehr imponirt; es stellt eine so imposante und originelle Kraftleistung dar, daß man zugeben muß, daß es der bedeutendste Bau der neueren Deutschen Architektur genannt zu werden verdient.«[20]

Am 8. April 1893 begann mit dem Antrag der Reichstagsbauverwaltung zum Fällen von sechs Alleebäumen, der am gleichen Tage genehmigt wurde, auch der Bau der einst so umstrittenen Rampenanlage am Königsplatz.[21] Vielleicht gedachte Wallot an diesem Tage der Tatsache, daß er sich in den entscheidenden Streitpunkten mit dem Kaiser - Kuppel und Rampe - letztlich doch durchgesetzt hatte.

Seit Anfang 1893 waren die Arbeiten an der Inneneinrichtung des Hauses in vollem Gange. Die gläserne Decke zwischen Sitzungssaal und Kuppel wurde nach Maßgabe Linnemanns installiert, Wittig bestellte den Berliner Gastronomen Rudolf Dressel als Berater für die an die Hildesheimer Firma Senking in Auftrag gegebene Küche. Die Reichstagsbauverwaltung vergab Aufträge für das Mobiliar, so z. B. für Tische, Pulte und den Präsidentenstuhl an die Tischlerei Gottlieb Olm in Berlin mit der Auflage, als Kaution für pünktliche und korrekte Lieferung eine 4%ige Reichskassenobligation zu hinterlegen. Vermutlich hatte die Serie von Handwerkerpleiten in den 80er und 90er Jahren einen tiefen Schock bei der Bauverwaltung hinterlassen. Die Fließbandherstellung von Möbeln stand in voller Blüte; wer nicht für Tietz, Gerson und andere Kaufhäuser oder für das Lager produzieren wollte oder konnte, sah sich bald vor dem Bankrott. Siehe Max Kretzer: Meister Timpe.

Der Plenarsaal nahm nun schnell seine endgültige Gestalt an, im März 1894 waren die Decken- und Wandverkleidungen sowie die vergoldeten Karyatiden von August Vogel vollendet, es fehlten nur noch das Parkett und die Bestuhlung.[22] Die weiteren Holzarbeiten führten die Gebrüder Lüdtke aus Berlin aus.

Die Holzarbeiten am Reichstagsgebäude waren besonders kompliziert, weil zum ersten Mal ein Bau dieser Größenordnung mit einem Zentralheizungssystem ausgestattet wurde. So arbeitete man vorwiegend mit Sperrholz, weil dieses »gegen den Wechsel der Feuchtigkeit und Temperatur und namentlich gegen den von allen Tischlern gefürchteten dörrenden Einfluß der Centralheizung vortrefflich standgehalten, selbst bei den grossen glatten Flächen, wie sie z. B. in der Holzarchitektur des Hauptsitzungssaales auftreten. Es scheint dem Holz thatsächlich alle Bewegungskraft genommen.«[23] Im Reichstagsgebäude wurde eine große Zahl Holzarten verarbeitet, viele aus Neuguinea - damals eine deutsche Kolonie-, wie Afceliaholz, Bastardzeder, Kalophyl-lum, aber auch Nußbaum, Palisander, Eiche, Kiefer usw.

Neben dem Sitzungssaal und der Bibliothek fand die Restauration die größte Aufmerk-samkeit der Journalisten; wo und wie werden die Volksvertreter speisen und trinken? Das Buffet im alten Reichstag, je nach Pächter-Namen »Fraktion Müller« oder »Schulz« ge-nannt, war immer die beste Nachrichtenbörse für Journalisten, so daß ihre Neugier auf die Verhältnisse im Neubau verständlich war. Die Räume lagen im Hauptgeschoß am Königs-platz und maßen 29 x 10 Meter, waren getä-felt, mit bequemen Stühlen ausgestattet und hatten von Otto Hupp bemalte Decken mit zu Ornamenten verwobenen Wappen und Di-steln.

Dieser »Prachtraum« erschien den Abgeord-neten zu hell, und man hoffte, daß die Decken mit der Zeit aufgrund des zu erwartenden Zigarrenqualms nachdunkeln würden. Wegen der Buntglasfenster in süddeutschem Stil wur-de das Haus spöttisch »Wallotbräu« genannt. Man erhoffte sich auch einiges vom Kamin, der, »wenn in ihm die Holzscheite brennen, wesentlich zur allgemeinen Behaglichkeit bei-tragen« werde.[24]

Der Bau des Parlamentshauses vollzog sich allerdings weniger behaglich - die Baustelle war harte Wirklichkeit einer Bauwirtschaft, die von einer rücksichtslosen Hatz, überlan-gen Arbeitstagen und mangelndem Arbeits-schutz geprägt war. Über die Gefahren bei der Arbeit am Bau wußte der »Vorwärts« zu be-richten: »Die mörderischen Wirkungen des Steinstaubes und die Unbilden der Witterung bringen unsere Kollegen im frühesten Manne-salter in die Gruft. Erwiesenermaßen sterben 90% aller Steinarbeiter frühzeitig an Lun-genschwindsucht. Die letzten Jahre haben bei den Bildhauern dies vollauf bestätigt. Und so mancher brave Kollege hat schon den Keim des Todes in sich, so daß sich die Verlustliste in kurzer Zeit noch vergrössern wird.

Wieviel Arbeiter, Zimmerleute und Maurer haben aber außerdem an diesem Bau ihren Tod durch Abstürzen und Erschlagen gefun-

den? 12 Familienväter sind es, soweit wir ori-entiert sind, die bis jetzt im Dienst der Unter-nehmer an diesem Bau verunglückt sind.«[25]

Opfer des 13. tödlichen Unfalls war am 5. Mai 1894 ein italienischer Arbeiter. Im Poli-zeibericht wurde notiert: »Wie hier durch Unfall-Anzeige zur Kenntnis genommen, ist am 4ten Mai cr. Nachmittags 2 Uhr auf dem Neubau des Reichstagsgebäudes beim Maß-nehmen für eine in der Kuppel des Neubaues anzulegende Heizungsanlage der Heizungs-monteur Gaetano Negri, 27. Februar 1865 ge-boren, Luisenstraße No. 64 wohnhaft, dadurch verunglückt, daß er aus eigener Unvorsichtig-keit auf das Oberlichtdach trat und mit dem Glasdach durchbrach, wobei er aus einer be-trächtlichen Höhe in den Sitzungssaal des Reichstagsgebäudes herabstürzte. Der p. Negri hatte sich durch den Sturz schwere innere Ver-letzungen zugezogen und wurde von seinen Mitarbeitern schleunigst nach der Charité ge-schafft, woselbst er bald nach seiner Aufnah-me, in Folge der erhaltenen Verletzungen, ver-storben ist. Der Verunglückte stand bei dem Fabrikanten David Grove, Friedrichstraße No. 25, in Arbeit und ist nicht verheiratet. Zeuge des qu. Vorfalles ist der Monteur Ernst Fie-gert, Cuvrystr. No. 15 wohnhaft. Die Königli-che Staatsanwaltschaft beim Landgericht I, so-wie Abtheilung IV haben besondere Berichte erhalten, der Bezirksbaubeamte ist benach-richtigt worden. gez. Rollin. Polizei-Lieute-nant.«[26]

Architekt und Kaiser - Der Eklat

Das Jahr 1892 markiert den Beginn einer Ab-kühlung in dem Verhältnis zwischen Paul Wallot und Kaiser Wilhelm, eine Abkühlung, die dem Architekten in steigendem Maße bis zum Tage der Schlußsteinlegung zusätzlich zu schaffen machte und seine Arbeit in der Bau-leitung stark beeinträchtigte. Dennoch mußte er so tun, als ob die offenen und versteckten An-griffe des Kaisers auf ihn keine Wirkung zeig-ten.

»Sehr bedauerlich ist es, daß Wallot beim

Kaiser und derselbe auch bei den vorgesetzten Geheimräthen in Ungnade gekommen ist und zwar unverdienter Maßen. Doch hat er immer noch den unbeugsamen Stiernacken und den gesunden Humor, der ihn über die meisten Widerstände hinwegkommen läßt.«[27]

Wilhelm II. reiste im April 1893 anläßlich der Silberhochzeit des italienischen Königs Umberto nach Rom. Bei einem Empfang im Palazzo Cassarelli für die nicht gerade kleine deutsche Künstlerkolonie am 25. d. M. antwortete er auf eine Frage nach seiner Meinung über die Kunst daheim, daß er das Reichstagsgebäude als »Gipfel der Geschmacklosigkeit« betrachte.[28]

Das »Kaiserwort« gelangte schneller nach Deutschland als sein Urheber, die deutschen Künstler fühlten sich gemeinschaftlich beleidigt. Wenn schon der Wettbewerbssieger solch Schmach erfuhr, wie mochte Wilhelm II. mit den anderen Teilnehmern, den Juroren etc. umgehen?[29] Möglicherweise hatte Wilhelms Unpopularität hier schon einen Ursprung. Es kam zu spontanen Kundgebungen und Ehrungen für den gekränkten Wallot - nicht nur in Deutschland, sondern auch im Ausland. Ausgerechnet am »Tatort« Rom wurde Wallot über Nacht berühmt und Mitglied der römischen Künstlerliga.

Der Beleidigte zeigte nach außen keinerlei Reaktion, vor seinen Freunden verbarg Wallot seine Gefühle allerdings nicht. In einem Brief an Bluntschli vom 6. Mai 1893 beklagte er sein jüngstes Schicksal: »Für heute nur ein paar Worte, auf daß Du siehst, daß ich noch lebe und daß der Strahl des kaiserlichen Gassenbuben mich nicht niedergeschmettert hat. Was will man da machen, wenn man in solcher Weise und von solcher Stelle angesungen wird. Wenn ich auch zu meiner Freude feststellen kann, daß der kaiserl. Schreier - der immer verblüffend und geistreich sein will, ohne es in Wirklichkeit zu sein - mit seinem Urtheil ziemlich allein steht, so ist es doch keine Kleinigkeit, so vor den Augen der ganzen Welt an den Pranger gestellt zu werden. Die Gemeinheit liegt hauptsächlich darin, daß der kaiserliche Schwätzer seine Kritik

vor Menschen verzapfte, von denen nur der kleinste Theil in der Lage ist, das Urtheil derselben zu controlliren, d.h. in Berlin sich den Bau anzusehen. Zudem wissen die Fernerstehenden nicht, wie die Verhältnisse hier thatsächlich liegen. [Reinhold] Begas ist der Ohrenbläser und zugleich derjenige, auf dessen Genie und Urtheil der Kaiser und seine liebe Frau Mamma - vom Papa lohnt es sich nicht zu reden - unbedingt schwören ... Und all diese Süßigkeiten, welche Reinhold dem Wilhelm im Lauf der Jahre einflößte, polterte dieser dann in seiner Lieutenantsmanier in Rom heraus und war jedenfalls der Meinung - ... genug - er ist ein gewöhnlicher, niederträchtiger Hund, für den auf anderem Gebiet Deutschland die Zeche wird bezahlen müssen. Denn es ist wohl anzunehmen, daß der Kaiser auf anderem Feld, sagen wir dem militärischen, genau so verfährt, wie hier auf dem Kunstgebiet. Nur können wir seine Arbeit auf letzterem Gebiet genauer übersehen.«[30]

Wallots ungeschminkte Äußerungen über seinen Kaiser hätten ihm wohl in der Öffentlichkeit eine Klage wegen Majestätsbeleidigung eingebracht. Er beklagte sich weiter: »Ich sage, der Mann da oben ist daran schuld und das ist so. ... Uebrigens stehe ich mit meiner Wuth nicht allein. Der Kaiser hat es verstanden, in kurzen 3 - 4 Jahren das grosse hinterlassene Kapital von Anhänglichkeit und monarch. Gefühlen in der Nation gründlich abzuwirtschaften.«[31]

Über die Gründe seiner Verärgerung hat sich Wilhelm II., soweit bekannt, nicht geäußert, so daß nur aus Aussagen damals Beteiligter Rückschlüsse gezogen werden können. Ob sich der Kaiser tatsächlich von Begas hat beeinflussen lassen, ob er mit der Höhe der Kuppel nicht einverstanden war, ob Wallots Sturheit oder seine eigene Anmaßung den Ausschlag gaben - all diese Fragen lassen sich nicht konkret beantworten. Einem Berliner Ondit zufolge wird berichtet, daß Wilhelm II. dem Reichstagsgebäude keine höhere Kuppel als jene des Stadtschlosses zugestehen wollte. Abgesehen davon, daß die Schloßkuppel in der Tat niedriger blieb, gibt es für die Über-

lieferung keine Beweise.[32] »Die Vossische Zeitung« spekulierte ganz offen: »Der Kaiser bemerkte nämlich, die römischen Imperatoren hätten es gut gehabt, weil das Nichtvorhandensein von Baukommissionen ihnen Schwierigkeiten ersparte. Wie man allgemein weiß, liegt auch an der Baukommission des Reichstagsgebäudes die Schuld, daß das große architektonische Unternehmen gerade in einem Hauptpunkte verunglücken mußte: in der Anlage der Kuppel. Im Plan des Architekten genügend hoch bemessen, so daß sie den Bau wirklich als ein weithin sichtbarer Abschluß beherrschte, mußte diese Kupel auf Forderung der Kommission um einen erheblichen Theil abgeflacht werden. Daraus entsteht nun der Uebelstand, daß die Kuppel von den vier Eckthürmen erdrückt wird, daß sie, von gewissen Seiten aus betrachtet, in das Dach einsinkt, kurz, daß sie zu dem sonst wohlgegliederten Bau nicht paßt.« Das habe der Kaiser mit Recht gerügt.[33]

Nur Cornelius Gurlitt machte den Versuch, die Woge zu glätten; er schrieb, daß sich der Klatsch nicht nur gegen Wallot richte, sondern auch »mittelbar gegen den Kaiser. Denn dieser selbst gab die Genehmigung zur Durchführung der ihm im Entwurf wiederholt vorgelegten Wallot'schen Pläne. Darum zweifle ich nicht, daß kein Wort an all dem Gerede wahr sei, sondern daß intriguante Zwischenträger hier den Kaiser gegen sich selbst ausspielen wollen!«[34]

Während der Abschlußphase der Bauausführung ereignete sich ein für das Berlin jener Jahre und für die preußisch-deutsche Monarchie typischer Skandal. Auf der großen Berliner Kunst-Ausstellung, die alljährlich von Mai bis Oktober stattfand, stellte Wallot seine Entwürfe für einen Umbau des Königsplatzes aus, die allseits mit Zustimmung aufgenommen

Der Bauzustand um 1889

135

Das von David Grove gebaute Kesselhaus

Reichstagsbau.
Kesselanlage mit rauchfreier Donnelev.Feuerung.
ausgeführt von DAVID GROVE
Berlin S.W.

wurden. Bereits im Juni trat die Jury zusammen und beschloß einstimmig, Wallot - natürlich nicht allein wegen seiner Entwürfe - die Goldene Medaille zu verleihen. Diese Empfehlung ging an den preußischen Kultusminister, der Wallot für diese Ehrung dem Kaiser am 27. September 1894 vorschlug.[35]

Wilhelm aber verlieh die Medaille der Gesellschaftskünstlerin und Porträtmalerin Madame Vilma Parlaghy,[36] die sich einen Namen mit verunglückten Bildnissen von Moltke, Windthorst, Delbrück u. a. gemacht hatte und natürlich auch mit jeder Menge Kaiserporträts. Aber erst im November wurde bekannt - obwohl die Ausstellung längst vorbei war -, daß Wallots Name von der Liste der Medaillenträger gestrichen worden war. Die Bekanntmachung erfolgte am 11. November. Tout Berlin, ja ganz Deutschland, war wieder einmal verärgert. Das reichte bis in die höchsten politischen Kreise.

Am 11. November schrieb Friedrich von Holstein, Vortragender Rat im Ministerium des Auswärtigen, außenpolitischer »Drahtzieher«, Freund Eulenburgs und des Kaisers an den Kanzler Chlodwig Fürst zu Hohenlohe-Schillingsfürst: »Sehr schlechten Eindruck macht hier auch das überaus schroffe Vorgehen Sr. M. gegen den Baumeister Wallot. Für solche Sachen würde Philipp Eulenburg vortrefflich sein«.[37] Noch am selben Tag schrieb Holstein auch an Philipp zu Eulenburg, dem engsten Freund des Kaisers: »Im Publikum ist die Stimmung gegen den Kaiser ganz erbärmlich. Man spricht mehr und mehr von Ludwig II. So geht es nicht viel länger mehr. Das wissen die Bismarcks. Lassen Sie heute Hohenlohe zurücktreten, so findet der Kaiser keinen Reichskanzler mehr, der nicht das Programm hat: politische Einigung mit Bismarck um jeden Preis, d. h. Canossa für den Kaiser. Der Kaiser ahnt von dem allen gar nichts, er bewegt sich mit einem Leichtsinn, der selbst mich manchmal besorgt um sein geistiges Gleichgewicht macht.«[38] In dieser Krise ging es wohl schon nicht mehr um Wallot, sondern um Wilhelm II.

Noch während diese peinliche Affäre die Kunstwelt in Atem hielt, erschien in Wien Anfang Oktober 1894 ein Aufsatz des bekannten Kunsthistorikers und Kritikers Karl von Lützow[39], dem Wiener Kontrahenten von Cornelius Gurlitt. In dem Beitrag wurde das Reichstagsgebäude heftig angegriffen.

In der »Neuen Freien Presse« - Karl Kraus nannte sie »Neue feile Presse« - schrieb Lützow: »Und doch muß es leider constatirt werden, was ohnehin die ganze deutsche Fachwelt schon weiß und was Jeden, der an der Entwicklung der künstlerischen Dinge in Deutschland ernsten Antheil nimmt, mit Schmerz erfüllen muß: daß dieser mit dem Aufwande von mehr als dreißig Millionen Mark errichtete colossale Bau, der vor allen anderen dazu berufen wäre, die Macht und Herrlichkeit des neuen Reiches für jetzt und alle Zukunft der Menschheit zu verkünden, eine völlig verunglückte Schöpfung ist ... An den vier Ecken erheben sich schwerfällige Thürme, ungefähr so gedacht wie die Eckbauten an Hansens Heinrichshof in Wien, aber nicht entfernt zu vergleichen mit diesen in ihrer architektonischen Gliederung und Durchbildung ..., plumpe Säulen ..., monströse Wasserspeier ..., schwere, gedrängt und üppig gestaltete Figurenplastik ..., derb und ungefällig ..., von abschreckender Empfindungslosigkeit und Plumpheit ..., vermißt man jede verständige Rhythmik und künstlerische Gliederung ..., die Kuppel. 'Gipfel der Geschmacklosigkeit' ....«[40] Kein geringerer als der Architekt Hermann Muthesius formulierte für Wallot und seine Verehrer die Antwort.[41]

Ungeachtet dessen wurden Wallot eine Fülle von Ehrungen zuteil; er wurde Ehrenmitglied des Architekten-Vereins, Ehrenprofessor, Ehrendoktor (in Gießen); diese demonstrativen Auszeichnungen sollten u. a. natürlich dem Kaiser vor Augen führen, welch einen Fauxpas er begangen hatte.

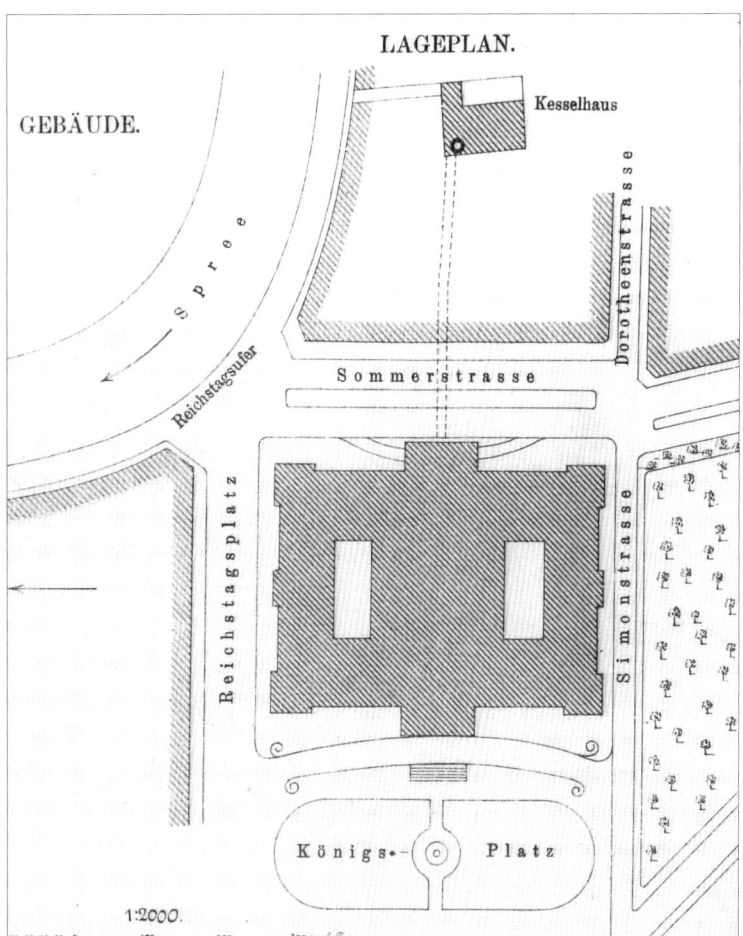

Doch Wallot hatte seine Konsequenzen schon gezogen, Berlin war für ihn passé. Als er von seinem Freund Cornelius Gurlitt gefragt wurde, ob er die Nachfolge des in Dresden am 10. April 1894 gestorbenen Professors für Architektur an der Kunstakademie Dresden, Konstantin Lipsius, antreten wolle, stimmte Wallot zu. Gurlitt schrieb über Wallots Lage: »Sie war peinlich genug. Sein Vertrag als Reichstagsbaumeister lautete - wenn ich mich recht entsinne - auf acht Jahre - dieser war im Begriff abzulaufen. Niemand regte sich in der Reichsregierung, um ihn zu erneuern. Darüber hat mir Wallot oft genug geklagt. Er fürchtete eines Tages stillschweigend entlassen zu sein, sein Werk in andere Hände übergehen zu sehen, war aber zu stolz, dagegen Schritte zu tun.«[42]

Planzeichnung von der Verbindung Kesselhaus - Reichstag

Kurz vor der »Enthüllung« im Jahre 1894

Wallot fiel der Abschied von Berlin nicht leicht. »Aber ich gestehe ..., daß ich nicht gern hingehe. Das Leben - wenn auch hinsichtlich der öffentlichen Kunst roh und brutal - ist groß und in Dresden ist es klein. Hier braust ein Bach, ein Strom und dort läuft aus der Kanne in dünnen Fäden fader Bliemchenkaffee.« Aber: »... die Zukunft ist mir hier vernagelt. Es würde kein Beamter, keine nur irgendwie und leise abhängige Körperschaft mich in Vorschlag bringen für irgend einen Ausschuß etc. etc. oder was für mich wichtiger ist, für irgend einen öffentlichen Bau. ... Und des Weiteren muß ich hier bemerken, daß ich nicht etwa im Geruch eines ekligen Kerls stehe, eines Krakehlers, mit dem schwer zu Recht zu kommen sein würde - im Gegentheil nach dieser Richtung glaube ich eines günstigen Leu-

mundes mich zu erfreuen.«[43] Wallot trat sein Amt in Dresden am 1. Oktober 1894 an, er mußte für die nächste Zeit zum »Pendler«, zum »Sindbad der Eisenbahn« werden, ein Umstand, der sich natürlich nachteilig auf Dresden, auf das Reichstagsgebäude und auf Wallots Gesundheit auswirken mußte.

Dennoch mußte das Parlamentshaus fertiggestellt werden.

DAS FINALE

Als die Arbeiten ihrem Ende entgegengingen, bereitete Haeger das Gebäude für die Abnahme vor. Er hatte am 29. September einen gepfefferten Mängelbericht von der Berliner Baupolizei erhalten, und es galt, die allzu glatten Treppen und nicht ausreichend beleuchteten

Korridore sowie anderes noch fertigzustellen. Am 29. November - in allerletzter Minute - erfolgte die Endabnahme.[44]

Zu den allerletzten Vorbereitungsmaßnahmen gehörte natürlich die Aufstellung einer Ordensliste, die von der Ordenskanzlei im Civil-Cabinett zusammengestellt wurde. Auch hier mußte Wallot eine große Beleidigung einstecken: Am 16. November legte Boetticher seine Vorschlagsliste dem Kaiser vor; während Haeger für den Roten-Adler-Orden III. Klasse mit Schleife vorgeschlagen wurde und Wittig für den Roten-Adler-Orden IV. Klasse, war für Wallot nur der Königliche Kronen-Orden II. Klasse vorgesehen.[45] Wilhelm änderte dies; Haeger sollte nur den Königlichen Kronen-Orden III. Klasse, Wallot den Roten-Adler-Orden III. Klasse erhalten.[46] Doch während Haeger doch noch den Roten-Adler-Orden III. Klasse mit Schleife erhielt, ging Wallot leer aus; er wurde stattdessen am 1. Dezember 1894 zum Geheimen Baurat ernannt.[47]

Als dieser seinen Namen am Tag der Schlußsteinlegung nicht in der Ordensliste fand, muß er sich wohl selbst gratuliert haben, daß er die Professur in Dresden angenommen hatte.

Die Vorbereitungen für die Schlußsteinlegung liefen auf Hochtouren. Am 1. Dezember veröffentlichte die Presse das amtliche Programm der Schlußsteinlegungsfeier, das bereits zusammen mit den Einladungen, Einlaß- und Wagenkarten sämtlichen teilnehmenden Gästen zugegangen war. Am gleichen Tag zogen das Reichstagsbüro und das kaiserliche Telegraphenamt mit Poststelle in das neue Haus ein. Am 3. Dezember fiel der Bauzaun, und es wurde damit begonnen, den kaiserli-chen Eingangspavillon nach einem Entwurf von Wallot herzurichten.

Um die Akustik in der achteckigen Halle zu prüfen, fand am Mittag des 4. Dezember auf der Kuppelgalerie in der Wandelhalle eine Orchesterprobe mit dem Kosleckschen Bläserbund statt. Der »Berliner Lokalanzeiger« berichtete, daß das Resultat »ein gutes« war. »An der Fertigstellung der inneren Einrichtung wird heute im Laufe des Tages und die Nacht hindurch unter Aufbietung aller Kräfte gearbeitet.«[48] Die gleiche Zeitung meldete, daß das ganze Haus über Nacht in elektrisches Licht getaucht war. »In dem Lesesaal, der auch die weitgehendsten Ansprüche befriedigen dürfte, sind die Diener damit beschäftigt, die eingegangenen Journale zu sortiren. Bereits am heutigen Tage werden die Abgeordneten Lesezimmer und Bibliothek vollständig in Stand finden ... In dem Sitzungssaal, der im milden Glanz der elektrischen Beleuchtung einen traulichen, freundlichen Eindruck macht, wenn diese Beschreibung auf einen Raum Anwendung finden darf, der so viele grimme Fehden und männermordende Schlachten sehen wird, werden vom Tische des Bundesraths, der Tribüne und von den Plätzen aus Hörproben angestellt: sie nehmen einen zufriedenstellenden Verlauf ... Hier waltete gestern Abend eine Legion Scheuerfrauen ihres Amtes.«[49]

Am gleichen Tag verbreiteten viele Zeitungen mit Befremden die Nachricht, daß die Inschrift »Dem Deutschen Volke« im Giebelfeld über dem Westportal fehle. Zwei Jahrzehnte später sollte Wilhelm II. am Ende seiner Herrschaft deswegen nochmals mit dem verhaßten Bau konfrontiert werden.

Vollendung und Inbesitznahme 1894
Die Schlußsteinlegung am 5. Dezember

Fotografie von der Schlußsteinlegung

Wie die Grundsteinlegung vom 9. Juni 1884 war auch die Schlußsteinlegung am 5. Dezember 1894 ein vorwiegend militärisches Schauspiel - für Eingeweihte allerdings auch ein Intrigenspiel, das vorwiegend vom Antagonismus zwischen Wallot und Wilhelm lebte.

Vor Beginn der eigentlichen Zeremonie um 13.00 Uhr fanden um 10.00 Uhr im Interimsdom nahe des Schlosses Monbijou und in der Hedwigskirche Gottesdienste statt. Da die Schlußsteinlegung mit der alljährlichen Er-

öffnung des Reichstags im Weißen Saal des Schlosses gekoppelt werden sollte, wurde diese an den Anfang der um 13 Uhr beginnenden Zeremonie gestellt; wegen Umbauarbeiten mußte aber in den Rittersaal ausgewichen werden. Dort hielt Wilhelm seine Thronrede.

Nach der Zeremonie im Rittersaal fuhren das Kaiserpaar und die wichtigsten Gäste über die Linden zum Reichstagsgebäude. Am Brandenburger Tor kam es zu einem Unfall: »Ein Garde-Kürassier, dessen Pferd strauchelte, stürzte; sein Vorder- und Hintermann überschlugen sich ebenfalls mit den Pferden. Unter der teilnahmsvollen Mithilfe des Publikums wurden die drei Reiter aufgehoben und zu ihren Pferden geleitet, welche sie wieder bestiegen, um nach der Kaserne zurückzureiten. Einer der Reiter schien ernstliche Contusionen am Kopf erlitten zu haben.«[1]

Entgegen der Voraussage der liberalen »Frankfurter Zeitung«, daß nur wenig Presse erscheinen würde, war ein Heer von Journalisten bei der Zeremonie anwesend.[2] Auf den ersten Seiten aller bedeutenden Zeitungen des Deutschen Reiches wurden die »Darsteller« von Wilhelm II. bis zum letzten Wachsoldaten und ihre »Rollen« im Spiel bis ins kleinste Detail geschildert. Julius Stettenheim nannte das ganze Schauspiel gar »Wallotsteins Lager«.[3] Das »Berliner Tageblatt« hatte sogar mehrere Reporter zum Reichstagsgebäude geschickt. Einer dieser Reporter beobachtete das Geschehen von Tribüne F aus:

»Nur einem winzig beschränkten Theile des deutschen Volkes war es vergönnt, der Schlußsteinlegung im neuen Reichstagspalast am Königsplatze beizuwohnen. Auch die größte Wandelhalle hat ihre Grenze, und um auch Personen aus dem Volke, die nicht direkt zur Theilnahme an der Feierlichkeit eingeladen waren, als Zuschauer zulassen zu können, hätte man mehrere Tribünen über der Wandelhalle errichten müssen.

Numero F war die am weitesten von dem Schauplatz des großen Ereignisses entfernte. Mit bloßem Auge sah man nur den Schlußstein, einen in seiner Umgebung freigehaltenen Raum, einem Gange ähnlich, und auf beiden Seiten ein Gewoge und Geglitzere von Uniformen, wie im Aehrenfeld, hier und da durch einige schwarze Punkte, Abgeordnete im Frack, unterbrochen. Doch diese einfachen Männer im bürgerlichen Kleid traten durchaus zurück hinter der bunten Uniform, hinter den breiten, in allerhand hellen Farben leuchtenden Ordensbändern.

Bewaffnete man das Auge mit dem Glase, so konnte man die verschiedenen Träger dieser Minister-, Generals- oder Johanniter-Uniformen nach ihren Gesichtszügen unterschei-

den. Minister und Staatssekretär v. Boetticher ging hin und her und traf die letzten Anordnungen. Auch der Reichskanzler Fürst Hohenlohe in dunkler Uniform mit gelbem Ordensband zeigte sich, um sich bald wieder zu entfernen, um den Kaiser am Eingange zu begrüßen.

Erwartungsvoll stand die glänzende, in wörtlicher Bedeutung glänzende Festversammlung und harrte der Ankunft des Kaisers. Tiefe Stille herrschte, nachdem der Kaiser in Gardes du Corps-Uniform, die Kaiserin am Arm, unter Fanfarenklängen den Kuppelraum betreten und die Kaiserin an ihren Platz geführt hatte.

Von der Urkunde ..., die der Reichskanzler alsdann vorlas, konnte man oben wegen der weiten Entfernung nur einzelne Worte vernehmen, obgleich die Stimme des Fürsten Hohenlohe noch einen kräftigeren Klang hat, als man erwarten dürfte.

Ebenso war von der Ansprache, die der in rother Uniform erschienene baierische Bevollmächtigte Graf Lerchenfeld-Köfering an den Kaiser richtete, oben so gut wie nicht zu vernehmen. Man sah nur, wie der Kaiser die ihm von dem Grafen überreichte Kelle nahm und mit derselben den Mörtel in die Vertiefung für den Schlußstein warf.

Nach 'Versetzung' des Steines hielt Reichstagspräsident v. Levetzow mit kräftiger Stimme die an anderer Stelle mitgetheilte Ansprache und überreichte sodann dem Monarchen den Hammer.

Mit energischen Bewegungen trat der Kaiser an den Schlußstein und vollzog die drei Schläge. In straffer Haltung und mit schneidiger, bis in den äußersten Winkel der weiten Hallenräume vernehmlichen Stimme rief er sodann sein »Pro gloria et patria« in die Versammlung hinein. Während die Kaiserin nunmehr drei Schläge mit dem Hammer that, fiel die Musik mit dem Choral ein.

Bei der großen Zahl der bevorzugten Personen, die sich an diesem Akt betheiligten, fehlte es nicht an einer bei solcher Gelegenheit kaum vermeidlichen Verwirrung. Ein schöner Zug von Herrn von Boetticher war es, wie er dem einstigen Reichstagspräsidenten, dem

Der Reichstag nach der Fertigstellung. Stich aus dem Jahre 1895

ehrwürdigen Herrn v. Simson, die Kelle reichte, damit der alte Herr seine Schläge thue.

Eine Weile noch wurde man auf der Tribüne, die ein Abgeordneter als »Hühnerwiemen« bezeichnet hatte, auf der weilen zu können aber doch ein gewisser Vorzug war, festgehalten, und dann war das militärische Schauspiel aus.

Militärisch sah es auch auf dem Königsplatze aus. Der Palast war vom Militär, das in Reih und Glied aufgestellt war, umgeben. An der westlichen Längsseite sah man die schwarzen, weißen und rothen Haarbüsche der Infanterie, auf der Südseite die Lanzen von Dragonern und Kürassieren.

Ein Theil der Abgeordneten stand auf den Balkonen des Palastes und sah diesem eigenartigen Schauspiel zu. Dahinter stand einiges weniges Publikum.

Vielleicht war es nicht möglich, eine Feier zu veranstalten, bei der das Volk und seine Vertretung etwas mehr in den Vordergrund rückten.«[4]

Die meisten Blätter - wie der oben zitierte Lokal-Anzeiger - kritisierten die Tatsache, daß der Reichstagspräsident Albert v. Levetzow schon wieder, wie bei der Grundsteinlegung, in der Uniform eines Landwehrmajors erschienen war. »Der Präsident des Reichstages ist der Herr des Hauses, er ist der höchste Gebieter in seinen Räumen. Der Major aber ist der Untergebene schon jedes Oberstleutnants und hat ihm seine Reverenz zu machen. Die Militäruniform deutet das Verhältnis des Dienstes, der hierarchischen Unterordnung an ... Aber gestern hatte der Major nichts zu thun ..., sondern nur der Präsident des deutschen Reichstages, der freigewählte Vertrauensmann der Volksvertretung, und darum hätten wir gewünscht, er hätte diese hohe Würde auch durch das Gewand des freien Mannes angedeutet.«[5]

142

Interessant ist der Bericht auch darüber hinaus in Hinsicht auf den Text der Grundsteinurkunde, die bei der Zeremonie durch den Reichskanzler Chlodwig Fürst Hohenlohe-Schillingfürst verlesen wurde:

»Wir, Wilhelm, von Gottes Gnaden Deutscher Kaiser, König von Preußen, thun kund und fügen zu wissen, daß Wir beschlossen haben, im Namen der Fürsten und Freien Städte des Reiches und in Gemeinschaft mit den verfassungsmäßigen Vertretern des deutschen Volkes den Schlußstein zu dem Hause zu legen, in welchem die gesetzgebenden Körperschaften fortan ihrer Arbeit walten sollen.

Der erhabene Gründer des Reiches, Kaiser Wilhelm I., welcher am 9. Juni 1884 den Grundstein zu diesem Bau legte, hat die Vollendung des Werkes nicht mehr schauen dürfen, und auch sein ruhmgekrönter Sohn, Kaiser Friedrich, ist nach Gottes Rathschluß vor Uns abgerufen.

Wie Wir das Gedächtniß dieser Unserer Vorfahren an der Kaiserwürde dankerfüllten Herzens segnen, so wird, dessen sind Wir gewiß, ihr Andenken für alle Zeiten im Deutschen Volke fortleben.

Zehn Jahre mühevolle Arbeit sind über der Errichtung des Baues dahingegangen. Zur Ehre des geeinten Vaterlandes erhebt er sich, fest gefügt durch deutsche Hände, ein Zeugnis deutschen Fleißes und deutscher Kraft. So soll er nunmehr seiner Bestimmung übergeben werden.

Zeitgenössische Zeichnung von der Schlußsteinlegung

143

Feier zu Ehren

von

PAUL WALLOT

am

Freitag, den 7. December 1894, Abends 7½ Uhr

in den

KROLL'SCHEN SÄLEN

veranstaltet vom

Architekten-Verein, Verein Berliner Künstler

und von der

Vereinigung Berliner Architekten.

———•◄►•———

Gefl. Ueberrock.

In seinen Räumen walte der Geist der Gottesfurcht, der Vaterlandsliebe, der Eintracht. Dieser Geist erfülle die Männer, welche berufen sind, hier des Reiches Wohlfahrt zu fördern.

Es bleibt der Bau ein Denkmal der großen Zeit, in welcher als Preis des schwer errungenen Sieges das Reich zu neuer Herrlichkeit erstanden ist, eine Mahnung den künftigen Geschlechtern zu unverbrüchlicher Treue in der Pflege dessen, was die Väter mit ihrem Blute erkämpft haben.

Das walte Gott !

Gegenwärtige Urkunde haben Wir in zwei Ausfertigungen mit Unserer Allerhöchsteigenhändigen Unterschrift vollzogen und mit Unserem größeren Kaiserlichen Insiegel versehen lassen. Wir befehlen, von diesen Ausfertigungen die Eine in den Schlußstein des Hauses niederzulegen, die Andere in Unserem Archiv aufzubewahren.

Gegeben in Unserer Haupt- und Residenzstadt Berlin am fünften Dezember des Jahres Eintausend acht Hundert und vier und neunzig.

gez. Wilhelm.

gegengez. Fürst zu Hohenlohe.«[6]
Würde man einen der sieben Abschnitte der Urkunde streichen, könnte diese Urkunde im Grundstein jedes königlichen Baues stecken,

Einladung
zur Feier
für Paul Wallot

selbst die einzige offizielle Kopie wanderte in das hohenzollersche Hausarchiv, nicht ins Reichstagsarchiv. Auch hier spielte, wie in den Jahren zuvor, der Hausherr - das Parlament - keine Rolle.

Nach der Urkundenverlesung sprach der bayerische Bundesrats-Bevollmächtigte Hugo Graf von Lerchenfeld-Koefering und überreichte Wilhelm II. die Maurerkelle für die letzte Mörtelgabe auf den Schlußstein. Mit dem Hammer, der 1884 zur Grundsteinlegung gedient hatte, vollzog der Kaiser mit einem lauten »pro gloria et patria« dann die obligaten drei Hammerschläge. Wie bei der Grundsteinlegung folgte die lange Reihe der Mitglieder des Kaiserhauses und der Würdenträger. Hier konnte das »Tageblatt« sich einen letzten Seitenhieb auf den Uniformfetischismus nicht verkneifen: »Als Herr v. Levetzow in seiner Landwehr-Majoruniform vortrat, da ging ein Lächeln über die meist von Abgeordneten-Gattinnen besetzte Tribüne; wieder einmal wurde uns vor Augen geführt, daß wir nicht nur ein Volk in Waffen, sondern auch eine Volksvertretung in Waffen haben.«[7] Immerhin kamen am Ende der Zeremonie auch die Mitglieder der Reichstagsbauverwaltung zu ihren Hammerschlägen. Nach einer halben Stunde war der offizielle Akt beendet.

Für Wallot war die Zeremonie wieder eine Konfrontation mit dem Kaiser: »Am 5ten wurde also eingeweiht - das Gebäude stand zur Benutzung fertig ... Um 12 Uhr erschien S. M. Den Weg vom Wagen in die Halle suchte er dadurch abzukürzen, und amüsant zu gestalten, daß er von dem vielen Geld sprach, in welchem wir geschwommen hätten.[8] Er wußte wohl im Augenblick, das konnte ich merken, nicht genau, wie ich mich nach all dem Vorhergehenden zu seiner hohen Person stellen würde. Bei dem Umgang, der sich an die Feierlichkeit anschloß - derselbe währte über eine Stunde - versuchte er liebenswürdig zu sein. Direkte Anerkennung vermied er - auch bei Dingen, die Jedem gefallen. Er half sich damit, daß er etwa sagte: 'Ja wohl, da hat mir meine Mutter davon erzählt'. Seine Mutter, meine alte Ungönnerin, hatte nämlich als klu-

ge Frau, darauf gehalten, grad vor Thorschluß, d. h. wenige Tage vor der Einweihung, das Haus noch zu besichtigen.

Als beim Heraustreten aus den Erfrischungsräumen die Kaiserin, welche vorausschritt, einen Augenblick zauderte, unsicher, nach welcher Seite sie gehen solle, da sagten S. M. 'Wallot, geben Sie mal meiner Frau den Arm, sonst geht die Sache nicht.' Natürlich mußte ich vorschreiten und setzte I. M. von dem Befehl S. M. in Kenntnis und ebenso natürlich und glücklicherweise reagirten I. M. nicht auf mein freundliches Angebot. Ich bat I. M. gütigst entschuldigen zu wollen - ich hätte den Wunsch des Kaisers als einen Befehl auffassen müssen - wenn ich eine Dummheit gemacht hätte, so möge Sie es meiner Unerfahrenheit in solchen Dingen zu Lasten legen.

Die Situation war lächerlich über alle Maßen - was sagst Du zu dieser 'Majestät' - diesem Medaillenaberkenner?

Und als alles vorüber war und unten die Soldaten im Stechschritt vorüberzogen und der hohe Herr sich verabschiedete, da sagte er zu H. v. Bötticher: 'Na, soll ich ihm doch noch die große Goldene geben?' Um diese großartige Hochherzigkeit des Herrscher's nicht gehört haben zu brauchen, drückte ich mich schleunigst auf die Seite hinter einen Vorhang. Du fragst, ob von nun an die Stellung S. M. zum Bau eine wohlgeneigtere sein würde - es wäre dies ja für den Bau, in welchem noch viel zu thun ist und auch für mich recht angenehm. Allein es wird dies sicherlich nicht der Fall sein. Ja - wäre ich eine Macht, mit der man rechnen müßte - aber so ein kleiner Wicht von Architekt, da hat man keine Veranlassung, sein kaiserliches Urtheil zu modificiren.«[9]

Wilhelm II. beschrieb seine eigene Sicht in einem Brief vom 9. Dezember an seinen Freund »Phili« Eulenburg: »Hier geht alles so gut es kann, ich bin ganz zufrieden. Die Ein-

S. 145-147 Programmheft zur Wallotfeier

BERNWARD VON HILDESHEIM
emeritirter Bischof und Kulturkämpfer.
[*Romanismus.*]
ERVIN VON STEINBACH / Münster
Bau-Inspector zu Strassburg / leberkrank.
[*Gothik.*]
ANDREA PALLADIO
verticaler Streber / Façadier / gewöhnlicher
Privatarchitect zu Vicenza [Filiale Venedig] /
Schematiker / aber nicht ohne Verdienste.
[*Renaissance.*]
ANDREAS SCHLÜTER / Berlin
allerseits bekannt.   [*Neuzeit.*]
CARL FRIEDRICH SCHINKEL
ehemals Geheimer Ober - Bau - Assessor /
aus Berlin.   [*desgleichen Neuzeit.*]
STEINEBLANK
der Berliner Stadtstyl / [wird nicht ver-
eidigt].
CARL FRIEDRICH ZÖLLNER
Freifrohn / Criminalschutzmann / Sitten-
beamter und Vemgerichtsbote / aus Berlin /
Regenten - Strasse 6.
VILMUS HUNYADI-SAXLEHNER
ein Ungar, Vilma's Vetter.

ADAM |KRAFFT / in Firma Adam Krafft
[& Veit Stoss
Bildhauer in Holz und Stein / aus Nürn-
berg.
PALAESTRINA
† 1594, Geheimer Compositeur / Musikant
und Steinerweicher / Freund Dante's /
Petrarca's / Boccaccio's und Laura's am
Klavier.
PETER VISCHER-COLLIER / in Firma
[Peter Vischer Söhne
Giesser / aus Nürnberg.

b) Baustyle.
PERIKLES DER SCHÖNE¡
Lenker des freien Volkes von Athen /
Schützer der schönen Künste daselbst.
[*Antike.*]
TRAJAN FLAVIUS
römischer Kaiser und Gigerl / Kunst-
Mäcen / Ehren-Markthallen-Inspector der
Ulpia.   [*Römische Baukunst.*]
JUSTINIAN
byzantinischer Kaiser / Pandectenpauker /
Ehren - Bauassessor.
[*Altchristlicher Baustyl.*]

weihung des Reichsaffenhauses ging sehr fei- erlich und glänzend ohne einen Mißton von Statten. Wallot schwamm in Seligkeit. Er wich nicht von meiner Seite, als er merkte, daß ich ihm weder den Zylinder eintreiben that, noch Grobheiten sagte, zumal er Ge- heimrath geworden ist. Seine Seligkeit ging so weit, daß, als ich ihm befahl, die Kaiserin zu führen, weil sie vorausgehend in allen Thüren aus Unkenntniß des Weges stehenblieb, er mit den Worten 'Auf besonderen Befehl Seiner Majestät' von selbst losging und ihr coram Publico seinen Arm anbot! Tableau!«[10]

Vom linken »Hamburger Echo« wurden zwei Einzelheiten berichtet, die einer Überlie- ferung wert sind. Während Tausende von Ber- linern arbeitslos waren, wurden die Aufräu- mungsarbeiten nach der Feier von Soldaten in Uniform ausgeführt. Das andere Detail betraf das Mobiliar des alten Hauses: »Die Möbel des Zimmers, in welchem die sozialdemokra- tischen Abgeordneten jetzt ihre Fraktionssit- zungen abhalten, sind dem Bundesrathszim- mer des alten Reichstagsgebäudes entnom- men; auf den Stühlen, die früher die Rücksei- te der Bundesräthe, dieser berufensten Stützen der Gesellschaft, gastlich beherbergten, füh- ren jetzt die sozialdemokratischen Abgeord- neten 'Umsturz' und Revolution aus, und auf dem Sessel, von dem einst Bismarck seine hausmeierischen Blitze herabschleuderte, wird sich jetzt der Vorsitzende der sozialisti- schen Fraktion setzen. Wenn unsere Gegner das erfahren, klingt ihnen wohl so etwas in die Ohren, wie 'Zukunftsmsik'.«[11]

Nachdem die offizielle Zeremonie vorbei war und die Abgeordneten zu Mittag gespeist hatten, versammelten sie sich noch ein letztes Mal zu spätnachmittäglicher Stunde im Sit- zungssaal des alten Reichstagsgebäudes, wo

Die Presse.

LUDWIG PIETSCH
vox populi Vossensis / aus Berlin.

K. E. O. FRITSCH / Berlin / D. B. Z.
öffentlicher Bau - Organist.

Die Standgenoten
bezw.
Eideshelfer Wallot's.

Baurath HAEGER

Kgl. Reg.-Baumeister WITTIG / Etat III
Mitglieder der Reichstagsbau-Verwaltung.

Dr. ZIMMERMANN
Geheimer Baurath und Constructor.

R. BORRMANN
Archäologe und Hypothesenator.

Wallot's rechte und linke Hände /
Schüler desselben.

Ort der Handlung:
Am Wedding unter der Linde.

Zeit:
Anachronistisch genommen / zwischen 10 und
12 Uhr Nachts.

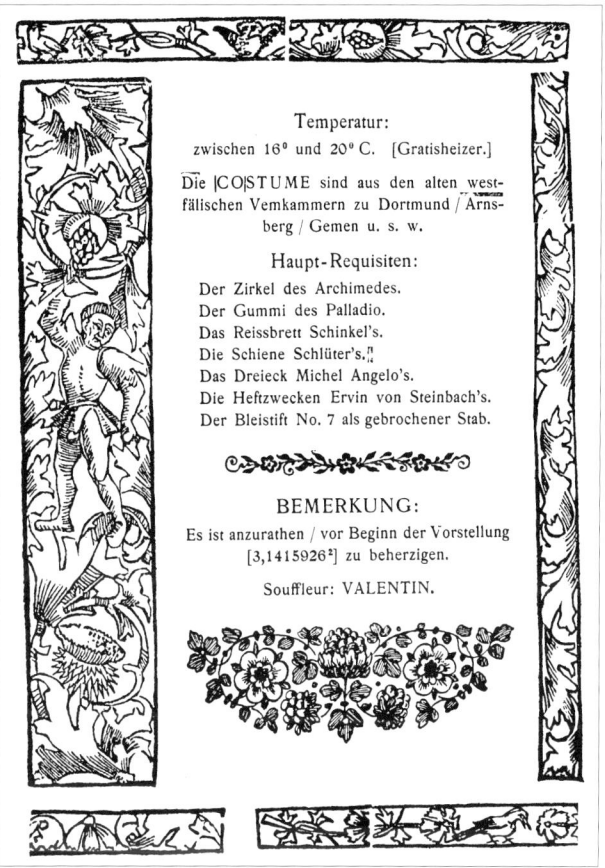

Temperatur:
zwischen 16° und 20° C. [Gratisheizer.]

Die |CO|STUME sind aus den alten west-
fälischen Vemkammern zu Dortmund / Arnsberg / Gemen u. s. w.

Haupt-Requisiten:

Der Zirkel des Archimedes.
Der Gummi des Palladio.
Das Reissbrett Schinkel's.
Die Schiene Schlüter's.
Das Dreieck Michel Angelo's.
Die Heftzwecken Ervin von Steinbach's.
Der Bleistift No. 7 als gebrochener Stab.

BEMERKUNG:

Es ist anzurathen / vor Beginn der Vorstellung
[3,1415926²] zu beherzigen.

Souffleur: VALENTIN.

man sentimentalen Abschied nahm. Reichstagspräsident Levetzow lud die Abgeordneten
in das Restaurant - Fraktion Schulze - des neu-
en Reichstagsgebäudes ein, wobei er Wert darauf legte, daß seine Einladung nicht von den
Stenographen protokolliert wurde.[12] »In dem
prächtigen Restaurationssaale nahm die Trup-
pe, die sonst zuweilen getrennt zu marschie-
ren pflegt, Aufstellung mit dem festen Vorsatz, heute geeint den Urheber so manchen
Umsturzes, das schäumende Löwenbräu und
den perlenden Sekt unter allen Umständen bis
auf den letzten Tropfen zu vernichten.« Am
nächsten Tag wollte man die »Umsturzvorlage« debattieren ... Das Fest dauerte bis weit
nach Mitternacht.[13]

DIE WALLOT-FEIER AM 7. DEZEMBER

»Wallot wird freigesprochen«.
»Und es gab auch ein Essen der Architekten.
Die mit ihm in demselben Stil steckten.
Damit der Bau werde ein Meisterstück.
Aber sie haben gehabt kein Glück.«

(Wedekind)[14]

Am Abend des 7. Dezember bereiteten Architekten, Künstler und Freunde für Wallot
eine Feier, die bis zum Morgengrauen dauerte
und über die die Zeitungen mit fast demselben
Fleiß berichteten wie über die Schlußsteinlegung. Ursprünglich sollte das Fest im Archi-
tekten-Vereinshaus in der Wilhelmstraße stattfinden, die große Zahl der angesagten Gäste
zwang zur Verlegung in die Kroll-Oper, so
daß die Gäste noch das in hellem Lichte ange-
strahlte Reichstagsgebäude sehen konnten.

Ludwig Pietsch, der große Kritiker, gab

einen detaillierten Bericht: »Mehr als sechshundert Kunstgenossen, Architekten, Bildhauer, Maler, Kunsthandwerker und Ingenieure hatten sich ... zusammengefunden, um den Baumeister des Reichstagshauses zu feiern, ihm zu zeigen, wie sie über ihn und sein Werk denken. Der Verein Berliner Künstler, der Architekten-Verein, die Vereinigung Berliner Architekten, von den gleichen Gesinnungen für ihn beseelt, hatten gemeinsam diese Feier ins Leben gerufen und damit ein Beispiel einer Einmüthigkeit gegeben, wie sie wohl nur äußerst selten eine so große Zahl von Künstlern und Technikern beseelt haben mag. Berlin nennt auf diesen Gebieten nur sehr wenige große Namen, die Krolls Lokal an diesem Abend nicht seinen Gast genannt hätte. Die Alten und die Jungen, die Akademiker und die Modernen, sie alle, alle kamen, von dem gleichen Impulse getrieben. Bei den Klängen des Tannhäusermarsches strömte die Menge um 7 Uhr in den ersten Saal ein...«

Anton von Werner als Vorsitzender und Vertreter des Vereins Berliner Künstler hielt die erste Ansprache, in der es u. a. hieß: 'Hochverehrter Meister, hochverehrte Festversammlung! Dem Vorsitzenden des Vereins Berliner Künstler ist die Ehre zu theil geworden, am heutigen Festabend die Reihe der Ansprachen zu eröffnen, welche der Freude Ausdruck geben sollen, Sie ein Dezennium, schaffend an einem gewaltigen Kunstwerk, als einen der Unsrigen in unserer Mitte gehabt zu haben: dem Schmerze, daß Sie von uns scheiden und der Hoffnung, daß Sie trotz der räumlichen Trennung von uns im Geiste bei uns bleiben wollen ... Durch Ihr gewaltiges, nunmehr vollendetes Werk haben Sie der Reichshauptstadt eine Zierde geschaffen, das vornehmste künstlerische Denkmal, welches die Gründung des Deutschen Reiches verherrlicht. Den Schwesterkünsten der Malerei und Bildhauerei, sowie dem deutschen Kunsthandwerk haben Sie große und dankbare Aufgaben gestellt, indem Sie dieselben zur Mitwirkung an dem großen Werk in umfassendster Weise herangezogen und der Entfaltung ihrer Kraft neue Bahnen gewiesen haben. - Der Verein Berli-

ner Künstler hat seinem Dank Ausdruck geben wollen, in dem er Sie zu seinem Ehrenmitgliede ernannt hat. Indem ich Sie, zur glücklichen Vollendung Ihres Werks namens des Vereins beglückwünsche, überreiche ich Ihnen diese Urkunde und bitte Sie, die Ernennung zu unserem Ehrenmitgliede freundlichst annehmen zu wollen'.«

Mit der gleichen Ehrung bedachten der Verband deutscher Architekten- und Ingenieurvereine durch den Architekten Karl Hinckeldeyn[15] und die Deutsche Kunstgenossenschaft, vertreten durch Wallots Freund Friedrich von Thiersch, den Reichstagsarchitekten.

»Für die Vereinigung Berliner Architekten, in deren Namen er Wallot einen Lorbeerkranz darbot, sprach Baurath v. d. Hude. Seine Rede, der es nicht an manchen, auf die Situation bezüglichen, scharf treffenden 'kräftigen Wörtlein' mangelte, wurde wiederholt von lang andauerndem stürmischen Beifallsjubel unterbrochen. Besonders laut erklang dieser, als der Redner von der, wenn auch mit unsichtbaren Lettern geschriebenen Inschrift unter dem Giebelfelde der Fassade des Reichstagsgebäudes 'Dem deutschen Volke' sprach. Wallot antwortete in kurzen Worten, tief und bewegt durch die Anerkennung der Genossen aus dem ganzen Vaterlande ...

Die Szene des zweiten Theils des Festes, dessen Schluß wohl nicht vor der Morgenfrühe erfolgte, spielte sich an den Tafeln ... ab ... Die erste und durchaus ernste [Rede] war der mit gewohntem vollendeten Takt geformte Trinkspruch Anton v. Werners auf den Kaiser, eine inhalt- und gedankenreiche Rede, deren Grundgedanken in dem Wort ausgesprochen ist, welches Fürst Bismarck einst unter ein von dem Sprecher gezeichnetes Bildniß des Kanzlers geschrieben hatte: 'Ohne Kaiser kein Reich.' - Thiersch brachte das Hoch auf Wallot aus. Dieser antwortete in längerer, ungemein fesselnder, unmittelbar dem vollen Herzen entströmender, höchst charakteristischer Rede, in der er seiner Anschauung von der eigenthümlichen Doppelstellung des Baukünstlers, seiner Befriedigung über die Anerkennung seitens der Ge-

nossen und über das immer freundliche Entgegenkommen seitens der Regierungsbehör-
den und Vertreter während des ganzen Baues,
seinem Dankgefühl gegen seinen getreuen
Mitarbeiter Baurath Hecker [d. i. Haeger/d.
V.] Ausdruck gab.«[16]

Wallot sagte: »Sechzehn Jahre habe ich in
Berlin gelebt, bin bei Gropius, Schmieden und
Lucae thätig gewesen. Die zehn Baujahre am
Reichshause waren für mich eine Zeit der An-
strengung, aber auch genußreicher Arbeit. Es
ist ja selbstverständlich, daß bei solcher Aufgabe Kämpfe nicht ausbleiben konnten, aber
ich kann verstehen, daß mir in der ganzen Zeit
die Regierung mit ihren Vertretern und der
Reichstag, soweit er in der Baukommission
vertreten war, mit dem vollsten Vertrauen und
Wohlwollen entgegen gekommen sind. Ich
habe mich auch bestrebt, dies Vertrauen zu
rechtfertigen; es ist keine Phrase, meine Herren, ... wenn ich betone, daß ich sowohl vom
Reichsamt des Inneren, wie von dem Ministerium des öffentlichen Arbeitens stets das
freundlichste Entgegenkommen gefunden
habe.« Als hier der Wallots Rede begleitende
Beifall ausblieb, fügte er hinzu: »Ich möchte
das noch einmal betonen, es ist in der That so.
Nur eines bedaure ich, daß mir so kurze Zeit
zum Bau gewährt worden ist. Diese Jagd nach
dem Ziel ist eine schwer zu überwindende
Klippe.... Die Kunst kann nur dann gefördert
werden, wenn eine Aufgabe mit der nötigen
Zeit und mit den nötigen Mitteln durchgeführt
wird. Das wird oft übersehen. Es ist sehr zu
bedauern, daß im Reichstag unsere Zunft so
wenig vertreten ist. Ich wollte, es säßen nur
Architekten im Hause, oder doch viel mehr als
jetzt ..., denn der Architekt steht wie kein
anderer mitten im praktischen Leben. Mit dem
einen Fuße ist er mitten unter den Arbeitern.
Auch der Geringste verkehrt mit ihm und er
kennt seine Sorgen und Bedürfnisse und der
andere Fuß steht immer sprungbereit auf dem
Sprungbrette, um hinaufzufliegen in das Para-
dies der schönen Träume und des Idealismus,
der die Sonne ist, der wir nachstreben, jenes
Idealismus, den bis in sein hohes Alter sich
mein Gönner, August Reichensperger, be-

wahrt hat. ... Man hat heute von den drei
Schwesterkünsten [Architektur, Malerei und
Bildhauerei/d. V.] gesprochen. Aber in unserer Zeit ist eine vierte noch hinzugekommen,
die Ingenieurskunst. Eine Dampfmaschine ist
für mich insofern das höchste Kunsterzeugniß
als der Zweck und die Mittel in einem richtigen Verhältniß zueinander stehen und wenn
ich ein Zusammenwirken aller Künste erstre-
be, so schließe ich die Ingenieurskunst mit ein.
Ich trinke auf die Verschmelzung aller dieser
vier Künste, auf ihre Einheit!«.[17]

»Für humoristische Erbauung war ... in
reichstem Maße durch ein im Seitensaale ein-
gerichtetes Wallot-Museum gesorgt. ... Vor
dem verwegendsten beißendsten Spott auch
auf Kosten von Personen, Ansprüchen, Vorgän-
gen und Zuständen scheute es nicht zurück,
denen gegenüber der Spott nicht ganz unbe-
denklich und jedenfalls stark gewagt ist. Auch
sinnige Vorschläge für passende Inschriften in
dem Gebäude zeigte das Museum, wie 'Wa-
sche mit Luft' 'Quatsch nicht, Krause', u. a. m.
Das vielbewunderte Hauptstück war eine große Reproduktion der Westfassade des Reichstagsgebäudes aus lauter nahrhaften Materialien. Die Rustica aus Schwarzbrot, die übrigen
Stockwerke in Weißbrot, Architrav und
Hauptgesims aus Schweizer Käse, die Säulen
aus Wiener Würstchen, die Kuppel aus einer
Käseglocke und die Aufsätze aus Zuckerguß,
also alles 'echtes Material' ... Die Überschrift
des Modells lautete: 'Der Gipfel des Ge-
schmacks'. Weiter stand im Museum eine
Gliederpuppe mit grotesker Nase und verlieb-
ter Grimasse neben einem Musik-Automaten,
der die Inschrift trug: 'Sang an - ihr'«. Letzte-
res war eine spöttische Anspielung auf das
auch in italienischer, französischer und englischer Übersetzung erschienene sentimentale
Lied »Sang an Aegir«, das vom Kaiser getex-
tet und komponiert worden war und das Ge-
spött aller Musikliebhaber hervorrief.

»Im Saal brachte ... [der Maler] Hans Fechner in diesen ersten Stunden des 8. Dezember
ein Hoch auf den hier noch tapfer anwesenden
und heiter theilnehmenden grossen deutschen
Meister der Schwesterkunst, der Malerei, aus,

der an diesem Tage vor neun und siebzig Jahren unserem Volk und der Welt in Breslau geschenkt wurde, Adolph Menzel. Vielen kam die Kunde überraschend, und bald war dieser dicht umdrängt von Scharen der ihn beglückwünschenden und verehrenden Kunstgenossen. Eine längere Ansprache Hinckeldeyns leitete die Aufführung des für Uneingeweihte ziemlich räthselhaften Festspiels 'Ein Vehmgericht am Wedding oder Der entlützowte Reichshausbau. Wallotria in nur einem Acte', ein. In diesem dramatischen Scherz, welcher auf die Angriffe Karl von Lützows gegen Wallots 'Kuppel' in der Neuen Freien Presse Bezug nimmt - hatte sich der 'Vervehmte und Angeklagte in zweiter Instanz', Paul Wallot, 'Hugenotte aus Oppenheim', gegen die Anklage der 'Kuppelei' zu verantworten. Den Vorsitz im Vehmgericht führte als 'Freigraf des freien Stuhles am Wedding' Michel Angelo, Freischöffen waren unter anderen: Dürer, Aldegrever, Peter Vischer, Perikles, Trajan, Justinian, Erwin von Steinbach, Schlüter und Schinkel.«[18]

Die Ausschmückung
des Reichstagsgebäudes 1888-1908
Weniger oder mehr?

Als im Juli 1922 der Berliner Stadtbaurat Ludwig Hoffmann in die seit 1899 bestehende Reichstagsausschmückungskommission - de facto Nachfolgerin der Reichstagsbaukommission - gewählt wurde, hielt er ob der »Zuvieldekoration« einen »Abschmückungs-ausschuß«[1] für dringlicher und nannte den Bau einen »Leichenwagen erster Klasse«.[2] Wallot selbst fand die Überladenheit problematisch:

»Je älter man wird, um so mehr kommt man dahinter, daß ein Kunstwerk um so wirksamer wird, mit je weniger Motiven man auskommt. Und zwar meine ich dies sowohl angewendet auf die Art die Profilirung als auch auf den ganzen Aufbau und den architektonischen Organismus ... Es hat das Gesagte mit dem größeren od. geringeren Reichthum einer Architektur absolut nichts zu thun. An dem

*Die Wappenfront
an der Südseite*

151

Der Plenarsaal.
Der Akustik wegen
war er völlig mit Holz
verkleidet

rich Volke aus München, engagierten, um den großen Stab von Bildhauern und Steinmetzen zu führen, die die eigentliche Arbeit ausführten. Diese Arbeit geschah in »Regie«, also im direkten Auftrag der Reichstagsbauverwaltung. Da man so selbständiger, aber die Höhe des Gewinns zeitabhängig wurde, brach für dieses Atelier eine »Hetzjagd« aus.

Zwischen 1890 und 1895 wurden die wichtigsten Bildhauerarbeiten in Auftrag gegeben und ausgeführt. Was die Auftragsvergabe betrifft, so ist nur die an Begas, der sich am Reichstagswettbewerb 1882 beteiligt hatte, überliefert; die Baukommission muß gegen Jahresende 1890 für »Germania im Sattel« auf Vorschlag von Wallot - im Protokoll unterstrichen - entschieden haben.[9] Die Arbeit - in Kupfer getrieben vom Münchener Seitz - hat zwei Jahre Arbeit gekostet.[10] Wann genau Schapers Giebelfeld und Maisons Herolde in Auftrag gegeben wurden, ist den Akten nicht zu entnehmen, nur, daß Wallot mit der Vergabe an Schaper nicht einverstanden war. Wir wissen nur, daß das Giebelfeld Ende Juli 1893 frei von Rüstungen stand und weder Schaper noch Wallot gefiel.[11] Etwa 1891 vergab Wallot einen Auftrag an Rudolf Maison, zwei berittene Herolde für die Ostseite zu fertigen, Details sind leider nicht bekannt.[12] Es heißt, daß in jenen Jahren in Maisons Münchener Atelier Mensuren stattfanden, die als Modell»sitzungen« galten.[13] Die zwei Figuren wurden 1896 aufgestellt. Dedreux erhielt wohl seinen Auftrag für den Kronleuchter der Kuppelhalle schon 1892 oder 1893, denn ab 1893 stand er mit Wallot in einem regen Briefwechsel. Die schwere Ringkrone hatte einen Durchmesser von acht Metern und wog 170 Zentner. Für sie mußte eine spezielle Hängevorrichtung mit Motor entwickelt und hergestellt werden, damit sie zur Reinigung und für Reparaturen herabgelassen werden konnte. Während Wallot die Krone so hoch wie möglich hängen wollte, um die Blickachse der Wandelhalle nicht zu stören, vertrat Dedreux die Meinung, daß dadurch die Halle zu dunkel bleibe - Dedreux gewann. Der Leuchter wurde im November 1895 installiert.[14]

Etwa Anfang Februar 1897 wurde das Programm für die acht 2,4 Meter hohen bronzenen Skulpturen der südlichen Eingangshalle bekannt, ebenso die Namen der Künstler. Die Reihe begann links vom Eingang mit Peter Breuers Karl dem Großen, gefolgt von Adolf Brütts[15] Heinrich I. der Vogler, Maisons Otto dem Großen und Ludwig Manzels Heinrich III.; gegenüber sollten in gleicher Reihenfolge Max Baumbachs Friedrich I. Barbarossa, Vogels Rudolph von Habsburg, Robert Diez' Karl IV. und Widemanns Maximilian, der »letzte Ritter«, aufgestellt werden. In diese Zeit fallen auch die ersten Meldungen eines beschränkten Wettbewerbs für ein Standbild Kaiser Wilhelms I. in der achteckigen Kuppelhalle. Obwohl u. a. Brütt, Diez und Maison aufgefordert wurden, erhielt den Auftrag einige Jahre später Johannes Pfuhl.[16]

Widemann sollte ein Programm für die Brüstungen zwischen den Kuppelfeldern in der Wandelhalle ausarbeiten. Er schlug allegorische Darstellungen vor: »Begeisterung», »Ruhm«, »Weisheit« und »Macht«. Diese Figuren wurden von Albert Hildebrand in Marzanastein[17] ausgeführt. Gegenüber hatten der Dresdener Bildhauer Johannes Schilling die Figuren »Liebe«, »Gerechtigkeit«, »Forschung« und »Wahrhaftigkeit« und an anderer Stelle der in Rom lebende Karl Hilgers Verkörperungen der »Mäßigung«, »Kraft«, »Wohltätigkeit« und »Vorsicht« - alle aus Kalkstein - geschaffen. Die Nordhalle sollte Linnemanns Glasfenster mit den Figuren der »Eintracht« und »Zwietracht« erhalten.

DIE MALEREI AB 1895

Ab 1895 konnte Wallot endlich mit der Vergabe der Malereien beginnen. Die wichtigsten Aufträge erhielten Ludwig Dill, Carl Ludwig, Karl »Chiemsee«-Raupp, Gustav Schönleber und Eugen Bracht. Schönleber und Bracht sollten jeweils eine Landschaft von Straßburg bzw. Kap Arkona auf Rügen in Verbindung miteinander ausführen. Zwar ist über die Zusammenarbeit beider Maler nichts überliefert, über ihre Probleme mit den Bildmotiven aber um so mehr. Schönleber schrieb am 28. Juni 1895 aus Straßburg an Wallot, daß er sich vom 3. Juli an für eine Woche in Berlin aufhalten werde, wo er den Bau besichtigen wolle. In der elsässischen Hauptstadt sei er »theilweise unter militärischer Führung, herumgestrichen ... Sorge macht mir nur noch die Frage des Horizonts für das große hochliegende Bild....« Bracht mußte auf Rügen feststellen, daß nicht alle ihm vorschwebenden Motive auf die Malfläche zu zwängen waren.

Ende November 1895 konnte Schönleber seinen Entwurf in Berlin Wallot vorlegen. Dort hoffte er auch Bracht zu treffen, ob es zu einer Begegnung gekommen ist, geht aus dem Schriftwechsel nicht hervor. Bracht schrieb an Wallot, er habe sich »wie Du siehst mit meiner Meeresfarbe an Dein 'Blau' gehalten, das jetzt so schön im Braun des Saales steht. In der Ausführung wird der gesammte Vordergrund vom Horizont an etwas schmaler zusammengeschoben werden können - um soviel als er perspektivisch dem Auge des Beschauers wächst und an Breite gewinnt.« Am 18. März 1896 bat Schönleber bei Wallot für sein Straßburg-Bild um Fristverlängerung: »... es hängt zusammen mit dem Stand der Sonne, ich kann nur zu gewissen Zeiten meine Beobachtungen u. Studien in Straßburg fortsetzen, und überdies bin ich zur Bemalung der großen Fläche auf den Sommer hauptsächlich angewiesen, der kurzen u. dunklen Wintertage wegen. Eben jetzt ist die Natur draußen ganz herrlich ...«.[18] Beide Bilder wurden Ende November 1897 enthüllt.[19]

Dills Wartburg-Bild blieb lange Zeit ein Gegenstand des Anstoßes. Es hat offenbar jahrelang mit einem Hinweisschild, es sei »unvollendet«, im Lesesaal gehangen. Der Abgeordnete Otto Arendt sagte am 10. Mai 1904 im Reichstag: »Dieses Bild paßt in die schöne und würdige Ausstattung der Räume, in denen es hängt, nicht hinein, es sticht auf das Unvorteilhafteste ab von den Meisterwerken eines Bracht und eines Schönleber. Früher stand darunter 'noch nicht vollendet'; da mußte die Kritik schweigen. Jetzt steht das nicht mehr daran, - aber vollendet ist das Bild nicht. ... Ich

meine, diese Perle in unserem deutschen Mittelgebirge verdient eine andere Darstellung, als sie in unserem Lesezimmer gefunden hat.«[20]

DIE AUSSCHMÜCKUNGS-KOMMISSION

Ein gutes Jahr nach der Einweihung brachte das Parlament sein Gebäude »unter die Haube«; ab 11. Januar 1896 erhielt es die Kontrolle über das Haus und seine Ausschmückung.[21] Und am 31. Januar beschloß der Reichstag, eine Kommission zur Ausschmückung des Reichstagsgebäudes einzustellen; diese sollte die Reichstagsbaukommission ablösen.[22] Mitglieder wurden nicht ernannt.

Als mit der Zeit die Reichstagsmitglieder die Resultate von Wallots Bemühungen in Augenschein nehmen konnten, wurde ihr Wunsch nach Einflußnahme immer deutlicher. Dennoch wurden zunächst keine Anstalten gemacht, auch die Vergabe der Mittel zu kontrollieren - Wallot durfte schalten und walten wie bisher. Als jedoch Boetticher am 30. Juni 1897 wegen eines unterlassenen Kaiserhochs den Laufpaß erhielt und Posadowsky-Wehner sein Amt übernahm, wurde es für Wallot schwieriger. Hatte Boetticher in seiner Bonhomie Wallot häufig gedeckt, war »Posa« dazu weniger bereit. Und so kam es am 11. Dezember 1897 zu einer Auseinandersetzung im Reichstag, die zu einer deutlichen Erschwerung der Arbeit Wallots führen mußte.

Der Abgeordnete Carl von Leipziger stellte ohne Widerspruch fest, daß die ersten, nun angebrachten Malereien nicht »allseitige Befriedigung hervorgerufen« hätten. Er schlug vor, die Reichstagsmitglieder sollten sich in Form einer Kommission mit der Begutachtung und Überwachung der bildnerischen Ausschmückung beschäftigen.[23] Am nächsten Sitzungstag erwiderte ihm Eugen Richter mit einem - was die Baugeschichte des Reichstagsgebäudes angeht - seltenen Debattenbeitrag. Richter fühlte sich veranlaßt, dem politischen Gegner Leipziger zuzustimmen: »Mir kommt es vor, als ob wir nicht recht Herr in un-

serem eigenen Hause wären in dieser Frage, und als ob hier Instanzen mit hineinsprächen, die das eigentlich gar nichts angeht ....« Richter legte zugleich großen Wert auf die Feststellung, daß die bisherige Dekoration des Hauses keinerlei Beziehung zu der Tätigkeit des Parlaments aufweise.[24]

Leipzigers und Richters Äußerungen führten zu einer wichtigen Änderung in der weiteren Ausgestaltung des Reichstags. Denn verständlicherweise tauchte nun auch die Frage auf, ob nicht der Auftrag der Reichstagsbaukommission bereits am 5. Dezember 1894 erloschen war und ob diese Kommission nicht deshalb über ihre Kompetenz hinaus Aufträge verteilt und überwacht habe. Der Reichstag wollte »künftig allein im Reichstags-Gebäude

als Bauherr verfügen.«[25] Hier lag wohl der Keim eines kleinen Verfassungskonfliktes, denn bislang waren für die Verwaltung des Reichstagsgebäudes keinerlei weitere Pläne ausgearbeitet worden. Am 31. Januar 1898 wurde im Plenum beschlossen, den Auftrag der Parlamentsbaukommission als erfüllt anzusehen und die Einsetzung einer Ausschmükkungskommission vorzuschlagen, der Bundesrat stimmte Mitte März 1898 zu.[26] Dennoch wurden Namen nicht genannt. Am 3. Mai 1898 bestätigte die Reichstagsbaukommission die bisherigen Aufträge von Wallot - der Auftrag an Franz von Stuck war bereits beanstandet worden - und beschloß, sich selbst aufzulösen und Wallot zu verpflichten, keine Aufträge zu vergeben, ohne diese vorher mit

Die südliche Eingangshalle, zugleich Eingang für Abgeordnete. Von links nach rechts vier 2,50 m hohe Bronzefiguren: Karl der Große (Peter Breuer), Heinrich I. (Adolf Brütt), Otto der Große (Rudolf Maison), Heinrich III. (Ludwig Manzel)

der neuen Kommission abzusprechen.[27] Erst am 10. Januar 1899 wurde die Kommission besetzt. Wer waren die Mitglieder, was waren die Aufgaben, die Arbeitsweise, das Verhältnis zu Wallot?

Vom Reichstag waren Clemens Heeremann van Zuydwyk, Franz Prinz von Arenburg, Heinrich Möller-Duisburg, Paul Singer, Meno Rettich, Wilhelm von Kardorff, Reinhart Schmidt-Elberfeld und Reichstagspräsident Franz Graf Ballestrem benannt worden, vom Bundesrat Axel Freiherr von Varnbüler-Hemmingen und Lerchenfeld-Koefering; auch gehörten ihr ein Dr. Kelch aus dem RAI und Reichstagsdirektor Bernhard Jungheim an; kein Künstler, kein Architekt war Mitglied. Sie tagte erstmals am 1. Februar 1899[28] und beschloß eine Probehängung der Stuckbilder. Einen Monat später kam es zum Krach.

DIE AFFÄRE STUCK 1899
Der Auftrag für das wohl wichtigste Requisit eines Parlaments, die Wahlurnen, war - wahrscheinlich 1897 - an Adolf von Hildebrand gegangen. Wie sehr die Kunstwerke im Reichstag Kontroversen auszulösen vermochten, sollte nicht nur die »Affäre Stuck«, die Wallots Demission auslöste, zeigen, auch die Urnen verursachten in der Reichstagssitzung am 1. März 1899 einen »Aufruhr«. Die far-

bigsten Bemerkungen fand der Zentrumsführer Ernst Maria Lieber aus Montabaur für die Urnen Hildebrands. Diese vorerst nur in Gips ausgeführten Urnen waren eiförmig und von drei männlichen bzw. weiblichen Aktfiguren getragen.

»Ich möchte die sehr geehrten Herren, die sich dafür interessieren, einladen, sich einmal in das Zimmer unseres Herrn Bürodirektors zu bemühen und sich die Entwürfe zu betrachten, die für diese beiden Urnen dort zu sehen sind. Eine jede dieser Urnen soll die Kleinigkeit von nur 12.000 Mark kosten (Hört, hört, rechts). Sie bestehen wesentlich in der Darstellung eines Eies -, es wird wahrscheinlich das berühmte orphische Weltei sein (Heiterkeit) -, in der Darstellung eines auf die Spitze gestellten Eies, getragen von drei oder vier nackten männlichen Gestalten (Heiterkeit), die ungefähr so wie die bekannten Kugeljungfrauen auf dem Kaiser-Wilhelm-Denkmal an diese Urne angeklebt sind. Diese völlig nackten, etwas an ägyptische Steifheit erinnernden männlichen Bildwerke, welche dem Schicksalsei, damit es nicht umfalle (Heiterkeit) als Eierbecher dienen zu sollen scheinen, sind auf einen Würfel gestellt. ... ich denke mir, daß in diesem Würfel ein Leichenverbrennungsofen für die verbrauchten Stimmzettel angebracht werden soll (die Entwürfe werden auf den Tisch des Hauses niederge-

S. 162-163
Entwurf von Franz
Stuck für die Decken-
bemalung. Dieser
Entwurf wurde 1981
im Maßstab 1:25 in
einer Privatsammlung
entdeckt

legt) - ah, da kommen sie schon (Heiterkeit)«.[29]

Lieber stand nicht allein mit seiner Ansicht; auch der Nachfolger Boettichers als Staatssekretär des Reichsamts des Innern Arthur Graf von Posadowsky-Wehner sprach, wenngleich in höflicherem Ton, über die zur Diskussion stehenden Kunstwerke. Unbeeinflußt von der öffentlichen Kritik an seiner Mißachtung der Künstler konnte sich Lieber am 13. März nochmals auslassen: »Also jetzt haben wir gehört: diese Figuren, diese nackten Männergestalten an den Urnen stellen das deutsche Volk vor. (Heiterkeit). Obgleich ich die schwere Belastung des Volkes für Heer, Flotte und andere gemeinnützige vaterländische Ausgaben recht drückend mitempfinde, habe ich doch nicht geglaubt und bedaure es schmerzlich, daß es schon so bis auf den letzten Faden ausgezogen ist. (Heiterkeit.)«.[30]

Franz Stuck hatte am 23. September 1895 den Auftrag für zwei 22 Meter lange ornamentale Gemälde in den Vouten des Bundesrats-Foyers erhalten, beauftragt war er auch mit Deckenbildern für das Eckzimmer des Reichstagsrestaurants. Die Ausmalung des Foyers sollte 1899 zu einem Skandal führen.

Stucks Name taucht in diesem Zusammenhang bereits in einem Brief des Grafen Lerchenfeld an den Ministerpräsidenten Kraft Graf von Crailsheim vom 5. Mai 1898 auf.

»Bei der Berathung trat allseits die Absicht hervor, bei der Vergebung neuer Arbeiten vorsichtiger als bisher zu verfahren und dem Architekten Geheim-Hofrath Wallot weniger Freiheit als bisher zu gewähren, insbesondere zu verlangen, daß vor der definitiven Vergebung von größeren Gemälden und Statuen der Kommission zunächst Skizzen zur Prüfung vorgelegt werden. Dieser Beschluß wurde vornehmlich durch die Voutengemälde veranlaßt, welche Professor Stuck in München für das Foyer des Bundesraths geliefert hat. Gegen die Wahl dieses Künstlers hatte sich seiner Zeit in der früheren Parlamentsbaukommission unter Führung des Herrn von Boetticher eine starke Opposition geltend gemacht. Nicht ohne Mühe war es mir und Baurath Wallot damals gelungen, die Vorurtheile gegen Stuck zu beseitigen und durchzusetzen, daß er einen Auftrag erhielt. Allerdings ging ich dabei wie andere Mitglieder der Kommission von der Voraussetzung aus, daß der Kommission vor der Ausführung (al fresco) ein Entwurf vorgelegt werden würde. Dies unterblieb jedoch, Professor Stuck führte vielmehr im Benehmen mit Wallot die Vouten-Gemälde ohne Weiteres auf Leinwand aus und sandte sie kürzlich fertig hierher. Er hat hierfür die bedungene Summe von M 30.000 erhalten.

Vor Anbringung ... stand das Werk im Reichstagsgebäude zur Ansicht aus und wur-

*Gedenkblatt
von Franz Würbel,
der 1894 ein
gigantisches Gemälde,
ca. 8 x 5 m mit 270 am
Bau Beteiligten malte.
Die Porträts wurden von
ihm nach Fotos gemalt.
Weitere 150 Personen
sind nicht auf dem Bild
zu sehen.
Aus dem Bild wurde
eine Lithographie,
die im Verlag Eckstein
erschien*

WILHELM II.

de von vielen Abgeordneten und den Mitgliedern der Kommission besichtigt. Professor Stuck hat als Vorwurf die Jagd nach dem Glück gewählt. In einem auf bräunlichen Grund gemalten fortlaufenden Blattornament streben eine Reihe von Gestalten, die menschliche Leidenschaften personificiren, der am Ende des Bildes auf der Kugel stehenden Glücksgöttin zu. Dazwischen sind Städtewappen angebracht.

Der Eindruck, den das Werk auf sämtliche Besucher gemacht hat, die ich bisher befragen konnte, war ein im hohen Grade ungünstiger. Daß wiederum Wappen in dem mit diesem Motiv schon überlasteten Reichstagsbau erscheinen, wurde schon getadelt, doch trifft dieser Vorwurf nicht den Künstler... Die Gestalten sind im Style des XIV. Jahrhunderts gehalten, und erinnern an Motive aus Jagden jener Zeit. Leider hat der Künstler auch darin die Alten nachgeahmt, daß er seinen Figuren vielfach einen an das fratzenhafte streifenden Charakter gab, ohne dabei die Naivität zu besitzen, die den alten Handwerksmeistern eigen war. So haben seine Figuren etwas bizarres, verzerrtes, unschönes erhalten, das auf die meisten Besucher abstoßend wirkt.

In einem Festsaal bestimmt würde das Bild immerhin bei der flotten leichten Art, in der es ausgeführt ist, einigermaßen noch passen. In ein Arbeitshaus und einen im übrigen streng gehaltenen Raum paßt es aber nach dem allgemeinen Urtheil nicht, und so trifft Professor Stuck und Herrn Wallot jedenfalls der Vorwurf, daß sie nicht genügend in Rechnung gezogen haben, für welchen Platz und für welches Publikum das Bild bestimmt war.«[31]

Die Baukommission sah sich zwar zur vertragsgemäßen Abnahme des Werkes gezwungen, verweigerte jedoch die Anbringung im Reichstagsbau. Auf Intervention Wallots bei Lerchenfeld erklärte sich dieser bereit, für eine Probehängung der Voutenbilder zur endgültigen Entscheidungsfindung einzutreten.

Die Ausschmückungskommission kam am 1. Februar 1899 zusammen und faßte einstimmig den Beschluß, eine Probehängung des Bildes zu veranlassen.[32] Einem Brief des

Reichstagspräsidenten Graf Ballestrem an die »Schlesische Zeitung« vom 28. März 1899 ist zu entnehmen, daß das Bild »auf einem anderen Corridor des Reichstagsgebäudes, in gleicher Höhe mit dem Beschauer, aufgestellt war«.[33] Das war die Situation - das Bild hing provisorisch im Präsidialtrakt - am 1. März 1899, als der Reichstag in eine Debatte über den Reichstagsetat trat. Es ging um die gesamte weitere Arbeit im Hause, aber die Diskussion beschäftigte sich hauptsächlich mit dem Werk von Stuck und den Gipsmodellen von Adolf von Hildebrand für die Wahlurnen.

Protagonist der Debatte war auch hier Lieber: »Ich bin der Ansicht, daß es mit der Ausschmückung unseres Reichstagsgebäudes so nicht weitergehen kann, wie es bisher - gestatten Sie mir einmal den Ausdruck - getrieben worden ist ... man kann kaum hart genug werden, man kann kaum weit genug gehen in der Wahl eines Ausdrucks zur Verurtheilung einer solchen Malerei. (Sehr wahr!) Meine Herren, mir thut sogar leid, daß ich den Ausdruck 'Malerei' (sehr richtig!) auf dieses Werk, dem ich den Charakter eines Kunstwerks nur dann zuerkennen könnte, wenn jede Schmiererei (oh, bei den Sozialdemokraten) künftig dieses Namens würdig gefunden werden sollte (Heiterkeit) - ich sage, sogar den Ausdruck Malerei vermag ich auf dieses Werk nur mit äußerstem Widerstreben anzuwenden. Es ist zwar ein in heutiger Zeit viel genannter, auf mancher Seite hochgepriesener Künstlername, der als Feigenblatt vor diese Malerei gedeckt zu werden pflegt (Heiterkeit) ... ich muß sagen, sie ist auch an und für sich ein wahrer Spott und Hohn auf jedes ästhetische Gefühl und jeden geläuterten Geschmack. (Sehr richtig! rechts und in der Mitte) ... Ja, meine Herren, wenn wir so unser Reichstagsgebäude ausschmücken wollen, dann kommen wir viel billiger zu unserem Zwecke, wenn wir die Titelblätter der Zeitschrift Die Jugend sammeln und an unsere leeren Wände kleben (große Heiterkeit).«[34] In gleichem Stil äußerte sich Lieber zur provisorischen Hängung der Bilder.

Nicht ein einziger Abgeordneter ist aufge-

standen, um die Sache des Künstlers zu vertreten. Und das war es, was unter der Künstlerschaft in Deutschland so bitter gerügt wurde. Am nächsten Tag, sozusagen als Belohnung, wurde Lieber in die Ausschmückungskommission gewählt, wo er nun den Platz des Prinzen von Arenburg einnahm.

Am 3. März 1899 beschloß die Kommission, zu der Wallot (eingeladen) und Haeger (ohne Einladung) erschienen waren, Stuck aufzufordern, gewisse Teile des Bildes abzuändern, »welche Herr Geheimrath Dr. Wallot Herrn Stuck näher bezeichnen wird«.[35]

Die öffentliche Aufregung wurde indes immer heftiger. Die »Frankfurter Zeitung« mutmaßte am 7. März 1899, daß Wallot »zu Gunsten einer ganz besonderen Persönlichkeit hinausgedrängt werden [soll], und dazu soll die Bemängelung der Ausschmückung mitwirken ..., für den Reichstag selbst ist es auch kein Ruhmestitel, daß Niemand aufgestanden ist und der Kunst ein Wort geredet hat. Aber

warum da weiter viel Wesens machen? Die Geschichte paßt ja so sehr in unsere Zeit.« Auch die Münchener Künstler, allen voran Thiersch, regten sich und veröffentlichten einen Brief, der von Hans Eduard von Berlepsch-Valdenas, Joseph Bühlman, Ludwig Dill, Friedrich Kaulbach, Franz Lenbach, Gabriel von Seidl u. a. unterschrieben war. Am nächsten Tag schrieb Wallot an Thiersch: »Der ›offene‹ Brief ist famos, läßt an Deutlichkeit nicht zu wünschen übrig, und setzt auf einen groben Klotz einen entsprechenden Keil. Es war eine Erfrischung für mich, nach all der Salbaderei der letzten Tage, denselben zu lesen. ... Jedesmal, wenn ich aus meinem Thurm ... herunterluge, stehen vor dem Stuck'schen Fries eine ganze Zahl von Reichstagsabgeordneten u. ... finden alle ... die Malereien, insbesondere die Figuren, ganz abscheulich. Das seien Fratzen. Und der Reichstag brauche doch nur das zu nehmen, was ihm selbst gefalle: Ich erklärte ihm [Ballestrem/d.V.] darauf,

daß wenn der Reichstag so weit gehende Aenderungen, die gegen meine Ueberzeugungen gingen u. welche ich nicht vertreten könne, verlange, ich zurücktreten würde. Die Ausschmückungskommission soll nun noch einmal zusammentreten, um das Maaß der Abaenderungen festzustellen. Ich theile Dir dies alles mit, damit Du die Verhältnisse übersehen kannst - bitte Dich jedoch, die privatim mir geäußerten Ansichten des Präsidenten nicht bekannt zu geben u. mit mir auf die Beschlüsse der Commission respect. deren Fassung abwarten zu wollen.«[36]

Nicht nur die Münchener Künstler, auch die aus Wien, Berlin und besonders aus Dresden, wo Wallot inzwischen als Architekturprofessor wirkte, protestierten oder demonstrierten sogar; in Dresden feierten die Studenten Wallot mit einem Fackelzug, wobei Wallot das

Wort ergriff. Die ihm entgegengebrachten Ovationen und Demonstrationen seien »ein Protest gegen die Mißachtung, mit welcher hervorragenden Künstlern und auch mir im Reichstag begegnet werden ...«[37]

Gurlitt schrieb in der »Zukunft«: »Die Witze Liebers haben die Künstler sehr erregt, sie fühlen sich in Stuck beleidigt. Nicht etwa durch die Ablehnung: es ist die Art, wie der ganze Reichstag, wie namentlich sein Präsidium sich dazu verhielt. Lieber ist ein Mann, der sich mit künstlerischen Dingen sichtlich wenig beschäftigt hat. Solche 'Urtheile', wie er sie fällt, kann man in jeder Ausstellung hundertfach hören. Der Künstler muß sich daran gewöhnen, daß wer an der Straße baut, die Leute reden lassen muß ... Aber der Präsident des Reichstages sollte doch wohl ... erkennen ..., die 'Kritik' Liebers treffe nicht ein Kunst-

Foto des Reichstagsgebäudes von der Ostseite unmittelbar nach seiner Fertigstellung

werk, sondern beleidige die Künstler ...« Für Gurlitt war jedoch schlimmer, daß im Reichstag nicht ein Abgeordneter saß, der etwas Kunstverstand hatte. »Wir wissen, daß auch unsere Reichstagspräsidenten Politiker sind und daß in Deutschland die Politiker einen Beruf darin zu suchen scheinen, von Kunst so wenig wie möglich zu verstehen ... Obgleich ich nicht zu den unbedingten Verehrern Stucks gehöre, glaube ich doch, wenn Lieber und Stuck an einander gewogen werden, Stuck ganz erheblich schwerer befunden wird. Es kommt freilich auf die Waage an. Meine ist die der Zeit. Mit wem wird man sich in hundert Jahren mehr beschäftigen: mit Stuck oder mit Lieber? ... Wäre Stuck ein kleiner Bamter, so würde der Staatssekretär Graf Posadowsky gewiß für seine Pflicht gehalten haben, ihn zu vertheidigen ... Der Staat und seine Vertreter haben zwar den Grundsatz, daß die Kunst 'gefördert' werden müsse. Aber sie ist ihnen ein fremdes Reich, ein Gebiet, auf dem auch sie nicht heimisch sind. Da herrschen keine Verfügungen, da ist das Rechte nicht klar erkenntlich, da reicht das Bischen Geschäftskenntnis nicht aus ... Und diese Herren wollen dem deutschen Volk seinen Idealismus erhalten! ... Ach, Du meine Güte!«[38]

Der Streit hatte ganz neue Dimensionen erhalten. Während die mit dem Parlamentsbrauch Vertrauten ihn als Parteigezänk oder einen internen Streit um die Tätigkeit der Ausschmückungskommission betrachteten, pflegten Außenstehende ihn grundsätzlicher anzusehen. Bemerkenswert ist jedenfalls, daß sich Stuck zu keinerlei Äußerungen hinreißen ließ und kaum jemand danach fragte, was der Künstler von dem ganzen Vorgang hielt. Selbstverständlich fühlte er sich nicht genötigt, irgendwelche Korrekturen an dem Bild vorzunehmen.

Die Ausstellung eines Teils des in Künstlerkreisen zwar gerühmten, aber nicht bekannten Werks Ende Mai 1899 im Berliner Künstlerhaus hat Stuck in keiner Weise geholfen. »Man hatte etwas Aufregendes, Sensationelles erwartet und sieht jetzt die dekorative Malerei von geringer farbiger Wirkung vor sich,

in der das Persönliche, das mit dem Namen Stuck, sei es anziehend, sei es abschreckend, verbunden ist, fast völlig zurücktritt. Enttäuschung. Es kann danach keinem Zweifel mehr unterliegen, dass die Malereien Stuck's nur einen vollkommenen Vorwand geboten haben, um eine Aktion gegen Wallot hervorzurufen, und es kann nicht geleugnet werden dass die Gelegenheit gut gewählt war. Wallot's übertriebene Vorliebe für Wappen hat die ganze Sache zu Fall gebracht.«[39]

Als das Jahr zu Ende ging, war die Stuck-Affäre in der Öffentlichkeit fast vergessen. Hildebrand hatte nur Gipsmodelle angefertigt, die verschollen sind. Stucks Bilder wurden auf dem Boden des Reichstagsgebäudes verstaut, wo sie mindestens bis 1904 blieben. Angeblich sind Stucks Bilder 1904 auf der Weltausstellung in St. Louis (USA) ausgestellt worden.[40] Sie sollen auch in einer Ausstellung in Dresden 1912 gehängt haben,[41] angeblich sind sie für wenig Geld von einem Grafen Hatzfeld erworben worden.[42] Was auch immer mit ihnen geschehen ist, sie gelten als verschollen. Mit Beschluß der Reichstagsausschmückungskommission vom 15. Januar 1900 erhielt Stuck sein Rest-Honorar von 6.000 Mark überwiesen.[43]

WALLOTS RÜCKTRITT VON DER AUSSCHMÜCKUNG

Der weitere Verlauf dieser Angelegenheit ist am besten einer Depesche von Lerchenfeld an Crailsheim zu entnehmen, die er am Schluß der Verhandlungen und nach der Demission Wallots am 22. März 1899 schrieb: »Die Angelegenheit wäre mit dem von der Kommission gefaßten Beschluß, das Gemälde nicht anzubringen, formell erledigt gewesen, wenn Professor Wallot es nicht durchgesetzt hätte, daß die Kommission in der Sitzung vom 3. Mai 1898 nachträglich ihre Zustimmung gab, versuchsweise die eine Hälfte des Gemäldes an der Decke des Foyers des Reichstags-Präsidenten aufzukleben ... Was ich erwartet hatte, trat bei der zweiten Probe zu Tage: das Bild wirkte an Ort und Stelle im großen Ganzen noch ungünstiger als vorher. ... In der Sitzung der Kommission vom 13. 1.[laufenden] Mts. [März 1899] hat nun Professor Wallot versucht, die Kommission dafür zu gewinnen, daß auch die andere Hälfte des Stuck'schen Gemäldes an der Decke befestigt werde, die Stirnseiten des Foyers dem Gemälde entsprechend in Farben ausgestaltet werden und dann an Professor Stuck das Ersuchen gerichtet werde, an Ort und Stelle sein Werk in Augenschein zu nehmen und den Bedürfnissen des Raumes und den Wünschen der Kommission entsprechend zu gestalten. Professor Wallot begründete seinen Antrag damit, daß nur wenn man den Künstler vor sein ganzes Werk stelle und ihm den Gesammteindruck im fertiggestellten Raum gebe, der Künstler vielleicht bestimmt werden könnte, wesentliche Aenderungen vorzunehmen ... Aber die Kommission wollte von dem Vorschlag Wallot's nichts wissen und beschloß durch diesen, Professor Stuck [auszurichten, daß Änderungen ohne eine neue Probe erwünscht seien]. Professor Wallot bedauerte den Beschluß und erklärte, daß er mit dem Stuck'schen Bild stehe und falle, und daß der Professor Stuck unter diesen Umständen auf eine Aenderung nicht eingehen werde, er Wallot, voraussichtlich sein Amt als leitender Architekt am 1. April d. Js. niederlegen werde.«[44]

Am 20. März 1899 kam es im Reichstag erneut zu einer Debatte über den Konflikt, der mittlerweile den Charakter eines Parteienstreits angenommen hatte. Als erster sprach Cornelius Freiherr Heyl zu Herrnsheim, ein Nationalliberaler, gegen Lieber, der in seinen Augen in der Kritik zu weit gegangen war. Wenn ihm selbst das Bild auch nicht gefalle, so sei Stuck doch ein hervorragender Maler. Er meine, daß Liebers Kritik sich »in erster Linie gegen die Reichstagsbaukommission gewendet hat (sehr richtig, bei den Nationalliberalen), denn sie hat Herrn Wallot vorgeschrieben, die Künstler zu wählen ... Ich glaube ..., daß weder der Bundesrath noch der Reichstag einen bestimmten Geschmack vorschreiben können; ... und wenn irgend etwas auf dieser Erde frei ist, so ist es das künstleri-

sche und wissenschaftliche Ideal ... Ich möchte deshalb glauben, daß Sie dem Vorschlage des Herrn Abgeordneten Lieber nicht zustimmen können, den Herren Wallot von der Ausführung zu entfernen.«[45]

Darauf antwortete Lieber, daß er keineswegs einen Angriff auf die deutsche oder moderne Kunst gemacht habe, noch weniger auf die Personen der Künstler Wallot, Hildebrand oder Stuck, er habe sich sogar jedes Urteils über Stuck enthalten. »Ich weiß nichts von einem Angriff auf die deutsche Kunst, ich bin sogar heute noch gutgläubig genug, mir einzubilden, ich habe, um die hohe deutsche Kunst und die unbetheiligten deutschen Künstler vor bedenklichen Mißgriffen allerdings Betheiligter in Schutz zu nehmen, hier das Wort gegen einzelne künstlerische Leistungen ergriffen ... Ich habe auch keinen Antrag gestellt, Herrn Wallot zu beseitigen.« Allerdings sei das Vorgehen der Kommission nicht verständlich. Und in einem beispiellos arroganten Tonfall griff er Wallot an und kritisierte, daß dieser von einem »Angriff auf die deutsche Kunst« gesprochen habe: »Nachdem aber Herr Wallot das, was ich über Herrn Stuck und Herrn Hildebrand, einschließlich seiner Mitwirkung, dabei gesagt, öffentlich in Dresden als 'Angriff auf die deutsche Kunst' bezeichnet hat, muß ich doch auch mit Herren Wallot ein kleines Wörtchen reden. (Sehr gut! in der Mitte.)«[46]

Es war jedoch der konservative Hans Graf von Kanitz, der am meisten für Wallots Demission tat, als er auf eine Rede des Abgeordneten Kardorff erwiderte: »Herr von Kardorff sagte allerdings, er hielte es für angemessen, daß Herr Wallot mit der oberen Leitung 'bis zu Ende' betraut wurde. Bis zu Ende! Ja, meine Herren, das kann sehr lange sein; das kann noch 10, 20 Jahre und noch länger dauern. Ich bin durchaus dagegen ... ich bin der Meinung, ... so muß einmal mit dem Bauleiter abgerechnet werden.« Nur Freiherr von Heeremann ergriff das Wort für die Künstler; er war - wie er meinte - im »Zentrum« der »weiße Rabe«. Auch er fand die Kunstwerke für das Haus unpassend, man könne statt

Urnen »zwei Blechtöpfe« aufstellen, das Stucksche Bild fände auch nicht seine Zustimmung, aber das Gebäude und die Arbeit von Wallot müßten die Anerkennung erhalten, die sie verdienten. »Wir haben uns an die Größe und Weite gewöhnt, und im allgemeinen sind wir nicht in der Lage, unzufrieden zu sein. (Sehr richtig!) Ich erlaube mir, Ihnen zu sagen, daß, abgesehen von einigen Details, wir doch dem Herrn Wallot wohl Dank für dieses Werk schulden ... (sehr richtig!).«[47]

Doch Lieber mußte das letzte Wort haben. Auch er sei mit dem Hause zufrieden. »Aber gerade darum, weil wir uns an dem Bau im übrigen erfreut haben und auch ferner erfreuen wollen, gerade darum ist es auch meiner Meinung nach unerläßlich, sehr scharf darauf zu achten, daß es nicht nun in der Ausschmückung verunstaltet werde.«[48]

Wallot übergab am nächsten Tag Posadowsky und Ballestrem sein Demissionsschreiben, dessen Text nicht überliefert ist. Die Presse reagierte überwiegend ironisch, weder Lieber noch die anderen »Kunstkritiker« hatten sich Sympathien erworben.[49]

Lerchenfeld schrieb am 22. März an Crailsheim: »Ich kann diesen Entschluß Professor Wallot's, den er inzwischen ausgeführt hat, nur billigen. Denn wie in der letzten Kommissionssitzung deutlich zu Tage getreten ist, trägt er an dem Mißlingen des Stuck'schen Entwurfes ebensoviel Schuld, als an dem nicht gelungenen Entwurf der Wahlurnen Hildebrand's ... Ich betrachte aber sein Ausscheiden aus der Bauleitung überhaupt nicht als einen Verlust und erwarte davon für die Ausschmückungsarbeiten eher einen Gewinn. Diese Ansicht theilt nicht nur die Mehrheit der Kommission, sondern auch die bauleitende Behörde, das Reichsamt des Innern. Das Können Professor Wallot's liegt meines Erachtens mehr auf dem rein architektonischen Gebiete. Als Architekt hat er bei dem Reichstagsbau Großes geleistet. Als Dekorateur besitzt er aber bei großen Kenntnissen und einer bedeutenden Schaffenskraft nicht das erforderliche Maß und den sicheren Geschmack. Der Reichstagsbau würde in seiner äußeren und inneren Erscheinung durch seine klaren vornehmen Verhältnisse ganz anders wirken, wenn er nicht außen und innen durch Ornamente von sehr verschiedenem Werthe überladen wäre. Daß Professor Wallot durch seine Vorliebe für heraldische Embleme aller Art, die zudem fast ausnahmslos heraldisch inkorrekt sind, sein Werk beeinträchtigt hat, darüber besteht nur eine Meinung. Daneben spricht gegen seine weitere Amtsführung, daß Herr Wallot sich keiner anderen Autorität unterordnen will. Er hat sich dank der Nachgiebigkeit der früheren Parlamentsbaukommission daran gewöhnt, alles allein zu bestimmen und hat dabei arge Fehlgriffe gemacht, die die neue Kommission schon gleich nach ihrer Einsetzung bestimmt haben, den Beschluß zu fassen, daß in allen künftig mit einzelnen Künstlern abzuschließenden Verträgen die Vorlage von Modellen oder Skizzen vorgesehen wurde, ohne deren Genehmigung durch die Kommission mit der Ausführung nicht begonnen werden darf. Endlich ist Professor Wallot seit seiner Uebersiedlung nach Dresden wenig in Berlin gewesen und sind demzufolge eine Reihe gerade sehr nöthiger Werke ins Stocken gerathen ...«.[50]

Wie Wallot die ganze Angelegenheit betrachtete, zeigt sein Brief vom 10. Juni 1899 an Friedrich Bluntschli: »Nach all den Ärgernissen der letzten Wochen sitze ich wieder einmal hier im Reichstagsgebäude, welches ich, wie ich dir geschrieben habe, verlasse. Nicht so sehr die Angriffe von Lieber u. Graf Kanitz, als die Art des niederträchtigen Auftretens des Grafen von Posadowsky veranlassten mich zu meinem Rücktritt. Es freut mich übrigens, dass zum Wenigsten der Präsident Graf von Ballestrem - lauter Grafen! - das Bedürfnis fühlte, mir gegenüber eine liebenswürdige Form zu finden - er gibt mir zu Ehren heute Abend ein Essen, zu welchem Mitglieder der Regierung u. des Reichstages Einladungen erhalten haben u. dies ist auch der Grund meines Hierseins.«[51] Kurz darauf fuhr Wallot nach San Francisco, um als Preisrichter für einen Universitätsbau zu fungieren - fernab der unerquicklichen Reichstags-Bau-Querelen.

Nach Wallots Demission im März 1899 machte die Ausschmückungskommission den Versuch, die Arbeit ohne dessen Gestaltungswillen fortzusetzen. Zunächst wurden der Architekt Adolf Heyden und der Kunsthistoriker und Museumsdirektor Wolfgang von Oettingen als Beiräte verpflichtet. Die Folge dieser Umstellung war, daß es der Kommission nicht gelingen konnte, weitere Dekorationen des Hauses nach einem einheitlichen Konzept durchzuführen.

Solange die Verantwortung bei Wallot gelegen hatte, war - mit wenigen Abstrichen - die künstlerische Ausschmückung, wenn nicht befriedigend, so doch wenigstens einheitlich erfolgt. Wallot verfuhr nach einem größeren Plan, und zu seinem Glück konnte er diesen zum größten Teil schon vor 1900 abschließen. Nun war er von konkurrierenden Gefühlen bewegt. Verachtung und Stolz mag er empfunden haben; mit solchen Menschen wolle man nichts zu tun haben. Andererseits war der Reichstag immer noch das »eigene« Kind, für das man Verantwortung trägt. Wallot blieb daher nicht unzugänglich, aber erst um 1910 erbat der Direktor beim Reichstag Jungheim - und das mehrere Male bis zu Wallots Tode im Jahre 1912 - dessen Rat.[52]

Nach Wallots Demission flammte die allgemeine Diskussion wieder auf, wobei es sich - mit zunehmender zeitlicher Entfernung - immer weniger um Wallot, Stuck, Hildebrand, die Urnen und die Bilder handelte, sondern um die Stellung der Künste im kaiserlichen Deutschland überhaupt. Bedeutende Zeitungen haben sich nicht gescheut, lange Leitartikel zu veröffentlichen, vor allem die »Frankfurter Zeitung« und die »National-Zeitung«, beides Blätter des politischen Liberalismus. Für letztere war am 26. März 1899 klar: »Seit Jahren geht durch die Kunstgenossenschaft ... ein tiefer Riß ... Nicht das Publikum und die Kritik, die Künstler selbst sind die lautesten Rufer im Streit. Von ihnen gehen die gegenseitigen Verunglimpfungen und Verurteilungen in Rede und Schrift aus, die natürlich ihres Eindrucks auf das Publikum um so sicherer sind, je kraftvoller sie ausfallen ... Die Künst-

ler, welche keinen Beifall finden, pflegen zwar zu erklären, daß dem Publikum kein Urtheil über Kunstwerke zuständе ... aber sie appeliren doch trotzdem beständig an unsern Ungeschmack und unsere Unvernunft, sie bewerben sich um alle Aufträge, die irgend ein Mäcenas, eine staatliche Behörde, eine städtische Korporation oder eine Gesellschaft stellt.« Wer also entscheidet über die Kunst und deren Wert?[53]

Es blieb dem in Paris lebenden ungarischen Arzt und Kritiker Max Nordau vorbehalten, die Volksvertretung in einem langen Aufsatz in der Juni-Ausgabe der »Deutschen Revue« von 1899 in Schutz zu nehmen: »Für das Kunstschöne giebt es kein anderes Maß als das innere Gefühl ... Der deutsche Reichstag war in dem gegebenen Falle nicht ein beliebiger 'Jedermann', dem das Recht der freien Meinungsäußerung über künstlerische Fragen selbstverständlich zusteht ... Er war der Besteller des strittigen Kunstwerks; er sollte es nicht aus der eignen Tasche, sondern aus der des deutschen Volkes bezahlen, dem er für die Verwendung seiner sauren Steuergroschen sittlich verantwortlich ist. ... Unsere planetarische Welt ist leider nicht so ideal vollkommen eingerichtet, daß der göttergleiche Künstler das Recht des Schaffens und Verachtens, der Racker von Käufer nur die Pflicht des Bezahlens und Mundhaltens hat ... der Kritiker, der den Künstler lobt, ist für ihn ohne Zweifel ein Fachmann. Der Kritiker, der ihn tadelt, kennzeichnet sich unbestreitbar als Banause und steht geistig beinahe so tief wie ein gemeiner Reichstagsabgeordneter.«[54]

Zwischen 1900 und 1908 wechselte die Reichstagsausschmückungskommission mehrere Male ihre Mitglieder aus, wobei nicht alle Fälle lückenlos zu verzeichnen sind. Am 15. Januar 1900 bestand sie aus den Reichstagsmitgliedern Lieber, Singer, Frege-Weltzien, Vizepräsident Schmidt, Kardorff, Heeremann von Zuydwyck, Geheimrat Möller, Oechelhäuser, vom Bundesrat Lerchenfeld und Varnbüler sowie Heyden, von Oettingen und Unterstaatssekretär Dr. Hopf. Sie behandelte viele Eingaben und beschloß, keine Werke zur

Ausführung zu bringen.[55] Am 17. November 1900 beauftragte sie den Maler Friedrich Ernst Wolfrom mit Historienbildern für den Bundesratssaal.[56] Anfang 1901 wurden der Generaldirektor der Königlichen Museen Richard Schoene und der Maler Graf Harrach hinzugewählt.[57] Malereien von Rafael Schuster-Woldan[58] und Hermen von Wilhelm von Rümann wurden bestellt.[59] 1902 wurde entschieden, daß der Bildhauer Johannes Pfuhl ein Standbild von Kaiser Wilhelm I. für die Kuppelhalle zu entwerfen und anzufertigen habe.[60] 1905 kam es zu einer Auswechslung in der Kommission; wir wissen von der Wahl - an Stelle des Unterstaatssekretärs Dr. Hopf - eines Direktors im Reichsamt des Innern, Dr. Richter[61] und von dessen Ablösung durch einen Herrn Just.[62]

Bis 1908 erledigte die Ausschmückungskommission ihre Arbeit, wenn schon nicht mit Glanz, so doch auf jeden Fall ordentlich.

DIE »AFFÄRE JANK« 1908

Das größte Problem bei der Ausgestaltung des Gebäudes waren nach wie vor die Bilder für den Plenarsaal. Es war Wallots Absicht, die drei großen Felder an der Wand hinter der Präsidiumstribüne mit drei enormen Historienbildern auszufüllen. Das Mittelfeld maß 9 x 5 m, also 45 m², die zwei großen Seitenfelder jeweils 22 m² Von Wallot existieren Skizzen, wonach es sich um Szenen aus der allgemeinen bzw. der Parlamentsgeschichte des Deutschen Reiches handeln sollte, und er dachte dabei speziell an Anton von Werner als Künstler, mit dem er dazu bereits im Juli 1895 korrespondiert hatte. Dieser sollte für das mittlere Feld ein Bild von der Ausrufung des Deutschen Reiches im Jahre 1871 in Versailles schaffen - für das linke Feld ein kleineres Bild von der Grundsteinlegung und für das rechte ein ebenso dimensioniertes von der Schlußsteinlegung. Werner hatte wohl bereits Skizzen angefertigt, berichtete aber Jahre später, daß die Angelegenheit damals »im Sande verlaufen« sei. Er erklärte dies mit der Anti-Bismarck-Stimmung im Reichstag, der bereits

zum 1. April 1895 eine Beglückwünschung zu dessen 80. Geburtstag verweigerte: »Es erschien nicht opportun, in den Reichstagssitzungssaal Bilder aufzunehmen, auf welchen der erste Reichskanzler als unvermeidliche Hauptfigur ... figuriert haben würde.«[63]

So blieb das Problem etwa sechs Jahre lang ungelöst, bis am 16. Februar 1903 beschlossen wurde, einen beschränkten Wettbewerb für die Bilder auszuschreiben.[64] Daran nahmen der Sezessionist Angelo Jank, Arthur Kampf, Wilhelm Pape, Woldemar Friedrich und Hugo Vogel teil.[65] Die Ausschmückungskommission legte die Themen fest: für das Mittelfeld die Siegesfeier bei Sedan am 2. September 1870, für das linke Feld der Reichstag zu Paderborn aus dem Jahre 777, für das rechte die Unterwerfung der Vertreter der lombardischen Städte unter Friedrich Barbarossa - Reichstag auf den Ronkalischen Feldern - im Jahre 1158.[66] Nicht bekannt ist, wer die Maler ausgesucht hat. Wir wissen nur, daß die Entwürfe 1904 im sogenannten Kuppelraum der Wandelhalle ausgestellt wurden; die Reichstagsausschmückungskommission sollte in Bälde den Sieger bestimmen.[67] Doch erst Ende Juli 1905 stand mit Angelo Jank der Gewinner fest.[68] Im Sommer 1907 hieß es, die Bilder gehen ihrer Vollendung entgegen.[69] Am 1. Oktober 1908 waren die Bilder fertig.[70] Im November wurden sie an den vorgesehenen Stellen angebracht; ab dann wurden sie von Reichstagmitgliedern aller Fraktionen aus verschiedenen Gründen bekämpft und Anfang 1909 wieder abgehängt.

Zwei Aspekte waren es, die zu Kontroversen geführt hatten: Zum einen die nichtparlamentarischen Themen, zum anderen das große Bild der Sedanschlacht. Gustav Stresemann war der Auffassung, daß keine Schlachtszene in den Reichstagsplensarsaal gehöre, sondern eine Darstellung des Paulskirchenparlaments: »Wenn dabei aber ... die Frage erhoben wird, ob einem anderen Künstler dasselbe Thema gestellt werden solle, dann möchte ich dafür plädieren, daß unter den zu wählenden Bildern der künstlerischen Darstellung ein solches der Paulskirche in Frankfurt a. M. nicht fehle.«[71] Doch als die Gemälde im Plenarsaal gehängt

Brandenburger Tor und Reichstag um 1896

wurden, veröffentlichte die »Berliner Morgenpost« eine Beschreibung aller drei Werke. Die französische Zeitung »Le Journal« druckte den Aufsatz der Morgenpost am 29. November 1908 nach und empörte sich über die gewollte oder ungewollte Beleidigung Frankreichs, die diesem großen Lande durch die Ausschmückungskommission widerfahren sei: Auf dem Sedanbild zog Kaiser Wilhelms Pferd die französische Trikolore in den Staub. Nachprüfbar ist dies heute kaum noch, da bisher keine Abbildungen der Bilder gefunden wurden.[72]

Einen Tag später lag ein gedrucktes Pamphlet - eine »dokumentarische Offenbarung der Kunstbarbarei«[73] - des Regensburger Bibliothekars und Reichstagsabgeordneten Dr.

Maximilian Pfeiffer auf den Sitzen der Abgeordneten und Journalisten. Auch Pfeiffer war gegen die Anbringung dieser Bilder im Sitzungssaal, aber aus ganz anderen Gründen: Die Bilder hätten »keine freudigen Gefühle ausgelöst«, auch wäre es besser gewesen, »Momente aus der Geschichte des deutschen Parlaments« zu wählen. Vor allem bemängelte er, daß die Bilder inakkurat gemalt seien. Das Hauptgemälde zeige »von der Siegesstimmung an diesem Tage nicht das geringste. Die Figur des alten Kaisers wie der Kreis seiner Paladine ist nicht von jener inneren Hoheit getragen, die nach außen sich widerspiegeln muß ... ein düsterer Himmel hängt drohend herab ... die Mäntel der Soldaten und der Mantel des Kaisers, dessen Kragen, welcher an

Winterwetter erinnert, sind absolut unhistorisch und kürzen so eine leicht erreichbar gewesene farbenfreudige Stimmung. Auffallend auf dem Gemälde ist die doppelte Windrichtung, die sich dadurch andeutet, daß die Fahnen von rechts nach links flattern, der Rauch des in der Mitte brennenden Gehöftes aber von links nach rechts weht ... Das linke Bein des links herbeilaufenden bayerischen Infanteristen ist direkt verzeichnet. Der Mann scheint mit diesem Bein in einen photographischen Entwickler geraten zu sein.«[74]

Der sich ausweitende Streit war für die Gemälde, den Künstler, aber auch für den Reichstag in keiner Weise schmeichelhaft. Der eine sprach sich gegen das Werk aus, weil es entweder schlecht gemalt war oder die Franzosen geärgert hatte oder aber die Abhaltung von internationalen Konferenzen im Sitzungssaal unmöglich machte, der andere plädierte dagegen ebenso heftig für das Werk, weil es ihm gleichgültig war, ob es gut oder schlecht gemalt sei, Hauptsache, es beleidige die Franzosen und im übrigen sei das Reichstagsgebäude nicht da, um darin internationale Konferenzen abzuhalten. Die Zeitungen und Witzblätter hatten wieder einmal ihren Stoff. In der kaisertreuen »Post« findet sich eine Verteidigung des Werkes: »Pfeiffer läuft Sturm gegen die Bilder Angelo Janks. Das ist jedermanns gutes Recht, aber wie er das tut, mit welcher unsäglich schulmeisterlichen Beckmesserei, mit welcher philiströsen Unkunst und philologischen Kleinkrämerei, das löst Bedauern aus bei jedem ... Die Mäntelkrägen sind nicht richtig. Man denke, die Bischofsstäbe sind falsch gezeichnet! ... Herrgott, wird Angelo Jank lachen, wenn er dieses Meisterwerk liest, und Spaß muß schließlich sein, Genug damit!«[75]

Zu Pfeiffer gesellte sich der bereits in der Auseinandersetzung um Dills Wartburgbild erwähnte Abgeordnete Arendt, der mehrere Briefe und Aufsätze an Zeitungen schrieb. Friedrich Dernburg, jahrelang Mitglied der nationalliberalen Fraktion und Zeitungsredakteur, beschrieb die Gründe, weshalb man sich gegen die Sujets der Bilder gewandt hatte:

»Die Frage erhebt sich, ob es angemessen war, in den Mittelpunkt der deutschen Volksvertretung ein solches Schlachtbild zu stellen.

Diese Frage ist entschieden zu verneinen ... Von höfisch-militärischer Seite wurde der Schlachttag von Sedan als eine spezielle Huldigung für Kaiser Wilhelm und das Heer empfohlen und durchgesetzt. Die Wahl fand keineswegs allgemein Beifall, namentlich nicht bei den Mitgliedern des ersten Reichstages und speziell der nationalliberalen Fraktion ... Man fügte sich der vollzogenen Tatsache der Anordnung, aus Pietät gegen den alten Kaiser unterließ man einen lauten Widerspruch.« Dernburg führte als weiteren Grund an: »Der Reichstag hat in anerkennenswerter Weise seine Räume bis jetzt den internationalen Vereinigungen, die in Berlin tagten, zur Verfügung gestellt. Das Tagen dieser internationalen Kongresse, in denen namentlich Berlin im verflossenen Sommer ausgezeichnet wurde, konnte als ein Zeichen gelten für das Zurücktreten ablehnender und feindlicher Gesinnung bei unseren Nachbarn ... Es ist eine eigenartige Durchsetzung dieser ... Bestimmungen, daß man den Saal ... nun in einer Weise ausschmückt, die es ausschließt, ihn zu internationalen Zwecken künftig zu verwenden.«[76]

Daraufhin antwortete die »Kreuzzeitung« am 4. Dezember, daß »der Reichstagssaal nicht für internationale Zwecke erbaut worden ist, und daß es jämmerliche Schwäche wäre, wenn Deutschland... auf die Verherrlichung seines größten Tages im Reichstagssaal verzichten wollte, nur um französischen Kongressteilnehmern traurige Erinnerungen fernzuhalten. Es fehlt nicht viel, und man verlangt die Entfernung der Siegessäule, des Bismarck- und des Moltkedenkmals aus der Nähe des Reichstages!«[77]

Anton von Werners langer Brief erschien und machte aus der Affäre eine Auseinandersetzung zwischen den Kaisertreuen und den Sezessionisten. Aus Unkenntnis darüber, daß Wallot bereits 1895 mit Werner in Verhandlungen gestanden hatte, bezichtigte die »Jugend« Werner des Futterneides: »Jedem gibt es einen Herzklaps, schöpft ein anderer ab den

Most. Mancher trinkt in seinem Schmerz Schnaps, mancher schimpft dann 'in der Post'.«[78]

Zwei Zeitschriften haben auch die juristischen Aspekte des Problems behandelt. Die »Werkstatt der Kunst« kam zu dem Schluß, daß dem Künstler sein volles Honorar zustehe, ein Professor Dr. Allfeld aus Erlangen meinte darüber hinaus, daß der Künstler auch ein Recht auf die Hängung seiner Bilder am vereinbarten Ort habe.[79] Dennoch beschloß die Reichstags-Ausschmückungskommission Anfang 1909, die Bilder aus dem Sitzungssaal zu entfernen. Wert wurde auf die »Feststellung« gelegt, daß dies nicht geschehen sei, um die Gefühle der Franzosen zu schonen - »So weit sind wir denn doch noch nicht gekommen, daß wir 38 Jahre nach der Reichsgründung bereits dem Winke französischer Tribünenbesucher folgen und Wandbilder aus dem Reichstag deshalb entfernen müßten, weil es das Gefühl französischer Besucher verletzen könnte, wenn als Gegenstand eines bildnerischen Schmucks eine Episode jenes Tages gewählt wurde, dem wir die Gründung des Deutschen Reiches mit verdanken -, sondern allein aus Gründen der Genauigkeit.«[80] Die Gemälde sind später in den Sitzungssaal des Hauptausschusses gekommen, wo sie bis nach dem Reichstagsbrand hingen.[81]

Ein elsässischer Abgeordneter im Reichstag, Emile Wetterlé, verstand es - wie er 1918 in einem Buch schrieb - als eine doppelte Beleidigung Frankreichs, daß der Reichskanzler Bethmann Hollweg 1914 gerade in dem auf solche Weise dekorierten Raum die Zustimmung des Haushaltsausschusses für die Kriegskredite erhielt.[82]

Das Reichstagsgebäude
und seine Umgebung 1894-1920
Der Königsplatz

Auch ein Bauwerk aus Stein und Eisen ist organisch in dem Sinne, daß es sich im Laufe der Zeit verändert, wächst und verfällt, sei es durch natürliche Kräfte oder Menschenhand. Selbst wenn es in seiner Substanz unverändert bleibt, kann eine Veränderung des Umfeldes zu einer Modifikation seiner Wirkung und Symbolik beitragen.

Noch bevor das Reichstagsgebäude fertig war, sollte ihm mit der Umgestaltung des Königsplatzes ein passender Rahmen gegeben werden. Als erster versuchte es Wallot selbst,

Reichstag und Bismarckdenkmal 1904

Der Ausbruch des Ersten Weltkriegs am 1. August 1914

den die disharmonischen Proportionen von Bau und Platz störten. Die 11 Hektar des Königsplatzes sollten in kleinere Flächen gegliedert werden, so daß das Reichstagsgebäude eine Dominanz gegenüber der - ursprünglich eintönigen - Weite des Platzes erhalten würde. »Diese Umgestaltung, eine gebieterische Nothwendigkeit, liegt nun naturgemäß niemand mehr am Herzen als dem Meister Wallot, Schöpfer des Hauses.«[1] Das Areal nördlich und südlich der Siegessäule sollte mit Arkaden, die durch Pavillons abgeschlossen waren, bebaut werden.

Im Vergleich zu anderen bedeutenden europäischen Plätzen, wie dem Place de la Concorde in Paris und dem Petersplatz in Rom, schnitt der Königsplatz schlecht ab. Mit einer Entfernung von 440 m zwischen Reichstagsgebäude und Kroll-Oper lag das Verhält-

nis zwischen Fläche und Umbauung außerhalb menschlicher Maßstäbe zur ästhetischen Erfassung eines Platzes. Das Verhältnis der Höhendominante zur Platzlänge betrug beim Königsplatz, bezogen auf die hinter der Bauflucht liegende Kuppel, 1:5,88; zur Höhe der Fassade war es noch ungünstiger. Für den Markusplatz in Venedig beträgt das Verhältnis 1:1,40, für die Pariser Plätze Place Vendôme 1:1,64 und für den Place Charles de Gaulle 1:2,40, für den Rathausplatz in Le Havre 1:3,08, schließlich für den Schloßplatz in St. Petersburg 1:2,69 und für den Platz der Dekabristen 1:3,95. Aus umfangreichen Erhebungen »geht hervor, daß sich ein gutes Höhenverhältnis zwischen einem vertikalen Akzent und der Fläche (größten Breite) des umgebenden Platzes zwischen 1:1,4 und 1:3,5 bewegen kann. Wenn man jedoch die Be-

hauptung des Architekten Maertens berücksichtigt, daß der optimale Blickwinkel 27° beträgt, so werden diese Verhältnisse annähernd 1:2 betragen«.[2] Maertens hatte diese Zusammenhänge, bekannt seit der Antike, eingehend untersucht und 1877 veröffentlicht.[3]

Im detaillierten Vergleich mit dem Ensemble Petersplatz-Petersdom in Rom stellte ein zeitgenössischer Betrachter fest: »Dabei sind die Säulen der ... Säulenhalle ... etwa 16 m hoch. Die Höhe vom Boden bis Gebälk-Oberkante beträgt 24 m, die Höhe der Spitze der Laterne über dem Boden 70 m; dagegen ist z. B. die Entfernung von der Säulenstellung der Peterskirche bis zur Schlußlinie etwa 29,60 m, die der Vorderfassade über dem Erdboden etwa 44 m, die Spitze der Kuppel liegt etwa 130 m über dem Pflaster des St. Petersplatzes.

Das sind doch ungleich andere Verhältnisse, auf die man besonders hingeleitet wird, wenn man erfährt, daß die Höhe der Säulen der berninischen Kolonnaden etwa der Höhe der Säulen des Reichstags entspricht. Also bei einer nahezu um die Hälfte geringeren Entfernung beinahe um die Hälfte grössere Verhältnisse! Da begreift man, woher die überwältigende Wirkung der St. Peterskirche in Rom kommt und daß es sich als eine künstlerische Notwendigkeit herausstellt, den Königsplatz umzuwandeln, um die Verhältnisse so günstig zu gestalten als sie sich unter den gegebenen Umständen gestalten lassen.«[4]

Nun konnte Wallot an den Proportionen seines Reichstagsgebäudes und den Abständen der den Platz begrenzenden Bauwerke nicht viel ändern, dennoch mußte er die Mißver-

*Gottesdienst
vor dem Reichstag am
2. August 1914*

hältnisse des Königsplatzes optisch mildern. »Der springende Punkt desselben ist, daß der Künstler, um die ungewöhnlichen Grössenverhältnisse zu beherrschen, in den großen maaßlosen Platz einen kleineren Platz von leicht zu übersehenden Abmessungen legte, sodass der kleine Platz einen Maßstab für den grossen bildet.«[5] »Er ist«, wie Wallot selbst schrieb, »durch Bildwerke, welche durch Balustraden unter sich verbunden sind, vom übrigen Platz abgeschlossen, ohne aufzuhören, einen Theil desselben zu bilden ... Die Springbrunnen sind in Form massiger Aufbauten der Sieges-Säule näher gerückt; denn es ist nicht gut, daß diese Säule allein stehe und die Blicke ausschliesslich auf sich lenke ... Gebüsche, welche immerhin eine Höhe von 2 - 3 m erreichen können, und welche die Gärtner mit Vorliebe zur Anwendung bringen, zerstören die 'Platzwirkung' vollständig. Sie machen jeden Durchblick in erheblicherem Maasse unmöglich, als dies selbst Bäume zu thun imstande sein würden. Sie verhindern im Sommer den Durchzug frischer Luft, ohne Schatten zu spenden.«[6]

»Der Bär« sah die Sache anders: »Die Verwirklichung des Plans wäre nur denkbar, wenn der Königsplatz gegenwärtig noch kahl und öde daliegen würde. Daß die schönen Bäume und Boskets, die denselben jetzt schmücken, völlig kassiert werden, halten wir für unmöglich; jedenfalls würde eine solche radikale Umwandlung mit Recht den Unwillen der weitesten Kreise des Berliner Publikums erregen. Bisher stehen denn auch Publikum und Presse dem Wallotschen Entwurf entschieden ablehnend gegenüber.«[7] Der Verein Deutscher Gartenkünstler hatte für das Jahr 1894/95 einen Wettbewerb für die gärtnerische Umgestaltung des Königsplatzes ausgeschrieben, den er als »dringend geboten« bezeichnete.

Über Wallots Entwurf schrieb der Verein: »Ob aber das Wallot'sche Project die richtige Lösung ist, muß stark bezweifelt werden. Machen sich doch sogar in hohen Architektenkreisen bereits Stimmen, und mit Recht, geltend, daß mit der Beseitigung der Bäume auf dem Platz sehr überlegt vorgegangen werden muß ...«.[8]

Nicht alle Planungsansätze blieben so auf dem Papier. 1901 wurde vor dem Reichstag ein großes Denkmal zum Andenken an Bismarck eingeweiht. Vorausgegangen war dem eine jahrelange Diskussion über beinahe alle Aspekte eines Denkmals. Als die Idee anläßlich Bismarcks 80. Geburtstag geboren wurde - nicht überraschend für ein Zeitalter, in dem man für alles und alle Denkmäler setzte -, konnte nichts entschieden werden, solange nicht ein Denkmal für Wilhelm I. vollendet sein würde; dies war nun zum 100. Geburtstag des Kaisers im März 1897 geplant. Gleich danach debattierte man ausführlich - immer nach gebührender Erörterung in den Zeitungen und im Parlament -, wo das Denkmal errichtet werden sollte: natürlich vor dem Reichstag. Daraufhin diskutierte und entschied man die genaue Stelle - die Westseite -, die Entfernung von der Gebäudefront, die Materialien, die Höhe, ob Bismarck einen bürgerlichen Rock oder eine Militäruniform tragen solle, stehend oder sitzend - reiten war Herrschern vorbehalten, sitzen eher für Akademiker und Philosophen üblich -, ob er einen Hut auf den Kopf oder in der Hand tragen solle. Erst als dies alles abgesegnet war, wurde ein Wettbewerb ausgelobt, den Reinhold Begas gewann.[9]

Andere Gestaltungsideen für den Platz wurden in einem Wettbewerb um Grundpläne für die Bebauung Großberlins entwickelt, der im Oktober 1908 ausgeschrieben und bis zum 15. Mai 1909 befristet war. 1910 wurden die Entwürfe veröffentlicht. Ziel des Wettbewerbs war es, »eine einheitliche großzügige Lösung zu finden, sowohl für die Forderungen des Verkehrs als für diejenigen der Schönheit, Volksgesundheit und Wirtschaftlichkeit, ohne Aufstellung eines vollständigen Bebauungsplans«.[10] Die Teilnehmer mußten Pläne für das ganze Areal liefern. In der aus 21 Personen bestehenden Jury saßen u. a. die Architekten Karl Hinckeldeyn, Josef Brix, Ludwig Hoffmann, Walter Kyllmann, Heinrich Seeling und Paul Schultze-Naumburg.

Die geringe Beteiligung läßt die Schwierigkeit der Aufgabe erahnen, es gingen trotz der Preisgelder von 10.000 bis 30.000 Mark nur zwölf Entwürfe ein. Dennoch ist interessant, daß viele davon den Königsplatz im Detail behandelt haben. Im wesentlichen lehnten sich die Lösungen an Wallots Vorstellungen und die Überlegungen der »Deutschen Bauzeitung« an.

Nicht erst seit heute gibt es Wettbewerbe, aus denen wenig Handfestes hervorgeht; auch 1909 hatte der Wettbewerb keine Folgen - die folgten erst 25 Jahre später, als die Idee einer Ringstraße um Berlin von Albert Speers Planern aufgegriffen wurde: der Berliner Autobahnring.

Ein weiterer Wettbewerb - 1912 für ein Opernhaus anstelle des Krollschen Etablissements - endete mit dem Triumph Otto Marchs, der Erste Weltkrieg aber verhinderte die Ausführung, die - in Berlin schon lange typisch - nicht von March, sondern von Ludwig Hoffmann hätte ausgeführt werden müssen.

Weitere Pläne für den Königsplatz, der ein Tummelplatz für Planer bleiben sollte, sind sogar noch im Ersten Weltkrieg und kurz danach entwickelt worden. So im Jahre 1917 von Stadtbaurat Martin Mächler, der vom Humboldthafen nördlich des Reichstages bis hin zum Potsdamer Bahnhof eine Nord-Süd-Achse am Reichstagsgebäude vorbei vorschlug, um eine Verkehrsverbindung zwischen diesen beiden Gebieten zu schaffen. Otto Kohtz legte 1920 einen recht obskuren Plan vor, der ein abgestuftes Pyramidenhochhaus als Lösung für die Wohnungsnot vorsah. Kohtz' Plan war wohl als Provokation gedacht, denn es gab zahlreiche andere Standorte, wo solch eine Dominante Sinn gehabt hätte. Es ist nicht bekannt, daß irgendeine Behörde sich ernsthaft mit diesem Gedanken auseinandergesetzt hätte.

Ereignisse auf dem Königsplatz und im Reichstag

Die beiden Jahrzehnte von 1900 bis 1920 waren prägend für den Reichstag und seine Um-

gebung, markiert doch diese Zeit einen Sinneswandel von »kaiserlich-königlich« zu »republikanisch-demokratisch«. Das war zweifellos ein positiver Aspekt. Dennoch muß man die Haltung weiter Kreise des deutschen Volkes zum Reichstag und seinen Abgeordneten eher als ambivalent einschätzen. Viele assoziierten mit diesem »republikanisch-demokratisch« auch den Hang zur Schwatzhaftigkeit und zur Zeitvergeudung. Das Infragestellen von Obrigkeiten und das Debattieren darüber kam vor allem weiten Kreisen des Kleinbürgertums einem Sakrileg gleich.

Bei Kriegsbeginn wurde dem Reichstagsgebäude übel mitgespielt: 1914 richtete sich in den Räumen des Parlaments das Pressebüro der Obersten Heeresleitung (OHL) ein, so daß alle Meldungen, die den Krieg betrafen, von dort ausgingen; für das Image des Gebäudes in der Tat eine niederträchtige Assoziation. Egal, ob es eine Niederlage, die Verknappung oder Verteuerung von Lebensmitteln war, die Botschaft ging vom Reichstagsgebäude aus. Und in der landläufigen Vorstellung ist noch immer der Überbringer einer schlimmen Nachricht so etwas wie der Verursacher derselben. Dennoch ist unklar, was in der öffentlichen Meinung den Wandel des Reichstags vom demokratischen Parlament zum Inbegriff des Verhaßten bewirkte; wir begnügen uns zunächst mit einer Aufzählung von Ereignissen, geplanten und unvorhergesehenen, in der Hoffnung, in ihnen Erklärungen für den Strukturwandel zu entdecken.

Im Vormärz fanden auf dem »Exerzierplatz vor dem Brandenburger Thore« mitunter Feierlichkeiten statt, es gab zuweilen auch Randale. Die gesitteten, gebildeten Stände besuchten ab 1847 das Palais Raczynski, die weniger gebildeten suchten Erholung bei Kroll und Unterhaltung mit den Damen des ältesten Gewerbes der Welt, die dort zu finden waren. Nach der Fertigstellung der Siegessäule 1873 fand hier alljährlich zum 2. September die Sedanfeier statt; sonst hatte der Platz keinerlei symbolische oder gesellschaftliche Bedeutung. Und während des Baues des Reichstagsgebäudes herrschte provinzielle Ruhe.[11]

Die große Massenkundgebung am Bismarck-Denkmal in Berlin am 10. 11. 1918.

Zensiert
Paul Hoffmann & Co.
Berlin-Schöneberg.

1962.

Mit der Einweihung des von Reinhold Begas entworfenen Bismarck-Denkmals vor dem Reichstag am 16. Juni 1901, später der Enthüllung der Denkmäler für Moltke - vor Kroll - und für Roon am Kleinen Königs- bzw. Alsenplatz 1904 geriet der Platz ohnehin eher preußisch-militärisch als parlamentarisch-demokratisch; nun hatte er sein »heroisches Mobiliar« weg.[12] Außer einem Volkslauf zur Siegessäule 1908 geschah in der Folgezeit hier kaum etwas Erwähnenswertes.[13]

Langsam jedoch begann das Reichstagsgebäude zu »wirken«. Nicht nur, daß drinnen Journalistenabende und Fotografieausstellungen stattfanden, es gab viele, die meinten, hier, nicht vor dem Schloß, und sonst nirgends, könne man für das, was man erkämpfen wollte, demonstrieren; man wollte den Abgeordneten (aber nicht nur denen) zeigen,

Kundgebung vor dem Bismarckdenkmal

wer man war und was man dachte, wenn gewählt wurde.

So fand am 6. März 1910 eine große Demonstration gegen das nur für das preußische Abgeordetenhaus und nicht einmal für den Reichstag geltende Dreiklassenwahlrecht statt. Und da Demonstrationen ja verboten waren, ging diese »spontane« Bewegung als »Wahlrechtsspaziergang« in die Geschichte ein.

Zwischen 150.000 und 200.000 Menschen versammelten sich erst im Treptower Park; spazierten dann zum Königsplatz, schwenkten fröhlich rote Fahnen und sangen friedlich Arbeiterlieder; als die genarrte Polizei vor dem Reichstag eintraf, war die Versammlung bereits zu Ende.[14]

Ab dem 1. August 1914 versammelten sich stets ganz spontan Tausende von Menschen vor dem Reichstag; zuerst für einen Gottesdient am 2. August - ob gegen die Mobilmachung oder zum Segnen der Waffen, hängt davon ab, welche Zeitung wie davon berichtete -, oder um zu erfahren, ob Kriegskredite bewilligt wurden oder nicht.[15] Am 4. August 1914 wurden diese bewilligt; die SPD stimmte zu, ließ »das Vaterland nicht im Stich«.[16] Die Vorlage für die Anleihe wurde im Saal des Hauptausschusses beschlossen; der im vorigen Kapitel erwähnte Wetterlé beschwerte sich in seinem Buch ebenfalls darüber, daß dieser Beschluß ausgerechnet in dem Raum gefaßt wurde, in dem ein Frankreich beleidigendes Bild hing - eine zusätzliche Beleidigung.[17]

Langsam aber sicher ändert sich der Charakter des Hauses, das Parlament ist jetzt aufgelöst, viele Abgeordnete sind in den Krieg gezogen, der Kaiser ist an die Front gefahren. Im Saal I - wahrscheinlich das NW-Eckzimmer - wird der Presseraum der OHL eingerichtet; dort werden täglich Kriegsbulletins an Journalisten verlesen. Hier sind die Falschmeldungen von dem Sieg an der Marne, von »Durchbrüchen« und ähnlichem in die Welt gesetzt worden, so daß Hellmut Gerlach mit gutem Recht das Reichstagsgebäude als »Lügenzentrale« bezeichnen konnte.[18] Diese »Lügenzentrale« hat nicht dazu beigetragen, die Ehrfurcht vor dem Gebäude des deutschen Parlaments zu erhöhen.

Die Bevölkerung von Berlin läßt sich diesmal auch nicht so ohne weiteres am Gängelband führen; es häufen sich Demonstrationen, z. B. am 8. März und 28. Mai 1915; angeführt werden sie von Karl Liebknecht, der Flugblätter verteilt mit der Losung »Der Hauptfeind steht im eigenen Land«.[19]

Doch noch immer versteht es die Regierung, mehr Menschen für ihre Interessen auf die Beine zu bringen. Am 1. April 1915 versammeln sich Abertausende zum 100. Geburtstag des Eisernen Kanzlers vor dem Bismarck-Denkmal. Und als am 4. September 1915 noch mehr kommen, um die Einweihung des »Eisernen Hindenburgs«, einer Riesenskulptur aus Erlenholz, in die man Nägel aus Eisen,

Silber oder Gold einschlagen soll, zu feiern, muß das für die Kriegsgegner wie Hohn wirken.[20]

Dem Image des Hauses mag es geholfen haben, daß alle Versuche, den Krieg zu beenden, vom Reichstag ausgingen, während Wilhelm II., Ludendorff und Hindenburg nichts anderes als einen Siegfrieden versprachen. Alles, was sich in Deutschland mit einem Sieg identifizierte, stand im Gegensatz zum Parlament, wo man auf Kriegsende und Frieden, wenn nötig sogar mit negativen Folgen für Volk und Vaterland hinarbeitete. Nicht vom Schloß, sondern vom Reichstag ging ein Friedensangebot aus - am 12. Dezember 1916 (genau an diesem Tag wird das Gerüst aufgebaut, um die Buchstaben der Inschrift »Dem Deutschen Volke« anzubringen). Und es war auch gewiß nicht nur verfassungsrechtlicher Gepflogenheit geschuldet, daß Ludendorff und Hindenburg vom Reichstag das Mandat für die Kapitulation verlangten; fortan haftete dem Hohen Haus der diffamierende Ruch der »Dolchstoßlegende« und des »Versailler Schandvertrages« an. So verschleiert man Ursachen und Wirkung! Dabei hatte nur wenige Tage zuvor - am 28. Oktober 1918 - der Reichstag die politische Initiative ergriffen und für Deutschland eine parlamentarische Monarchie proklamiert - der Kanzler war nun vom Vertrauen des Reichstags abhängig.[21] Nur: Es war zu spät.

Lange bevor eine Mauer Deutschland in zwei Teile spaltete, war bereits das politische Leben im Deutschen Reich polarisiert: hier die Anhänger der parlamentarischen Demokratie - dort deren Gegner. Dabei trafen sich in ihrem Antiparlamentarismus Linke und Rechte; Ziel ihrer Diffamierung waren Bürgerliche und Liberale. Einig waren sich diese Kräfte von links und rechts in der Ablehnung von Demokratie, Mehrheitsprinzip, Parlamentarismus, überhaupt: der Republik; sie liebäugelten mit diktatorischen Strukturen, und in dieser Hinsicht waren die Demagogen von rechts radikaler, hatten sie doch keine Skrupel, Waffen und Militär gegen Demokraten einzusetzen.

Wer für den Parlamentarismus nur Verach-

Einlaßkarte zur
Bismarck-Gedenkfeier

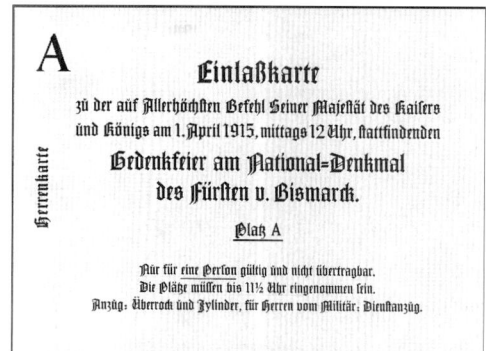

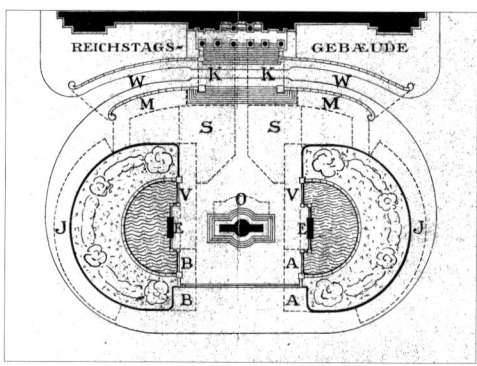

schließen Sie den Reichstag'.«[2] Die Haltung zum Parlamentarismus und zur Kontrolle der Regierung durch das Parlament zeigte sich in vielen Situationen, bei Geschäftsordnungs-debatten zum Beispiel, so geschehen am 27. November 1902. Um ein Zollgesetz schneller durch das Parlament bringen zu können, ver-einbarten die stärksten Fraktionen gegen § 19 der Geschäftsordnung, die 940 Artikel als einen Artikel zu behandeln. Das verursachte einen »Sturm im Reichstag«. So einen Tag »habe der Reichstag noch nicht erlebt, so lange er besteht ... Schimpfwörter flogen herüber und hinüber, 'Taschendiebe', 'Zuhälter', 'Gauner', 'Räuberbande', 'Ekelhafte Heuch-ler'; es wurde gejohlt und gebrüllt und auf die Tische geschlagen. ... Der 27. November ist ein schwarzer Tag in der Geschichte des deut-schen Parlamentarismus, aber nicht nur wegen der leidenschaftlichen Lärmszenen, sondern wegen der Selbstherrlichkeit, womit eine skrupellose Mehrheit sich über Recht und Bil-ligkeit hinwegzusetzen für gut befand.«[25]

Das war die »Erdrosselung des Parlamenta-rismus«,[26] ein »parlamentarischer Staats-streich«.[27]

Wegen der positiven Haltung der konserva-tiven Abgeordneten zum Kaiser und zum Kai-sertum gab es wiederholt Tumulte, so am 1. Dezember 1906, als Bebel sprach, oder als am 3. Februar 1908 der Reichstag sein Beileid für den ermordeten König von Portugal aussprach und die Sozialdemokraten den Saal verließen. Am 20. Mai 1914 gar blieb die SPD beim Hoch auf den Kaiser sitzen. Schließlich führten anti-monarchische »Ausdrücke« von Karl Lieb-knecht am 8. April 1909 zu Tumulten, wonach Liebknecht das Wort entzogen, er verhaftet und zu zweieinhalb Jahren Gefängnis verur-teilt wurde.

Das Reichstagsgebäude diente aber auch als Stätte verschiedener nicht-parlamentarischer Versammlungen und als Ort nicht-parlaments-bezogener Ausstellungen; so 1896 mit Foto-ausstellungen oder auch für Veranstaltungen des Vereins Berliner Presse.[28] Am 3. Oktober 1901 tagte im Reichstag der Verband fort-schrittlicher Frauenvereine[29]. Zweimal ver-

tung empfand, hatte auch für dessen »Hort« nicht viel übrig. In den Jahren vor 1914 durch-lief die antiparlamentarische Haltung ver-schiedene Stadien. Wilhelm II. erklärte die Franzosen kurzerhand für feminin, mit einer besonderen Vorliebe für den Parlamentaris-mus, während die Deutschen maskulin seien und sich nur in antiparlamentarischen Struk-turen wohl fühlten.[22] Reichskanzler Bernhard Graf von Bülow regierte à la Bismarck (aber ohne dessen Persönlichkeit zu haben) mit keinerlei Rückhalt im Reichstag, bis er am 10. November 1908 als Folge der Daily-Tele-graph-Affäre den Kaiser nicht mehr stützen konnte; hätte der Reichstag in jenem Augen-blick das Regiment an sich gerissen, wäre womöglich die Geschichte Deutschlands an-ders verlaufen.[23] Bezeichnenderweise gab es nur einen kleinen Tumult, als der Konservati-ve Elard von Oldenburg-Januschau am 29. Januar 1910 im Reichstag tönte: »Der König von Preußen und der deutsche Kaiser muß jeden Moment imstande sein, zu einem Leut-nant zu sagen: 'Nehmen Sie zehn Mann und

184

Erwähnung findet, aus einer Inschrift eine »Aufschrift«. Delbrück war außerdem der Meinung, daß die Bronze für die Buchstaben aus geschmolzenen Beutekanonen gewonnen werden müßte. Am 1. November 1915 genehmigte Wilhelm II. die kostenlose Herausgabe von zwei erbeuteten Geschützrohren.[44]

Die Akten des damaligen Staatssekretärs in der Reichskanzlei, Theodor Lewald - auch Mitglied der Ausschmückungskommission -, geben Aufschluß über die Gestaltung. Der Architekt Peter Behrens schrieb 1934, daß er im Jahre 1908 den Auftrag erhalten habe, die Buchstaben für die Inschrift zu entwerfen. Er habe dies nach vielen Gesprächen getan und die Herstellung der Kartons im Verhältnis 1:1 der Schriftkünstlerin Anna Simons übertragen. Die Buchstaben seien 1,50 m hoch.[45]

Hier trog den Architekten die Erinnerung.

In Wahrheit sind die Buchstaben nur 60 cm hoch, und aus dem Briefwechsel zwischen Behrens und Lewald vom Dezember 1915 geht hervor, daß Behrens erst unmittelbar zuvor den Auftrag erhalten hatte. Durch den Historiker Fritz Kern war er gebeten worden, im Auftrage einiger anonymer Geldgeber die Gestaltung der Schrift vorzunehmen. Da er Kern eine Antwort geben mußte, fragte er bei Lewald nach, wie dies am diplomatischsten zu machen sei: »Ich möchte dieses Antwortschreiben aber nicht eher an ihn abgehen lassen, ehe ich mit einem Einverständnis Ihrerseits rechnen darf und bitte Sie darum, die Freundlichkeit zu haben, mir kurz mitteilen zu lassen, ob Sie dazu Bedenken haben und es Ihnen richtiger erscheint, dass ich mich nur mit der Bearbeitung Ihres Auftrages beschäftige. Diesen beabsichtige ich nach den von

Anbringung der Inschrift »Dem Deutschen Volke«

189

Die Eröffnungsrede des neuen Reichskanzlers Prinz Max von Bade[n]
im Reichstagsgebäude am 5. Oktober 1918.

Zensiert
Paul Hoffmann & Co.
Berlin-Schöneberg.

Ihnen gegebenen Anregungen und den Angaben des Herrn Wirklich Geheimen Oberbaurat Hückels auszuführen, nämlich neben eines Versuches in Antiqua, eines solchen in Unzialcharakter zu entwerfen, der eine Abwicklung einer modernen deutschen Schrift in der Art der Schrift des Katalogs von St. Louis darstellt.«[46]

Unklar bleibt die Tätigkeit eines jungen Mitarbeiters von Behrens, Karl Jacobs. Dieser soll für Behrens von Februar 1916 bis Herbst 1917 gearbeitet haben: »Bronzeschrift am Reichstagsgebäude (Dem Deutschen Volke) nach einem mehrmonatigen Schriftenkursus in München entworfen und durchgezeichnet.«[47]

Wann genau und wie Behrens seinen Auftrag erledigte, ist nicht bekannt. Während er

sich mit dem Entwurf befaßte, ging die Diskussion um die Gestaltung der Inschrift weiter. Am aufschlußreichsten ist eine siebenseitige Denkschrift des Schriftenbundes deutscher Hochschullehrer an die Mitglieder des Reichstages vom 1. März 1916. Bis zu diesem Verein war die Kunde offenbar noch nicht vorgedrungen, daß Behrens bereits mit der Gestaltung der Buchstaben beauftragt worden war, denn eben ihn schlug dieser als Entwerfer vor.[48]

In einem Randvermerk der Reichskanzlei vom 10. Oktober 1916 zur Herstellung der Buchstaben heißt es: »Depot Spandau 7/ 10.16. Überweist Empfangsschein über die an die Firma S. A. Loevy in Berlin abgegebene Geschützbronze zur Herstellung der Buchsta-

Die Monarchie wird Republik

190

ben für die Inschrift am Reichstagsgebäude.«[49] Die Buchstaben sind dann in den Vorweihnachtstagen des Jahres 1916 angebracht worden. Die einzige Zeitung, die darüber etwas verlauten ließ, war die »Spandauer Zeitung« vom Sonnabend, dem 23. Dezember 1916, unter der Überschrift »Ein Weihnachtsgeschenk für das deutsche Volk«: »An der Giebelfront des Reichstagsgebäudes wird gegenwärtig die seinerzeit vom Reichstag genehmigte Inschrift 'Dem deutschen Volke' ange-

bracht, die in den kommenden Weihnachtsfeiertagen zum ersten Male in vollem Glanz prangen wird. Das Bild zeigt Arbeiter bei der Befestigung der einzelnen mächtigen goldenen Buchstaben. Die Buchstaben haben eine Höhe von 60 cm. Der ganze Schriftzug ist 16 m lang. Bei dem Guß der Buchstaben ist Bronce aus erbeuteten Geschützen des Jahres 1813 verwendet worden.«[50] Von der Anbringung nahmen nur zwei Blätter des Verlags Scherl Notiz; für andere gab es offenbar Wichtigeres.

Arbeiten und Leben im Reichstag 1894-1932
Die Stenographie

Der Zeitschriftenlese-saal. Rund 400 Zeitungen und Zeitschriften konnten hier eingesehen werden

In der Reichstagsdebatte am 16. Mai 1925 erzählte der frischgebackene Parlamentarier Theodor Heuss folgende Anekdote: »Meine Damen und Herren! In einer Stadt nördlich von Peking lernten sich zwei Deutsche kennen, und sie befreundeten sich in ihrer Einsamkeit. Nach einiger Zeit stellten sie fest, daß der eine ein Preuße, der andere ein Bayer sei, und es fiel ein Schatten auf diese Freundschaft. Aber nach einigen Monaten kamen sie wieder zusammen; sie vertrugen sich recht gut, bis sich ergab, daß der eine Protestant und der andere ein Katholik sei. Neue Beschwernis und neue Trennung! Doch das Alleinsein trieb sie wieder zusammen. Da war der eine Gabelsbergianer, der andere Stolze Schreyaner -

und sie haben sich nie mehr in ihrem Leben gesehen (Heiterkeit).«[1] Heuss nannte die zwei Hauptsysteme in der deutschen Stenographie »verkappte Religionen« und sprach von der »Theologie der Kurzschrift«. Und während oben im Sitzungssaal über die weitreichenden Folgen von Innen- und Münzpolitik, Kolonial- und Wirtschaftspolitik geredet wurde, befehdeten sich die Anhänger der beiden Hauptsysteme im Diktier- und Korrekturzimmer des Souterrains. Es hat wahrscheinlich nicht viel gefehlt, daß sie hinter ihre Namen statt Parteikürzel ein »S« oder ein »G« angehängt hätten.

Was man in England, Frankreich, Deutschland und anderen europäischen Ländern Parlamentarismus nennt, verdient diesen Namen erst, seitdem die Reden im Parlament wortgetreu niedergeschrieben werden. Während bereits im antiken Rom Ciceros Reden mitstenographiert und schon im Mittelalter Reden in England stenographisch festgehalten wurden, gibt es die Stenographie im deutschsprachigen Raum erst seit Ende des 19. Jahrhunderts. Der Münchener Lithograph Franz Xaver Gabelsberger entwickelte eine »Redezeichenkunst«, die er 1819 zur Aufzeichnung der Verhandlungen der bayerischen Kammern erfolgreich anwandte. Sie wurde 1829 in München amtlich zugelassen und Gabelsberger erhielt ab 1831 von der bayerischen Staatsregierung eine Jahrespension von 500 Gulden und den Auftrag zur Ausbildung von Kammer-Stenographen. 1834 erschien sein Lehrbuch »Anleitung zur deutschen Redezeichenkunst«. Bereits 1839 wurde das von Gabelsbergianern gegründete Stenographische Institut in Dresden zu einer Staatslehranstalt erhoben.

Der neun Jahre jüngerere Wilhelm Stolze führte das später nach ihm benannte System 1841 in der Berliner Polytechnischen Gesellschaft ein. Er bildete einige Techniker und Beamte darin aus, die als seine »Jünger« überall in Preußen das System verbreiteten.

Stolzes große Zeit kam nach der Einführung von Verfassungen in einigen preußischen Staaten. 1845 konnte der Registrateur Agathon Jaquet zusammen mit einem anderen Stolzeaner die Sitzungen des achten rheinischen Provinziallandtags mit Erfolg stenographisch aufnehmen. Jaquet wurde 1847 mit der Bildung eines stenographischen Büros für den in Berlin tagenden Vereinigten Landtag beauftragt, wo Stolzes System in Preußen den Durchbruch schaffte.

Während Stolze das stenographische Büro im Preußischen Abgeordnetenhaus leitete, entwickelte er ein System, das bis heute mit geringfügigen Variationen in den meisten Parlamentssälen praktiziert wird. Jeweils zwei Stenographen schreiben im Turnus von zehn Minuten und benutzen die restlichen fünfzig Minuten im Diktier- und Korrekturzimmer, um die Protokolle in Langschrift zu diktieren und anschließend in die Setzerei zu bringen. Nach fünfzig Minuten steht das Paar wieder am Stenographentisch, so daß nach diesem Modus mit Ersatzleuten etwa 18 Stenographen für den täglichen Dienst verfügbar sein müssen.

Das Diktieren fand in einer festgelegten Reihenfolge statt. Zuerst diktierte der eine, dann der andere fünf Minuten. Sie standen sich beide gegenseitig bei, um die Reinschrift zu kontrollieren und notfalls zu korrigieren. Die Druckfahnen aus der Hausdruckerei wurden den Abgeordneten - wenn möglich - noch während der Sitzung zur Durchsicht vorgelegt. Wie schnell das gehen konnte, zeigt das Beispiel einer Debatte am 2. Dezember 1863 im Preußischen Abgeordnetenhaus, in der August Reichensperger seinem Kollegen Rudolf Virchow antwortete und dabei aus dem unkorrigierten Manuskript von Virchows zuvor gehaltener Rede zitieren konnte.

Selbstverständlich gab es Schwierigkeiten, denen die Stenographen nicht immer gewachsen waren. Zum einen die Schnellredner wie Reichensperger und Karl Freiherr von Stumm, zum anderen solche Redner wie Bismarck, der es an dramatischen Effekten nicht fehlen ließ, mal polterte, mal flüsterte, mal schnell und mal sehr langsam vortrug. Da die Ventilation im Plenarsaal meist mangelhaft war, ließ das Wohlbefinden der Stenographen häufig zu wünschen übrig - was auch auf deren Fertigkeiten nicht ohne Auswirkung blieb.

193

Weil die Stenographie auf phonetischer Basis beruht, schlichen sich nicht selten kuriose Fehler in die gedruckten Protokolle ein. So wurde statt »Großmuth der Stadt Leipzig« eine »Großmutter der Stadt Leipzig« protokolliert, statt »hochverehrter Freiherr von Huene« »Hochverräter Freiherr von Huene«. Ein andermal stand »ihr Elephant« anstelle von »irrelevant« und aus »vor der 48. Sitzung« wurde »vor der Achtung wird sich die Sitzung«. Ein Parlamentsstenograph schrieb aus lauter Übermut - oder aus Langeweile - statt »Schluß der Sitzung« »Stuß der Sitzung« und nannte manchmal die »Sitzung« »Schwitzung«.

Wallot mußte die Stenographie auch baulich berücksichtigen. Die leise redenden Parlamentarier wurden häufig direkt an der Rednertribüne von lauschenden Kollegen umringt, was freilich sowohl eine Folge der schlechten Raumakustik als auch der Schwerhörigkeit mancher Abgeordneten war. Deshalb fanden die Stenographen mitunter nur mühsam den Weg durch das Gedränge und durch den ganzen Parlamentssaal in ihre Diktier- und Korrekturzimmer. Wegen dieser Behinderungen wurden beim zweiten Bauprogramm 1882 zwei »Schlupftreppen« vom Stenographenbereich direkt in die Korrekturzimmer gefordert.

Sowohl im preußischen Abgeordnetenhaus als auch später im Reichstag war das stenographische Büro mit Vertretern beider Systeme belegt, wobei im Reichstag die Stolzeaner mehr und mehr die Oberhand gewannen, so daß bereits 1885 das Büro aus drei Viertel Stolzeanern und einem Viertel Gabelsbergianern bestand. Einen nicht unwesentlichen Anteil daran hatte der »Fall Wolfrom«. Ein Münchener Gabelsbergianer, ein gewisser Wolfrom, wurde vom Reichstag angestellt, hat aber offenbar soviel »Unsinn« geschrieben, daß ihn Bismarck als »völlig unbrauchbar« wieder entlassen mußte. Das Ansehen der Gabelsbergianer ging erheblich zurück, und die Stolzeaner hatten ihre große Stunde. Nach und nach belegten sie die meisten offenen Stellen. Unter den Stenographen befanden sich viele durch-aus gebildete, zum Teil promovierte Männer, und mancher Parlamentarier konnte nach einer Sitzung erfreut seine vorzüglich gedruckte Rede lesen, die er selbst tief im Herzen schon als eine kläglich vorgetragene empfunden hatte.

Wie eng die Stenographie mit dem Parlamentarismus verbunden war, zeigt auch, daß mehrere Stenographentage und Feste im alten wie im neuen Reichstagsgebäude veranstaltet bzw. gefeiert wurden. So vom 26. bis 30. September 1891 der 50jährige »Stolzetag« in der Leipziger Straße. In der »Jubelschrift zum 50jährigen Stolzetag«, die 1892 als Sonderdruck des Magazins für Stenographie erschien, ist die Perfektion der Organisation beschrieben; selbst ein System zur Unterscheidung von Gabelsbergianer und Stolzeaner wurde praktiziert. Nur eines war schlecht organisiert - die Festschrift zum Stolzetag, die der Vorsteher des Reichstags-Stenographenbüros, Emil Schallopp, übernommen hatte, war nicht rechtzeitig fertig geworden. Während dieser Veranstaltung wurde im Reichstagsgebäude auf etwa 250 m^2 auch eine Ausstellung über die Stenographie gezeigt. Hier wurden Lehrbücher und Reliquien der verschiedensten Systeme von Stolze und Gabelsberger, von J. Rindermann und Leopold Arends, von Heinrich Roller und Karl Faulmann, von Peter Wilhelm Merkes und Vorwick, ausgestellt.

Am 29. September um 19 Uhr fand ein Wettschreiben im Reichstagsgebäude statt: »In der III. Abteilung ging die Schreibgeschwindigkeit bis zu 240 Silben in der Minute hinaus. Hier wurden 13 Arbeiten abgeliefert. Den 1. Preis, Eintragung in das Kaedingalbum, errang mit 1/2 F. Max Häneke - Berlin. Silberne Denkmünzen wurden vergeben an Otto Morgenstern - Großlichterfelde (4 F.) und Borst-Rottweil (7 2/2 F.). Stud. math. Theodor Richter - Berlin erhielt bei 9 5/2 F. einen Verbandspreis, bestehend aus sämtlichen Heften der Stolzebibliothek in Prachtband. Bronzene Denkmünzen wurden vergeben an Frl. Mützel - Berlin (16 F.) und Schadenberg - Berlin (17 F.).«[2]

Die Wandelhalle. Dieser 97 m lange Raum wurde von Wallot in seiner letzten Überarbeitung konzipiert. Leider wurden hierfür die Mittel für Naturstein gestrichen, so daß die Halle in »falschem« Marmor ausgeführt wurde

DER REICHSTAG UND
DIE PRESSE

Während in den Vereinigten Staaten und zum Teil auch in den anderen westlichen Demokratien vorwiegend Juristen und Rechtsanwälte das Gros der Parlamentarier stellen, hat der Reichstag von der ersten Stunde an eine große Anziehungskraft auf Journalisten ausgeübt. Laut einer Statistik von 1912 gaben 43 SPD-Abgeordnete als Beruf Journalist oder Redakteur an; in Amerika könnte man nicht einmal halb so viel im gesamten Kongreß finden. Freilich war es bei der SPD schon zur Tradition geworden, Parlamentarier und Führungspersonen aus den Redaktionen zu rekrutieren, häufig aber war es auch umgekehrt, daß gerade die Sozialdemokraten und andere Linksstehende in der diätenlosen Zeit ihr Brot vorwiegend durch Journalismus verdienen mußten; zu ihnen gehörten August Bebel, Theodor Richter, Paul Singer und Albert Südekum, auch wenn sie in anderen Berufen - Bebel war Drechsler - ausgebildet worden waren. Aber auch in den anderen Fraktionen kamen die Abgeordneten von der Presse. Wilhelm von Hammerstein, Albert Träger, Friedrich Dernburg, Friedrich von Kehler, Clemens Freiherr von Heeremann van Zuydwyk, John Prince-Smith, Eduard Lasker - um nur einige zu nennen - tauschten von Fall zu Fall die Journalistengalerie mit dem Parkett.

In einer Epoche, in der Berufspolitik verpönt war und sich damit keine Familie ernähren ließ, war das gar nicht so verwunderlich, wie es auf den ersten Blick erscheint, denn zum Funktionieren eines Parlaments, das diese Bezeichnung verdient, gehört die Herstellung von Öffentlichkeit, die Verbindung zum Wähler. Diese wurde vor allem durch persönliches Erscheinen auf der Besuchertribüne, durch Lektüre der stenographischen Protokolle und durch die Zeitungen erreicht. Natürlich gab es auch die Möglichkeit, im Wahlkampf etwas Öffentlichkeit herzustellen, aber wenn Wahlkämpfe aussahen, wie in Fontanes »Stechlin« geschildert, dann muß die Zeitung die allergrößte Rolle gespielt haben. Bemerkenswert ist, daß vorerst die Journalisten die Bedeutung ihrer Rolle wesentlich schneller und effektiver begriffen als die Parlamentarier.

Schon 1871 hat der Berliner Presseverein seine Mitglieder Eduard Lasker, John Prince-Smith, Max Ring und Heinrich Steinitz beauftragt, bei der Planung und Durchführung für das neue Reichstagsgebäude die Belange der Presse zu wahren.[3] Prince-Smith und Lasker, gleichzeitig Mitglieder des Reichstags, waren jedoch schon tot, als die Arbeit am Neubau begann. Es ist nicht bekannt, daß für sie Ersatz ernannt worden wäre; dementsprechend fiel der Journalistenbereich im Wallotbau aus - den Pressevertretern verging buchstäblich das Hören und Sehen.

Kurz nach der Eröffnung des Reichstagsgebäudes schrieb das »Berliner Tageblatt« am 8. Dezember 1894: »Die Journalisten, die noch den überaus wichtigen Verkehr zwischen dem Parlament und dem Volke durch die Presse zu vermitteln haben - ein Parlament, in dem die Öffentlichkeit ausgeschlossen wäre, hätte gar keine Bedeutung - hören im neuen Reichstagspalast am Königsplatz sehr viel schlechter als im alten in der Leipziger Straße.« Im alten Reichstagsgebäude befanden sich die Journalistentribünen rechts vom Präsidenten und hinter ihm, so daß Reden vom Rednerpult für die Journalisten gut verständlich waren. Im neuen Hause befanden sich die Pressetribünen zur Linken des Präsidenten und vor ihm, so daß die Beiträge aus dem Plenarsaal in Richtung Präsidententribüne kaum zu hören waren. Heute vergißt man leicht, daß es keine Mikrophone, keine Lautsprecher gab.

Daß man für die Journalisten separate Speiseräume sowie von den Abgeordneten abgeschirmte Verkehrswege eingerichtet hatte - zur Journalistentribüne führte eine graue Hintertreppe - erschwerte die Arbeit; daß das Telegraphenamt nun auch viel weiter entfernt war, konnte man zwar verstehen, aber nicht gutheißen. Dennoch waren die Beziehungen zwischen Presse und Parlament nicht so schlecht, wie die räumliche Vernachlässigung dies hätte vermuten lassen. Jedenfalls hat man sich einige Jahre später arrangiert, denn bereits

Die Handbibliothek im Nordostturm. Rund 4000 Bände standen in den Wandregalen, ein System von Aufzügen und pneumatischen Röhren erleichterte den Transport von Büchern und Zeitungen aus dem Magazin

Das Büchermagazin im Obergeschoß der Nordseite - für jedermann ein Gegenstand grenzenloser Bewunderung

am 5. November 1899 konnte der Verein der Berliner Presse erreichen, daß sich das Reichstagsportal zum ersten Male für ein vom Verein veranstaltetes Wohltätigkeitskonzert öffnete. In den folgenden Jahren fanden wiederholt zum Jahresende oder Jahresbeginn Konzerte bzw. Pressefeste statt. Der Andrang bei diesen Festen war gelegentlich so groß, daß, wie das »Berliner Tageblatt« am 8. Januar 1905 meldete, selbst Staatssekretäre und Bürgermeister stehen mußten.

Im großen und ganzen waren die Beziehungen Reichstag - Presse ungetrübt, wie eine Reihe von gemeinsamen Veranstaltungen deutlich macht: Zwischen dem 21. und 26. September 1908 tagte ein internationaler Pressekongreß im Reichstagsgebäude. Am 10. Januar 1909 fand im Reichstagsgebäude eine Konferenz des Bundes der Redakteure statt und am 20. November 1910 eine Vertreterversammlung des Verbandes der deutschen Journalisten- und Schriftstellervereine und des Bundes deutscher Redakteure, in der der Reichsverband der deutschen Presse gegründet wurde. An diesem Abend traten gleich 260 Journalisten dem Verein bei.

Dennoch kam es immer wieder zu Spannungen zwischen Reichstag und Presse, die allerdings nur dazu dienten, den Parlamentariern zu zeigen, daß und inwieweit sie von der Presse bzw. vom Wohlwollen der Journalisten abhängig waren.

Am deutlichsten wurde dies im Journalistenstreik vom 17. bis 24. März 1908. Diese »zwei Kinder derselben Bewegung« - für Freiheit und Demokratie in Deutschland - gerieten durch die Haltung des Zentrumsführers Adolf Gröber aneinander. Was war passiert?

Der Zentrumspolitiker und spätere Finanzminister Matthias Erzberger sprach in einer Kolonialdebatte am 19. März enthusiastisch über die »hohe Bedeutung der unsterblichen Seele des Negers«. Als auf der Journalistentribüne darüber laut gelacht wurde, erhob sich Gröber und sagte ebenso laut: »Das sind wieder oben die Journalisten, die Saubengels, die mich schon neulich gestört haben«, woraufhin sich die Journalisten »wie ein Mann« erho-

ben.[4] Sie verließen die Journalistentribüne, wählten eine Drei-Mann-Deputation, die eine öffentliche Erklärung an den Reichstagspräsidenten Graf von Stolberg überreichte, in der sie eine förmliche Entschuldigung verlangten. Da das angebotene präsidiale Bedauern den Journalisten keineswegs genügte, übergaben sie dem Reichstagspräsidenten am 20. März eine erneute Forderung. Bis zur schriftlichen oder mündlichen Erklärung durch den Präsidenten oder Gröber wollten die Journalisten ihren Verlegern gegenüber in den Streik treten.

Unter den etwa 120 Journalisten gab es nur drei Vertreter katholischer Zeitungen, die nicht bereit waren, in den Streik zu treten. Daraufhin behauptete der Berichterstatter des »Berliner Börsen-Courier«, daß die Direktoren dieser Zeitungen für eine Streikteilnahme mit der Kündigung gedroht hätten.[5] In den nächsten Tagen erhielten die Journalisten in Berlin Solidaritätserklärungen von Kollegen im In- und Ausland.

Am nächsten Tag versuchte Gröber mit einer milden Erklärung, der Bewegung die Spitze abzubrechen. Zwar sei seine Äußerung richtig wiedergegeben worden, er hätte sie aber privat und zu einem Nachbarn und überhaupt nicht laut in den Raum hineingesprochen; die Äußerung sei also für die Öffentlichkeit nicht bestimmt gewesen.

Die Journalisten stellten fest, daß sich der Streik langsam auf das Verhalten einiger Volksvertreter auszuwirken begann. Die Abgeordneten wiederum merkten, daß ihre Reden ohne die Veröffentlichung keine Wirkung hatten. Dadurch war für sie der Weg zum Wähler abgeschnitten. Einige versuchten deshalb unter vier Augen, den Journalisten ihre Redetexte aufzudrängen - vergeblich. Der Reichstagsdirektor Dr. Bernhard Jungheim unternahm den Versuch, ohne die Journalisten auszukommen. Er ließ Presseberichte verfassen und an die Zeitungsredaktionen verschicken.[6]

Ebenfalls am 21. März äußerte der Vertreter der »Kölnischen Volkszeitung« Hans Eisele, das Zentrum sei der Meinung, daß die

Groebers Auffassung.

Journalistentribüne seit dem 13. November 1906 gegen das Zentrum vorgehe. Bis nicht von den Journalisten ein Bedauern über diese Störung ausgesprochen werde, sei vom Zentrum keine Entschuldigung zu erwarten. Die noch anwesenden Journalisten entgegneten, daß die angeblichen »Lacher« keineswegs nur gegen das Zentrum gerichtet seien, und im übrigen bestehe die Presse ebenso aus Politikern wie der Reichstag selbst.

Vermutlich hätte der Streik noch länger angehalten, wenn nicht Reichskanzler von Bülow eine wichtige Rede zu Fragen der Außenpolitik halten und sichergehen wollte, daß darüber in der Presse berichtet werde. Er intervenierte also beim Zentrum sowie bei Gröber persönlich und veranlaßte diesen, eine Erklärung abzugeben:

»Meine Herren! Es ist mir eine persönliche Ehrensache, meinen verehrten Kollegen folgende Erklärung abzugeben: In der Sitzung

Karikatur Gröbers im Simplicissimus mit der Unterschrift: »Das Schlimmste ist, daß diese Saubengel, die Schornalisten, eine unsterbliche Seele haben«

S. 200 Die südliche Eingangshalle. Blick vom Podest vor dem Bayernportal

des Reichstags vom 19. März hat der Abg. Erzberger in einer Rede über die Kolonialpolitik gesagt: Der Eingeborene ist auch ein Mensch, ausgestattet mit einer unsterblichen Seele, und zu derselben ewigen Bestimmung berufen wie wir. Nach Anhörung dieser Worte, wie ich ausführlich hervorheben will, verzeichnet der unkorrigierte amtliche stenographische Bericht Unruhe und Zwischenrufe von der Journalistentribüne, lebhafte Entrüstungsrufe aus der Mitte, Glocke des Präsidenten. An den lebhaften Entrüstungsrufen aus der Mitte war auch ich beteiligt. Das Gelächter von der Journalistentribüne war so auffallend, daß ich mit anderen Kollegen den Eindruck gewonnen habe, es handelt sich um eine Verhöhnung des Inhalts der Ausführungen des Redners. Ich möchte hinzufügen, daß ich wenige Tage vorher, nämlich in der Abendsitzung vom 16. März durch einen Zuruf von der Journalistentribüne gestört worden bin, einen Zuruf, der dann vom Präsidenten gerügt worden ist. Der stenographische Bericht über die Sitzung vom 19. März bestätigt, daß solche Störungen von der Journalistentribüne auch sonst wiederholt erfolgt sind. (Sehr richtig! im Zentrum.) Wenn ich in Erinnerung an diese Vorgänge der letzten Zeit und angesichts des Ernstes der von dem Redner behandelten Frage meiner Entrüstung über das Gelächter einen unparlamentarischen Ausdruck gegeben habe, so bitte ich um Entschuldigung (Beifall).«[7] Übrigens hat Gröber, der ein glänzender Rhetoriker war, ein seltsames Schicksal ereilt - er ist am 19. November 1919 als erstes Reichstagsmitglied im Wallot-Bau gestorben.

Die Spannungen zwischen Reichstag und Presse haben für die Öffentlichkeit nie wieder solche Formen angenommen wie mit dem Pressestreik von 1908. Ein Fall, der wenig Öffentlichkeit beanspruchte, ereignete sich 1926 und 1927 zwischen dem Schriftsteller Kurt Tucholsky und dem Reichstagspräsidenten Paul Löbe.

DER REICHSTAG UND DER JOURNALIST TUCHOLSKY

Aus ganz anderen Gründen als der Pressestreik ist ein Streit hinter den Kulissen 1926 und 1927 ausgebrochen, dessen Briefwechsel der gute alte »Tucho«, Kurt Tucholsky, im Namen seiner Zeitschrift »Die Weltbühne« für die Nachwelt hinterlassen hat. Mag die Sozialdemokratie diesen großen Publizisten und Meister der deutschen Sprache heute für sich reklamieren oder in Schutz nehmen - 1926/27 sah es ganz anders auch. Tucholskys Briefwechsel ist in der Weltbühne vom 22. Februar 1927 abgedruckt worden; wir zitieren ihn hier unverändert und ohne Abstriche, er spricht für sich:

EIN BRIEFWECHSEL

Herrn Geheimrat Galle,
Direktor beim
Reichstag Berlin   30. Dezember 1926

Sehr geehrter Herr Direktor,
als Nachfolger des verstorbenen Herrn Siegfried Jacobsohn erlaube ich mir ergebenst um die Ausstellung zweier Karten zu bitten, die mir, dem Herausgeber der 'Weltbühne', und meinem parlamentarischen Hauptmitarbeiter das Betreten des Reichstages gestatten. Da mir bekannt ist, daß an die Ausstellung einer Tribünen-Karte zunächst nicht zu denken ist, wäre ich Ihnen zu besonderem Dank verpflichtet, wenn uns zu informatorischen Zwecken wenigstens diese beiden Karten bewilligt werden könnten.
Indem ich Ihnen im voraus verbindlichst für Ihre Freundlichkeit danke, bin ich mit den besten Empfehlungen Ihr sehr ergebener
Tucholsky

Berlin NW 7,   den 10. Januar 1927
Auf das gefällige Schreiben
vom 30. Dezember

Wegen des ständig zunehmenden Fremdenverkehrs im Reichstag muß die Ausstellung

weiterer Eintrittskarten aufs äußerste beschränkt werden. Ich bedaure daher, Ihrem Wunsche nicht entsprechen zu können.
Hochachtend
Galle, Direktor beim Reichstag

An den Präsidenten des
Deutschen Reichstags
Herrn Paul Löbe
Berlin NW, Reichstag   12. Januar 1927

Sehr geehrter Herr Präsident,
in einem Schreiben vom 30. Dezember 1926 habe ich den Direktor beim Reichstag, Herrn Geheimrat Galle, um eine Karte für die Galerie gebeten; da mir die schwierigen Verhältnisse beim Reichstag bekannt sind, habe ich ausdrücklich von der Bitte um eine Presse-Tribünen-Karte abgesehen. Mein Blatt, das ich für den verstorbenen Siegfried Jacobsohn leite, dürfte Ihnen bekannt sein.

Ich erhalte nun vom Büro des Reichstages eine von Herrn Geheimrat Galle unterzeichnete Postkarte, daß 'wegen des ständig zunehmenden Fremdenverkehrs im Reichstag' meine Bitte abgelehnt wird. Abgesehen davon, daß mir der Reichstag kein Kurort mit Fremdenverkehr zu sein scheint, glaube ich, daß eine politische Wochenschrift von der Bedeutung der Weltbühne im 23. Jahr ihres Bestehens wohl Anspruch auf die Erlaubnis hat, ihren politischen Mitarbeiter in den Reichstag zu entsenden, und da mir die Ablehnung meiner Bitte nicht gerechtfertigt erscheint, erlaube ich mir, Ihnen diese Bitte noch einmal vorzutragen.
Ich bin mit den besten Empfehlungen
Ihr sehr ergebener
                                        Tucholsky

Berlin NW 7,
Herrn Kurt Tucholsky
Berlin-Charlottenburg
Königsweg 33   den 19. Januar 1927

Sehr geehrter Herr Tucholsky!
Die Reichstagsverwaltung trifft ihre Entschei-

dungen über die Zulassung neuer Bewerber um Karten zur Pressetribüne des Reichstags und um Zutrittskarten zum Hause im Einvernehmen mit der Vereinigung der Parlamentsjournalisten. Die Herren haben sich nun in Ihrem Falle ablehnend geäußert, weil nach ihrer Auffassung ein dringendes Bedürfnis zum Besuch des Reichstags für die Redaktion der Weltbühne nicht bestehe. Daher sind Ihnen die beiden gewünschten Karten von der Verwaltung abgeschlagen worden.

Wenn sie in Ihrem geschätzten Briefe vom 12. Januar 1927 den Passus über den 'Fremdenverkehr' bemängeln, so möchte ich zu Ihrer Orientierung mitteilen, daß außer den rund 250 Vertretern und Angestellten der Presse gegenwärtig etwa 354 nicht dem Reichstag angehörige Personen im Besitz von Zutrittskarten zum Hause sich befinden, und daß wiederholt im Vorstand des Reichstags eine Einschränkung des Kreises dieser 'fremden' Besucher verlangt worden ist. Einen Anspruch auf die Erlaubnis zum Besuch des Reichstagshauses, den sie mit Rücksicht auf das 23jährige Bestehen und die Bedeutung Ihrer Wochenschrift erheben, bedaure ich grundsätzlich nicht anerkennen zu können.
In vorzüglicher Hochachtung
                                        Löbe

An den Präsidenten des Reichstags
Herrn Paul Löbe
Berlin NW 7   22. Januar 1927

Sehr geehrter Herr Präsident,
auf Ihr Schreiben vom 19. d.M. erlaube ich mir, Ihnen ergebenst zu erwidern:
Daß es Parlamentsjournalisten gibt, die einem alten politischen Blatt, wie der Weltbühne, das Bedürfnis absprechen, einen Mitarbeiter in den Reichstag zu entsenden, wundert mich nicht. Daß aber ein ehemaliger Kollege, den ich mir in Ihnen zu sehen gestatte, einen moralischen Anspruch mit einem amtlich abzuweisenden juristischen verwechselt, hätte ich nicht geglaubt. Selbstverständlich

steht die Entscheidung darüber, wer in den Reichstag einzulassen ist, bei Ihnen und Ihren Herren; daß heute 354 nicht dem Reichstag angehörende Personen im Besitz von Zutritts-karten sind, zeigt, in welchem Sinne die Aus-gabe der Karte gehandhabt worden ist.

Die behördlichen Stellen des Reiches und der Länder beklagen so oft die mangelnde Mitarbeit von Intellektuellen. Ich glaube nicht, daß man sie auf diese Weise fördert. Mit den besten Empfehlungen bin ich Ihr sehr ergebener

Tucholsky

Soweit eine Bürokratie, in der sich Herr Gal-le neben Herrn Löbe, durch eine fast hüpfen-de Grazie auszeichnet. Dieser Präsident des Reichstages ist rettungslos in seinen 'Bestim-mungen' verhaspelt und hat längst vergessen, daß er einmal, bis zu Gefängnisstrafen, mit Typen gekämpft hat, deren einer zu werden er auf dem besten Wege ist.

Leider scheint die Reichstagsverwaltung der Meinung zu sein, daß die dort tätigen Journa-listen so eine Art Anhängsel zum Hauspersonal darstellten, Kürzlich haben ein paar flegelhaf-te Bemerkungen des Herrn A. Stein über die Gattin des Reichstagspräsidenten in seinen Rumpelstilzchen-Briefen, von Celsus im vori-gen Heft der Weltbühne zitiert, Herrn Galle veranlaßt, diesem Pressevertreter die Reich-stagskarte zu entziehen. Herr Löbe hat jedoch diese Maßnahme sofort rückgängig gemacht, weil er nicht wünscht, daß Herrn Steins per-sönliche Entgleisung dienstlich geahndet wer-de. Man kann fragen, was fataler sei: die von Herrn Galle verschriebene Entziehungskur oder die von Herrn Löbe also begründete Amnestie. Die Herren übersehen, daß sich Journalisten nicht 'dienstlich' im Reichstag befinden, sondern in der Ausübung ihres Berufs. Wenn Herr Galle einen Journalisten zurechtweist, der es nicht lassen kann, auf die Gänge zu speien, befindet er sich durchaus in den Grenzen seiner amtlichen Zuständigkeit. Wenn dieser Journalist jedoch sein Sputum zu Artikeln zu verarbeiten pflegt, steht er jenseits

der Disziplinargewalt der Parlamentsdirek-tion.«[8]

FRAKTION SCHULZE: ESSEN UND TRINKEN IM WALLOTBAU

»Ich glaube, daß kaum eine Kategorie in der wählenden Bevölkerung einem Abgeordne-ten, der wiedergewählt werden will, so ge-fährlich werden kann, wie der Schankwirt. Gefährlich ist es deshalb, den Schankwirt zu reizen.« - So Bismarck am 26. März 1886 im Reichstag.[9]

Da die Mitglieder des Reichstages auch Menschen waren, mußten sie essen und trin-ken. Manche empfanden sich sogar als Gour-mets, und beinahe alle fanden das Zusam-mensein mit Kollegen und Journalisten im Reichstagsrestaurant oder am Buffet in der so-genannten »Fraktion Müller« - zwischen 1877 und 1897 hieß sie nach dem neuen Pächter »Fraktion Schulze« - angenehmer als in den Wandelgängen oder im Foyer.

Im provisorischen Reichstagsgebäude in der Leipziger Straße 4 konnten die Abgeordneten zwischen dem Reichstags-Restaurant, dem Herrenhaus-Restaurant und zahlreichen Loka-len in der Leipziger Straße und in der näheren Umgebung wählen. Jede Fraktion hatte ein Stammlokal und auch an langen Sitzungsta-gen war es nicht schwer, einzelne Abge-ordnete per Boten ins Parlament zu holen oder in ihren angestammten Lokalen aufzusuchen.

Die Lage änderte sich schlagartig mit dem Umzug in das neue Haus am Königsplatz. Hier hatte der Pächter des neuen Hauses, Friedrich Schulze, in Zusammenarbeit mit dem Restaurateur Rudolf Dressel und Paul Wittig die Räume mit damals modernster Technik und Behaglichkeit einrichten lassen. Zur Reichstagseinweihung brachte er sogar einen »Parlamentssekt« heraus. Doch in die-sem Falle hat dieser Wirt seine Rechnung ohne den anderen Wirt, die Parlamentarier, gemacht, denn die Kundschaft blieb aus. August Stein war der Meinung, daß dies haupt-sächlich an den weiten Wegen sowie an der Einrichtung des großen Restaurationsraumes

*Das Restaurant
»Wallot-Bräu«*

lag: »Das alte Reichstagshaus hat den geselligen Verkehr der Abgeordneten gefördert und die Vertreter verschiedenster Anschauungen außerhalb des eigentlichen Kampfplatzes zusammengeführt ... Im alten Hause lagen die Haupträume hübsch beieinander. Das einfache, helle, freundliche Foyer, in welchem man nicht auf poliertem Marmor 'schlidderte', sondern wie sich's für unser Klima gehört, auf Teppichen ging, hatte zur einen Seite, nur durch Glastüren geschieden, die meist offen standen, das Buffet und die Restaurationszimmer, zur anderen die Eingänge des Sitzungssaales ... Da ging's ungezwungen und zuweilen auch feuchtfröhlich zu. Foyer und Buffettverkehr gingen ineinander über. Der Bowlenclub trat oft über die Schwelle der offenen Glastüren im Foyer zusammen ... Dieser Bowlenclub - wie oft haben Gäste ihn als Polenclub verstanden - war eine alte parlamentarische Institution, wenn auch kein Handbuch sie aufführte. Männer aus den verschiedensten Parteien gehörten zu ihm, namentlich auch die gesellschaftlich sehr angenehmen 'Welfen' genannten Herren aus Hannover, meist Männer, die im Plenum selten sprachen, die sich aber dafür mehrmals während der Sitzung am Büffet um ihren Präsidenten sammelten und nach einer kurzen Ansprache mit liebenswürdiger Feierlichkeit ein Glas Bowle leerten, wie sie gerade die Jahreszeit bot ... In den Anfängen der Reichsherrlichkeit gab's im Foyer und Restaurant Geschellschaftsabende, heitere Gelage, oft bis tief in die Nacht, bei denen süddeutscher Humor und Trinkfestigkeit das einigende Band der Parteien und Stämme verstärkte ... Da gab's zuweilen schöne nächtliche Feste für Reichstag und Bundesrat. Es waren auch Feste für den Restaurateur. Dort hat einst in lustiger Mitternacht ein vielgenannter Minister einen politisch sehr gemischten Chor dirigiert, der ein bekanntes Lied von einem Wirtshaus sang, das an einem Nebenfluß des Rheins stehen und auch eine Wirtin haben soll. Dort hat auch um dieselbe Stunde ein 'Genosse', den seine romantische Vergangenheit auch einmal unter päpstliche Fahnen geführt hatte, sich als gefühlvoller Sänger italienischer Volkslieder offenbart.«[10]

Als der neue Reichstagsbau fertig war, mußte Stein den Kontrast zum alten beschreiben: »Ein ... Raum aber, bei welchem Gemüthlichkeit und freundliche Wohnlichkeit durch seinen Zweck geboten wäre, die Restauration, wirkt kalt und imponierend. Hohe, stets geschlossene Flügeltüren oder vielmehr Tore aus dunkelrotbraunem Holz mit prächtigen Bronzeverzierungen führen aus der gerühmten Wandelhalle in die Restauration. Durch solche Tore zieht man feierlich in einen Dom ein oder in ein kaiserliches Schloß zur Audienz, aber nicht, um für 50 Pfennig Linsensuppe mit Bratwurst zu genießen und dazu einen Schnitt Bier – was ein sehr beliebtes Frühstück der Herren Gesetzgeber ist - oder ein paar warme Würstchen oder Königsberger Klops mit Kapernsauce und, wenn's hoch kommt, ein Diner für eine Mark. Soviel kostet nämlich ein Mittagessen im Reichstage. Einzelne Protzen, die es üppiger treiben, bekommen noch zwei Gänge mehr, und dann kostet es Mk. 1.50.«[11]

Wilhelm II. hatte den Wunsch geäußert, daß alle »staatlichen und städtischen Betriebe ... Musteranstalten sein« sollten. Das Restaurant des Reichstags war dabei keineswegs ausgenommen, zumal die Kücheneinrichtung als mustergültig galt. Aber im Reichstagsrestaurant ging es keineswegs mustergültig zu. Reichstagsabgeordnete beschwerten sich, daß sie sich gezwungen fühlten, üppige Trinkgel-

der zu bezahlen, weil der Pächter, Herr Schulz, viel zu geringe Löhne zahlte. Auch das Essen ließ zu wünschen übrig.[12] Die Klagen wiederholten sich in den 20er Jahren erneut.

Schulze mußte erkennen, daß er bei dem mangelnden Besuch im Reichstag zu immer höheren Kosten und folglich zur Unwirtschaftlichkeit getrieben wurde. Es sei damit »die erste und sicherste statistische Unterlage für die von einzelnen noch bestrittene Tatsache, daß der Absentismus der Abgeordneten sich bis zur Unerträglichkeit gesteigert hat ... Leute, die ihren Restaurateur nicht ernähren können, haben keine Lieder ... Schulze folgt Bismarck. Der Altrestaurateur dem Altreichskanzler: Die Götter gehen davon.«[13] Schulze löste seinen Vertrag zum 1. April 1897.[14]

Schulzes Nachfolger wurde der Besitzer des Monopol-Hotels in der Friedrichstraße, Louis Schauté, der das Restaurant weitere zehn Jahre in Pacht hatte. Bereits 1899 aber beschwerte er sich über den schlechten Besuch und über die Schwierigkeit, gute Kellner und Köche die ganze Zeit zu beschäftigen, hätten sie doch nur gelegentlich zu tun. Er gab den Betrieb 1907 auf. Die Beratungen des Haushaltsausschusses zur Weimarer Zeit brachten eine ganze Reihe von Mißständen an den Tag, die ausnahmslos mit der Ernsthaftigkeit einer Gesetzesvorlage über Invalidenrenten diskutiert wurden. Zum einen wurde bemängelt, daß der Reichstag Gastkarten ausgab, die auch für Angehörige der Reichstagsabgeordneten nur gegen Bezahlung zu erhalten waren. Der SPD-Abgeordnete Heimann gab zu, daß damit verbundene Kontrollen »ein Ding der Unmöglichkeit seien. Aber: Es müßte sonst jeder... seinen Taufschein mitbringen. Die Sache müsse deshalb so bleiben, wie sie bisher gewesen sei. Im entgegengesetzten Fall werde das Restaurant überfüllt sein. Er habe es früher oft erlebt, daß er im gleichen Augenblick mit anderen Abgeordneten seine Mittagsmahlzeit einnehmen wolle. Nachdem er das außerhalb des Hauses getan hätte, haben bei seiner Rückkehr die anderen im Reichstagsrestaurant immer noch auf das Essen gewartet.«[15]

Paul Löbe sprach über die mangelhafte Lüftung des Reichstagsrestaurants. »Es ist aber immer so gewesen, daß, wenn zwei Herrn sich über die mangelhafte Lüftung beschwerten, später, nach Abstellung der Beschwerde, zehn Herren mit mangelhaftem Haarwuchs auftreten und sich über die zu starke Lüftung beklagten.«[16]

Am 30. Januar 1926 kamen die Mitglieder des Haushaltsausschusses erneut auf das Restaurant im Reichstagsgebäude zu sprechen. Der Abgeordnete der Deutschen Volkspartei, Carl Cremer, beschwerte sich, daß »viele Dinge nicht so seien, wie sie eigentlich sein sollten ... er wolle herbei zunächst auf die Weinkarte zu sprechen kommen. Diese Karte wisse nicht einmal einen Unterschied zwischen Rhein- und Moselwein zu machen. Sie werfe durcheinander Sorten und Qualitäten und nehme keine Rücksicht auf die sonst üblichen Preise.« Der Volkspartei-Abgeordnete Johann Baptist Rauch aus München sagte, daß das bisherige Essen nicht befriedige: «... Wer deswegen irgendwie mit seinem Magen zu tun habe, für den sei es geradezu schädlich, im Reichstag zu essen. Es werde durchweg mit einem Fett gekocht, das von dem gelieferten Fleisch abgeschnitten und zu Kochfett verarbeitet werde. Man würde aber lieber ein paar Pfennige mehr bezahlen, wenn dafür erreicht werde, daß mit Butter gekocht werde.« Dagegen sprach sich der SPD-Abgeordnete Gustav Hoch aus, der behauptete, daß man im »Laufe der Jahre im Reichstag niemals besser gegessen habe als in der Jetztzeit. Die Preise seien keineswegs teuer. Sie seien im Gegenteil für eine ganze Reihe von Speisen auffallend billig.« Ihm pflichtete der Zentrumsabgeordnete Johann Giesbert bei. Der Bromberger Abgeordnete der Deutschen Nationalen Volkspartei Georg Schultz war anderer Meinung: »Er könne sich sogar auf das Zeugnis älterer ehemaliger Abgeordneter berufen, die bei Einladung ihm geagt haben, daß das jetzige Essen mangelhafter sei, als es früher der Fall war. Er gab gerne zu, daß die heutige Zeit vielleicht nicht geeignet sei, so gute Speisen zu liefern wie früher.«[17]

In einer Plenarsitzung des Reichstags vom 25. März 1927 sprach Marie-Elisabeth Lüders (DDP) gar über frische Milch und frisches Gemüse. Sie sei der Meinung, daß sie zwischen frischer Milch und Büchsenmilch unterscheiden könne und das, was im Reichstagsrestaurant serviert werde, sei Büchsenmilch. Es sei auch nicht das beste Fett, was verwendet werde: »Ich bin überzeugt, daß die Herren zuhause dieses Fett nicht essen würden. Hier sind wir aber dazu gezwungen. Es mag richtig sein, das kann ich aber nicht nachprüfen, daß die Speisen, wie vorsichtig im Bericht steht, mit Butter 'angesetzt' werden. Was aber nachher den Speisen noch zugesetzt wird, davon schweigt man (Zuruf: Magenkatarrh!) ... Da möchte ich Ihnen ... sagen, ... daß die Küchenverwaltung ausdrücklich hervorhob: 'Unsere Bemühungen, erstklassiges deutsches Tafelobst zu bekommen, sind leider fehlgeschlagen, so daß wir gezwungen waren, auf amerikanisches Obst zurückzugreifen.' Vielleicht sprechen Sie einmal mit den Ihnen nahestehenden agrarischen Kreisen, ob sie nicht das deutsche Obst in besserer Qualität zu billigen Preisen abgeben möchten.«[18] Und: »Es muß festgestellt werden, daß es im Reichstag den schlechtesten Kaffee von Berlin gibt, und das mag allerhand erklären.«[19]

Die Reichstagsabgeordneten verbrachten viel Zeit im Restaurant oder in den Erfrischungsräumen, und was uns vielleicht absurd erscheint, spiegelt nur die Realität und ist sicherlich nicht anders in anderen Parlamentshäusern. Mit großer Energie und viel Zeit kümmerten sich die Parlamentarier Jahrzehnte um ihr leibliches Wohl; anderenorts und zu anderer Zeit sind es die Diäten ...

Neue Phasen der Planung
Der Reichstagswettbewerb 1927

Fast von Anbeginn an hatten die Reichstagsabgeordneten über Raummangel geklagt. 1912 wurden zwischen Obergeschoß und Dachgeschoß etwa 100 kleine Arbeitsräume gebaut, aber diese haben nur wenig Erleichterung gebracht. »Was nützten ihm [Walther Lambachs fiktivem MdR] die herrlichen Malereien an den Wänden, die feingeschnitzten Holzpaneele, die einzig schöne Aussicht auf den Königsplatz und hinüber bis zu Kroll, wenn er keinen leeren Stuhl fand und keinen freien Arbeitstisch zum richtigen Lesen und Schreiben.«[1]

1925 begannen im Haushaltsausschuß des Reichstags Überlegungen zu einem Neubau,

um den bestehenden Mißständen und dem zunehmenden Platzmangel abzuhelfen. Der Zentrumsabgeordnete Karl Theodor von Guérard sagte sinngemäß, daß besonders die kleinen Fraktionen mit ihren auswärtigen Mitgliedern zur Erledigung ihrer gewachsenen Arbeitsaufgaben auf das Gebäude angewiesen seien. Die Möglichkeit, das inzwischen für 750.000 RM am 3. Juni 1910 verkaufte Grundstück von 400 m[2] neben dem Reichstagsgebäude wieder zu erwerben, sollte nicht ausgeschlagen werden. Der deutschnationale Abgeordnete Reinhard Mumm meinte, daß bei einem Neubau »nicht die ungeheuerliche Raumverschwendung Platz greifen sollte, wie dies bei dem jetzigen

Der Platz der Republik um 1920

209

Reichstagsgebäude der Fall ist«.[2] Der SPD-Abgeordnete Paul Taubadel wies auf den Widerspruch von Repräsentativität und Arbeitsbedingungen hin: »Eine Ausnutzung der Türme und der Höfe für Arbeitsräume kommt meines Erachtens nicht in Frage. Was das Dachgeschoß betrifft, so wissen ja alle Mitglieder des Hauses, daß jeder Winkel bis zum äußersten ausgenutzt ist und ich glaube, es wird sehr wenigen Mitgliedern des Reichstages bekannt sein, daß die jetzigen Arbeitsräume für Abgeordnete erst im Jahre 1913 eingebaut worden sind. Bei dem Bau des Reichstages hat man an Arbeitsräume für Abgeordnete überhaupt nicht gedacht (Hört! Hört!)«.[3] Auch er forderte einen Ergänzungsbau.

Die Bibliothek bereitete ebenfalls Sorgen. Sie war für einen jährlichen Neuzugang von 5.000 Büchern angelegt. Schon 1920 war die Anzahl der Neuzugänge auf 6.000 p. A. gestiegen, 1925 hatte die Bibliothek bereits einen Bestand von rund 260.000 Bänden. Um 1927 betrugen die Neuzugänge zwischen 7.000 und 8.000 pro Jahr. Die Bibliothek mußte dazu übergehen, Teile des Dachgeschosses als Magazin zu benutzen.

Im Sommer 1927 schrieb dann der Reichstag einen Wettbewerb für einen Erweiterungsbau mit der Einlieferfrist zum 25. November aus. Es wurden acht Preise zwischen 9.000 und 2.000 RM ausgesetzt. Für die Jury wurden die Architekten Ludwig Hoffmann, Martin Wagner, Karl Elkart, Fritz Schumacher und Hans Grässel sowie der Reichskunstwart Edwin Redslob und die Politiker Paul Löbe, der Bürgermeister von Berlin a. D. Dr. Ernst Scholz, Theodor Heuss und Max Wallraf benannt. Ende November 1927 wurde die Einlieferfrist bis zum 21. Dezember verlängert. Über die Modalitäten dieses Wettbewerbs ist wenig überliefert. Am 26. November 1925 hatte der Reichstag das oben genannte Grundstück - das er 1916 an die Firma Stinnes verkauft hatte - für nur 400.000 RM zurückerworben. Da diese Fläche recht bescheiden war, wurde sie durch weitere Ankäufe bis 1927 auf etwas mehr als 1.800 m² erweitert. Zumindest war klar, daß das annähernd trapezförmige Areal mit teilweise gekrümmten Begrenzungen schwierig zu bebauen war.

In der Hauptsache war der Ergänzungsbau für die Erweiterung der Bibliothek gedacht. Hier sollte ein Bücherspeicher und ein Archiv von etwa 1.000 m² für den damaligen Bestand von rund 270.000 Bänden und einem jährlichen Zugang von rund 7.500 Bänden eingerichtet werden. Weiterhin waren Arbeitsräume für die Abgeordneten, Katalog- und Lesesäle, Geschäftszimmer und andere Nebenräume vorgesehen.[4]

Gustav Lampmann, Herausgeber des »Zentralblattes der Bauverwaltung«, erachtete als »Grundübel unserer Zeit« das »Fehlen einer von Zeitbewußtsein erfüllten Auftraggeberschicht... aus verfehlter Problemstellung ist die geradezu Übung gewordene Kompromiß-Preisverteilung bei fast allen bedeutenden Wettbewerben zu erklären ...« Die Folge davon sei »die Vergeudung von künstlerischer Kraft, Geld und Zeit und die böse psychologische Nachwirkung, die eine solchermaßen zu Mißerfolg verurteilte Arbeit in der Gesamtheit der dazu verleiteten Künstlerschaft hervorrufen muß«.[5]

An diesem Wettbewerb beteiligten sich 278 Architekten und Architektengemeinschaften, darunter Wallots Schüler Heinrich Straumer sowie Emil Fahrenkamp und Eduard Jobst Siedler. Das Preisgericht tagte am 14., 15. und 16. Januar 1928. Ein erster Preis wurde nicht vergeben, zwei zweite Preise von jeweils 6.000 Mark gingen an den Frankfurter Architekten Fritz Schaupp, den Leipziger Hans Heinrich Grotjan und an die Nürnberger Karl Leubert und Hans Lehr. Straumer und Fahrenkamp erhielten jeweils einen dritten Preis.

Viele Fachzeitschriften monierten die eklatanten Fehler in der Wettbewerbsausschreibung, die zu einer »Vergeudung geistiger und mechanischer Arbeit, ... nutzloser Aufwendung von Zeit und Geld, dem Architektenstand zugemutet«, geführt hätten. Dies sei, schrieb die »Deutsche Bauzeitung«, eine »Ausnutzung der Notlage der deutschen Architekten«. Dabei hat das Preisgericht einstimmig beschlossen, »daß der von der Reichsverwaltung für den Dienstbetrieb notwendig erachtete Verbindungsgang über die Straße aus künstlerischen Gründen nicht durchgeführt werden sollte«.[6] Irgendwelche Ansätze zur Realisierung eines Entwurfes oder seiner Überarbeitung für eine Ausführung gab es nicht, die Einsendungen wurden Archivgut.

DER REICHSTAGSWETTBEWERB 1929

Als das Jahr 1928 zu Ende ging, war die Angelegenheit noch immer ungelöst, und so beschloß ein sogenannter Planungsausschuß im Reichstag, einen neuen Wettbewerb auszuschreiben. Hierüber gab es einen erregten Briefwechsel zwischen den Vertretern des Reichswettbewerbsausschusses, den Redakteuren der Zeitschriften »Bauwelt« und »Baugilde« und dem Präsidenten des Reichstags Paul Löbe. Es hatte offenbar Mißverständnisse über die Modalitäten des neuen Wettbewerbs gegeben - wer dazu hätte eingeladen und unter welchen neuen Bedingungen der Wettbewerb hätte ausgeschrieben werden sollen. Das Resultat dieser Erörterungen war ein eng gefaßter Wettbewerb, zu dem bereits preisgekrönte Architekten sowie Peter Behrens, German Bestelmeyer, Hans Poelzig und Karl Wach eingeladen wurden. Über das Programm dieses Wettbewerbs ist mehr bekannt als über das des ersten.

Es sollte ein Bibliotheksspeicher für rund 540.000 Bände gebaut werden. Der vorhandene Bücherbestand betrug etwa 300.000 Bände, und der jährliche Zuwachs hatte zu diesem Zeitpunkt bereits 8.000 Bände erreicht. Im Neubau sollten u. a. ein Lesesaal für Abge-

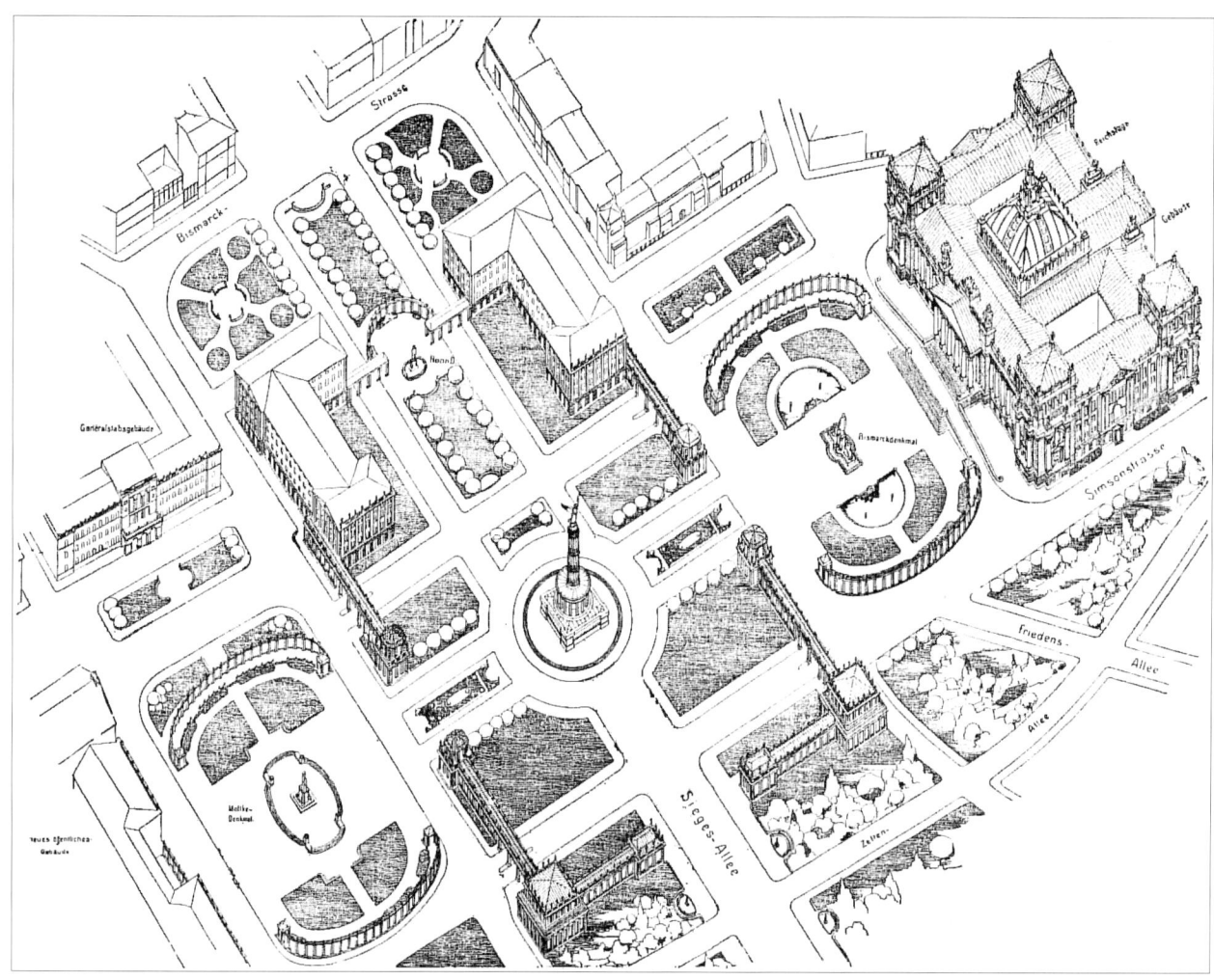

Felix Genzmers
Plan von 1910

ordnete von 140-150 m², ein Lesesaal für das Publikum zwischen 70 und 90 m², Katalogsäle von zusammen 150-160 m², 10 Verwaltungsräume, 10 Arbeitsräume für Abgeordnete und zwei Arbeitsräume für das Publikum, alle zwischen 18 und 22 m² groß, untergebracht werden. Außerdem sollten Archivräume für das Hauptarchiv und die Petitionen, eine Kasse und Räume für die Drukkerei und Buchbinderei von 300 m² vorgesehen werden. Neben diesen Bibliotheksräumen waren mindestens 400 Arbeitsräume für Abgeordnete zwischen 18 und 22 m², sieben Sitzungszimmer, 16 Schreibzimmer, zwei Räume für die Telefonzentrale und je eine Pförtner- und Beamtenwohnung vorgesehen.

Auch diesen Wettbewerb traf der Bannstrahl berufener Kritiker. So schrieb Paul F. Schmidt in der »Stadtbaukunst« vom 20. Juni 1929: »Man muß eine Torheit zu verhindern suchen, selbst wenn ihre Durchführung für den Augenblick sehr dringlich, klug und praktisch aussieht. Solch eine übereilte Angelegenheit wäre die Durchführung des Reichstagsanbaues, den der Planungsausschuß unserer gesetzgebenden Körperschaft beschlossen hat ... Kein Zweifel: dieser dringenden Raumnot muß abgeholfen werden, und recht bald, aber nicht so, daß man, nach einem verunglückten Wettbewerb, der die architektonische Unmöglichkeit eines einseitigen Anbaues als einziges Resultat erwiesen hatte, nun justament einen

mangelhaft!!! Einen anderen Ausdruck finde ich dafür leider nicht. Mit Bedauern mußte ich hören, daß der Herr Reichskunstwart die Büste empfohlen hat - hier liegt Fachunkenntnis vor, die bedeutungsvoll ist. Ernste Betrachtungen sind in diesem Falle nötig. Ich schlage vor, die Anfertigung der Ebert-Büste Herrn Professor Bleeter [sic!] (München) oder Herrn Professor Ulfert Jansen (Stuttgart) zu übertragen.« Der »Querschnitt« meinte: »Kommentar ist überflüssig, es lebe die Siegesallee.«[28] Max Liebermann präsidierte eine Sitzung der Akademie der Künste am 31. Juli, bei der die beiden Kontrahenten nicht erschienen, aber Lederers Brief an Liebermann zur Sprache kam: »Lederer lehnt es schroff ab, sich irgendwie zu seinem Gutachten zu äußern und stellte den Mitgliedern der Akademie frei, sich darüber nach Gutdünken zu unterhalten - er interessierte sich jedoch für die dabei gewonnenen Ansichten nicht.«[29] Obwohl auch die SPD-Kommissionsmitglieder gegen die Aufstellung im Reichstag stimmten, und obwohl der Vorwärts von der Unmöglichkeit sprach, »eine künstlerisch wertvolle Plastik dem Schrecken des Wallotbaues organisch einzuordnen«[30], wurde Kolbes Ebertbüste von der sozialdemokratischen Fraktion des Preußischen Landtags für 5.000 M gekauft und in das Landtagsgebäude gebracht.[31] Und die Ebertbüste wurde tatsächlich dem Münchener Künstler Bernhard Bleeker in Auftrag gegeben; sie und eine Hindenburgbüste von Edwin Scharff wurden im Reichstagsgebäude am 18. Oktober 1927 aufgestellt.

REICHSTAG UND RUNDFUNK

Eine Frage, die das Parlament betraf, aber nur am Rande zur Sprache kam, war, ob die Sitzungen des Reichstags durch den neu eingeführten Rundfunk übertragen werden dürften. Befürworter der Einrichtung sprachen von einer pädagogischen Wirkung für die junge Demokratie. Gegner meinten, die Würdelosigkeit mancher Vorgänge und Auseinandersetzungen würden einem zu großen und breiten Publikum unterbreitet. So schrieb der Journa-

list Alfred Duchrow über eine Sitzung, in der nur Mikrophone und Lautsprecher, nur nicht Rundfunk zum Einsatz kamen: »Es war schauerlich! Die Vertreter der Regierung wie die Sprecher fast aller Fraktionen wetteiferten in Schaumschlägerei ... Ich habe Reichstagssitzungen mitgemacht, in denen die Redeschlachten zu Saalschlachten ausarteten und sich das Publikum vorsehen mußte, daß es nicht auch noch etwas abbekam vom Bombardement mit Tintenfässern und Linealen oder noch handfesteren Merkmalen ... Es gab Sitzungen, in denen nicht mehr als drei Abgeordnete als 'Beobachter' im Plenarsaal anwesen waren, derweil irgendein gewählter Mummelgreis eine lange, öde Rede abhaspelte.«[32] Der kurzfristig amtierende Reichstagspräsident Max Wallraf sprach von langweiligen Reden, von der verlorenen Kunst, überhaupt Reden zu schreiben oder zu halten. Löbe hielt die Parlamentsberichterstattung der Zeitungen für schlecht und teilweise erlogen, und sah auch keine Chance, daß Rundfunkübertragungen das ändern könnten.[33] Später hatte er dazu eine andere Meinung.

Die erste Übertragung einer Parlamentssitzung gebührt nicht dem Reichstag, sondern dem 72. Westfälischen Provinziallandtag in Münster, wo es am 13. März 1927 zur ersten Sendung kam, ohne daß das Parlament Schaden genommen hätte.[34]

Dennoch blieb der Ältestenrat lange bei seiner ablehnenden Haltung zu Übertragungen, obwohl Löbe nun Übertragungen befürwortete. Erst die Stimmenzuwächse der Nazis brachten eine Meinungsänderung. Diejenigen, die Demokratie und den Verfassungsstaat hoch hielten, unterstützten nun den Rundfunk derart, daß ein Erzkonservativer, Kuno Graf von Westarp (DNVP-Vorsitzender) sein Rundfunkgerät Anfang Mai abmeldete: »Hiermit kündige ich zum ersten zulässigen Termin meine Beteiligung am Rundfunk. Ich muß es ablehnen, mir dauernd einseitig parteipolitische und agitatorische sozialdemokratische Kundgebungen bieten zu lassen.«[35]

Erst im Jahre 1931 wurden Reichstagssitzungen aufgenommen und, nach starker Redigierung im Rundfunk übertragen. Die erste »live«-Sendung aus dem Reichstag selbst geschah am 25. Februar 1932.[36] Weil Reichskanzler Brüning gegen die NSDAP und die Harzbuger Front sehr polemisch sprach, kritisierten die Nazis und die Deutschnationalen diese Sendung als »erneuten Beweis dafür, daß die Reichsregierung sich nicht scheut, die ihrer Aufsicht unterstehende angeblich paritätische Einrichtung des Rundfunks in völlig einseitiger Weise zu einer parteipolitischen Beeinflussung der Bevölkerung zu mißbrauchen.«[37] Das allein reichte, um weitere Sendungen während der noch verbleibenden Zeit des Weimarer Reichstags zu unterbinden; allerdings wurden seit Brünings Rede alle Sitzungen aufgenommen, und viele sind noch erhalten. Die Nazis, die sich gegen die Übertragung von Reichstagsreden stemmten, nutzten diese Möglichkeiten dafür um so schamloser aus, als sie an die Macht kamen.

Das Reichstagsgebäude
als Symbol der Weimarer Republik
Das Ende der Monarchie

Die Gründung der deutschen Republik.

Die Weimarer Republik war von vornherein mit einem großen Makel behaftet; sie hatte die Verantwortung für einen Frieden übernehmen müssen, Folge eines Krieges, den die Monarchie verursacht hatte; der Versailler Frieden war nicht nur für Rechte und Linke eine Schmach, er war es auch für - fast - jedermann. Unterschrieben wurde er schließlich von einer vom Reichstag legitimierten Regierung und vom Reichstag ratifiziert.

Die Verfassung der Weimarer Republik ließ eine Vielzahl von Parteien zu. Die Republik und der Parlamentarismus wurden von Natio-

nalsozialisten und Kommunisten - wenn auch nicht gleichermaßen - bekämpft. Für beide war nicht das Schloß, sondern das Haus des Deutschen Reichstags das Symbol für eine »überlebte« Gesellschaft. Egal was im oder am Reichstagsgebäude geschah, Kritik, Schmäh und Tumult waren vorprogrammiert. Schwächen und Stärken der Republik wurden mit dem Reichstag identifiziert, auch noch nachdem die Republik von ihren Gegnern beseitigt worden war. Wer auch immer hinter dem Reichstagsbrand steckte, er wußte genau, worauf er es abgesehen hatte. Und die weni-

Zeitgenössische Postkarte

*Die Leiter der neu-
gebildeten republika-
nischen Schutztruppe.
In der Mitte:
Der Kommandeur
Oberst Grautoff;
links von ihm: Soldat
Liebe; rechts:
Bauermeister (Zivil)*

gen großen Ereignisse - ein Vortrag von H. G. Wells, Besuche von Albert Einstein - konnten das Haus und sein Image nicht retten.

Die Kräfte, die Deutschland bereits nach der Reichsgründung in zwei feindliche Lager spalteten - und bis 1918 den Spalt vertieften, waren beim Zusammenbruch Deutschlands so stark geworden, daß die Frage erlaubt sein sollte, nicht warum die Weimarer Republik zugrunde ging, sondern warum dies so spät geschah, bzw. wie es die republikanischen Kräfte erreichten, daß sie das System so lange am Leben erhielten.

Uneinig waren alle über alles: Über den Untergang der Monarchie, über die Ursachen des Zusammenbruchs, über die Personen, die den Untergang zu verantworten hatten, über die Tage oder den Tag, den es zu feiern galt;

während die Republikaner den 9. November favorisierten, gab es nach wie vor Feiern zur Reichsgründung vom 18. Januar 1871 oder zur ersten Sitzung des Reichstags vom 21. März 1871.[1] Nicht einmal über die nationalen Farben war man sich einig. Das Ende der Monarchie war zwar staatsrechtlich besiegelt, doch in nostalgischer Verklärung lebte es in vielen Symbolen fort und erfreute sich mehr oder weniger heimlicher Verehrung.

DER PARLAMENTARISMUS UND SEINE FEINDE

Der Untergang der Weimarer Republik wurde nicht zuletzt durch das Ausmaß an antiparlamentarischer, antidemokratischer, antirepublikanischer, verfassungsfeindlicher Gesinnung beschleunigt, die bei den Parteien und Gruppierungen am äußersten rechten Rand am heftigsten waren, aber auch bei den Linken und vielen Bürgerlichen nicht fehlte. Die Republik wurde von antiparlamentarischen Wühlern unterminiert: Antisemiten, Monarchisten und Antirepublikaner, und diese waren an allen Fronten erfolgreich; bei der Entfernung monarchistischer Symbole fanden sich die Kommunisten an der Seite der Sozialdemokraten und, da man Agrarier und Junker bei solchen Gelegenheiten bis aufs Blut reizte, erhielten sie auch Beifall von den Bürgerlichen, z. B. in der Frage der Umbenennung des Königsplatzes in Platz der Republik.

Kommunisten und Nationalsozialisten bzw. ihre Theoretiker und Apologeten in der Presse, im Reichstag und in den Länderparlamenten bekämpften die Demokratie, wo auch immer sie konnten. Schon die Verfassung von Weimar, am 11. August 1919 angenommen und am 14. August 1919 in Kraft getreten, wurde von den Gegnern des Staates bekämpft, am perfidesten mit dem Wort »Judenverfassung«, weil der Entwurf von dem Rechtsgelehrten jüdischen Glaubens Hugo Preuß stammte.[2] Einer dieser Verfassungsväter, der Sozialdemokrat Hugo Haase, wurde vor dem Reichstagsgebäude am 8. Oktober 1919 Opfer eines Attentats, er erlag seinen Verletzungen am 7. November. Der Finanzminister Matthias Erzberger fand 1921 den Tod, während Scheidemann einem Attentat nationalistischer Fanatiker nur um Haaresbreite entging. Die Wirtschaftsdelegation, die im deutschen Namen 1922 in Genua verhandelte, wurde bemängelt ob ihres hohen Anteils an Juden.[3] Ihr Delegationsleiter wurde wenig später auf offener Straße erschossen. Oswald Spengler nannte das Parlament einen »Biertisch höherer Ordnung«.[4] In »Mein Kampf« äußerte Hitler unverblümt seine Verachtung gegen Parlamentarismus und Mehrheitsprinzip; von der Würdelosigkeit des Wiener Parlaments angeblich angeekelt, faßte er einen Haß zunächst gegen den Stil, dann gegen den Inhalt von Parlamenten, schließlich gegen den Typ des Parlamentariers selbst: »In ihrer [der Demokratie]

äußeren Ausdrucksform, dem Parlamentarismus, schuf sie sich noch eine 'Spottgeburt aus Dreck und Feuer'... Indem das parlamentarische Prinzip der Majoritätsbestimmung die Autorität der Person ablehnt und an deren Stelle die Zahl des jeweiligen Haufens setzt, sündigt es wider den aristokratischen Grundgedanken der Natur ... Welche Verwüstungen diese Einrichtung moderner demokratischer Parlamentsherrschaft anrichtet, kann sich freilich der Leser jüdischer Zeitungen schwer vorstellen, soferne er nicht selbständig denken und prüfen gelernt hat.«[5]

Aus diesem rechten Sumpf stammen mehrere Äußerungen gegen das Mehrheitsprinzip, gegen das Konzept des parlamentarischen Regierens überhaupt: »Wir haben den Kampf gegen Parlament und Parlamentarismus nicht umsonst auf unsere Fahne geschrieben«, stand es in einem völkischen Kampfblatt, »wir wissen, daß die politische Moral erst dann wiederkehren wird, wenn es uns gelungen ist, dieses System mit Stumpf und Stiel zu beseitigen.«[6] Ähnliches kann bei den Schriften von Carl Schmitt, Alfred Hugenberg und dem Grafen von Westarp ad nauseum gefunden werden. Hugenberg äußerte sich in einer von ihm kontrollierten Zeitung, »Der Tag«, am 9. Januar 1925 abfällig über den Parlamentarismus. Auf einer Versammlung der Nationalsozialistischen Freiheitspartei am 28. November 1924 hatte Ludendorff den Kampf gegen »Schwarzrotgelb und gegen den Parlamentarismus« gefordert. Goebbels schrieb nach den Reichstagswahlen 1928, daß er nicht daran denke, sich an die parlamentarischen Grundregeln zu halten,[7] während Hitler als Zeuge im Hochverratsprozeß deutscher Offiziere vor dem Leipziger Reichsgericht am 25. September 1930 sagte, seine Partei wolle »möglichst viele Sitze im Parlament, um dieses von innen her lahmzulegen und zuletzt die Verfassung aus dem Sattel zu heben«.[8] Die Reihe von Äußerungen gegen den Parlamentarismus ließe sich beliebig fortsetzen.

Aber auch von links war der Parlamentarismus bestenfalls geduldet. Am skurrilsten gebärdete sich Kautsky mit seiner Quadratur des

Trauergeleit für den verstorbenen Reichspräsidenten Ebert

Kreises: »Für die Diktatur des Proletariats kann ich mir aber eine andere Form nicht denken als die eines kraftvollen Parlaments nach englischem Muster mit einer sozialdemokratischen Mehrheit und einem starken und bewußten Proletariat hinter sich. Der Kampf um einen wirklichen Parlamentarismus wird meines Erachtens zum Entscheidungskampf der sozialen Revolution werden, denn ein parlamentarisches Regime bedeutet in Deutschland den Sieg des Proletariats, aber auch umgekehrt.«[9]

Es kam sogar zum Eingreifen der Polizei; am 13. April 1923 schloß sie die Büros der DNVP-Fraktion. Die Fraktionsspitze beschwerte sich, daß sie ihre Arbeit nicht verrichten könne, dies sei eine Verletzung der Verfassung, aber die Mehrheit im Reichstag

sah es anders und entschied am 7. Mai 1923, daß die Arbeit der DNVP auch unter solchen Umständen nicht in ihren verfassungsmäßigen Rechten beschnitten sei.

»Unterdessen spielten die Nationalsozialisten im Reichstag ihre Doppelrolle als Zerstörer und Richter des 'Systems' mit wachsender Meisterschaft. Ganz anders als bisher waren sie dank der Stärke ihrer Fraktion [ab 1931] in der Lage, das Parlament lahmzulegen und dessen Ruf als 'Schwatzbude' durch eine johlende, disziplinlose Aufführung zu bestätigen. Jedem ernsthaften Stabilisierungsbemühen widersetzten sie sich mit der Begründung, die Besserung der Verhältnisse diene nur der Erfüllungspolitik, jedes Opfer, das die Regierung dem Volk abverlange, sei ein Akt des Landesverrats. Daneben nutzten sie die Mittel der

Reichspräsident von Hindenburg
nach der Eidesleistung, beim Abschreiten der
Front vor dem Reichstagsgebäude am 12. 5. 25.

technischen Obstruktion: Lärm, Geschäftsordnungsdebatten oder den geschlossenen Auszug aus dem Saal, sobald ein 'Marxist' das Wort ergriff. Es wirft ein Licht auf die alle Konventionen verachtende Agressivität der Fraktion, daß, nach einem Bericht des Geschäftordnungsausschusses, gegen ihre einhundertsieben Abgeordneten vierhundert Strafanträge vorlagen.«[10] Die Zahl der Saalschlachten, Tumulte oder Pöbeleien im Reichstagsgebäude zwischen Nazis und Kommunisten läßt sich gar nicht mehr rekonstruieren. Am 17. Juni 1921 endete im Reichstagsgebäude eine Debatte mit einer Schlägerei, als ein Abgeordneter der DVP sagte, Kommunisten seien keine Deutschen, sie müßten an die Wand gestellt werden. Für das Ansehen des Parlaments war das Jahr 1924 besonders verheerend. Am 27. Mai 1924 kam es unter den Rechten zu stundenlangen Tumulten, als Nazis, Völkische und Deutschnationale darum

kämpften, wer von ihnen am äußersten rechten Rand im Plenarsaal plaziert werden darf.[11] Am 2. Juni 1924 verlangten sowohl die KPD als auch die NSDAP die Wiederherstellung der Immunität einiger ihrer - aber nur jeweils ihrer eigenen - Abgeordneten, die verhaftet worden waren. Zwischen Linken und Rechten kam es fast ständig zu Pöbeleien und Handgreiflichkeiten, während der Debatte über die Annahme des Dawes-Plans am 27. August 1924 sogar zu Schlägereien. Dagegen ist das Verlassen des Plenarsaals von KPD-Mitgliedern wegen der Vereidigung von Hindenburg am 12. Mai 1925 beinahe eine Lappalie.

Die Exzesse im Plenum, die Tumulte, Schlägereien und Handgreiflichkeiten, aber auch ungebetene Interventionen auf den Besuchertribünen nahmen derart zu, daß Reichstagspräsident Paul Löbe sich veranlaßt sah, den Ältestenausschuß um schärfere Vollmachten zur Aufrechterhaltung der Ordnung zu bit-

Vereidigung
Paul von Hindenburgs

225

Staatsakt für den verstorbenen Reichspräsidenten Ebert vor dem Reichstag

ze berichtet: »Ein kommunistischer Zuhörer störte die Debatte durch Zwischenrufe; nationalsozialistische Abgeordnete versuchten, seiner habhaft zu werden, was ihre kommunistischen Kollegen auf den Plan rief. Zur linken strömte die kommunistische, zur rechten die NS-Fraktion aus dem Plenarsaal hinaus; man traf sich in der Wandelhalle. Es gab heftige Wortwechsel, die bereits abflauten, als plötzlich ein Spucknapf im hohen Bogen durch die Luft flog.

Das war das Signal für eine Massenschlägerei, bei der Aschenbecher, Pultdeckel und aus der Wand gerissene Telephonapparate als Waffen eingesetzt wurden. Die Glasscheiben der Verbindungstüren gingen zu Bruch, ein Kronleuchter stürzte ab. Schließlich, berichtete die Presse [das »Berliner Tageblatt« vom 8. Dezember 1932], 'wurden die Kommunisten von den Nationalsozialisten bis in den Wandelgang zurückgedrängt, in dem diese sich gewöhnlich aufhalten. Im Verlaufe des Handgemenges erlitten mehrere Abgeordnete blutige Verletzungen.«[13]

Am 9. Dezember 1932 wurde der Reichstag auf unbestimmte Zeit vertagt. Es war die letzte Sitzung des Reichstags im Wallotbau. » ... der Reichstag war tot. Sein Leichengeruch störte das deutsche Volk wenig.«[14]

DIE REPUBLIK WIRD
AUSGERUFEN

Außer dem Reichstagsbrand ist wohl kein Tag in der Geschichte des Reichstagsgebäudes und des Platzes, auf dem es steht, bedeutender und bekannter geworden als der 9. November 1918. Seit dem 1. November 1918 verdichteten sich die Anzeichen für eine Revolution; in Kiel meuterten Matrosen, der Rücktritt des Kaisers wurde verlangt; Bremen, Hamburg und andere Städte Norddeutschlands befanden sich im Aufstand. Am 8. November begann Matthias Erzberger in Compiègne mit den Waffenstillstandsverhandlungen. Am 9. November erreichte die Revolution Berlin. Wilhelm II. dankte ab - zunächst nur als Kaiser - und flüchtete ins Ausland.

ten.[12] Eine der größten Störungen geschah am 13. Oktober 1930 bei der ersten Sitzung des neugewählten Reichstags. Kaum hatte Hitler in Leipzig seine Zielsetzung mit dem Lahmlegen des Reichstags bekanntgegeben, als Frick seine große Schar von NSDAP-Fraktionsmitgliedern in Uniform in den Wallotbau einmarschieren ließ. Die Liste von NSDAP-Sittenverstößen ist beliebig fortsetzbar, sagt allerdings nichts aus über diese Partei, was nicht längst bekannt ist. Das letzte, was das Deutsche Volk vom Reichstag hörte, ehe es zur Machtergreifung kam, war eine Saalschlacht am 7. Dezember 1932. Hagen Schul-

In der Mittagszeit saßen Friedrich Ebert und Philipp Scheidemann im Restaurant des Reichstags, da sie sich nicht mochten an getrennten Tischen, und löffelten eine wässrige Kartoffelsuppe, als die Nachricht von der Abdankung des Kaisers eintraf - übrigens fälschlicherweise, denn Wilhelm dankte erst am 28. November ab. Beide wurden dringend gebeten, zu der Menge, die sich vor dem Reichstag versammelt hatte, zu sprechen. Ebert winkte ab. Scheidemann stand auf, ging zu einem Fenster im Zeitschriftenlesesaal, öffnete es und sagte zu den Menschen: »Arbeiter und Soldaten! ... Der unglückselige Krieg ist zu Ende ... Der Kaiser hat abgedankt, er und seine Freunde sind verschwunden. Über sie hat das Volk auf der ganzen Linie gesiegt! Der Prinz von Baden hat sein Reichskanzleramt dem Abgeordneten Ebert übergeben. Unser

Freund wird eine Arbeiterregierung bilden ... Das Alte und Morsche, die Monarchie ist zusammengebrochen. Es lebe das Neue! Es lebe die Deutsche Republik!«[15] Scheidemann ging selbstzufrieden zu seiner Suppe zurück. Dort bekam er von Ebert zu hören: »Du hast kein Recht, die Republik auszurufen! Was aus Deutschland wird, ob Republik oder was sonst, das entscheidet eine Konstituante!«[16]

Noch am selben Nachmittag begann das Reichstagsgebäude wie ein »Heerlager« auszusehen; die Fraktionen der SPD und USPD tagten ununterbrochen, und immer einmal steckte jemand von der SPD bei der USPD seinen Kopf hinein, um zu fragen, ob man nun endlich zu einer Entscheidung gekommen sei ... Aber auch andere Gäste stürmten in den Reichstag - unbekannte, ungebetene, manchmal ganze Züge mit roten Fahnen. Es war ein

Paul Löbe im Kreise seiner Mitarbeiterinnen. In der letzten Reihe zweite von rechts Louise Schroeder

Trauerfeier für
Gustav Stresemann

ewiges Kommen und Gehen. Die Straßen der Berliner Innenstadt glichen an diesem Nachmittag des 9. November einem wogenden Ozean von Menschen, und immer wieder schlug aus diesem Ozean eine überbrandende Welle in den Reichstag hinein.«[17]

Am 11. November besetzten Arbeiter- und Soldatenräte den Reichstag, machten sich im Zeitschriftenlesesaal breit, gaben fortan »den Ton an«. Im Hause entstand ein »Regiment Reichstag«. Als der Präsident des Reichstags, Konstantin Fehrenbach, am 14. November von Ebert wissen wollte, ob Einwände gegen eine Einberufung des Reichstags bestünden, antworteten Ebert und Hugo Haase wie folgt: »Infolge der politischen Umwälzung, die sowohl die Institution des deutschen Kaisertums als auch des Bundesrats in seiner Eigenschaft

als gesetzgebende beseitigt hat, kann auch der 1912 gewählte Reichstag nicht mehr zusammentreten.« Fehrenbach mußte klein beigeben; der Reichstag galt als aufgelöst.[18] Am 12. Dezember kündigte er die Einberufung des Reichstags an; nur: nach Ansicht des Rates der Volksbeauftragten existierte dieser nicht mehr. Das Haus war von »republikanischen Schutztruppen« besetzt; Möbel waren demoliert, andere Gegenstände wie Aschenbecher oder Bestecke usw. »mitgenommen« worden.

Der Reichstag bietet ein wüstes Bild; hastig gehen Abgeordnete durch die Räume; treffen auf Soldaten, die schlafen, lesen, essen; die Gewehre stehen als Dreifuß in Bereitschaft. In vielen Sitzungen fassen die Räte Resolutionen, schaffen dies und jenes ab; Graf Westarp läuft durch das Haus wie eine »Mischung aus

Braunbier und Spucke«.[19] Am 29. Dezember findet auf dem Platz und in der Siegesallee eine Demonstration der SPD gegen die Spartakus-Leute statt. Für die verfassungsgebende Deutsche Nationalversammlung werden die Wahlen für den 19. Januar 1919 festgelegt.

DAS JAHR 1919

Das neue Jahr brachte Berlin und dem Reichstagsgebäude zunächst keine Ruhe; im Zeitungsviertel wurde gekämpft, die Straßen blieben gefährlich, während des Spartakus-Aufstands kam es zwischen Reichstag und Brandenburger Tor zu Schießereien, am 19. Januar wurden Rosa Luxemburg und Karl Liebknecht ermordet; die Regierung der Volksbeauftragten beschloß, die Nationalversammlung nicht in Berlin, sondern für den 6. Fe-

bruar an einen zentralen Ort - als Kompromiß wurde Weimar bestimmt - einzuberufen.

Wie das Reichstagsgebäude nach nur drei Monaten Besatzung aussah, beschrieb Ende März 1919 Reichstagsdirektor Jungheim. Als am 21. April der Reichswehrminister das Gebäude freigibt, konstatiert man, daß fast sämtliche Räume nach der »beinahe 6 Monate währenden Belegung durch Truppen derart verlaust, beschmutzt und beschädigt sind, daß eine vollständige Desinfektion sowie gründliche Reinigung und Instandsetzung erforderlich ist, um eine ordnungsmäßige Benutzung wieder zu ermöglichen. Die gründliche Desinfektion kann nach sachverständigem Gutachten nur durch Aushungerung des Ungeziefers erreicht werden.«[20]

Noch immer wird in Berlin demonstriert, vor allem gegen das »Friedensdiktat«. In Weimar

Filmaufnahmen am Abgeordneteneingang

ratifiziert die Nationalversammlung den Versailler Frieden, am 11. August 1919, die neue Verfassung. Der 11. August wird fortan nationaler Feiertag. Erst im Herbst kehrt die Nationalversammlung nach Berlin zurück; ihre erste Sitzung im Reichstagsgebäude findet am 30. September 1919 statt. Doch ist es mitnichten ruhig; am 8. Oktober wird der Vorsitzende der USPD, Hugo Haase, von einem Schützen vor dem Reichstag so schwer verwundet, daß er am 7. November seinen Verletzungen erliegt.[21] Am 13. Januar 1920 findet vor dem Reichstag eine Demonstration gegen das neue Betriebsrätegesetz statt. Die Bilanz: 42 Tote vor und hinter dem Reichstagsgebäude.[22] Und auch während des Kapp-Putsches kommt es zur kurzen Besetzung des Reichstagsgebäudes. Sieht man davon ab, hat jedoch die Nationalversammlung bis zum 21. Mai 1920 im Reichstag relativ ungestört arbeiten können.

Der Alltag - wenn man das Alltag nennen kann - kehrte erst nach den Reichstagswahlen vom 6. Juni 1920 zurück; die erste Sitzung fand unter dem Vorsitz von Paul Löbe am 24. Juni 1920 statt.

DIE ERMORDUNG RATHENAUS

Ein Großteil der Probleme, mit denen die junge Republik zu kämpfen hatte, resultierte aus der Unerfahrenheit der Demokraten mit der neuen Regierungsform, der mangelnden Tradition mit Demokratie überhaupt und der Tatsache, daß die Gegner der Demokratie während der Revolution immer wieder Oberwasser bekamen.

Der Parlamentarismus selbst hatte keinen guten Namen, weder bei den Rechten noch bei den Linken. Lenin hatte den Parlamentarismus verdammt, Kurt Eisner hielt wenig von ihm, und noch 1932 beschwor Clara Zetkin als Alterspräsidentin des Reichstags eine Räterepublik nach Sowjetmuster. Im rechten Lager gab es zahlreiche Aristokraten und Adlige, aber auch Bürokraten und Militaristen, die dieser Form der politischen Auseinandersetzung kaum Liebe, sondern eher Haß entgegenbrachten; und auch unter den Intellektuellen gab es Leute wie Carl Schmitt, die sich offen gegen den Parlamentarismus aussprachen.

Für solch eine antiparlamentarische Einstellung war man bereit, bis zum äußersten zu gehen, bis zum Mord; vornehmstes Ziel waren dabei diejenigen, die für die Republik eintraten, einschließlich Minister und solcher Männer, die man für das Friedensdiktat verantwortlich machte, so Erzberger oder Scheidemann.

Eine der größten Herausforderungen der Republik war das Attentat auf Walther Rathenau - ehemals Minister für den Wiederaufbau und zu diesem Zeitpunkt Reichsaußenminister - an einem frühsommerlichen Samstagvormittag in Berlin. Als Rathenau von seiner Wohnung in Grunewald in einem offenen Wagen wegfuhr, wurde er an der Ecke Königsallee/Wallotstraße erschossen. Die Tat geschah gegen 10.15 Uhr, es war der 24. Juni 1922. Ein Mord, der die junge Republik in ihren Grundfesten erschütterte.

Die Republik reagierte auf verschiedenste Weise. Der Publizist Georg Bernhard schrieb von einem »Attentat auf die Republik« und wollte wissen, wer sie schützt.[23]

Die Nachricht erreichte den Reichstag gegen 11.20 Uhr. Er geriet in »beispiellose Erregung ... Von der Linken wurden stürmische Vorwürfe gegen Helfferich [den Führer der Deutschnationalen und demzufolge als »geistiger Urheber« beschuldigt] gerichtet, dem zugerufen wurde: 'Sie sind der Mörder.' Sämtliche Ausschüsse hoben sofort ihre Sitzungen auf ...«[24]

»Um 12.40 Uhr kam durch eine Seitentür der Abgeordnete Unterleitner (U. Soz.) mit einem mächtigen Strauß von Rosen und Eichenblättern, der mit einer langen seidenen Schleife in schwarz-weiß-roten Farben versehen ist. Die Schleife trug die Inschrift: Herrn Helfferich, dem Verteidiger deutscher Ehre. Er ruft dabei laut in den Saal: Das ist eben für Helfferich abgegeben worden als Ehrengeschenk! Von links wird gerufen: 'Pfui! die Mörderbande!' Der Strauß wurde von einem etwa achtzehnjährigen, jungen Menschen in die Wandelhalle gebracht. Hier drangen sofort mehrere Personen auf ihn ein, entrissen ihm den Strauß, schlugen ihn die Treppe hinunter und übergaben ihn der im Hause anwesenden Kriminalpolizei, die ihn verhaftete.«[25]

Die Regierung verhängte den Ausnahmezustand und war bemüht, »durch scharfe Maßnahmen gegen alle antirepublikanischen Blätter, Demonstrationen und Redner die Republik zu stabilisieren.«[26] Zwei Plenarsitzungen des Reichstags wurden anberaumt, eine um 15, die andere um 19 Uhr; die Trauerfeier war für Sonntag, den 25. Juni, gegen 13 Uhr vorgesehen.

»Die Trauersitzung des Reichstags war auf drei Uhr anberaumt. Der Sitz des ermordeten Ministers war mit einem Trauerflor umgeben, und auf seinem Tisch lagen weiße Rosen, ebenfalls schwarz umwunden. Die Abgeordneten betraten feierlich gestimmt den Sitzungssaal, und auch die Deutschnationalen gingen unangefochten zu ihren Plätzen.

Die ungeheure Erregung, die alle Gemüter erfaßt hat, machte sich trotz des Charakters der Veranstaltung Luft, als der Abgeordnete Helfferich erschien. Man hatte vielfach angenommen, er werde freiwillig fernbleiben oder von seiner Fraktion dazu veranlaßt werden. Von seinen Freunden umgeben, ging er zu seinem Platze. Unter den Rufen: ›Der Mörder!‹ drängten ganze Scharen der äußersten Linken nach der Rechten hinüber, wo Helfferich sich inzwischen gesetzt hatte. Seine Freunde aus der deutschnationalen Fraktion und auch eine Anzahl von Volksparteilern stellten sich schützend vor ihn.

Präsident Löbe eröffnet inmitten des Tumults die Sitzung. Er bemerkt: Meine Herren! Nach der Verfassung steht jedem Abgeordneten das Recht zu ... (Großer Lärm bei den Unabhängigen und Kommunisten und fortgesetzte Rufe: Mörder! In dem Lärm gehen die folgenden Worte des Präsidenten unter.)

Ich bin verpflichtet, so hört man den Präsidenten weiter sagen, dem Abg. Helfferich wie jedem andren sein verfassungsmäßiges Recht zu wahren.

Der Tumult dauert fort. Die auf der Rechten in dichtem Knäuel zusammenstehenden kommunistischen und unabhängigen Abgeordneten fahren in ihren Bemühungen fort, den Abg. Helfferich zum Verlassen des Saales zu dringen. Reichskanzler Dr. Wirth selbst geht in den Saal hinunter und sucht die Kommunisten und Unabhängigen zu beschwichtigen. Fortgesetzt tönt die Glocke des Präsidenten. Aus den Reihen der Unabhängigen und Kommunisten wird dem Reichskanzler Wirth zugerufen: ›Sie sind der Nächste, Herr Wirth.‹

Dr. Wirth winkt ruhig ab und geht auf seinen Platz zurück. Der Präsident mahnt nochmals zur Ruhe. ›Wir sind hier, um einen Toten zu ehren.‹

›... aber nicht der Mörder!‹ entgegnet man ihm. ›Fühlen Sie das denn nicht, Herr Präsident?‹

Präsident Loebe erwidert: ›Ich verstehe Ihre Erregung, aber ich bitte Sie, Platz zu nehmen, oder ich muß den Versuch einer Ehrenfeier für den Toten aufgeben.‹ Allmählich half das, und langsam zerstreuten sich die Mitglieder der Linken zu ihren Bänken. Als der Präsident seine Rede beginnt, nehmen Reichstagsdiener vor dem Zugang zu den Deutschnationalen Aufstellung, um den Gang zu den Bänken der Rechten abzusperren.«[27] Es folgten die Ansprachen von Löbe und Wirth, der mit solch leiser, erstickter Stimme sprach, daß man ihn kaum verstand. Beide verurteilten die Tat, beide schilderten Rathenaus Leben in den wärmsten Worten und verpflichteten sich, bei der Ergreifung der Täter nichts unversucht zu lassen. Die Abendsitzung geriet nicht weniger heftig als die am Vormittag, da die Nachricht eingetroffen war.

»Sofort nach der Eröffnung erhielt der Kanzler das Wort zu seiner Erklärung. Er sprach nicht, wie am Mittag, von seinem Platze aus, sondern von der Redner-Tribüne in der Mitte des Hauses und gab so dem Aufruf der Reichsregierung an das deutsche Volk, den er verlas, und der Verordnung des Reichspräsidenten, die er im Anschluß darauf mitteilte, auch äußerlich den Charakter, den die Stunde und die Sache forderte. Seine Ausführungen wur-

231

Mitglieder der NSDAP betreten den Reichstag am 30. Oktober 1930 zur konstituierenden Sitzung. Unter ihren Mänteln tragen sie Uniformen

den mehrfach durch stürmische Zustimmung aus dem Hause und auch von den Tribünen begleitet. Lautes 'Sehr wahr' erklang, als er von der planmäßigen Kette der Anschläge gegen die Republik sprach, die erst die Führer der Republik und dann diese selbst beseitigen wollen. Lebhaftes Bravo ertönte, als er an die Stelle kam, wo von der Bestrafung für Beschimpfungen der Reichs- und Landesflaggen die Rede war. Ebenso, als er bei der Zusammensetzung des Staatsgerichtshofs hervorhob, daß von dessen sieben Mitgliedern vier vom Reichspräsidenten zu ernennen sind, und daß diese nicht die Qualifikation zum Richteramt zu haben brauchen.«[28]

Am Sonntag fand im Reichstag eine wei-

tere Trauerfeier statt. Als Wirth sein bereits geflügeltes Wort sagte: »Da steht (nach rechts) der Feind, der sein Gift in die Wunden eines Volkes träufelt. Da steht der Feind - und darüber ist kein Zweifel: dieser Feind steht rechts«, erntete er »stürmischen lang anhaltenden Beifall und Händeklatschen in der Mitte und links und auf sämtlichen Tribünen - große lang andauernde Bewegung«.[29] »Die Rede des Reichskanzlers (vom Sonntag) war die beste, die er jemals gehalten hat, vielleicht sogar die beste oratorische Leistung im Wallot-Bau bisher«.[30]

Die Trauerfeier für Rathenau fand im Reichstag statt, nicht, wie ursprünglich vorgesehen, in der Wandelhalle, sondern im Plenarsaal. Es muß an dem Sonntag nach dem Attentat gewesen sein, als die Fraktionsführer zusammentrafen und sich über die bevorstehenden Feierlichkeiten verständigten. Aus einem Teil der Runde kam der Vorschlag oder die Forderung, das von Johannes Pfuhl geschaffene Standbild Kaiser Wilhelms I., das im Kuppelraum der Wandelhalle stand, zumindest für die Trauerfeier zu entfernen. Wahrscheinlich stand die Idee im Zusammenhang mit der Kampagne der Sozialdemokraten, alle Symbole des Kaiserreichs zu entfernen. Nach einer Darstellung wurde das Standbild verhüllt, nach einer anderen blieb es unverhüllt; auf keinen Fall wurde es versetzt.[31]

»Das Reichstagsgebäude war um die Mittagsstunde bis zur Siegessäule abgesperrt, und so schon außen von einer Atmosphäre der Stille umgeben. In der Vorhalle, deren roter Teppich mit schwarzem Flor bedeckt war, hatte man das nüchterne Teil der Sandsteinwände durch Lorbeerbäume gemildert, und am Boden ein Teil der überaus zahlreichen, großen und schönen Kränze rings um das Rund niedergelegt. Auf den Schleifen sah man die Namen der Ministerien, des diplomatischen Korps, großer Industrie-, Bank- und Handelsverbände, künstlerischer Gesellschaften, einzelner Persönlichkeiten, wie Gerhart Hauptmann, und ausländischer Bekannter des Verstorbenen, namentlich aus England und Amerika ... In der Mitte der Wand, über dem Gestühl des Präsidiums, war ein Katafalk errichtet, der sich nach oben in einen schwarzen Baladachin bis zur Höhe des Raumes fortsetzte. Halb unter ihm verborgen war der Sarg zu sehen, einfaches braunes Eichenholz, überdeckt von der Reichsfahne. Davor, über der Rednertribüne und den Stenographenplätzen, eine Terrasse von riesigen Kränzen mit schwarz-rot-goldenen Schleifen, die zum unteren Teil des Sitzungssaales überleitete.

Die frühere kaiserliche Loge hatte man der Familie Rathenaus überlassen, in deren Mitte die alte Mutter des Verstorbenen saß. Zuletzt waren nur drei Plätze leer, an der Spitze der Regierungsbank. Dort nahmen der Reichspräsident mit dem Reichskanzler und dem Reichstagspräsidenten Platz. Als der Reichspräsident eintrat, erhob sich die Versammlung.

Gleich darauf ertönten aus der Tiefe unter dem Blumenhain hervor die ersten Klänge der 'Coriolan'-Ouvertüre. Mit diesem Heldenlied von der Größe der aristokratischen Persönlichkeit ehrte die demokratische Republik ihren Diener. Unter dem verklärenden und lösenden Zuspruch dieser Musik richtete sich die arme Frau in der ehemals fürstlichen Loge, die zu Anfang in sich zusammengesunken dagesessen hatte, auf und wandte den Blick in die Weite des Saales und über ihn hinaus« ... Die »Vossische Zeitung« brachte dann in voller Länge die Reden von Ebert und anderer, ehe sie zu dem Bild vor dem Reichstag schwenkte: »Der Königsplatz ist abgesperrt. Im Bogen um das Reichstagsgebäude längs dem Rande des Tiergartens und der angrenzenden Straßen und bis zur Siegessäule umsäumt eine dichte Zuschauermenge das Viereck. Sie hat auch die Stufen und die Säulenhalle des Siegesdenkmals besetzt, und ebenso sieht man Fenster und Dächer der nächsten Gebäude voller Menschen. Von den Türmen des Reichstagsgebäudes wehen die schwarz-rot-goldenen Fahnen auf Halbmast, ebenso auf den Häusern rings um den Platz ... Zwanzig Minuten nach 1 Uhr tritt die Ehrenkompanie unters Gewehr und präsentiert, während die Trommeln zu wirbeln beginnen und die Musik einen Trauermarsch anhebt. Die große Mitteltür öffnet sich, der Sarg wird herausgetragen. Ueber die obere Hälfte der Freitreppe trägt man ihn, das wartende Auto nimmt ihn auf und setzt sich langsam, die Rampe abwärts, in Bewegung ... Während vor der Säulenhalle, von der Menge umdrängt, aber nicht belästigt, auf einen großen scharzbehängten Wagen die Kranzspenden gehäuft werden, Blumen, Blumen und Blumen, ist der Trauerzug fast unbemerkt im Gewühl verschwunden und fährt den toten Walter Rathenau rasch seiner letzten Ruhestätte entgegen.«

DER TOD VON FRIEDRICH EBERT

Als Friedrich Ebert starb, gedachte die Regierung seiner mit einer Feier, die mehr am Reichstag vorbeiging, als in ihm stattfand; zentraler Ort der Trauerfeierlichkeiten war nicht der Reichstag, sondern das Palais des Reichspräsidenten in der Wilhelmstraße. Dennoch hat der Reichskunstwart den Wallotbau in die Feier und Prozession mit einbezogen.

»In der Wandelhalle des Reichstages unter dem riesigen Kronleuchter versammelt sich der Reichstag um seinen Präsidenten Löbe; dazu Mitglieder der Reichsregierung, des Reichsrats, Vertretungen des Reichswirtschaftsrats und des Preußischen Landtages. Man wartet lange Zeit wie eingeschlossen, folgt in Gedanken dem Sarge des Verstorbenen, der jetzt aus seinem Hause getragen werden muß, jetzt seinen Weg angefangen hat, jetzt sich dem Reichstagsgebäude nähern wird. Getragene Musik einer Bläserkapelle erklingt: man weiß, der Trauerzug umwandelt das Gebäude. Es ist sieben Minuten nach 1/2 3 - da öffnen sich die Flügeltüren zu der großen Freitreppe, und die Versammlung tritt auf die Rampe. Geblendet von plötzlicher Helle, die nur durch die bei Tage brennenden umflorten Laternen gedämpft scheint, vermag das Auge nur langsam das ungeheure Bild zu fassen. Einige Stufen abwärts vor dem Portal hält auf seinem Wagen der Sarg, der die irdischen Reste des Reichspräsidenten birgt ...

Dahinter längs der Rampe mit der Front zum Reichstag grüßen einer neben dem anderen die Mannschaften der Schutzpolizei. Ganz am Fuße der Treppe hat die militärische Ehrenwache des Trauerzuges Halt und Front gemacht. Der Platz um das Denkmal liegt fast leer, rechts und links wehen von zwei riesigen Mastbäumen auf halber Höhe mächtige schwarz-rot-goldene Fahnentücher. Noch weiter die Absperrung. Dahinter aber unübersehbar, Kopf an Kopf, bis ganz drüben vor das Gebäude der Kroll-Oper, in alle Straßen hinein, rechts und links, soweit das Auge reicht, Menschen, Menschen, Menschen: Ein ganzes Volk, das mit entblößten Häuptern seinem toten Staatsoberhaupt die letzte Ehre erweist. Der Reichstagspräsident Löbe tritt vor. Mit seiner hellen, weithin verständlichen Stimme richtet er das Wort an den Toten. Er gedenkt der Umstände, unter denen Friedrich Ebert vom Reichskanzler Max von Baden in die kaiserliche Regierung berufen wurde. Er erinnert an den weltgeschichtlichen Augenblick, da Ebert von der Nationalversammlung zum ersten Präsidenten der deutschen Republik gewählt wurde. Und er würdigt seine Leistung in den sechs schweren, unruhevollen, nur langsam befriedeten Jahren seines hohen Amtes. 'Nur von ferne', so apostrophiert er den Toten, 'sahst Du den Morgen einer besseren Zeit dämmern', und er nimmt Abschied mit den Worten: 'Als Vorbild republikanischer Pflichttreue entbiete ich Dir den letzten Gruß des deutschen Volkes'.

Bei diesen Worten wird der Kranz des Reichstages auf den Sarg gelegt, ein mächtiges Gewinde aus Lorbeer, mit einer Schleife in den Reichsfarben geschmückt. Das Lied 'Ich hatt' einen Kameraden« erklingt. Lang hingezogen dumpf wirbeln die Trommeln. Der Zug setzt sich langsam in Bewegung, vorbei an den grüßenden Ehrenwachen, vorbei an den studentischen Korps, die ihre Fahnen gesenkt halten ...«

DIE VEREIDIGUNG HINDENBURGS ALS REICHSPRÄSIDENT

Am 26. April 1925 gewann Hindenburg im 2. Wahlgang die Wahl für das Amt des Reichspräsidenten. Er kam am 12. Mai nach Berlin, um im Plenarsaal des Reichstags den Eid auf die Verfassung zu schwören. Über diesen Tag schrieb ein Reporter der »Vossischen Zeitung«: Ein politischer Staatsakt.
Gestern hat Reichspräsident von Hindenburg vor versammeltem Reichstag den Eid auf die Weimarer Verfassung der Republik geleistet. Die junge Republik muß sich selbst ihre Tradition schaffen. Noch gibt es für die Vereidigung des freigewählten Staatsoberhauptes kein Präzedenz. Der erste Reichspräsident, Friedrich Ebert, ist von der Nationalversamm-

lung gewählt und vom Reichstag bestätigt worden. Es handelte sich nur um die Legalisierung des Bestehenden. Der Stellvertreter des Reichspräsidenten, Walter Simons, der nach dem Ableben Eberts vom Reichstage bestellt wurde, hat den Eid vor dem Reichstage geleistet, aber auch er war nicht vom Volke erwählt, sondern von der Volksvertretung bestellt. Gestern bei der Verpflichtung des ersten gewählten Präsidenten hat sich gezeigt, daß dieser zunächst rein formal scheinende Akt ein politischer Staatsakt von weittragender Bedeutung ist. Die Rede, die Reichspräsident von Hindenburg nach der Vereidigung vortrug, enthält ein politisches Bekenntnis nicht nur zur Konstitution, sondern zum Konstitutionalismus. Die Bedeutung dieser Rede wurde unterstrichen durch die Anwesenheit des gesamten Reichskabinetts, an der Spitze Reichskanzler Luther, Reichsaußenminister Stresemann und Reichsinnenminister Schiele.

Das Reichstagsgebäude lag inmitten eines gewaltigen Absperrungskreises. Von 9 Uhr morgens ab schon hatte Schutzpolizei das gesamte Regierungsviertel von der Leipziger Straße bis zum Spreeufer abgeriegelt. Vor der Ehrenfront des Reichstages am Königsplatze waren zwei weiße Fahnenmasten errichtet, deren nördlicher die Reichsflagge zeigte, während vom südlichen Maste die Reichskriegsflagge wehte, schwarz-weiß-rot mit dem Eisernen Kreuz belegt.

Schon um 11 Uhr vormittags waren die Tribünen des Reichstages überfüllt und ... die Diplomatenloge wurde verhältnismäßig frühzeitig belegt. Um 12 Uhr erschien das diplomatische Korps geschlossen unter Führung des Doyen Nuntius Pacelli. Nach 12 war auch das Parkett des Plenarsaales ziemlich gefüllt. Selbst der völkische Abgeordnete Ludendorff war, zum ersten Male seit den Dezemberwahlen, erschienen. Die Sozialdemokraten trugen rote Nelken im Knopfloch. Kurz vor 12 rückten die Kommunisten an.

Etwa zur gleichen Zeit traf Reichspräsident von Hindenburg, begleitet vom Reichskanzler, an der Reichstagsauffahrt in der Friedrich-Ebert-Straße ein, am Portal empfangen vom

Vizepräsidenten Bell. In den Räumen des Reichstagspräsidenten Löbe fand eine Besprechung zwischen Hindenburg und Löbe statt.

Dann, wenige Minuten nach 12 Uhr, traten beide gleichzeitig, Hindenburg zur Rechten gehend, in den Sitzungssaal. Ein kurzes Skandalintermezzo der Kommunisten: »Nieder mit den Monarchisten, Hoch die Weltrevolution«. Dann, kaum begonnen, ist dies unwürdige Spektakelstück zu Ende und die Kommunisten verlassen den Saal.

Löbe nimmt das Wort. Er redet Hindenburg als Feldmarschall an und überreicht ihm die Eidesformel. Sie enthält in der Einleitung und dem Schluß die religiöse Eidesformel, deren Hinzufügung die Reichsverfassung gestattet. Hindenburg spricht laut und vernehmbar, besonders betont er die Stelle: 'Gerechtigkeit gegen jedermann'. Dann legt er die Mappe mit dem Manuskript auf den Tisch und reicht Löbe die Hand.

Jetzt, nachdem der Eid geleistet ist, wendet sich Löbe nicht mehr an den Marschall, sondern an den Reichspräsidenten. Auf seine kurze Ansprache erwidert Hindenburg mit einem erneuten Händedruck und nimmt dann das Wort zu der programmatischen Kundgebung, der etwa der Charakter einer Thronrede zukommt. Er spricht von Republik und Volkssouveränität und von seinem Manneswort, durch das er sich verpflichtet habe.

Stehend haben die Mitglieder des Reichstages, haben die Tribünen diese Reden angehört, mit gespanntester Aufmerksamkeit die des Reichspräsidenten Hindenburg. Der Reichspräsident las seine Ansprache vom vorbereiteten Manuskript mit lauter Stimme ab, wobei er einzelne Stellen schärfer akzentuierte, insbesondere jene, in der er es als seine wichtigste Aufgabe bezeichnete, seine Arbeit der Einigung und Sammlung des deutschen Volkes zu widmen. An dieser Stelle wurde der Reichspräsident auch das einzige Mal von Bravo-Rufen aus dem Hause unterbrochen. Im übrigen enthielten sich die Abgeordneten während der Ansprache auch an den politisch sehr bedeutsamen Stellen jeder Kundgebung.

Am Schlusse seiner Ansprache reichte Hindenburg wieder mit einer kurzen Verbeugung dem Reichstagspräsidenten zum dritten Male die Hand. Reichstagspräsident Löbe wandte sich nun an das Haus:

'Ich bitte Sie, meine Damen und Herren, mit mir in den Ruf einzustimmen: Das Deutsche Reich, das in der deutschen Republik geeinigte deutsche Volk, es lebe hoch!'

In das Hoch stimmen das ganze Haus und die Tribünen ein. Nachdem die Hochrufe verklungen sind, macht der Reichstagspräsident eine einladende Handbewegung zum Ausgange, der Reichspräsident wendet sich um und verläßt, gefolgt vom Reichstagspräsidenten und den Mitgliedern der Regierung, den Saal.

Nun kommt der Teil der Feier, welcher der Wehrmacht des Reiches gewidmet ist. Auf dem Königsplatz, mit der Front zum Reichstagsgebäude, ist die Ehrenkompagnie aufmarschiert, befehligt vom Kommandanten von Berlin, Oberst Robert Severin. Wenige Minuten vor 1 Uhr öffnet sich das Mittelportal, und der Reichspräsident, begleitet vom Reichskanzler, tritt auf die Freitreppe, von der Volksmenge spontan begrüßt. Reichskanzler Luther bringt das erste Hoch auf den Reichspräsidenten Hindenburg aus. Die Militärkapelle spielt die Nationalhymne.

Dann schreitet der Reichspräsident von Hindenburg, während die Kapelle den Präsentiermarsch spielt, im schwarzen Gehrock, den hohen Hut in der Hand, die Front der Ehrenkompagnie ab. Unmittelbar zu seiner Linken geht Reichswehrminister D. Geßler, ebenfalls in schwarzem Gehrock. Halb links zurück General von Seeckt, der Chef der Heeresleitung, und der Kommandant von Berlin, beide in der Uniform des Reichsheeres. Am rechten Flügel angelangt, macht die Gruppe kehrt und schreitet noch einmal die Front zurück.

Dann besteigt der Reichspräsident zusammen mit dem Reichskanzler den Kraftwagen und fährt durch die Friedensallee, wo sich eine Schwadron des Reiterregiments IV anschließt, in das Haus des Reichspräsidenten, wo er um 1/2 1 Uhr eintrifft. In der Vorhalle begrüßte der Stellveteter des Reichspräsidenten, Dr.

Simons, den Amtsnachfolger Eberts und geleitete ihn und den Reichskanzler nach den oberen Räumen, wo das Frühstück stattfand, auf dem ebenfalls bedeutsame Reden gewechselt wurden.«[32]

TRAUERFEIER FÜR GUSTAV STRESEMANN

Am Donnerstag, dem 3. Oktober 1929, starb Gustav Stresemann. Das Reich trauerte, und für ihn wurde, analog der Feier für den ermordeten Rathenau, eine würdige Feier im Reichstagsgebäude ausgerichtet am Sonntag, dem 6. Oktober. »Im Plenarsaal, wo sonst Fraktionen sitzen«, schrieb die »Vossische Zeitung«, »war eine Trauergemeinde versammelt, die nichts trennte und das Gefühl einte: zwischen den Deutschen Volksparteilern die Demokraten, zwischen den Deutschnationalen, deren ausgesprochener Hugenberg-Flügel sich allerdings, und mit Recht, ferngehalten hatte, der Sozialdemokrat. Oben in der Präsidentenloge das ganze diplomatische Korps in goldstrotzender Uniform. Und in der Loge, die sonst den Diplomaten reserviert bleibt, erschien um 11 Uhr, vom Reichspräsidenten von Hindenburg geleitet, die Witwe Stresemanns, die übrige Familie folgte.

Die Ouvertüre zu Beethovens 'Coriolan', durch das Philharmonische Orchester gespielt, leitete die Trauerfeier im Reichstag ein, und dann hielt von der Rednertribüne aus, auf der der Reichsaußenminister Stresemann zuletzt vor einigen Monaten in einer großartigen freien Rede seine Politik gegen gegnerische Angriffe vertreten hat, Reichskanzler Hermann Müller die schlichte, aber gerade um ihrer Schlichtheit willen zu Herzen gehende Gedenkrede.«[33]

Wenn es selbstverständlich war, für den ermordeten Rathenau und für die verstorbenen Ebert und Stresemann Gedenkfeiern zu veranstalten, so ließ es sich andererseits das Parlament nicht nehmen, ausgewählte Ereignisse und historische Daten für andere Feiern auszusuchen. So kam es im Plenum am 10. April 1923 zu einer Gedenkfeier für von französischen Ruhrbesetzern erschossene Krupparbeiter; am 29. Juli 1924 zu einer Feier zum fünften Jahrestag der Unterzeichnung des Versailler Friedens. Alljährlich zum 11. August fanden im Plenarsaal Feier zur Annahme der Weimarer Verfassung statt, 1926 sprach Innenminister Wilhelm Külz, 1927 Siegfried von Kardorff in Anwesenheit von Hindenburg. Aber auch für »nicht-republikanische« Tage gab es Feiern; am 18. Januar 1928 aus Anlaß der Reichsgründung (warum im 47. Jahr ist nicht bekannt, allerdings wurde auch am 18. Januar 1931 gefeiert). Niemals allerdings ist der Tag der Ausrufung der Republik durch Scheidemann gefeiert worden, dafür der 4. August 1924, der zehnte Jahrestag der deutschen Kriegserklärung sowie der 11. November 1924, das Kriegsende. Am 6. Februar 1929 erinnerte Löbe an die Eröffnung der Deutschen Nationalversammlung in Weimar von 1919, während Hindenburg es sich nicht nehmen ließ, zur Unterzeichnung des Versailler Friedens am 28. Juni 1919 zehn Jahre später zu verkünden: »Der heutige Tag ist ein Tag der Trauer« ...

Ähnlich wie in den Jahren vor dem Krieg fanden im Reichstagsgebäude auch nicht- bzw. außerparlamentarische Versammlungen statt, die hier nur gestreift werden sollen.

Am 11. Juni 1920 wurde die Reichsschulkonferenz eröffnet. Am 16. Mai 1923 gründeten die MdR Wels (SPD), Joos (Z), Nuschke (DDP) u. a. die AG für Buch und Presse zur Förderung des republikanischen Bewußtseins. Am 24. Februar 1924 gab es im Reichstag eine Kundgebung für den »gefährdeten deutschen geistigen Mittelstand«.

Bedeutend war die Eröffnung am 5. Oktober 1924 des 23. Weltfriedenskongresses im Reichstagsgebäude, etwas außerhalb der Reihe die Eröffnung am 10. Oktober 1926 des ersten Internationalen Kongresses für Sexualforschung unter der Leitung von Magnus Hirschfeld. Am 28. Dezember 1929 kam es im Reichstagsplenum zur Vereinigung des Christlichen Volksdienstes und der Christsozialen Vereinigung zum Christsozialer Volksdienst, am 24. November 1930 zur Bildung

einer Deutsch-Spanischen Gesellschaft. Erwähnt werden muß die Feier zum 100. Geburtstag des deutsch-amerikanischen Freiheitskämpfers Carl Schurz, die mit dem US-Botschafter Jacob Gould Schurman am 3. März 1929 im Plenarsaal abgehalten wurde.

Das Reichstagsgebäude diente auch bedeutenden Zeitgenossen als Bühne, so am 7. November 1926 Heinrich Mann, der aus seinem Roman »Der Jüngling« las. H. G. Wells sprach am 15. April 1929 über »Die Errichtung des Menschenfriedens nach dem Bauplan des gesunden Menschenverstandes« und entschuldigte sich für seine antideutsche Haltung vor und während des Weltkrieges.

Schließlich referierte am 4. Juni 1929 Lord Robert Cecil of Chelwood, einer der Gründer des Völkerbundes, über den Unsinn von Rüstungen und die Notwendigkeit, abzurüsten; anwesend waren u. a. Albert Einstein und Gerhart Hauptmann. Wells und Cecil waren übrigens auf Einladung des »Komitees für internationale Aussprache« in den Reichstag gekommen.[34]

Indes wurden die Gegner des Parlaments immer dreister. Am frühen Morgen des Sonntags, des 1. September 1929, explodierte eine Bombe, eine »Höllenmaschine«, wie die Zeitungen sagten, am Reichstag. Es war die Nordseite, rechts neben dem Portal 5, das Portal für Besucher und Journalisten; sieben Fenster gingen zu Bruch, Menschenleben waren nicht zu beklagen, da es Sonntag und früh war. Wochen später wurden Mitglieder einer rechtsradikalen Gruppe, des Landvolks, als Täter ermittelt.[35]

DAS SCHMÄHLICHE ENDE

1932 waren die Gegner des Parlaments so gut wie am Ziel. Als am 12. Mai Mitglieder der NSDAP-Fraktion ein früheres NSDAP-Mitglied, den Journalisten Klotz, in der Wandelhalle des Reichstags zusammenschlugen, suspendierte Löbe für 30 Tage vier Nazis aus dem Plenum. Da sie sich aber weigerten, den Saal zu verlassen, vertagte Löbe die Sitzung.[36] In Preußen trat die Regierung unter Otto Braun

*1932 betraten
die Abgeordneten der
NSDAP ganz unver-
hohlen den Reichstag
in Uniform*

am 22. Mai zurück; fortan herrschten die Schlägertruppen der NSDAP und der KPD. Als im Preußischen Landtag am 25. Mai Pieck die NSDAP als Mörderpartei bezeichnete, gab es eine Schlägerei, an deren Ende die Nazis im Parlament das Horst-Wessel-Lied sangen. Am 3. Juni beschloß das Reichskabinett, Hindenburg die Auflösung des Reichstags vorzuschlagen, der diesen am 6. Juni auflöste und Wahlen für den 31. Juli anberaumte. In Preu-

ßen herrschte Terror; zwischen dem 1. Juni und dem 20. Juli kam es zu 322 Terroranschlägen, bei denen es 72 Tote und 495 Schwerverletzte gab; sie gingen auf das Konto von KPD, NSDAP und Reichsbanner.[37] Harry Graf Kessler notiert in seinem Tagebuch am 12. Juli: »Während wir Sonntag in der schönen Landschaft herumfuhren, sind wieder 17 Tote und fast zweihundert Verwundete dem hemmungslosen und organisierten Terror

der Nazis zum Opfer gefallen. Es ist eine Tag für Tag und Sonntag für Sonntag fortlaufende Bartholomäusnacht.«[38]

Am 20. Juli setzte Reichskanzler von Papen die preußische Regierung unter Otto Braun ab und einen Reichskommissar, Franz Bracht, ein.[39] Bei einer Kundgebung in Eberswalde am 27. Juli sagte Hitler: »... wir sind intolerant. Ich habe mir ein Ziel gestellt, nämlich diese dreißig Parteien aus Deutschland hinauszufegen.«[40]

Bei den Reichstagswahlen am 31. Juli 1932 wurde die NSDAP stärkste Fraktion, der, nach altem Brauch, das Amt des Reichstagspräsidenten zustand. Es hat sich im Laufe einiger Jahrhunderte Parlamentserfahrung herausgestellt, daß nicht alle Regeln des parlamentarischen Lebens in Schriftform zu bringen sind;

so hat sich in der Realität ein großes Quantum an ungeschriebenen Regeln herauskristallisiert, ohne die ein Parlament nicht funktionieren kann. In den Geschäftsordnungen deutscher Parlamente steht zum Beispiel kein Satz darüber, daß das Mehrheitsprinzip die Grundlage allen Handelns ist; daß Mehrheiten entscheiden, wird als gegeben hingenommen.

Die Parlamentsämter von Präsident, Vizepräsident und Alterspräsident haben sich im Laufe der letzten 150 Jahre herausgebildet. In England heißt der Präsident »speaker«; er war von seinen Kollegen dazu ausersehen, für das Parlament beim König zu sprechen. In Deutschland hat sich das ganz anders entwickelt; der Vorsitzende war ausschließlich dazu da, um die Sitzungen zu leiten. Allerdings gingen diese Wahlen 1907, 1909 und

Reichstagssitzung am 3. Dezember 1930. Mitglieder der Reichstagsfraktion der NSDAP. Von links nach rechts: Dr. Wilhelm Frick, Franz Stöhr, Hermann Göring

239

1912 gar nicht glatt über die Bühne; besonders 1912, als bekannt wurde, daß Wilhelm II. ein Präsidium mit einem Sozialdemokraten nicht empfangen würde. Erst ein im zweiten Wahlgang gewähltes Präsidium ohne Sozialdemokraten wurde am 21. März 1912 vom Kaiser empfangen.[41]

Der Brauch, daß die stärkste Fraktion den Parlamentspräsidenten stellt, wurde bei den Präsidentenwahlen von 1907, 1909 und 1912 so gehandhabt.[42] Doch wiederum nicht derart verbindlich, daß mit Kampfabstimmungen diese Regel unterlaufen werden konnte.

Noch weniger determiniert und in seiner Herkunft nicht ganz geklärt ist das Amt des Alterspräsidenten, das es bereits 1848 im Frankfurter Parlament gegeben hat. Hatschek begründet dies darin, daß sich das Parlament, vor der Konstituierung, in einer Art »Naturzustand« befinde; warum nicht der Zehntälteste Präsident vor der Wahl des Präsidenten sein kann, fragt er nicht.

Nach den Sommerwahlen 1932 war die NSDAP stärkste Fraktion geworden - sie bekam 230 Mandate, während die SPD nur 133, die KPD 89, das Zentrum 85 Stimmen und die anderen Parteien jeweils weniger als 40 Sitze errangen. Man hoffte, daß die NSDAP keinen Skandal veranstalten würde, damit dieser Reichstag, in dem sie erstmals stärkste Partei war, nicht gleich aufgelöst werden mußte und daß sie den ziemlich unbekannten Franz Stöhr nominieren würde.[43] Daß ihre Abgeordneten in Uniform erscheinen würden, galt als sicher.

Doch zunächst mußte ein Alterspräsident her, und das war die 75jährige Altkommunistin Clara Zetkin. Das Amt des Alterspräsidenten haben viele bekleidet, die auf den ersten Blick nicht als gute Wahl galten; zwischen 1880 und 1890 war es mehrere Male Feldmarschall von Moltke gewesen. Nun gab es in diesem »Amt« die erste Kommunistin. Selbstverständlich wurde sie vom »Völkischen Beobachter« geschmäht: »Soll eine Landesverräterin den Reichstag eröffnen?« schrieb das Blatt.[44] In ihrer Rede zur konstituierenden Sitzung des Reichstags am 30. August 1932 beschwor sie eine Zeit, in der es

kein demokratisch gewähltes Parlament, sondern einen nach Sowjetmuster installierten Rätekongreß geben würde: Der Reichstag müsse die Regierung beseitigen. »Doch eine Anklage [vor dem Staatsgerichtshof zu Leipzig] hieße den Teufel bei seiner Großmutter verklagen. (Bravo! und Händeklatschen bei den Kommunisten.) ... Der Sturz der Regierung im Reichstag kann nur das Signal sein für den Aufmarsch und die Machtentfaltung der breitesten Massen außerhalb des Parlaments. (Sehr wahr! bei den Kommunisten.) ... Ich eröffne den Reichstag in Erfüllung meiner Pflicht als Alterspräsidentin und in der Hoffnung, trotz meiner jetzigen Invalidität das Glück zu erleben, als Alterspräsidentin den ersten Rätekongreß Sowjetdeutschlands zu eröffnen. (Lebhafter Beifall und Händeklatschen bei den Kommunisten.)[45]

Wenige Minuten später wählte der Reichstag Hauptmann a. D. Hermann Göring zu seinem Präsidenten; das war dem »Völkischen Beobachter« wiederum recht: »Der Nationalsozialist Goering Präsident des Deutschen Reichstags. Der Pour-le-mérite-Flieger des Weltkrieges wurde im ersten Wahlgang mit 367 Stimmen gegen 135 Stimmen für den Kriegsdienstverweigerer Loebe gewählt«.[46]

Clara Zetkin hat nicht noch einmal das Glück erlebt, Alterspräsidentin eines Reichstags zu sein.

Nach nur drei Sitzungen, bei der die Nazis die »furchtbarste parlamentarische Niederlage, die es je gegeben hat«, erlitten (Goebbels, Tagebuch, 12. September), kam es zur Auflösung des Reichstags.

Neuwahlen wurden für den 6. November angesetzt. Diesmal gewannen die Nazis erneut das Amt des Präsidenten, aber auch das des Alterspräsidenten; die NSDAP hatte einen alten General, Karl Litzmann, aufgestellt, nur um sicher zu gehen, daß sie ein Mitglied hatten, das älter war als jede bzw. jeder andere(r) Kandidat(in).

Als »Pg. General Litzmann« - nicht in Parteiuniform - auf seinem Stuhl Platz nahm, postierte sich rechts neben ihn ein »Adjutant« in NS-Uniform. Litzmann begann seine Rede

und andere Brandmittel sicher und begann mit den Ermittlungen gegen den Holländer, der sogleich ein Geständnis ablegte. Die Polizei sicherte zahlreiche Bauten in Berlin, gegen führende kommunistische Reichstagsmitglieder wurde Haftbefehl erlassen. Im Karl-Liebknecht-Haus, wo die Sozialdemokraten den »Vorwärts« drucken ließen, besetzte die Polizei auf mündliche Anweisung Görings die Druckerei und stoppte die Druckmaschinen. Sämtliche Flugblätter, Zeitungen, Zeitschriften, Plakate der KPD und der SPD wurden zunächst für vierzehn Tage verboten. Der Journalist Egon Erwin Kisch wurde verhaftet.[4]

Am 1. März 1933 erging die sogenannte »Notverordnung zum Schutze von Volk und Staat«, die die wichtigsten Zivil- und Grundrechte auf einen Schlag außer Kraft setzte. Nach der Ausschaltung fast aller opponierenden Presseorgane war es für die NSDAP ein leichtes Spiel, in den Wahlen vom 5. März 1933 die einfache Mehrheit von 288 Sitzen zu erlangen. Innerhalb von zehn Tagen wurde die gegenüberliegende Kroll-Oper ausgebaut, um dort die Reichstagssitzungen abzuhalten. Diese gerieten in Zukunft zur Farce: Wer noch Hoffnungen hegte, mußte sie spätestens am 23. März 1933 begraben, als mit Ausnahme der noch anwesenden sozialdemokratischen Abgeordneten - die Kommunisten waren bereits ausgeschlossen und größtenteils verhaftet - der Reichstag dem von Hitler erstrebten Ermächtigungsgesetz zustimmte. Otto Wels, SPD-Fraktionsführer, legte in einer großen Rede die Gründe seiner Fraktion dar, nicht für das Gesetz zu stimmen. Eine Woche später erließ die Reichsregierung - ohne Mitwirkung durch den Reichstag - das sogenannte Lex van der Lubbe, mit der ex post facto die Todesstrafe für schwere Brandstiftung bei Partei- und Staatsgebäuden festgelegt wurde. Eine Bemerkung am Rande: am 25. März 1933 wurde der Platz der Republik in Königsplatz rückbenannt.[5]

Während der Ermittlungen, bei denen die ausländische Presse die in Deutschland bereits weitgehend eliminierte Opposition zu ersetzen versuchte, tauchten Gerüchte auf, daß der Tunnel, der das Reichstagsgebäude mit dem Reichstagspräsidenten-Palais und dem Heizwerk verband, bei der Brandstiftung eine Rolle gespielt habe. Im Reichstagsgebäude wurden 35 Brandfackeln gefunden. Van der Lubbes Leben wurde minutiös rekonstruiert, der Berliner Kriminalkommissar Helmut Heisig reiste deshalb sogar in die Niederlande. Eine Mitgliedschaft in einer kommunistischen Partei konnte van der Lubbe nicht nachgewiesen werden.

Im Ausland wuchs die Empörung über die einseitige Ermittlung gegen den Niederländer von Tag zu Tag. In England initiierte der emigrierte ehemalige kommunistische Reichstagsabgeordnete Willi Münzenberg zusammen mit Lord Marley ein Reichstagstribunal, vor dem Münzenbergs berühmtes »Braunbuch« - Arthur Koestler hat beschrieben, wie manipuliert es war - mit den Daten vieler Naziverbrechen erschien. Den Umschlag entwarf John Heartfield. Die niederländischen Freunde van der Lubbes veröffentlichten ein »Roedboek« über das bisherige Leben und die angebliche Unschuld van der Lubbes. Neben van der Lubbe wurden auch die bulgarischen Kommunisten Georgi Dimitroff, Vasil Taneff und Blagoi Popoff sowie der ehemalige Vorsitzende der KPD-Reichstagsfraktion Ernst Torgler der Brandstiftung angeklagt. Das deutsche Außenministerium hatte Mühe, die ausländische Presse im Sinne der Naziversion über die Brandstiftung zu beeinflussen. Die französische Zeitung »La prevention du feu« (Brandschutz) veranstaltete unter einigen deutschen Branddirektoren eine Umfrage, die ziemlich unverhohlen die französische Skepsis an der Nazi- bzw. der amtlichen Version artikulierte. Während der Berliner Branddirektor diese Fragen mit nebulösen Formulierungen beantwortete, erhielt der Dresdner Branddirektor von Amts wegen einen Maulkorb verpaßt.

Der Reichstagsprozeß begann am 21. September 1933 im Leipziger Reichsgericht. Zu den Gerichtsverhandlungen waren 82 ausländische und 12 deutsche Zeitungskorrespondenten zugelassen, Vertreter kommunistischer, sozialistischer und sogar linksbürgerlicher

Der ausgebrannte Plenarsaal

Zeitungen wurden ausgeschlossen. Am 10. Oktober siedelte das Gericht nach Berlin zum Reichstagsgebäude um, wo ein Gerichtssaal im Raum des Haushaltsausschusses - dem sogenannten Kleinen Reichstag - eingerichtet wurde. Für den Umzug gab es mehrere Gründe: Nur anhand von Lokalterminen konnte über die Brandlegung sachkundig gesprochen werden; in Berlin lebten und arbeiteten die maßgeblichen Kriminalisten, Feuerwehrleute, Brandexperten. Außerdem wäre es nicht leicht gewesen, solche Zeugen wie Göring und Goebbels nach Leipzig zu holen.

Auf Fotografien des Saals mit dem Gerichtspräsident Dr. Bünger kann man noch Teile des 1908 hitzig umstrittenen und aus dem Plenarsaal verbannten Bildes von Angelo Jank sehen.

Am 4. November erlaubte Dr. Bünger Dimitroff, der sich selbst verteidigte, Göring zu befragen. Es kam zu einem hitzigen Rededuell zwischen den beiden, von dem hier nur ein charakteristischer Ausschnitt wiedergegeben werden soll:

»Dimitroff: Graf Helldorf hat hier ausgesagt, daß er am 27. Februar gegen 11 Uhr abends auf eigene Initiative einen Befehl herausgegeben hat, die kommunistischen und sozialdemokratischen Führer und Funktionäre zu verhaften. Ich frage nun den Herrn Minister-

244

präsidenten: Hat damals Graf Helldorf mit Herrn Göring über diese Maßnahme gesprochen oder nicht?

Göring: Die Frage ist eigentlich schon beantwortet. Als Graf Helldorf von dem Brand hörte, war ihm wie jedem von uns klar, daß die Kommunistische Partei es gewesen sein mußte.

Er hat nun in seiner nächsten Umgebung schon die Anordnung getroffen. Aber ich betone noch einmal: Ich habe ihn dann selbstverständlich in mein Zimmer geholt und ihm gesagt, daß ich ihn jetzt bitten müsse, seine SA ebenfalls zur Verfügung zu stellen, worauf er mir auch gesagt hat, das habe er zum Teil schon angeordnet ...«[6]

Die Kommunisten standen also als Brandstifter noch vor jeder Untersuchung fest, es fehlten nur noch die passenden Brandstifter. Helldorf hatte übrigens diese Begegnung mit Göring vor Gericht unter Eid abgestritten.

»Dimitroff: Nachdem Sie als Ministerpräsident und Innenminister die Erklärung abgegeben hatten, daß die Kommunisten die Brandstifter seien, daß die Kommunistische Partei Deutschlands mit Hilfe von van der Lubbe, als ausländischem Kommunisten, das gemacht habe, mußte da nicht diese Ihre Einstellung für die polizeiliche Untersuchung und weiterhin für die richterliche Untersuchung die bestimmte Richtung festlegen und die Möglichkeit ausschalten, andere Wege zu suchen und die richtigen Reichstagsbrandstifter ausfindig zu machen?

Göring: Gesetzlich ist für die Kriminalpolizei von vornherein die Anweisung festgelegt, daß sie bei allen Verbrechen ihre Untersuchungen in jeder Richtung vorzutreiben hat, gleichgültig, wohin sie führen, überall, wo Spuren sichtbar werden. Ich selbst aber bin nicht Kriminalbeamter, sondern verantwortlicher Minister, und für mich war es deshalb

Reichstagsbrandprozeß in Berlin. Aufnahme vom 10. Oktober 1933

245

*Fotomontage von
John Heartfield für das
Braunbuch*

DER RICHTER

DER GERICHTETE

nicht so wichtig, den einzelnen kleinen Strolch festzustellen, sondern die Partei, die Weltanschauung, die dafür verantwortlich war. Die Kriminalpolizei wird allen Spuren nachgehen, beruhigen Sie sich. Ich hatte nur festzustellen: Ist das Verbrechen außerhalb der politischen Sphäre begangen worden oder ist es ein politisches Verbrechen. Für mich war es ein politisches Verbrechen und ebenso war es meine Überzeugung, daß die Verbrecher in Ihrer (zu Dimitroff) Partei zu suchen sind. (Schüttelt die Fäuste gegen Dimitroff und schreit) Ihre Partei ist eine Partei von Verbrechern, die man vernichten muß! Und wenn die richterliche Untersuchung sich in dieser Richtung hat beeinflussen lassen, so hat sie nur in der richtigen Spur gesucht.

Dimitroff: Ist dem Herrn Ministerpräsidenten bekannt, daß diese Partei, die 'man vernichten muß', den sechsten Teil der Erde regiert, nämlich die Sowjetunion, daß diese Sowjetunion diplomatische, politische und wirtschaftliche Beziehungen mit Deutschland unterhält und daß ihre wirtschaftlichen Bestellungen Hunderttausenden von deutschen Arbeitern zugute kommt?

Präsident (zu Dimitroff): Ich verbiete Ihnen,

hier kommunistische Propaganda zu betreiben!

Dimitroff: Herr Göring betreibt hier nationalsozialistische Propaganda! (Wendet sich sodann zu Göring!) Diese bolschewistische Weltanschauung herrscht in der Sowjetunion, in dem größten und besten Lande der Welt, und hat hier, in Deutschland, Millionen Anhänger in Person der besten Söhne des deutschen Volkes. Ist das bekannt ...

Göring: (brüllend) Ich will Ihnen sagen, was im deutschen Volke bekannt ist. Bekannt ist dem deutschen Volke, daß Sie sich hier unverschämt benehmen, daß Sie hierhergelaufen sind, um den Reichstag anzustecken. Aber ich bin hier nicht dazu da, um mich von Ihnen wie von einem Richter vernehmen und mir Vorwürfe machen zu lassen! Sie sind in meinen Augen ein Gauner, der direkt an den Galgen gehört.

Präsident: Dimitroff, ich habe Ihnen bereits gesagt, daß Sie hier keine kommunistische Propaganda zu treiben haben. Sie dürfen sich dann nicht wundern, wenn der Herr Zeuge derartig aufbraust! Ich untersage Ihnen diese Propaganda auf das strengste. Sie haben rein sachliche Fragen zu stellen.

Dimitroff: Ich bin sehr zufrieden mit der Antwort des Herrn Ministerpräsidenten.

Präsident: Ob Sie zufrieden sind, ist mir gleichgültig. Ich entziehe Ihnen jetzt das Wort.

Dimitroff: Ich habe noch eine sachliche Frage zu stellen.

Präsident (noch schärfer): Ich entziehe Ihnen jetzt das Wort.

Göring (brüllt): Hinaus mit Ihnen, Sie Schuft!

Präsident (zu den Polizisten): Führt ihn hinaus!

Dimitroff (den die Polizeibeamten bereits gepackt hatten): Sie haben wohl Angst vor meinen Fragen, Herr Ministerpräsident?

Göring (Dimitroff nachrufend): Warten Sie nur, bis wir Sie außerhalb der Rechtsmacht dieses Gerichtshofes haben werden! Sie Schuft, Sie!«.[7]

Nachdem Goebbels am 8. November aus-

sagte und van der Lubbe durch Dimitroff am 13. November befragt wurde, siedelte das Gericht Ende November nach Leipzig über. Am 13. Dezember begannen die Plädoyers und Schlußworte der Anklagevertreter. Als der Präsident damit drohte, Dimitroff das Wort zu entziehen, weil er kommunistische Propaganda treibe, antwortete jener: »Ich muß entschieden die Behauptung in Abrede stellen, daß ich propagandistische Zwecke verfolgt habe. Daß meine Verteidigung vor dem Reichsgericht eine propagandistische Auswirkung hatte, das mag sein. Daß mein Verhalten vor Gericht als ein Vorbild für den angeklagten Kommunisten dienen kann - auch das ist anzunehmen, ... Auch das Auftreten Goebbels und Görings übte eine indirekte propagandistische Wirkung zugunsten des Kommunismus aus. Aber niemand kann sie dafür verantwortlich machen, daß ihr Auftreten eine solche propagandistische Wirkung hatte.
(Bewegung und Heiterkeit im Saal).«[8]

Er kam dann auf den besonderen, barbarischen Charakter des bulgarischen Faschismus zu sprechen und sagte anklagend: »Aber ich frage Sie, Herr Präsident: In welchem Land ist der Faschismus nicht barbarisch und wild?

Präsident (unterbricht Dimitroff): Sie wollen doch nicht auf die Verhältnisse in Deutschland anspielen?

Dimitroff (mit einem ironischen Lächeln): Natürlich nicht, Herr Vorsitzender ... In der Zeit, als der 'deutsche' Kaiser Karl V. zu sagen pflegte, daß er nur mit seinen Pferden deutsch spricht, als die deutschen Adligen und die deutsche Intelligenz nur Latein schrieben und sich der deutschen Sprache schämten, haben im 'barbarischen' Bulgarien die Apostel Cyrill und Methodius die altbulgarische Schrift geschaffen und verbreitet ...«[9]

Am 23. Dezember fällte das Reichsgericht die Urteile. Van der Lubbe wurde zum Tode verurteilt, alle anderen Angeklagten, Torgler und die drei Bulgaren Dimitroff, Popoff und Taneff, wurden freigesprochen. Am 10. Januar 1934 legte van der Lubbe seinen Kopf unter das Fallbeil; er war noch keine 25 Jahre alt. Trotz des Freispruchs blieben die drei Bul-

garen in Haft. Am 15. Februar 1934 wurde ihnen die sowjetische Staatsbürgerschaft verliehen. Daraufhin folgten Protestbriefe aus Moskau, in denen gefordert wurde, die »Neurussen« zu entlassen. Schließlich kam Hitler dieser Forderung nach und befahl die Ausweisung. Die drei Bulgaren kamen genau ein Jahr nach dem Reichstagsbrand, am 27. Februar 1934, mit einem Sonderflugzeug in Moskau an. 1946 wurde Dimitroff Ministerpräsident von Bulgarien.[10]

Interessant ist eine Tatsache, die weder im Prozeß noch in den nachträglichen Studien zum Reichstagsbrand Erwähnung gefunden hat. In einem Brief der Baupolizei Tiergarten an die Zentrale der Städtischen Baupolizei vom 3. September 1929 heißt es: »In Ergänzung des Ferngesprächs vom 2. 9. 1929. Am Sonntag, dem 1. September, ist morgens um 4 Uhr ein Sprengstoffanschlag gegen das Reichstagsgebäude verübt worden. Auf fernmündliche Benachrichtigung durch das zuständige Polizei-Revier habe ich mich sofort an die Explosionsstelle begeben und diese besichtigt. Durch die Wirkung eines Sprengkörpers, der in einem Kellerlichtschacht der Nordfront gelegt war, sind im Kellergeschoß und Erdgeschoß einige Fensterkreuze herausgerissen und Fensterscheiben zertrümmert worden. Geschoßdecken und Konstruktionsteile wurden nicht beschädigt. Die Polizei hatte bereits eine Absperrung vorgenommen. Baupolizeilich war nichts zu veranlassen.«[11]

Ob die Ermittlungen hier jemals einen Erfolg gebracht haben, ist nicht bekannt. Wichtiger aber ist, daß es bereits vor dem Reichstagsbrand 1933 zumindest schon einen Anschlag auf das Reichstagsgebäude gegeben hat. Soweit der Umriß. Vom ersten Tag an waren zwei rivalisierende Theorien im Umlauf, die die Brandstiftung jeweils der entgegengesetzten politischen Richtung anzuhängen versuchten. Tausende von Seiten, Hunderte von Artikeln, Dutzende von Büchern beschäftigen sich bis in die heutige Zeit mit der Brandstiftungs-Urheberschaft. Inzwischen beschränken sich die Kontrahenten auf zwei Varianten: Alleintäter Marinus van der Lubbe oder ge-

Entwürfe für das »Neue« nationalsozialistische Berlin im Atelier des Generalbauinspekteurs Albert Speer

meinschaftliche Tat der Nationalsozialisten mit dem Niederländer als Marionette.[12]

Es ist für einen Außenseiter sehr schwierig, sich in diesem Dickicht von Argumenten, Aufsätzen und Pamphleten zurechtzufinden. Vor allem deshalb, weil seit vielen Jahren nicht mehr mit Sachargumenten, sondern mit Diffamierungen gearbeitet wird.[13]

Auch Robert Kempner, der Anwalt für die Anklage in Nürnberg, konnte zur Klärung der Schuldfrage nichts Neues beitragen. Ihm ist es jedoch zu verdanken, daß van der Lubbes Todesstrafe vor einigen Jahren in eine Strafe von acht Jahren umgewandelt wurde, was dem Delinquenten freilich nichts mehr nutzte.[14] Dennoch hat die Staatsanwaltschaft gegen diese Entscheidung Beschwerde eingelegt.[15] Das Urteil wurde wenig später aufgehoben.[16]

Die »Kabalen« um den Reichstagsbrand werden uns wohl noch Jahre beschäftigen.[17]

Wenn Marinus van der Lubbe ganz allein und ohne Hilfe das Reichstagsgebäude angezündet hat, dann haben die Nazis ihre unverhoffte Chance sofort erkannt und ihre Pläne mit großem Erfolg durchgeführt. Wenn aber Göring das Feuer gelegt haben soll, so wissen wir, wie sehr diese Leute entschlossen waren, aus dem Land der Dichter und Denker ein Land der Richter und Henker zu machen. Aber was würde das à la longue Neues bringen, außer dem, was wir seit Auschwitz über das System wissen. »Die nationalsozialistische Ära stünde in der Geschichte um keinen Deut besser da, auch wenn Hitler und seine Schießgesellen von jeder Schuld am Reichstagsbrand völlig frei gewesen wären.«[18]

DAS REICHSTAGSGEBÄUDE WÄHREND DES DRITTEN REICHES

Schon im Frühjahr 1933 war die Kuppel soweit notdürftig ausgebessert worden, daß ein Außenstehender, der von dem Brand nichts wußte, nichts bemerkt hätte. Da das Gebäude für parlamentarische Zwecke im Moment nicht brauchbar war, und die Braunhemden ihr Parlament - »der bestbezahlte Männerchor der Welt« - im gegenüberliegenden Kroll-Opernhaus unterbrachten, beschloß die Reichsregierung, das Reichstagsgebäude für propagandistische Zwecke zu nutzen. Zunächst wurde 1935 mit einer großspurigen Aufräumungsaktion begonnen, die zur Auslagerung der noch intakten Möbel, die in den Besitz der »Tobis-Film« gelangten, und der Holztäfelungen führte.[19]

Diese Aktion stand vermutlich in Verbindung mit den Olympischen Spielen, während denen die NS-Organisation »Kraft durch Freude« (KdF) beauftragt war, die Brandstätte ausländischen Gästen zu zeigen. An diese für Sporttouristen veranstaltete Besichtigung war die Ausstellung »Die lebende Front« gekoppelt, die erstaunlich gut besucht wurde. Für das Scheinparlament wurden im alten Haus die Bibliothek und das Archiv sowie das Stenographenbüro genutzt. 1936 teilte die »Deutsche Allgemeine Zeitung« mit, daß in »absehbarer Zeit keine Wiederherstellung in Aussicht« gestellt sei.[20] Das Reichstagsgebäude wurde auch für Filmvorführungen benutzt, so zum Beispiel am 8. Mai 1937 für den Film »Weltfeind Nr. 1«. Weitere Ausstellungen waren »Bolschewismus ohne Maske« (6. November bis 19. Dezember 1937) und »Der ewige Jude« (12. November 1938 bis 14. Januar 1939). Am 27. Februar 1938, am 5. Jahrestag des Reichstagsbrandes, eröffnete Reichskulturwart Franz Karl Moraller im Reichstag die Ausstellung »Entartete Kunst«. Die Ausstellung selbst fand im benachbarten »Haus der Kunst«, ehemals Japanische Botschaft, ehemals Palais Pourtelès, Königsplatz 4, statt.

Hitler war entschlossen, Berlin gänzlich umzukrempeln; die neue Hauptstadt »Germania«

sollte bis 1950 fertig werden. Nach seinem Willen würde der Spreebogen das nördliche Ende der Nord-Süd-Achse bilden. Er beauftragte Albert Speer, Generalbauinspektor für die Reichshauptstadt, dort eine »Große Halle des Volkes«, mit einem Fassungsvermögen für 100.000 Menschen, zu bauen. Mit einer Kuppelhöhe von 290 Metern reduzierte sie das Reichstagsgebäude und das Brandenburger Tor auf die relative Größe einer Außentoilette. Die »Große Achse« sollte sich bis zum Triumphbogen am Flughafen Tempelhof erstrecken. 1938 leitete Speer Bau- (eigentlich Abbau-) Maßnahmen ein: Die meisten alten Bauten im Spreebogen wurden abgerissen. Die Siegessäule und die Denkmäler von Bismarck, Moltke und Roon wurden abgetragen und zum Großen Stern verlegt, wo sie anläßlich Hitlers 50. Geburtstags am 20. April 1939 eingeweiht wurden. Speers Planung für die Große Halle sah den Abriß des Reichstags vor, aber Hitler bestimmte, daß das Haus nicht abgerissen, sondern für ein vergrößertes Parlament erweitert werde. Warum ist nicht klar, aber eine Vermutung sei hier erlaubt: Wie sollte man zeigen, wie groß die Halle ist, wenn man keine Maßstäbe hat? So blieb dem Reichstag die Spitzhacke erspart, die Alsenplatzbebauung dagegen wurde, bis auf Kroll und die Schweizer Gesandtschaft, vernichtet.

Die ursprünglichen Pläne sahen einen Spreedurchstich nördlich des Reichstags vor, damit der Spreebogen aufgehoben werden konnte. Dafür sollte die Spree teils unterirdisch verlaufen. Andererseits beauftragte Speer den Münchener Architekten Woldemar Brinkmann mit der Planung und dem Bau einer nördlichen Reichstagserweiterung, offenbar war die Vergrößerung der Bibliothek vorgese-

Katjuscha-Raketen-geschütz.
Bezeichnend
die Inschrift auf
der Rakete:
»Für den Reichstag«

hen. Schon am 23. Mai 1938 fragte Brink-mann nach, wann voraussichtlich damit be-gonnen werden könne. Speer antwortete, daß dies nicht vor 1940 zu erwarten sei; das Ge-bäude werde nicht vor 1942 gebraucht. Und vorher muß der Spreetunnel stehen: »Da die bereits fertiggestellte Spreeumleitung beinahe rechtwinklig in das alte Spreebett einmündet, muß zur Aufrechterhaltung der Schiffahrt in den nächsten Jahren eine trompetenartige Erweiterung gebaut werden, die im Gebiet der jetzigen Modellhalle liegt und somit in den Baubereich der geplanten Reichstagserwei-terung fällt. Diese trompetenartige Erweite-rung ist von Anfang an von der Wasser-straßendirektion geplant gewesen. Sie verliert erst dann ihre Bedeutung, wenn der Spree-

durchstich in späteren Jahren über die Nord-Süd-Achse hinaus nach Osten bis zum Bahn-hof Friedrichstraße verlängert ist.«[21] Bemer-kenswert hier: Hitler selbst hat manche Pläne von Brinkmann in seinem Münchener Atelier mit Hand korrigiert.[22]

Offenbar standen die Modelle für die Hoch-schulstadt, die Große Halle und dem Tri-umphbogen nicht nur im Ateliergebäude der Akademie der Künste am Pariser Platz, son-dern auch in Räumen des Reichstagsgebäudes. Denn als der Leiter der Militärärztlichen Aka-demie bei dem Stellvertreter Speers, Clahes, um Räume für seine Krankenakten anfrag-te, antwortete Clahes am 26. Juni 1940, daß in den vorgesehenen Räumen, H1, H31/32 - auf der Westseite im Hauptgeschoß das nord-

westliche Eckzimmer und der Zeitungslese-saal - die Modelle stünden.[23] Auch sollen einige Reichstagsräume für die »Judenkartei« benutzt worden sein. Die Krankenakten sind auf jeden Fall in das Gebäude gekommen, ob 1942 oder danach, ist noch nicht geklärt.[24]

Hitlers Krieg bedeutete auch das Ende seiner Pläne. 1941 wurden die Ecktürme zu Flaktürmen ausgebaut, an der Nordseite errichtete man einen Bunker. Der noch vorhandene Kronleuchter wurde am 4. April 1942 abmontiert und nach Hamburg geschickt, um für die Rüstungsindustrie eingeschmolzen zu werden:

»Auf Anordnung des Generalbauinspektors ist der Kronleuchter in der Kuppel zu entfernen. Fachmännische Abnahme, Aufbewahrung und evtl. spätere Wiederaufhängung [!] wird zugesagt.«[25]

Die Bibliothek und das Archiv wurden En-de 1941 ausgelagert, das Archiv kam in die Bellevuestraße, die 400.000 Bücher in ein Fabrikgebäude in der Weinmeisterstraße. Man wähnte sie dort sicher. Die Fenster wurden zugemauert und das Haus zu einer Festung ausgebaut. Hier fertigte AEG Funkröhren, im Keller legte man die Wehrmedizinische Zentralkartei an. Anfang 1945 wich die Kartei einem Lazarett. Während des Krieges bekam das Haus einige Bomben- und Granattreffer ab.

Als der Zweite Weltkrieg Ende April 1945 dem Ende zuging, erlebte das Reichstagsgebäude »am eigenen Leib« die volle Wucht sowjetischer Artillerie und Infanterie auf eine Art und Weise, die immer wieder Rätsel aufgibt. Denn die Sowjets sahen in diesem Gebäude, obwohl es seit über zwölf Jahren nicht benutzt worden war, das Symbol für Hitler und den Nationalsozialismus schlechthin. So

Der Reichstag am 8. Mai 1945

sehr, daß sie mehr als eine Million Geschosse auf diese kurzfristig zur Festung ausgebaute Parlamentsruine feuerten, als gäbe es dort eine Befehlszentrale, als gäbe es keine Reichskanzlei oder keine Bunker, als würde dort der Krieg zu Ende sein. Der Generalmajor des

LXIX. Gardeschützenkorps, S. N. Perewjor-
kin, erinnerte sich, daß der Befehl, das Reichstagsgebäude zu besetzen und dort die Fahne
zu hissen, »besondere Bedeutung« habe. »Wir

sahen in ihm das Ende dieses schweren und
blutigen Krieges.«

Die Artillerievorbereitung begann am 29.
April. Als tags darauf das Feuer seinen Höhe-

253

Die Reichstagskulisse bot sich gerade noch für Souvenirfotos an

punkt erreicht hatte, wurde der Befehl zum Angriff auf das Reichstagsgebäude gegeben. Als der Tag zu Ende ging, wehte die rote Fahne über dem Bau: »Das rote Banner unseres Corps wanderte nun langsam von einem Stockwerk zum anderen. Und als die Sonne zu sinken begann und mit ihrem rötlichen Strahl den ganzen Horizont beleuchtete, hißten zwei unserer Soldaten die Fahne des Sieges auf der abgebrannten Kuppel des Reichstags. Zwei mutige Soldaten. Der eine war der Russe Jegorow, der andere ein Georgier, Kantarija.«[26]

Nichts ist verwirrender als die Geschichte dieser Flaggenhissung und der Fotos, die von ihr gemacht bzw. zum Thema nachgestellt wurden. Nach Perewjorkins Darstellung ist die Flagge am 30. April gegen Abend angebracht worden, schon damals ein Indiz,

daß das berühmte Foto, auf dem die rote Fahne am Hauptgesims der Ostseite von einem sowjetischen Soldaten gehalten wird, nachgestellt wurde. Inzwischen will eine russische Majorin, die 1903 geborene Anna Wladimirowna Nikulina die Fahne gehißt habe: »Meine Genossen und ich hatten vereinbart zu versuchen, so schnell wie möglich auf das Dach des Gebäudes zu kommen, was mir auch gelang. Oben angekommen, bemerkte ich, daß ich keinen Stock für die Fahne - einen roten Bettbezug - hatte. Ich ging zurück, fand eine Latte, wickelte die Fahne von meinem Körper und band sie mit meinen Schuhbändern an der Latte fest. Ich stürmte zurück auf das Dach und befestigte die Fahne so, daß sie herunterhängen konnte ... Als ich dann das offizielle Foto von der Fahnenhissung auf dem Reichs-

tag sah, ging ich zu meinem Kommandeur, der mir sagte, das Foto sei auf Befehl Stalins angefertigt. Für mich gäbe es die Ehre, als Erste auf dem Reichstagsgebäude gewesen zu sein. Als gute Bolschewikin habe ich das akzeptiert ... Auch durfte ich nie über die damalige Aktion mit anderen sprechen.«[27] Das berühmte Foto ist vom Militärfotografen Jewjenij Chaldej am 2. Mai 1945 aufgenommen worden.[28] Es gab auch andere Fotos vom eingenommenen Reichstag. Eine der interessantesten Geschichten, wie ein Foto davon in die »Prawda« gelangte, wurde von dem Fotografen Victor Tyomin erzählt, der zusammen mit dem bekannten sowjetischen Kameramann Roman Karmen beauftragt worden war, den Sieg in Berlin zu filmen und dabei nicht davor zurückscheute, sowohl bestimmte Szenen

nachzustellen, als auch in einem Fall ein eigenes Flugzeug zu kapern.

Tyomin startete mit seinem Piloten Weshtak mit einer gerade noch flugtüchtigen Maschine und fotografierte das ruinierte Reichstagsgebäude, auf dessen Kuppel die sowjetische Flagge wehte. Da er nicht wußte, wie er damit nach Moskau zurückkommen konnte, befahl er einem anderen Piloten, mit einer intakten Maschine nach Moskau zu fliegen, wo er um 2.00 Uhr nachts seine Bilder in der Prawda-Redaktion abliefern konnte. Sein eigener Marschall Schukow aber hatte einen Haftbefehl wegen Diebstahls gegen ihn erlassen. Am 3. Mai um 7.00 Uhr landete Tyomin in derselben Maschine und mit 20.000 Exemplaren der »Prawda« mit dem Foto des besiegten Reichstagsgebäudes wieder in Berlin.[29] Die Flagge

Kriegsgefangene deutsche Soldaten vor dem Reichstag

255

selbst wurde am 20. Mai 1945 abgenommen und nach Moskau ausgeflogen, wo sie ins Armeemuseum gelangte.[30] Das Reichstagsgebäude selbst wurde zu einem beliebten Ausflugsziel der Besatzungstruppen. Ob es je möglich sein wird, die wahre Geschichte herauszubekommen, muß bezweifelt werden.

Alle Bemühungen, Archiv und Bibliothek durch Auslagerung zu retten, schlugen fehl. Das Archiv in der Bellevuestraße wurde im Februar 1945 von einer Brandbombe getroffen und gilt als vernichtet. Das Büchermagazin in der Weinmeisterstraße konnte nur bruchstückweise gerettet werden: Am 2. Mai 1945, als General Weidling in Tempelhof die Kapitulationsurkunde unterzeichnete, traf noch eine Granate das Haus und, da die Feuerwehr abgezogen worden war, vernichtete sie fast 400.000 Bücher; nur 8.000 konnten gerettet werden. Am 1. März 1946 wurden sie in die Zentralstelle für Zeitgeschichte bei der Abteilung für Volksbildung in die Breite Straße gebracht, im April 1947 von der SMAD beschlagnahmt und nach 1949 durch den DDR-Antiquariatshandel in alle Welt verscherbelt.[31]

Das Reichstagsgebäude
nach dem II. Weltkrieg
Die Stunde Null

Deutschland war nach dem 8. Mai 1945 ein riesiger Trümmerhaufen. Und der größte Trümmerhaufen war Berlin. »Über 350 Luftangriffe seit 1940 hatten mehr als die Hälfte des Wohnraumbestandes zerstört ... Unbeschreibbar blieb die große Verwirrung in den Köpfen der Menschen, die seelische Zertrümmerung. Die, die alles geglaubt hatten, glaubten nun gar nichts mehr, waren gebrochen, ratlos, und nur langsam vermochten sie, der Wirklichkeit gewahr zu werden.«[1] Ruinen überall: Kroll-Oper, Schloß Monbijou, das Stadtschloß, die Regierungsgebäude in der Wilhelmstraße, das Brandenburger Tor, die Museen auf der Museumsinsel, die Staatsbibliothek, das Reichstagsgebäude. Den zum großen Stern verlegten Statuen der Siegesallee fehlten Nasen, Finger, Hände, Köpfe und anderes mehr, der große Tiergarten war wegen des bitteren Winters davor weitgehend abgeholzt.[2]

Der britische Historiker Isaac Deutscher

*Der Platz vor
dem Reichstag 1945*

257

beschrieb seinen Eindruck am Ende des Sommers: »Ein Spaziergang vom Brandenburger Tor bis hinunter zur Wilhelmstraße durch die Leipziger Straße bis zum Potsdamer Platz und über die Hermann-Göring-Straße (später Sommer-, heute Ebertstraße) gewöhnt den Blick an eine Welt, die nur in dieser besonderen Verstümmelung dreidimensional ist. Wenn die Gebäude ihr trügerisch solides Aussehen verlieren, macht Berlin den Eindruck einer wundersamerweise guterhaltenen Ruine des Alters - wie Pompeji oder Ostia - in riesiger Größe. Diese Ähnlichkeit einer ausgegrabenen Stadt wird durch die Leere vieler Straßen verstärkt, denn wenn Berlin furchtbar überbevölkert ist, so liegt das an dem schrecklichen Mangel an Wohnraum; Menschenmengen gibt es auf den Straßen nicht ...«[3]

Paul Wallot schrieb 1890 an seinen Freund Bluntschli, daß sein »Kasten« wie ein »ausgebranntes Schloß« ausgesehen hätte, wenn die Kuppel über der Kuppelhalle an der Westseite nicht errichtet worden wäre. Er konnte nicht ahnen, wie nahe er mit diesem Vergleich der Realität von 1945 kommen sollte. Die zerschossene, zerschundene Reichstagsruine mit zigtausend Einschußlöchern und Einschlagstellen stand wie ein Symbol für das trostlose Ruinenfeld, das Deutschland jetzt darbot. Im Inneren waren die Wände schwarz verkohlt, die Plastiken nasen-, bein-, arm- und kopflos. Die hellen Flächen und Nischen, die zersprungenen und zerborstenen Pilaster, Säulen und Treppenläufe zierten wie aus dem Personenverzeichnis von »Krieg und Frieden« die Namen hunderter Soldaten: die Siegesrunen des Zehntausend-Kilometer-Marsches von Kirgisien bis zum Königsplatz. Auf dem Platz die Überreste von rostendem Kriegsgerät, von Bunkern, Flakstellen und Granatkratern; davor lagen Obst- und Gemüsefelder, auf denen Stadtbauern mit Hilfe von einem PS ihre Ernte einholten wie auf einem armen Acker im pommerschen Gutsbezirk.

Was sollte aus diesem Haus bloß werden? Das Reichstagsgebäude hatte kein Parlament mehr zu beherbergen, keinem Parlamentarier Schutz oder Immunität zu bieten. Sollte man es wieder aufbauen, womöglich als gesamtdeutsches Parlament, oder es lieber als »reichhaltigen Steinbruch« behandeln, wie die sowjetnahe »Tägliche Rundschau« vorschlug? Im Hause selbst war keine Diskussion darüber mehr möglich, sie mußte anderswo stattfinden.

WIEDERAUFBAU ODER ABRISS?

Die Diskussion, die nach dem Krieg in der Öffentlichkeit begann, drehte sich um die Frage, ob das Haus überhaupt wiederaufgebaut werden soll, und wenn, in welcher Form, d. h. »modernisiert« oder im Einklang mit Wallots Plänen; doch die Hauptfrage lautete: zu welchem Zweck?

Zunächst einmal ging es um Symbole; wobei für jede einzelne Siegermacht der Symbolgehalt ein anderer war. Schon am 20. Mai 1945 wurde die rote Fahne, die am Reichstag wehte, in einer Militärzeremonie der Roten Armee abgenommen und nach Moskau ausgeflogen, wo sie im Militärmuseum ausgestellt wurde.[4] Das Reichstagsgebäude war für die Russen zum Symbol des Untergangs Hitlerdeutschlands geworden. Am Tag vor Beginn der Potsdamer Konferenz im Schloß Cecilienhof, am 16. Juli, fuhr US-Präsident Harry S. Truman am Reichstag und an anderen Ruinen in Berlin vorbei: »Eine derartige Zerstörung habe ich nie wieder gesehen«, schrieb Truman, der im Ersten Weltkrieg Artillerieoffizier gewesen war und nur wenige Stunden zuvor ein verschlüsseltes Telegramm über den ersten gelungenen Test einer Atombombe in White Sands, Nevada, erhalten hatte, in seinen Memoiren. Churchill muß nur wenige Stunden später die Stufen des Reichstagsgebäudes erklommen haben. »Seine Stimmung war düster, die seiner Begleiter nicht minder. Das Maß der Verwüstung in Berlin erschien ihnen kaum erträglich.«[5] Es ist nicht bekannt, ob sich Stalin das Reichstagsgebäude angeschaut hat - allerdings gibt es Filmmaterial, auf dem Feldmarschall Schukow in den Ruinen des Hohen Hauses zu sehen ist.

In Potsdam besiegelten die drei Sieger-

mächte die Einteilung Deutschlands in Zonen und Berlins in Sektoren, wobei in jedem Fall Frankreich als vierte Siegermacht berücksichtigt wurde. Ein Ergebnis der Potsdamer Konferenz war, daß es für absehbare Zeit keine Zentralregierung Deutschlands geben würde, mithin also auch keine Hauptstadt; kaum eine der Siegermächte hätte sich davon Vorteile versprochen. Wie Deutschland in vier Zonen, wurde Berlin in vier Sektoren geteilt.[6] Berlin war eine Stadt ohne Funktion, allerdings die größte Stadt Deutschlands, mit 2,3 Mio. Einwohnern; noch lag die Stadt im Mittelpunkt eines Transport- und Kommunikationsnetzes, und auf absehbare Zeit mitten in der sowjetischen Einflußsphäre.

Schon vor Kriegsende sorgte die Rote Armee mit ihrem Stadtkommandanten General-oberst Nikolai Bersarin für eine nach Sowjetmuster aufgebaute Verwaltung Berlins.[7] So lange die anderen Alliierten nicht in der Stadt waren - und sie hatten keine Eile -, konnte diese Verwaltung nach Belieben schalten und walten. Kaum war die Tinte unter der Kapitulationsurkunde vom 2. Mai 1945 trocken, setzten Bersarin und die »Gruppe Ulbricht« Bezirksbürgermeister ein. Am 14. Mai gab es schon einen neuen Magistrat, mit dem parteilosen Architekten Arthur Werner als Oberbürgermeister, in dem neben kommunistischen Funktionären der Chirurg Ferdinand Sauerbruch für das Gesundheitsressort und Hans Scharoun für Bau- und Stadtplanungswesen verantwortlich waren.[8] Die Bezirke erhielten »vorläufige Bezirksversammlungen«. Ab 15. Mai durfte die erste Zeitung, die »Tägliche

Kundgebung auf dem Platz der Republik am 9. September 1948

Rundschau«, ab 21. Mai die »Berliner Zeitung« erscheinen.[9] Bis zur ersten Sitzung der Kommandantur, mit den Vertretern der USA und des Vereinigten Königreichs Anfang Juli 1945, verwaltete die SMAD die Stadt.

Die Lage in der Stadt war trostlos, und es ist vielleicht keinem vorzuwerfen, daß er die Befriedigung der materiellen Bedürfnisse mehr im Auge hatte als die der kulturellen. In einer Vorlage für den Magistrat, die am 28. August 1945 beraten wurde, trat Scharoun für die Erhaltung wertvoller Gebäude und Kunstwerke ein - besonders von Stadtschloß und Schloß Grunewald, doch angesichts der Wohnungsnot mag es kaum verwundern, daß er gegen die Mehrheit im Magistrat nichts ausrichten konnte.[10] Das Reichstagsgebäude konnte auf keinen Fall schnell genutzt werden.

Dennoch setzte Scharoun noch im Dezember 1945 das Reichstagsgebäude auf die Liste der instandsetzungsfähigen Bauten,[11] es sollte als Parlamentsgebäude Verwendung finden. Eine Bestätigung dieser Meldung fand sich fast vier Wochen später in der »Berliner Zeitung«, allerdings fehlte zunächst eine Funktionszuweisung; außerdem gab es an einer Reparatur der Kuppel, deren Skelett noch in den Himmel ragte, kein Interesse:[12] »Bei der Wiederherstellung dürfte das Haus seine architektonisch von jeher umstrittene Kuppel verlieren. Sie wird als Stilwidrigkeit empfunden ....«[13] Umstritten aber war Scharoun selbst, er wurde am 5. Dezember 1946 - die SPD hatte die Mehrheit in der SVV und Scharoun galt als parteilos - durch Karl Bonatz ersetzt.[14]

Neben der Diskussion um Erhalt oder Abriß, Wiederaufbau oder Entfernung mußte vordringlich beschlossen werden, was mit der beschädigten 300 Tonnen schweren Kuppel geschehen soll.

Während in der Öffentlichkeit und auch hinter verschlossenen Türen über das Schicksal des Hauses geredet und verhandelt wurde, trafen einige Leute tagtäglich am Gebäude selbst auf eigene Art Entscheidungen: Das Gelände um das Haus herum wurde zum beliebtesten - wenn nicht größten - Umschlagplatz des Schwarzmarktes; beinahe täglich fanden dort Razzien statt, die den Handel freilich nicht unterbinden konnten; bis zur Währungsreform war hier der bevorzugte Platz für die Zigarettenwährung.

Ein neues Kapitel Berliner Geschichte begann mit den Wahlen für die Stadtverordnetenversammlung am 20. Oktober 1946, von 1945 bis 1990 die einzigen demokratischen Wahlen für die Gesamtstadt. Die Wahlen bescherten der SPD die große Mehrheit, als Oberbürgermeister wählte die Versammlung am 5. Dezember Otto Ostrowski. Da dieser aber gegen die SMAD und gegen die SED nicht regieren konnte, mußte er versuchen, Kompromisse mit dem politischen Gegner einzugehen, was ihm die Unterstützung seiner eigenen Partei kostete, so daß er am 17. April 1947 zurücktrat.[15] Daraufhin nominierte die SVV Verkehrsstadtrat Ernst Reuter als neuen Bürgermeister. Obwohl Reuter die Zustimmung der Sowjetunion nicht bekommen konnte, wählte ihn die SVV am 24. Juni zum Regierenden Bürgermeister; am 8. Juli legten die Sowjets auf einer Kontrollratssitzung ihr Veto gegen Reuters Amtsübernahme ein.[16] An Reuters Stelle trat Louise Schroeder.

Im Laufe der Zeit änderten sich die Ansichten; im August 1947 beschloß der Magistrat - die Gründe dafür sind nicht bekannt -, das Reichstagsgebäude abzureißen. Der in Ost-Berlin erscheinende »Roland von Berlin« nahm schon »Abschied vom Wallotbau«.[17] In

der »Täglichen Rundschau« vom 10. Dezember 1947 hieß es, der Reichstag sei ein »reichhaltiger Steinbruch«, er könnte und sollte abgerissen werden.[18] Doch es kam anders. Daß das Reichstagsgebäude dennoch erhalten blieb, verdankt der Bau der Einführung der D-Mark, der Blockade und der Spaltung der Stadt im Juni 1948.

In jenen Zeiten gab es gewiß nicht viel, was Deutsche mit Stolz feiern konnten. Dankbar muß man daher empfunden haben, daß ein demokratischer Höhepunkt in der Geschichte des Parlamentarismus, das Paulskirchenparlament in Frankfurt, im Frühjahr 1948 sein Jahr-

Konstruktiver Dialog zwischen Ost und West am Tag der Kuppelsprengung

261

hundertjubiläum feierte. Und was lag näher, als dies - am 18. März - vor der Kulisse des ramponierten Reichstagsgebäudes am Platz der Republik - obwohl noch nicht wieder umbenannt, hieß er schon so - zu feiern. Vor dem Hause sollten Jakob Kaiser, Carl-Hubert Schwennicke, Vorsitzender der Berliner LDP, und selbstverständlich Stadtrat Professor Ernst Reuter zu den 300.000 Menschen, die herbeigeströmt waren, sprechen.

»Ein Regentag wie selten einer. Kalt, unfreundlich und stürmisch. Auf dem Platz der Republik standen große Pfützen, in denen sich der graue Himmel spiegelte.«[19] Die Berliner stehen geduldig, »in durchlöcherten Schuhen, im Regen triefend, in dürftigen Kleidern«,[20] und lauschen den Worten des damals populärsten Politikers. Und schon damals sprach Reuter über den Wiederaufbau des Reichstags; er sei immerhin schöner als die Gedächtniskirche. Und schließlich habe Hitler das Gebäude niemals betreten.[21] Das große Gelände wurde im Laufe der Zeit zum beliebtesten Demonstrationsareal.

Einen Eindruck von den politischen Verhältnissen liefert eine kleine Meldung der DENA, der Deutschen Nachrichten-Agentur, im »Tagesspiegel« vom 1. Mai 1948: 'Arbeiter und Angestellte Berlins, fahrt am 1. Mai direkt zum Platz der Republik', heißt es in einem gestern abend herausgegebenen Aufruf der Unabhängigen Gewerkschafts-Opposition. 'Meidet S-, U- und Straßenbahnstationen im russischen Sektor. Dort wird euch der Weg zum Platz der Republik durch Absperrungen und Umleitungen verwehrt werden. Meidet die Friedrich-Ebert-Straße. Geht vom Potsdamer Platz durch den britischen Sektor über die Bellevue-Straße zum Platz der Republik. Fahrt über Lehrter Bahnhof, Tiergarten, Nollendorfplatz oder Kurfürstenstraße. Laßt euch nicht vom Weg zur Freiheitskundgebung am ehemaligen Reichstagsgebäude abbringen.'«[22] Zu dieser Kundgebung sollen 500.000 Menschen auf dem Platz gewesen sein. Am 31. März stimmte die Bezirksverordnetenversammlung von Tiergarten für die Rückbenennung des Königsplatzes in Platz

der Republik. Wirksam wurde der Beschluß allerdings erst am 17. Juni 1948, auch wenn, wie am 18. März, der »Tagesspiegel« diese Bezeichnung schon verwendete.

Als es Ende Juni 1948 zur Blockade der Stadt kam, und die SVV wegen massiver Störung des Parlamentsbetriebs durch SED-Mitglieder und Sympathisanten nach einer störungsfreien Versammlungsstätte - noch tagte sie im Stadthaus gegenüber dem Roten Rathaus - Ausschau hielt, kam das Reichstagsgebäude wieder ins Gespräch; man hoffte, in einem Kellerraum tagen zu können, begann aber zunächst am 31. August 1948 mit Abräumungsarbeiten im großen Lesesaal. »Betritt man den Reichstag, so kommt man in ein Trümmerfeld. Schutt, zerfallenes Gemäuer und verbogene Eisenteile liegen herum; Papier - zum größten Teil angesengte Akten und Karteikarten - häuft sich zu ansehnlichen Bergen. In der Nähe des Eingangs liegt unter dem Kontobuch einer Kantine der steinerne Kopf Hindenburgs. Er gehört zu dem Wenigen, das nicht über und über mit kyrillischen Schriftzeichen bedeckt ist.«[23] Doch die Versammlung wählte zunächst die Aula des Studentenhauses der TU am Steinplatz im Bezirk Charlottenburg, wo sie am 6. September 1948 zum erstenmal tagte.

Als Protest gegen die Blockade und gegen die Spaltung der Stadt kam es am 9. September 1948 zur berühmten Demonstration vor dem Reichstag. Nach Schätzungen der Polizei hatten sich 350.000 Menschen auf dem Platz zwischen Kroll und Reichstag versammelt, auch die Dächer der umliegenden Häuser und die Ruinen waren dicht besetzt.[24]

Ernst Reuter protestierte gegen die Blockade und machte den Berlinern Mut: »... Ihr Völker der Welt, ihr Völker in Amerika, in England, in Frankreich, in Italien! Schaut auf diese Stadt und erkennt, daß Ihr diese Stadt und dieses Volk nicht preisgeben dürft und nicht preisgeben könnt«. Spätestens seit diesem Tag hatte das alte Parlamentsgebäude einen neuen Symbolgehalt, eine neue Identität gewonnen; zwischen dem 18. März und dem 9. September 1948 war es eine beeindruckende Kulisse

für drei Freiheitskundgebungen gewesen, die alten Wunden schienen geheilt.

In diesen Tagen des beginnenden Kalten Krieges wurden die Rufe lauter, das Reichstagsgebäude als ein Symbol der Einheit wiederaufzubauen. Einer der Rufer war der CDU-Politiker Jakob Kaiser. Er hatte der Zentrumsfraktion im Reichstag zwischen März und November 1933 angehört, war in die Verschwörung gegen Hitler am 20. Juli 1944 verwickelt, mußte sich bis Kriegsende verstecken und gehörte zu den Gründungsmitgliedern der neuen CDU 1945; als Linker zählte er nicht gerade zu den Freunden Adenauers; jetzt war er Minister für Gesamtdeutsche und Berliner Fragen geworden. Vielen war er nicht gesamtdeutsch genug, anderen war er zu gesamtdeutsch.[25] Noch ehe die Bundesrepublik ge-

gründet, noch bevor er ins Kabinett berufen und vereidigt worden war, sprach er sich am 22. April wie am 1. Mai 1949 für den Wiederaufbau des Reichstagsgebäudes aus.

Verhandlungen in New York führten dazu, daß die Blockade am 12. Mai 1949 beendet wurde. Von Anfang an war man bemüht, die Bindungen zwischen Berlin und dem Bundesgebiet zu erhalten, auszubauen und zu bekräftigen, nicht zuletzt durch Worte. In der 11. Sitzung des Bundestags, auf Antrag der SPD, wurde am 30. September 1949 mit überwiegender Mehrheit beschlossen: »Der Bundestag bekennt sich zu Berlin als dem demokratischen Vorposten Deutschlands. Er erklärt feierlich vor aller Welt, daß nach dem Willen des deutschen Volkes Groß-Berlin Bestandteil der Bundesrepublik Deutschland und in Zukunft

Die Sprengung der Kuppel

ihre Hauptstadt wieder werden soll.«[26] Und nur fünf Wochen später, auf Antrag der KPD-Fraktion - allerdings mit einer Änderung gegen die Stimmen der KPD - beschloß der Bundestag am 3. November 1949: »Die leitenden Bundesorgane verlegen ihren Sitz in die Hauptstadt Deutschlands, Berlin, sobald allgemeine, freie, gleiche, geheime und direkte Wahlen in ganz Berlin und in der Sowjetischen Besatzungszone durchgeführt sind. Der Bundestag versammelt sich alsdann in Berlin.«[27]

In jenen Tagen galt die besondere Situation Berlins, galt die Hauptstadt Bonn als Provisorium. Berlin mußte auf einen baldigen Umzug von Bonn vorbereitet sein. Im Senat schmiedete man Pläne. Vor der 29. Sitzung der SVV am 13. Oktober 1949 erläuterte Kaiser ein Programm, das »unter anderem die Einrichtung einer würdigen Repräsentation der Bundesregierung in Berlin und die Verlegung von Bundesbehörden nach Berlin« vorsah.[28] Bei der Maifeier 1950 forderte Jakob Kaiser vor 600.000 Menschen die Wiederherstellung des Hauses: »Das Reichstagsgebäude vor uns ist in den letzten Jahren zum Sinnbild der Solidarität aller Berliner geworden. Heute wird es klarer denn je: Dieses Haus der Deutschen muß möglichst schnell wieder auf- und ausgebaut werden, um Bundestag, Bundesrat und Bundesregierung aufzunehmen.«[29] Am 23. Mai 1950 wurde - die Gründe sind unbekannt geblieben - zwischen Berlin und Bonn vereinbart, daß das Reichstagsgebäude eine Bundesangelegenheit sei und insofern nicht der Verwaltung der Stadt Berlin unterliege.[30] Jede Entscheidung über das Schicksal des Hauses bzw. der Kuppel werde hauptsächlich in Bonn getroffen. In Ost-Berlin riß man die Ruine des Stadtschlosses nieder, weil die SED darin die Verkörperung des militärischen Preußentums sah. Den Reichstag fanden selbst Gutwillige entsetzlich, überladen und aufdringlich; es schien nur eine Frage der Zeit, bis auch er abgerissen würde.[31] Noch immer gab es viele, besonders im Ostsektor, die das Reichstagsgebäude verwünschten. Zufrieden mit der fragilen Situation waren einzig Buntmetalldiebe,

die sich an dem letzten Rest von Kupferrohr und Kupferblech gütlich taten.

Der Senator für Bau- und Wohnungswesen war indes nicht untätig. Schon 1950 begann er mit den Vorbereitungen für einen Wettbewerb zur Gestaltung des künftigen Regierungsviertels in Berlin; die Ergebnisse sollten auf einer großen Bauausstellung, der Constructa, die zwischen dem 3. Juli und dem 12. August 1951 in Hannover stattfand, gezeigt werden.[32]

Am Platz der Republik schuf man eine andere Tatsache: am 27. März 1951 wurde die Ruine der Kroll-Oper gesprengt. Der älteste Bau am Platz war weg, weg auch ein gelegentlicher Anbieter für einen Neubau, weg das Haus des Hitlerschen Reichstags. Ein böses Omen? Wann würde der Reichstag schließlich das Schicksal des Stadtschlosses erleiden? Kaiser sah es anders und handelte.

Am 29. März 1951 besichtigte er, zusammen mit dem Ausschuß für Gesamtdeutsche und Berliner Fragen, die Ruine. Anschließend sagte er auf einer Pressekonferenz: »Die Besten der Nation erwarten den Wiederaufbau dieses Hauses, in dem sich unser Streben nach Wiedervereinigung Deutschlands verkörpern könnte.« Eine Bundestagssitzung an dieser Stelle und zu einem Zeitpunkt, an dem es gelte, das ganze deutsche Volk aufzurufen, werde eine besondere Wirkung in der Sowjetzone haben. Der Berliner Bausenator legte eine Denkschrift vor, in der es hieß, der erste Bauabschnitt zur Wiederherstellung des Reichstags könnte 10 Mio DM erfordern, womit »die südlichen Gebäudeteile einschließlich der Wandelhalle wieder nutzbar gemacht werden« könnten.[33] Auch Herbert Wehner, der Vorsitzende des Ausschusses, bejahte die Wiederherstellung. Er warnte davor, Kaisers Worte als Propaganda zu betrachten. Schon jetzt sollte der Bundestag Sitzungen in Berlin abhalten. Kaisers Vorschlag verdiene »ernsthafte Förderung«.[34]

Am 1. Mai forderte Kaiser erneut den Wiederaufbau des Reichstags: nicht nur parlamentarische Geschichte sei mit dem Gebäude verknüpft, man müsse bedenken, daß ihm »auch in anderer Hinsicht politische Bedeutung zukomme, insofern es als Kristallisationspunkt für den Gedanken der Wiedervereinigung Deutschlands angesehen werden könne.[35] Manche nahmen ihn beim Wort: als einen Tag später ungefähr 700 freiwillige Enttrümmerer vor dem Reichstagsgebäude eintrafen, schickte sie die Polizei nach Hause, weil die Arbeit zu gefährlich sei.[36]

Nicht jeder in Berlin wollte, daß der Reichstag wieder aufgebaut wird; viele, sogar der Deutsche Werkbund, forderten den Abriß.[37] Am 16. Mai 1951 saß dessen Vorstand - u. a. der Architekt Walter Rossow und der Kunstkritiker Will Grohmann - dem Minister gegenüber. Während dieser jedoch der Meinung war, daß man nicht nur die parlamentarische Geschichte des Gebäudes, sondern auch seine Zukunft bedenken müsse und das Haus »Kristallisationspunkt für den Gedanken der Wiedervereinigung Deutschlands« bleiben solle, ging der Werkbund von Ludwig Hoffmanns Apostrophierung des Hauses als »Leichenwagen erster Klasse« aus: »Es bestand in folgender Diskussion Einigkeit darüber, daß die Formulierung ... Hoffmanns wohl richtig sei.« Hier war bereits kurz nach Ende des Zweiten Weltkrieges das besonders fatale Argument im Umlauf, das durch den Werkbund leider allzu erfolgreich propagiert wurde, daß man in Berlin »eine Tendenz zu gedankenloser Restaurierung beobachten könne«. Man könne ja nicht einfach die alten Prunkformen des Kaiserreiches übernehmen, ohne genau zu wissen, in welche Richtung man gehe.[38]

Anfang Juni 1951 brachten die Wirtschaftliche Aufbauvereinigung (WAV) und der Ausschuß für Berlin (Berichterstatter: Willy Brandt) den Entschließungsantrag in den Bundestag ein, daß Ausschüsse des Bundestages bei Erörterungen von Berliner Angelegenheiten und bei Fragen von grundsätzlich gesamtdeutscher Bedeutung in Berlin tagen müßten. Nach Möglichkeit sollten bei besonderen Anlässen auch Plenarsitzungen des Deutschen Bundestages in Berlin stattfinden.

Die Debatte darüber fand am 20. Juni statt: Hier demonstrierten die großen Parteien im Bundestag in Sachen Reichstag Einverneh-

men. Besonders Willy Brandt setzte sich für den Erhalt bzw. Wiederaufbau des Reichstagsgebäudes ein - überhaupt hat dieser »vaterlandslose Geselle« mehr, häufiger und heftiger für das Reichstagsgebäude gestritten als viele seiner Kollegen. Er sei davon überzeugt, daß der Bundestag eines Tages ganz nach Berlin übersiedeln könne: »Dem Ausschuß für Berlin war auch im Zusammenhang mit der heute dem Haus zu unterbreitenden Empfehlung daran gelegen, ein erneutes Bekenntnis zur Hauptstadt des gesamtdeutschen Staates und zu dem, wenn auch nicht gleichgestellten und durch äußere Gewalt schwer bedrängten Lande Berlin abzulegen.«[39] Jakob Kaiser sagte, daß Einverständnis unter den wichtigsten politischen Vertretern herrschte, das Reichstagsgebäude wiederaufzubauen.[40]

Dennoch geschah vorerst wenig; die Bundesregierung beließ es bei Absichtserklärungen. Pläne für einen Ausbau des Reichstags scheiterten am Bonner Widerwillen oder an Leisetreterei; die Idee, die Ausbaupläne in Hannover zu zeigen, wurden fallengelassen. »Dieser Plan scheiterte an der ablehnenden Haltung der Bundesregierung. Selbst im Zusammenhang mit dem Wettbewerb zum Wiederaufbau des Reichstagsgebäudes, der vom Ministerium für gesamtdeutsche Fragen geplant war, sollten die »lokalpolitischen Gesichtspunkte, wie Berlin, die Bundeshauptstadt, oder Berlin, das Regierungszentrum ... in der Wettbewerbsausschreibung möglichst nicht besonders in Erscheinung treten«, so ein Vermerk über das Reichstagsgebäude vom 25. Juni 1951.[41]

Derweil drohte Unheil von der Kuppelkonstruktion. Das Prüfamt für Baustatik beim Berliner Bausenator hatte bereits am 10. Mai 1950 ein Gutachten veröffentlicht, in dem es hieß, die Kuppel sei »ein erheblicher Gefahrenzustand«.

Es wurde empfohlen, sie »vor dem Beginn jeglicher Abräumarbeiten durch eine zugelassene Fachfirma abzubrechen«.[42] Mehr als diese Empfehlung gab es nicht, und nichts wurde unternommen, obwohl neue Besichtigungen immer wieder neue Gefahren ergaben.

*Der Reichstag
im Frühjahr 1954*

Empfehlungen zum Abriß wurden ausgesprochen, Taten folgten nicht. Dafür fanden am 2. Juni 1951 Schatzjäger die Reichstagsschluß-steinlegungsurkunde.[43] Einen Monat später, am 2. Juli 1951, holte das Baupolizei-Hauptamt die Enttrümmerungserlaubnis nach, ohne jedoch das Kuppelproblem zu berühren.

Das Jahr 1952 brachte ein Mehr an Bekenntnissen zu Berlin, demzufolge auch entschiedenere Forderungen, das Gebäude zu retten. Zunächst ging es um die kurzlebige Idee, die deutsche Einheit mit Hilfe einer neuen Verfassung zu erreichen; dafür sollte, wie 1919, eine Nationalversammlung gewählt werden. Anfang Februar 1952 brachten die Bundesregierung und fast alle anderen Fraktionen einen Entschließungsantrag in den Bundestag ein:

»Die Nationalversammlung tritt am 30. Tage nach ihrer Wahl in Berlin zusammen.« Der Antrag wurde auf der 189. Sitzung am 6. Februar in namentlicher Abstimmung mit 292 Ja-Stimmen bei 29 Nein-Stimmen und 25 Enthaltungen angenommen.[44] Daraus ist nichts geworden, aber der Gedanke »Nach Berlin, nach Berlin« festigte sich in den Köpfen vieler: »Sie brauchen sich erst gar nicht lang einzurichten, spätestens in einem Jahr sind wir in Berlin«, sagte ein Bonner Referatsleiter seinem neuen Untergebenen Anfang 1953.[45]

Am 1. Mai 1952 stimmte, zum ersten Mal seit seiner Wahl zum Bundespräsidenten, Theodor Heuss in den Chor für den Wiederaufbau des Reichstagsgebäudes ein: »Wir alle leben und arbeiten, damit dieses Haus wieder

Heimat und Werkstatt der deutschen Zukunft wird.«[46] Dafür wünschte er sich einen Wettbewerb, an dem sich alle Architekten, auch die Ostdeutschlands, beteiligen konnten.[47] Doch in jenem Jahr verschlechterte sich die politische Situation Berlins dramatisch. Während die Stadt 1952 in das Finanzsystem der Bundesrepublik eingebunden wurde, endeten alle Illusionen über eine Neutralisierung der Bundesrepublik mit der Stalin-Note. Jede Annäherung an den Westen brachte Berlin Isolierung im Osten.

Das Problem »Kuppel« zeigte sich jetzt in aller Deutlichkeit. Als am 24. Mai 1952 die in Spandau ansässige Filmgesellschaft CCC den Antrag auf Benutzung des Reichstags als Drehort stellte, wurde der Ingenieur Richard Pardon mit einer Begutachtung des Kuppelzustandes beauftragt. Pardons Gutachten vom 22. August 1952 war verheerend. Die Gefahrenstellen hätten sich verschlimmert, doch zum Glück für die CCC waren diese so konzentriert, daß man zumindest an einigen Stellen ohne Gefahr arbeiten konnte. Gedreht wurde in der Halle des Nordflügels. Das Schicksal der Kuppel war damit so gut wie besiegelt. Der Film hieß übrigens: »Die Spur führt nach Berlin« - mit Wolfgang Neuß. Die Kuppel blieb.

Nach wie vor stand der Reichstag auf der Tagesordnung für »Nationalsymbolik«. Schon im Oktober 1952 war eine Geldsammlung für den Wiederaufbau beantragt worden, die »eine tiefe Symbolkraft vor allem für unsere Landsleute in der Sowjetzone« gehabt hätte; die Aktion ist jedoch unter Berufung auf zwei Gesetze von 1934 untersagt worden.[48] Die Senatsbauverwaltung war der Ansicht, daß man dem Haus »ein einigermaßen zeitnahes Gesicht« geben müsse, wobei durchaus auch Büroräume für parlamentarische Zwecke vorzusehen seien.[49]

Es klingt zwar merkwürdig, aber wir wissen bis heute über die möglichen politischen Entscheidungen bezüglich der Kuppel viel weniger als über die Entstehung des Reichstagsgebäudes selbst. Der Grund dafür liegt in der noch gültigen Archivregel, wonach erst nach 30 Jahren der Zugang zu politischen Akten möglich ist. Die Baupolizeiakten enthalten hinsichtlich der Kuppel lediglich Sachentscheidungen. Oder hat die Kuppelsprengung die Politiker nicht allzusehr beschäftigt?

In den Amtsstuben arbeitete man an einem Abbruchplan für die Kuppel. Am 29. Januar 1953 kam der Bescheid des Bundesfinanzministers, daß die Kuppel abgerissen werden darf; die Kosten sollten durch die Entschrottung wieder hereinkommen. Am 25. Februar 1953 gab auch der Berliner Finanzsenator grünes Licht, wobei er zu verstehen gab, daß die Stadt erst die Mittel dazu vorstrecke, wenn Bonn dies definitiv übernehme. Diese Frage zu klären, dauerte mehr als ein halbes Jahr. Am 14. Dezember 1953 konnte der Finanzsenator mitteilen, daß er bereits eine Firma gefunden habe, die die Kuppelentfernung übernehmen werde.[50]

Vorbereitungsmaßnahmen für den Abbruch wurden im Januar 1954 getroffen. Doch auch diese Arbeiten verzögerten sich, weshalb, ist nicht bekannt. Schließlich wurde am 2. April 1954 der Abbruchschein Nr. 483 mit Gültigkeit bis zum 31. März 1955 von der Baupolizei Tiergarten an die Firma Georg Binder ausgestellt; die Polizeigebühr von DM 10 wurde ihr erlassen, aber erst nach einem bürokratischen Briefwechsel.[51]

Im Spätsommer 1954 nahm sich die Presse der Kuppelsprengung an. Die Firma sei mit der Anbringung der Sprengladung beschäftigt, voraussichtlich werde sie noch in derselben Woche gezündet. Die Arbeit in 70 m Höhe sei mühsam und halsbrecherisch. Man wolle zwei Meter hohe Behälter mit Thermit elektrisch zünden und damit die schwere Eisenkonstruktion innerhalb von 45 Sekunden zum Einsturz bringen.[52] Am 23. Oktober 1954 wurde der erste Sprengversuch unternommen. Er mißlang. Durch die kühle Witterung konnte das geschmolzene Eisen nicht abfließen, sondern erstarrte sofort wieder. Größere Ladungen wurden angebracht. Erst am 22. November 1954 gelang es, die Konstruktion zum Einsturz zu bringen. Damit war die Kuppel - endgültig? - beseitigt.

Inzwischen plante man für Berlin als ganze Stadt. Am 15. April 1954 griff der Bundestagsausschuß für Gesamtdeutsche und Berliner Fragen das Thema unter dem Titel »Errichtung eines Regierungsviertels in Berlin auf.«[53] Berlin und der Bund reagierten auf die Bauplanungen und -ausführungen im Ostteil der Stadt mit der Forderung nach Wettbewerben, einen städtebaulichen für das Regierungsviertel und einen architektonischen für die Wiederherstellung des Reichstagsgebäudes. Zu diesem Behufe beriet man im Ausschuß am 27. und 28. April 1954: Die aus Bonn empfohlene Zurückhaltung in Sachen der Wettbewerbe »Reichstagsgebäude« und »Regierungsviertel« wurde gleich anfangs aufgehoben. »Die Berliner Frage wurde immer mehr zum Symbol der Wiedervereinigung.«[54]

Am 7. Juli 1954 erhielt Senatsbaudirektor Rolf Schwedler die Gelegenheit, dem Ausschuß die Idee der geplanten Wettbewerbe »Wiederaufbau des Reichstagsgebäudes« und »Errichtung eines Regierungsviertels« anhand des bereits ausgearbeiteten Materials vorzustellen. Es war vorgesehen, diesen Bericht auf einer Kabinettssitzung am nächsten Tag zu erörtern, aber ob dies der Fall war, wird nicht berichtet: »Es verging dann noch ein weiteres Jahr, bis der Antrag auf Vorbereitung und Durchführung der Wettbewerbe »Hauptstadt Berlin« und »Wiederherstellung Reichstagsgebäude« vom Bundestag bewilligt wurde.« Die Autorin Carola Hain gibt nicht an, was passierte in der Kabinettssitzung, was an Vorbereitungen notwendig war bis zur Bewilligung der Wettbewerbsgelder durch den Bundestag im Oktober 1955. Über die Sitzung gibt es einen Brief des Bausenators Mahler an den Bundesverkehrsminister vom 9. August 1954: Die Regierung habe hier eine gute Gelegenheit, »daß sie Berlin weiterhin als die deutsche Hauptstadt betrachtet ...«[55]

Die Front für die Wiederherstellung formierte sich. Das Berliner CDU-MdB Ferdinand Friedensburg sagte, er wolle mit dem FDP-MdB Hubertus Prinz zu Löwenstein einen Antrag auf Bewilligung von 500.000 DM für die Wiederherstellung des Reichstagsgebäudes stellen.[56] Daraufhin meinte ein »offizieller Sprecher der Bauverwaltung, daß das Reichstagsgebäude wiederaufgebaut werden könnte«.[57] Doch der Bund Deutscher Architekten (BDA) trat für den Abriß »bis zum Sockel« ein.[58] Da jedoch der Wettbewerb für das neue Regierungsviertel bald bevorstände, wolle man erst die Ergebnisse dieses Wettbewerbs abwarten.

Berlin zwischen Angst und vorauseilendem Gehorsam. Die Wahl des Bundespräsidenten am 17. Juli 1954 wollte Bundestagspräsident Ehlers in Berlin abhalten. Sofort wurden Stimmen laut, dies würde die Alliierten auf den Plan rufen. Als jedoch die Alliierten nicht gegen Berlin, nur gegen bestimmte Lokale Einspruch erhoben, fand die Wahl in Berlin statt.[59] ... Bemerkenswerterweise war es lange Zeit die SPD - sie galt allgemein eher international denn national gesinnt -, die in Sachen Reichstag voranpreschte. In dieser Angelegenheit traf sie sich mit einer Partei auf der äußersten Rechten, mit der GB/BHE (Gesamtdeutscher Block/Bund der Heimatvertriebenen und Entrechteten).

Am 24. März 1955 kam es im Bundestag zu einer Debatte zum GB/BHE-Antrag. Paul Löbe sagte, er sei zwar für den Wiederaufbau des Hauses, nicht aber als Heimstätte des Bundestags; man möge es als Gedenkstätte belassen.[60] Der SPD-Abgeordnete Kurt Mattick meinte: »Ob das Reichstagsgebäude für seine Zwecke wieder verwendbar ist, möchte ich jetzt genausowenig wie die anderen Redner untersuchen. Worauf es ankommt, ist nicht, ein Mahnmal zu schaffen, ist nicht, eine Idealvorstellung hinzubauen und zu sagen: hier war einmal das, was früher das Deutsche Reich präsentierte. Worauf es ankommt in dieser Periode, ist, wirklich etwas hinzustellen in Berlin, aus dem die Bevölkerung in Deutschland das Gefühl entnehmen kann, die Bundesregierung meint es ernst mit der Wiederherstellung der Einheit Deutschlands und schafft dazu sachliche Voraussetzungen.« Der FDP-Abgeordnete Hübner erklärte, daß eine »Heimstatt für ein gesamtdeutsches Parla-

ment« als ein »tief in die mitteldeutsche Zone hineinwirkendes Sinnbild der Kraft der Freiheit« verstanden werden müßte, »aber wir glauben, daß gerade ein solches Sinnbild über eine Kopie des alten Wallot-Baues hinausgehen muß ... Der Anblick der Reichstagsruine weckt doch die Überzeugung, daß mit dem ... Ende dieses Wallot-Baues eine ganze Epoche zu Ende gegangen ist. Wir zollen dieser Epoche unseren vollen Respekt, aber wir sind doch der Meinung, daß die Zukunft von uns die Gestaltung des neuen geschichtlichen Abschnitts abverlangt ... Deshalb schließen wir uns der Auffassung des ... Berliner Senats an, die eine eindrucksvolle räumliche Gliederung des neuen Regierungsviertels im Spreebogen vorsieht.« Die FDP konnte das Problem des Wiederaufbaus nur im Zusammenhang mit einem gesamten Ausbau des bereits verwüsteten Platzes der Republik verstehen; das hatte letztlich eine sofortige Entscheidung verhindert.

Der Antrag wurde in den Ausschuß für Gesamtdeutsche und Berliner Fragen verwiesen. Dieser tagte in Berlin zwischen dem 28. und dem 30. März 1955 - zeitweilig unter Teilnahme von Kaiser - und beschloß, für den Hauptstadtwettbewerb 420.000 DM, für einen »kleineren Wettbewerb« über die »Verwendung der Reichstagsruine« 60.000 DM zur Verfügung zu stellen. »Der Ausschuß wandte sich jedoch in seiner Mehrheit gegen die Auffassung, daß die Reichstagsruine zu einem Gebäude für den Deutschen Bundestag ausgebaut werden soll. Wie der Ausschußvorsitzende Wehner (SPD) nach einer Sitzung vor Pres-

Der kuppellose Reichstag

269

severtretern erklärte, wurde die Frage, für den Bundestag in Berlin ein Gebäude zu errichten, erörtert.[61] Die Diskussion ging weiter. Anfang Juni trat Ernst Reuters Witwe, Hanna Reuter, in einem Leserbrief an den »Tagesspiegel« für den Wiederaufbau ein: »Darüber, daß wir ihn alle nicht schön finden - in den Gesamtproportionen ist er gar nicht einmal häßlich, schon gar nicht so häßlich wie die Gedächtniskirche -, besteht wohl keine Meinungsverschiedenheit. Aber was an Begebenheiten deut-

scher Geschichte, die sich weit ins Europäische ausweiteten, hängt seit seiner Erbauung an diesem Hause! Und Hitler hat ihn nie betreten! ... Mein Mann hatte immer den Wunsch, daß der Reichstag wiederaufgebaut werden möge. Und so stark sollten wir uns innerlich schließlich schon fühlen, daß wir auch ein Stück Kitsch vertragen, das immerhin durch die angesetzte Patina dazu beiträgt, daß 'Berlin doch Berlin' bleibt.«[62]

Das Reichstagsgebäude nach 1955
Der Wiederaufbau

Der Wiederaufbau des Reichstagsgebäudes hatte für West-Berlin große Bedeutung; es war das einzige Gebäude, das als nationales Symbol gelten konnte und im Westteil der Stadt lag. Auch wenn größere Verwaltungsbauten nach der Wiedervereinigung im Ostteil der Stadt entstehen sollten, so konnte mit dem Bau eines Regierungsviertels bzw. den Arbeiten am Reichstagsgebäude schon vor der Wiedervereinigung begonnen werden.[1]

Im Oktober 1955 brachte die SPD-Fraktion einen neuen Antrag in den Bundestag ein: »Die Bundesregierung wird ersucht, im Nachtragshaushalt für das Rechnungsjahr 1955, spätestens jedoch im Bundeshaushaltsplan für das Rechnungsjahr 1956, für die Vorbereitung und Durchführung eines gesamtdeutschen städtebaulichen Ideenwettbewerbs 'Hauptstadt Berlin' 350.000 DM und für die Vorbereitung und Durchführung eines beschränkten Architektenwettbewerbs 'Wiederherstellung Reichstagsgebäude' 60.000 DM zu veranschlagen.«[2]

Der Antrag wurde am 26. Oktober 1955 debattiert; erneut setzte sich Willy Brandt vehement dafür ein: »Schließlich sollten wir dafür sorgen, daß das jahrelange Gezerre und Gerede um die Reichstagsruine durch einen bescheidenen, aber praktischen Schritt abgelöst wird. (Sehr gut! bei der SPD.) Es geht gar nicht darum, ob die künftige Nationalver-

Erich Böhme mit seinem Team im Jahre 1958

sammlung im wiederaufgebauten Reichstagsgebäude würde arbeiten können oder ob es dazu neuer Bauten bedürfen würde, sondern es geht um ein bißchen Sinn für Geschichte (Abg. Wehner: Sehr wahr!) und auch um die Klärung der Frage, wie denn überhaupt praktisch der Wiederaufbau des Reichstagsgebäudes für den einen oder den anderen nationalen Zweck sinnvoll in die Wege geleitet werden soll.«[3] Der Antrag wurde angenommen.[4]

Das war der Startschuß für den Wettbewerb Hauptstadt Berlin. Damit zwischen Berlin und Bonn keine Konkurrenz entstand, verhängte der Bundestag am 16. Juni 1956 über Bonn einen Baustopp.[5] Das wichtigste aber war, daß überhaupt Bauarbeiten am Reichstag stattfan-

den. »Allein ein Baugerüst hätte dem Osten gegenüber größte werbende Kraft.«[6]

Doch um die Teilnehmer am städtebaulichen Wettbewerb nicht zu beeinflussen, wurde am 5./6. Oktober 1956 entschieden, den Wettbewerb Reichstag zurückzustellen.[7] Diese Entscheidung rief die Berlin-Befürworter auf den Plan. Ende Oktober 1956 verlangte der »Zeit«-Herausgeber Gerd Bucerius, zudem Mitglied im Ausschuß für Gesamtdeutsche und Berliner Fragen, den Umzug nach Berlin zu beschließen und binnen zwei oder drei Jahren umzuziehen.[8] Die Diskussion über Berlin erreichte in den letzten Monaten des Jahres 1956 einen Höhepunkt, so daß sich die Bundesregierung am 28. November und Konrad

Adenauer am 7. Dezember 1956 veranlaßt sahen, ihre Haltung zu Berlin erneut zu bekräftigen.[9] Am 13. Dezember beschloß das Abgeordnetenhaus, das Reichstagsgebäude sei auszubauen für »Zwecke der gesetzgebenden Körperschaften«.[10]

Doch der Zeitgeist sah manches anders: »Niemand will heute mehr in einer Prunkvilla aus der Gründerzeit wohnen«, schrieb »Der Abend« am 18. Dezember 1956. Für den Bundestag: »Alle Einsichtigen in Bonn und Berlin wissen, daß der verbaute, alte Reichstag als Sitz des Bundestags in der Hauptstadt Deutschlands völlig ungeeignet ist.«[11] Der alte Sitzungssaal, dessen gewaltige Glaskuppel viel zu tief saß, sei zu klein, die riesigen Wandelgänge seien zudem reine Raumverschwendung.

Dennoch war der Zug ins Rollen gekommen. Am 23. Januar 1957 ging die Haushaltsunterlage über Berlin und den Wettbewerb ins Plenum, Anfang Februar 1957 ein Entschließungsantrag der SPD, der FDP, der GB/BHE und des Ausschusses für Gesamtdeutsche und Berliner Fragen, in dem u. a. der Bundesregierung empfohlen wurde, mit der Planung und Durchführung des Baues eines Parlamentsgebäudes in Berlin unverzüglich zu beginnen.[12] Am 6. Februar fand darüber die Debatte statt. Zur Frage, ob der Bundestag in Berlin tagen könnte, meinte Bundesinnenminister Gerhard Schröder, dies könne erst beantwortet werden, »sobald der Bundestag entscheide, ob das alte Reichstagsgebäude wieder hergestellt oder ob ein neues Haus gebaut werden solle.« Der Antrag wurde bei vier Gegenstimmen angenommen,[13] der Bundestag bewilligte 2,5 Mio DM für Enttrümmerung und Sicherungsmaßnahmen und Substanzerhaltung des Reichstagsgebäudes. Damit sollten vor allem die Fassade gesichert und der Trümmerschutt beseitigt werden. Aufgeteilt war der Betrag in 500.000 für das laufende Rechnungsjahr (1956) und 2.000.000 für 1957. Weitere Mittel wollte der Bundestag erst zur Verfügung stellen, wenn ein Nutzungskonzept vorliege. Die Arbeit am Bau wurde am selben Tage aufgenommen. Als sicher galt, »daß die Fassade

des Gebäudes erhalten und die inzwischen gesprengte Kuppel durch ein Flachdach ersetzt« werden würde. Man hoffte damals, noch im März 1957 mit dem Wettbewerb beginnen zu können.[14] Dennoch dachten viele wie jener Zeitungsredakteur, der sich einen Bau »nicht aus Zuckerguß über zusammengeflickten Ruinen einer versunkenen Epoche« wünschte.[15] Der SPD-Politiker Adolf Arndt behauptete, ein Wiederaufbau sei »unverantwortlicher Unfug«.[16] Adenauer dagegen meinte, der Reichstag eigne sich schon für den Bundestag, allerdings ohne Türme.[17]

Steinmetzarbeiten im Jahre 1960

273

*Teile der
rekonstruierten
Westfassade
1960*

Auch Bundestagspräsident Eugen Gerstenmaier wünschte sich den Ausbau. Die Fassade sei, »im Guten wie im Bösen eine Erinnerung daran, woher wir kommen.« Er habe die Ruine besichtigt, könne sich für seine Person nicht einfach von ihr trennen ... »Wir sind aber nicht so reich an traditionellen Bauten, daß man nicht darauf verzichten sollte, die alte Ruine wieder aufzubauen. Der alte Reichstag ist zudem groß genug, um den Bundestag und den Bundesrat anderthalbmal aufzunehmen.«[18] Man müsse auch den Mut haben, »zu dem, was bitter in unserer Geschichte war, zu stehen und es nicht wegzuwünschen«. Daher sei er der Meinung, daß »der historische Bau des ersten deutschen Reichstages ... seinen ursprünglichen Zwecken entsprechend verwen-

det« werden sollte.[19] Aber auch Gerstenmaier hatte für die Kuppel keine Verwendung: »Ich bin nicht für Kuppeln und Türme und altes Brimborium.«[20] Die Liste der Politiker, die für den Wiederaufbau eintraten, wurde noch länger, als der Regierende Bürgermeister Otto Suhr bei Adenauer nachdrücklich den Umbau verlangte: »Die Bevölkerung der Sowjetzone würde es nicht verstehen, wenn wir noch länger warten.« Der Bau müsse unabhängig vom Ausgang des städtebaulichen Wettbewerbs beginnen, selbst wenn dies den Ausgang des Wettbewerbs präjudizieren würde. »Suhr begründete dies mit dem Hinweis, daß die Enttrümmerung und die Vorbereitung für den Wiederaufbau mindestens ein Jahr in Anspruch nehmen« würde.[21] Der Wettbewerb

»Hauptstadt Berlin« wurde am 30. März aus- gelobt - Abgabedatum: 1. Februar 1958.

Zuständig für das Reichstagsgebäude war der Bund, für Bundesbauten die frisch ins Leben gerufene Bundesbauverwaltung, später -direktion (BBD). Das war ein verhängnisvoller Fehler. Denn in der BBD saßen zuviele Architekten und Beamte, die ihre Architekturausbildung und ihre Einstellung zur Demokratie zwischen 1933 und 1945 erhielten, für die das Haus ein Fossil, ein Relikt war. So begann der Wiederaufbau, indem zerstört wurde. Die BBD gab bekannt, daß sie zunächst als Experiment ein Teilstück der Reichstagsfassade wiederherstellen würde. Es erhob sich kein Protest, da die meisten, die sich über so etwas hätten erregen können, dankbar waren, daß ein äußeres Zeichen für den Wiederaufbau gegeben wurde. Bei diesem »Experiment« hat die BBD den Reichstag »stilbereinigt«; die Fensterornamente wurden abgeschlagen, die Kunstwerke herausgeschleppt, die gewölbten Decken ausgerissen; diese habe Wallot niemals gewollt, argumentierte die BBD; man habe in seinem Sinne gehandelt.[22] Der »Telegraf« konnte über das »Experiment« folgendes schreiben: »Unter dem Motto der Stilbereinigung fielen der über dem Rundgang des großen Fensters angebrachte Frauenkopf, die unteren Zwischenfenster und die eingearbeiteten Wappen weg.

Das ursprüngliche Modell Wallots sah all diese Schnörkeleien nämlich gar nicht vor, man fügte sie später auf 'höchsten' Wunsch noch dazu.«[23] Man hatte also die Geschichte des Reichstagsgebäudes, aus welchen Gründen auch immer, einfach auf den Kopf gestellt und die sogenannte »Überladung« dem alten »bösen« Kaiser in die Schuhe geschoben, um damit einen Vorwand für das Abschlagen der Ornamente zu gewinnen. Hier kamen die Wünsche Ludwig Hoffmanns, Peter Behrens' und aller sogenannten demokratischen Bauexperten zum Tragen. Es gab wohl keinen Menschen in Berlin, der wie Radbruch und Häring die Interdependenz von genius loci und Architektur erkannte. Was für Berlin recht war, mußte auch für das Reichstagsgebäude billig sein. Die große Zeit des Stuckabschlagens hatte begonnen, hier entstand, was Wolf Jobst Siedler, Gina Angreß und Elisabeth Niggemeyer als »gemordete Stadt« kennzeichneten.

In diesem Jahr 1957, in dem die Interbau mit dem Wiederaufbau des Hansa-Viertels

Schlagzeilen machte, meinten maßgebliche Bauexperten wohl, daß ein wiederaufgebautes Reichstagsgebäude keine Ornamente, keinen Schmuck und keine »Schnörkeleien« haben dürfe. Rainer Wagner schrieb in der »Welt« vom 21. August 1957, daß der Wiederaufbau eines Reichstagsgebäudes sowieso nicht so wichtig sei wie der Neubau eines Bundestagshauses in Berlin sei.[24] Anna Teut polemisierte gegen den Wiederaufbau: »Der Geist, der sich im Wallot-Gebäude manifestiert, ist dem übersteigerten Repräsentationswillen einer unsicheren, im Umbruch begriffenen und in vielem maßlos gewordenen Epoche entsprungen, die sich gezwungen sah, auf fremde Stilformen zurückzugreifen, weil sie aus Eigenem nichts zu produzieren vermochte ... Wir können nicht glauben, daß die Bundesregierung ihren Ehrgeiz in die Restauration fragwürdiger Werte setzt, nur weil dies aus politischen Gründen opportun erscheint. Dies wäre dasselbe, was jenseits des Brandenburger Tores geschieht und was wir dort verurteilen und verabscheuen. Wir können nur hoffen, daß die Idee, den alten Wallot'schen Reichstag in voller Herrlichkeit zu restaurieren (wenn auch unter Weglassung des 'Beiwerks' und der 'Figuren'), auf die Hitze des Wahlkampfes [15. September 1957] zurückzuführen ist und daß sie nach der Schlacht alsbald verblassen wird.«[25] Im Herbst 1957 wurde die Einbettung in den Kontext des Hauptstadtwettbewerbs bekräftigt, der Verwendungszweck sollte aber erst danach bestimmt werden.[26] So erhielt die Bundesbauverwaltung einen Beirat, bestehend aus den Architekten Johannes Rossig, Otto Bartning, Hans Scharoun und Edgar Wedepohl, der die Aufgabe hatte, »in allen architektonischen Dingen zu beraten, die mit der Restaurierung des Wallotbaues verbunden sind.«[27] Man verstand sich als Denkmalbeirat.

Diese Männer gingen davon aus, daß das Gebäude wiederaufgebaut, die Frage der Zweckbestimmung aber erst nach dem internationalen städtebaulichen Ideenwettbewerb »Hauptstadt Berlin« entschieden werden würde. Man war darüber hinaus der Meinung, die Kuppel nicht wiederaufzubauen: »Zur Beleuchtung des Plenarsaals mit Oberlicht ist heute technisch eine derart umständliche Konstruktion nicht mehr erforderlich. Der Wiederherstellung oder dem Neuaufbau einer Glas-Eisen-Kuppel im Wallot'schen Sinne fehlt die innere Berechtigung technischer Notwendigkeit ... Auch ohne die Kuppel bleibt der Wallot-Bau mit seinen vier kastellartigen Ecktürmen in seinem wesentlichen Grundcharakter erhalten. Die Ecktürme sollten auf jeden Fall beibehalten werden. Aber der plastische Schmuck 'im Geiste des ewigen Barock' sollte keine Fortsetzung der Wallot'schen Linie sein, sondern mit modernen bildhauerischen Gedanken neu gestaltet werden.«[28]

Der Beirat diskutierte dann doch über die mögliche Zweckbestimmung - Bibliothek, Museum, Bundesrat - kam aber zu keinem verbindlichen Entschluß. Die Pressestelle der Berliner Interbau 1957 verlautbarte dazu, »es ist daran gedacht, die Reichstagsruine als Gebäude für den Bundesrat in Verbindung mit einer Parlamentsbibliothek auszubauen und das Bundestagsgebäude als Neubau in nächster Nachbarschaft zu errichten.[29]

Der Hauptstadt-Wettbewerb brachte für den Reichstag nichts entscheidendes. Alle Preisträger ließen das Haus stehen, aber keiner sah es für eine Nutzung als Parlamentsgebäude vor; unter den sonstigen Teilnehmern gab es nur einige wenige, die dies hätten in Aussicht stellen wollen.[30]

Es war allen Beteiligten klar, daß, wenn nichts anderes geschieht, das Reichstagsgebäude wiederaufgebaut werden muß.[31]

1958 gab Gerstenmaier bekannt, daß das Bundestagspräsidium - man tagte an der TU Berlin - einstimmig den Ausbau des Reichstagsgebäudes beschlossen habe. Am 1. Oktober 1958 besuchte der Haushaltsausschuß des Bundestages das Haus; es sollte unabhängig vom Ausgang des Hauptstadtwettbewerbs ausgebaut werden. Man hoffte, bereits Ende 1959 eine Veranstaltung ins Reichstagsgebäude legen zu können.[32] Der Lokalchef des Tagesspiegels, Günter Matthes, begrüßte die Entscheidung: »Die Mitte der Hauptstadt macht sich ... Nur beim Bundespräsidenten im

Schloß Bellevue dürfen die Kaninchen noch zur Untermiete wohnen. Die Berliner nennen es schon den Bundesschnellbau.«[33]

Am 12. Februar 1959 besuchte Bundestagspräsident Gerstenmaier die Baustelle und stellte dabei fest, daß die Inschrift »Dem Deutschen Volke« schon erneuert worden sei. Er gab bekannt, daß das Reichstagsgebäude wiederhergestellt werde, und zwar mit dem Zweck, dereinst Haus des Bundestages zu sein.[34] Kurz danach wurde, politisch bedingt,

Enttrümmerungs-arbeiten im Inneren

277

S. 279
Plenarsaal

die Entscheidung für einen Wiederaufbau, egal zu welchem Zweck, getroffen.[35]

In Bonn bereitete man einen Wettbewerb für den Reichstag vor. Das Haus selbst war zu klein, andererseits hatten die Wettbewerbe der 20er Jahre gezeigt, daß nicht im Norden, sondern nur im Osten sinnvoll erweitert werden konnte; dies jedoch sei »vor der Wiedervereinigung nicht verfügbar.«[36] Daher waren einige Räume Gegenstand des Wettbewerbs, auch wenn man nicht wußte, wie nach der Wiedervereinigung das Gebäude genutzt würde; der Beirat argumentierte dafür, auch den Plenarsaal in den Wettbewerb einzubeziehen: Auch wenn das Haus später anders genutzt werden möge, bleibe so eine Ausgabe keine Fehlinvestition. Anfang 1959 löste sich das Gremium auf, der Auftrag war erledigt.[37] Und der Plenarsaal wurde nicht in den Wettbewerb aufgenommen.

Dennoch gingen die Arbeiten am Hause weiter; man schätzte, daß bis Ende 1959 bereits 10.000.000 DM für die Wiederherstellung ausgegeben worden waren; weitere 9.000.000 waren für 1960 vorgesehen.[38]

Wie sehr das Haus zum Symbol geworden war, und wofür, wurde Anfang Oktober 1959 sichtbar. Als Angestellte der S-Bahn die DDR-Staatsflagge mit Hammer und Zirkel auf S-Bahnhöfen aushingen, hagelte es Proteste, selbst die Alliierten wurden bei den Sowjets vorstellig; dies sei durch den Status der Stadt nicht gedeckt, hieß es von westlicher Seite, und als Antwort wehte schon am frühen Morgen des 7. Oktober die schwarz-rot-goldene Flagge der Bundesrepublik auf dem Reichstag.[39] Das »Neue Deutschland«, Zentralorgan der SED, kommentierte diesen Vorgang; zur Aufregung über die DDR-Flaggen gebe es keinen Grund, denn die Bahnhöfe gehörten zur DDR. Gegen jede Ordnung sei es, daß West-Berliner Polizei »auf Befehl des Schöneberger Senats« eindrang, denn eine Begründung für dieses »provokatorische Vorgehen« gäbe es nicht. Und zur Flaggenhissung auf dem Reichstag meinte das Blatt, die Farben Schwarz-Rot-Gold seien nicht die Fahne West-Berlins, das ja die weiß-rote Stadtfahne

mit dem Berliner Bären besitze ... Wenn jemand berechtigten Grund zum Protest habe, dann »wir«. Der Bundestag habe seinen Sitz hinter dem Rhein in Bonn, so habe auf dem Reichstagsgebäude die Flagge des »westdeutschen Separatstaates« nichts zu suchen, denn West-Berlin gehöre nicht dazu.[40] Noch am Abend des 8. Oktober gab die SED nach und ließ die Fahnen von den S-Bahnhöfen einholen.[41] Bemerkenswerterweise blieb die Fahne der Bundesrepublik auf dem Reichstag.

Es ist beinahe unmöglich, ein genaues Datum für den Beginn des Wettbewerbs anzugeben. Nach dem »Tagesspiegel« war es der 9. Januar, nach Heinz Raack Februar, nach einer anderen Zeitungsmeldung der 12. Mai 1960. Der Auslober allerdings stand fest: Der Bundesminister für wirtschaftlichen Besitz des Bundes schreibe einen beschränkten »Wettbewerb zur Erlangung von gutachterlichen Entwurfsvorschlägen für die Gestaltung der Haupteingangs- und Wandelhallen sowie der Repräsentationssäle im Westflügel - keine Erwähnung des Plenarsaals - des ehem. Reichstagsgebäudes in Berlin« für 10 namhafte Architekten - Hans Döllgast (München), Josef Wiedemann (München), Rudolf Schwarz (Köln), Paul Baumgarten (Berlin), Johannes Krahn (Frankfurt/Main), Wassili Luckhardt (Berlin), Fritz Gaulke (Berlin), Wilhelm Riphahn (Köln), Johannes Krüger (Berlin), Dieter Oesterlen (Hannover) - aus.[42] »Das Gebäude sollte nach seiner Wiederherstellung parlamentarischen Zwecken dienen und architektonisch dazu beitragen, die Idee des Gemeinsamen und die Kraft der Demokratie zu fördern. Nicht Gesellschaftsräume mit Monumentalcharakter, sondern eine Stätte der Begegnung war zu schaffen, in der sich die Tradition des parlamentarischen Lebens und seiner gesellschaftlichen Formen entwickeln kann.«[43] Näheres über die Auslobung, wer den Text verfaßte und wie er aussah, ist zur Zeit nicht bekannt. Begutachten sollten die Entwürfe Gerstenmaier, Willy Brandt und der Bundesschatzminister Linderath.[44] »Alle Fragen nach Größe und Stil des künftigen Plenarsaales mußten vorerst unbeantwortet blei-

*Der Plenarsaal im
ersten Obergeschoß.
Aufnahme vom
Dezember 1972*

ben, da man selbst in den Fachgremien noch kein Programm habe.«[45]

Zunächst lehnte Baumgarten ab, akzeptierte erst auf Zureden von Wedepohl.[46] Einer der Eingeladenen reichte nichts ein, sechs wurden nach einer Beratung ausgeschieden - im gegenwärtigen Stadium ist nicht bekannt, wann der Abgabetermin war, wer über die Entwürfe befand und wer sechs davon ausjurierte -, die Entwürfe von Luckhardt, Baumgarten und Schwarz kamen in die engere Wahl.[47] Offenbar war ein erster Termin Mitte Juli, denn dies wurde am 17. Juli 1960 im »Tagesspiegel« gemeldet. Baumgarten hat seine Arbeit beschrieben: »Einen Entwurf abgegeben, der das Programm weit überschritt und hemmungslos phantasierte. Nur aus Freude am Entwerfen und ohne Erwartung einer Preiszuteilung.«[48]

»Im Gegensatz zum Entwurf Luckhardt, der durch großzügige, vereinfachende Gestaltformen und mit Hilfe plastischer Gebilde eine gewisse Monumentalisierung erreicht, ist im Entwurf Baumgarten alles fließend, bewegt weiträumig, transparent mit dem Ziel, Raumbezirke zu schaffen.«[49] Baumgartens Entwurf zeigte, »daß der Innenausbau nicht der Wiederherstellung des Äußeren zu entsprechen braucht.«[50]

Luckhardts Entwurf war von Norden nach Süden angelegt; auch wäre sein Entwurf billiger in der Ausführung und hätte mehr von der Bausubstanz des Reichstags übriggelassen.[51] »Der Entwurf Schwarz schafft eine strukturell lebendige Situation, die sich eng mit dem Bauwerk verbindet. Maßstab und Proportion sind überhöht, adäquat denen im Äußeren, jedoch frei von jeglichem Pathos und übertriebener

Monumentalität. Die Räume sind von starker Innerlichkeit und im Ausdruck fast sakral«.[52]

Die drei übriggebliebenen Architekten wurden eingeladen, am 19. Januar 1961 in Bonn ihre Projekte dem Preisgericht zu erläutern. Hier saßen u. a. Gerstenmaier, der Bundesminister für den Wirtschaftlichen Besitz des Bundes Dr. Hans Wilhelmi, Berlins Bürgermeister Franz Amrehn, Scharoun, der Architekt W. Wichtendahl aus Augsburg, Wedepohl, Rossig und Carl Mertz von der Bundesbaudirektion Berlin.[53] Baumgarten schreibt, auch Werner Düttmann sei dabei gewesen.[54]

Baumgarten beschrieb die Sitzung in Telegramm-Form: »Vorträge - Schwarz, eine faszinierende Rede, die Gerstenmaier derart begeisterte, daß er aufstand und sich bei Schwarz bedankte. Auch Luckhardt und mir gefiel seine Rede und auch sein Entwurf. Die Lage schien geklärt. Luckhardt und ich verabschiedeten uns und brachten Schwarz mit den besten Wünschen zum Bahnhof. Bei der Heimreise trafen wir Düttmann und waren sehr zufrieden mit der Auftragserteilung an Schwarz. Dann Düttmann zu mir: Nein Sie! Ich kannte seinen Witz und lachte und konnte mich erst, nachdem ich mich von der Überraschung erholt hatte, freuen.«[55] Baumgarten war der »Ersteller des phantasiereichsten Entwurfs.«[56] So fiel die Entscheidung »in aller Stille«.

Als Baumgarten den Wettbewerb im Januar 1961 gewann, bestand er darauf, auch den Plenarsaal zu entwerfen: »Mein Entschluß stand fest: Auftragsannahme nur unter der Bedingung, daß ich nicht nur die Repräsentationsräume baue, sondern auch den Plenarsaal und die Osthalle, wie in meinem Entwurf.«[57]

Zunächst erhielt er jedoch nur für den Südflügel die Zustimmung, sein Insistieren auf eine Erweiterung seiner Aufgabe brachte Ärger mit der BBD. Doch sei er derart »allseitig« anerkannt gewesen, daß es sich lohnte, seinen Entwurf zu ändern: »Es ging soweit, daß ich nicht nur den Entwurf änderte, sondern auch fertiggestellte Bauteile wieder abreißen ließ. Zustimmung beim Ministerium, Verärgerung bei der Bundesbaudirektion.«[58]

Das Parlament als Bauherr, ein Alptraum für Architekten. Noch mehr, wenn es blankes Vertrauen in die Baubehörde setzt. Was dem einen sein Wallot, ist dem anderen sein Baumgarten. Er, der hochgeschossene, stille Gentleman, kämpfte für die behutsame Wiederherstellung, verlor aber zusehends.

DIE BAUAUSFÜHRUNG 1961 BIS 1971

Es ist paradox: Die Geschichte dieser Bauausführung, ist, anders als bei Wallot, lange nicht so gut dokumentiert. Warum das so ist, darüber kann man spekulieren; feststeht, daß erst 1994 mit der Bearbeitung einer Dokumentation durch den Bundestag begonnen worden ist. Zwei Nichtakademiker haben viele Akten zu studieren, und bis sie zu einem Abschluß kommen, kann es eine Weile dauern. Auch existiert kein Briefwechsel der Beteiligten, wie im Falle des Baus vor einem Jahrhundert. Es bleibt daher zu hoffen, daß viele Fragen, die in Verbindung mit dieser Geschichtsphase gestellt wurden, durch die Aufarbeitung der Akten beantwortet werden können. Bisher haben nur zwei am Bau Beteiligte, die Ingenieure Peter Mayer und Heinz Raack, ihre Erfahrungen aufgeschrieben, und dies so subjektiv, daß sich ein Gesamtbild nicht rekonstruieren läßt.[59] Leider haben sich beide nicht nur auf Erlebtes konzentriert, sondern auch gemeint, sie könnten die Lücken der Geschichte durch eigene Vermutungen schließen; dies führt zu peinlichen Unterstellungen, von der die gravierendste die Behauptung Raacks ist, daß Baumgarten 1944 beim Bau der Reichskanzlei beteiligt gewesen sei.[60] Dort hat es in der Tat einen Paul Baumgarten gegeben, geboren 1873 und gestorben 1946.[61]

Die Geschichte der Baumgartenschen Planung und Ausführung kann zur Zeit nur im Telegrammstil wiedergegeben werden; viele Fragen bleiben offen.

Noch 1961 überarbeitete Baumgarten seinen Entwurf und legte ihn Mitte Dezember 1961 der BBD vor.[62] Am 13. April 1962 beschloß das Ministerium, daß die Übergabe für den

Südflügel am 1. April, für einige Räume im Hauptgeschoß am 31. Dezember 1963 stattfinden müsse.[63] Für den Südflügel wurden die Pläne jedoch erst am 7. Juni 1962 vorgelegt.[64] Am 19. August 1962 meldete der »Tagesspiegel«, daß die Ostfassade fertig restauriert sei.[65]

Immer wieder konnte man lesen, daß die Arbeit schleppend vorangeht, das Bautempo »strapaziert die Geduld der Berliner«.[66] Ob das in jedem Fall stimmen mag, ist nicht bekannt. Der Südflügel wurde jedenfalls erst im Oktober 1963 seiner Bestimmung übergeben.[67] Moskau nannte diesen Vorgang »rechtswidrig.«[68] Nicht ohne vorher noch, am 5. Oktober 1963, einige Steine, auf denen kyrillische Graffiti gefunden worden waren, nach Moskau zu verfrachten. (Noch 1970 behauptete ein Sowjethistoriker, man habe sie gestohlen, aber es gab in der Tat darüber ein Abkommen zwischen der Bundesrepublik und der Sowjetunion.)[69]

Mitte Dezember 1963 muß es eine Besprechung über die künftige Nutzung des Nordteiles gegeben haben, zwischen wem, ist nicht bekannt, nur, daß die Nutzung erst am 13. Februar 1964 festgelegt wurde.[70] Im April 1964 wurden einige Räume im ersten Obergeschoß des Südflügels genutzt.[71] Am 30. April lag die Kostenplanung für den Nordteil vor, am 9. Juni wurde sie genehmigt.[72] Am 2. Juli erfolgte die Übergabe des Südostteils.[73] Und am 3. Juli genehmigte das Bundestagspräsidium die weitere Planung.[74]

Nach weiterem Ausbau scheint Baumgarten überarbeitet gewesen zu sein, jedenfalls wurde im Frühjahr 1965 der Berliner Architekt Eberhard Brandl für einige Innenräume engagiert.[75] Und am 11. November desselben Jahres wurden die Bauarbeiten für die Mitte der Ostseite, innen, begonnen.[76] Die BBD meldete, man habe bereits 60.000 m³ Mauerwerksabbruch hinter sich.[77]

Erst am 17. Februar 1966 konnte Baumgarten seinen endgültigen Entwurf vorlegen.[78] Das wird sicher manches Stirnrunzeln hervorgerufen haben; aber wohl doch hauptsächlich wegen des Plenarsaals. Stirnrunzeln hin oder her - am 1. Juni konnte Baumgarten jedenfalls mit den Arbeiten für seinen schönen Plenarsaal beginnen.[79]

Im Laufe dieser Zeit hat Baumgarten versucht, auch noch die Kuppel zu errichten. Seine Kuppelzeichnungen zeigen nur ein Gerippe, aber auch dazu soll Scharoun in einer Sitzung gefragt haben: »Warum?« Dies sei, so die meisten Kommentatoren, das Ende der Kuppel gewesen.[80] Dennoch habe man Vorkehrungen getroffen für den Fall, daß man später die Kuppel aufs Dach bauen wollte, Fundamente seien dafür stehengelassen worden.[81] Am 16. Oktober 1967 wurde der Nordflügel übergeben.[82] Und 1968 waren die Arbeiten der Mitte-West und Mitte-Ost als abgeschlossen gemeldet.[83]

Die Bauarbeiter hatten sich verpflichtet, am 5. März 1969 fertig zu sein; wohl wegen der Bundespräsidentenwahl. Obwohl die Wahl an diesem Tag stattfand und das Haus im Innern fertiggestellt war, fand diese Wahl nicht im Reichstag statt.[84]

Am 31. Dezember 1969 war der Plenarsaal fertig, das heißt, man beschloß, ihn so unfertig zu belassen, damit ein Hoffnungssignal gegeben sei.[85] Der Regierende Bürgermeister von Berlin, Klaus Schütz, sah darin etwas Symbolisches: »Der Plenarsaal soll leer stehenbleiben und dokumentieren, wie leer es in Deutschland ist.«[86]

Um diese Zeit muß der Entschluß gefaßt worden sein, im Reichstag die Ausstellung »Fragen an die Deutsche Geschichte« zu veranstalten. Lothar Gall, Historiker aus Frankfurt, ist für das Konzept gewonnen worden, Claus-Peter Groß für die Ausstellungstechnik. Leider hat Prof. Gall noch nicht die Zeit gefunden, die Entstehung dieser Ausstellung zu beschreiben: Wann die Idee dazu geboren wurde, von wem und wann, welche Reaktionen es darauf gegeben hat usw. Gerade dies interessiert ja den Historiker.

Jedenfalls wurde die Ausstellung an einem historischen Tag eröffnet: am 21. März 1971, genau 100 Jahre nach dem Einzug des Reichstags des Deutschen Reiches in seine Räume am Dönhoffplatz.

Wie schon bei Wallot, so hat es auch unterschiedliche Meinungen über Baumgartens Leistung gegeben. Seine Schüler waren es vor allem, die ihn und seine Arbeit verteidigen: Cornelius Hertling, Präsident der Berliner Architektenkammer, wäre froh, wenn am Hause nichts verändert würde. Und ein anderer Schüler, der Brite Michael Wilkens, brach am 14. Februar 1992 beim »Kolloquium Reichstag« in Berlin eine Lanze für die Architektur seines »Meisters« Baumgarten, für den er beim Umbau des Reichstags Türdrücker und -griffe, auch den Präsidentenschreibtisch zeichnete. »Die architektonische Haltung in Baumgartens Sprache, nämlich das Gebaute von jeglichem klassizistischen Gehabe zu befreien, ihm statt erhabener Strenge und Abgeschlossenheit eher den Ausdruck eines freundlichen Provisoriums mit offenem Ende zu geben, ist nach dem Zusammenbruch aller überspannten Ideologien wieder sehr aktuell und verständlich.«[87]

Doch, wie Wilkens anmerkte, hatte sich Baumgarten von seinem Tun schon längst distanziert. Die Bundesbaudirektion intervenierte bei allen denkbaren Möglichkeiten; nach Verschleppung einer Entscheidung wurde dann um so mehr auf Tempo bei der Ausführung gedrückt: »Eine ... wohl typische Eile nach vorausgehendem allzu langem Verschleppen und wohl auch das bekannte Arbeitsbeschaffungsinteresse von Baubehörden führten dazu, daß die Bundesbaudirektion

ihrerseits größere Randbereiche und Sitzungssäle selbst gestalten wollte. Später wurde dann auch noch der Architekt Brandel [sic!] aus dem Büro Eiermann hinzugezogen, was aus der Zwiesprache Wallot-Baumgarten dann ein ziemliches Durcheinanderreden entstehen ließ, so sehr, daß Baumgarten später giftig notierte: 'Einer (der Präsident der Bundesbaudirektion) legt auch, wohl ohne zu wissen, was er sich damit antut, immer größten Wert darauf, bei Veröffentlichungen hinzuweisen: Gesamtleitung: Bundesbaudirektion. Diese Feststellung ist gar nicht nötig, man sieht es auch so.'«[88]

Am meisten Lob erhielt Baumgarten für den Plenarsaal. Nicht überliefert ist aber, warum er so groß ausgefallen ist. Hier sei eine Spekulation erlaubt: Als die Arbeit am Hause im Gange war, erreichte der Kalte Krieg seinen Höhepunkt; an eine parlamentarische Nutzung wagte keiner zu denken. Dennoch hielten viele an der Wiedervereinigung fest; in allen Schulen und Postämtern der Bundesrepublik hing das Plakat »Deutschland - 3 x geteilt - niemals!« Die BBD durfte solche Intentionen - einen Saal für ein großes Parlament und/oder für die Bundesversammlung herzustellen - nicht laut äußern. So entstand ein Saal, der mehr als doppelt so groß war wie Wallots. Ein Beispiel dafür, was geschehen kann, wenn ein Auftrag politisch und nicht sehr transparent gesteuert wird.

Der Reichstag,
die Künstler, die jüngste Geschichte

Christo. Wrapped Reichstag, Project for Berlin

War das Kapitel über den Baumgarten-Umbau pararadoxerweise weniger detailliert im Vergleich zum »Urbau« 1884-1894, dreht sich der Spieß hinsichtlich der Zeit, die seit der Fertigstellung 1971 vergangen ist, noch einmal um. Dazu ein Wort vorweg. Mitten in die Diskussion über die Zweckbestimmung platzten die Künstler Christo und Jeanne-Claude, beide 1935 geboren, mit einem Vorschlag, das Reichstagsgebäude auf eigene Kosten für die

Dauer von etwa zwei Wochen in gewebten Kunststoff zu hüllen. In dieser Beziehung muß eine Mitteilung gemacht werden: Der Vorschlag kam vom Verfasser dieses Buches. Nach langem Überlegen scheint es hier angebracht, mit einer Regel zu brechen, die »Ich-Form« nicht zu benutzen. Wußten wir also viel zu wenig von den Vorbereitungen und Ausführungen von Paul Baumgarten, hier wissen wir zu viel, wenn auch nur einseitig. Da die Idee des Projektes von mir stammt, da ich das Projekt bis zur Entscheidung des Bundestags am 25. Februar 1994 die ganze Zeit begleitete und zum Teil betrieb, finden sich bei mir eine Fülle von Materialien, wie sie nirgends sonst zu haben sind. Im übrigen gibt es eine Darstellung des Projekts von mir und Christos langjährigem Freund und Fotografen Wolfgang Volz, der auch nach der Entscheidung in Bonn einer der zwei Geschäftsführer der »Verhüllten Reichstag GmbH« wurde: Michael S. Cullen/Wolfgang Volz: »Christo und Jeanne-Claude - Der Reichstag dem Deutschen Volke«, erschienen 1995 in Bergisch Gladbach, nachfolgend Cullen/Volz zitiert.

Kurz nach Eröffnung der Ausstellung »Fragen an die Deutsche Geschichte« im März 1971, entbrannte die Frage neu, was nun aus dem Reichstag werden sollte.[1] Ich war damals von den Möglichkeiten von Kunst und Politik fasziniert und von einer Ausstellung in Hannover »Kunst auf der Straße« begeistert. Durch einen Freund ließ ich Christo und Jeanne-Claude im Sommer 1971 einen Vorschlag zur Verhüllung des Reichstagsgebäudes zukommen. Diese antworteten wenige Wochen später mit einem Brief; sie wollen es machen, ich brauche »nur« die Genehmigung zu besorgen!

Daß der Vorschlag u. a. als Beitrag zur Zweckbestimmungsdiskussion gemeint war, mußte Christo und Jeanne-Claude nicht sonderlich interessieren, denn das Projekt hatte einen Kontext für die beiden, innerhalb dessen das Kunstwerk Gültigkeit besaß. Christo war das Haus wegen der Verwicklung Dimitroffs bekannt, vor allem weil Dimitroff in Bulgarien wegen seines Auftretens im

Reichstagsbrandprozeß allgegenwärtig war: keine Stadt, kein Dorf, kein Weiler, wo nicht mindestens eine Straße oder ein Platz, möglicherweise eine Schule nach Dimitroff benannt war. Darüber hinaus erschien Christo das Reichstagsgebäude städtebaulich ein solcher Unglücksfall, der für die gesamte Situation Berlins und Deutschlands stellvertretend war.

Die Jahre 1972 bis 1976 waren für das Projekt von nur geringer Bedeutung. Christo und Jeanne-Claude selbst waren mit dem Projekt »Valley Curtain« in Rifle, Colorado, (1971/ 1972) zu beschäftigt, um Berlin mehr Aufmerksamkeit widmen zu können, und Christo selbst hatte Angst nach Berlin zu fliegen, weil er staatenlos war; er war 1957 aus dem Ostblock geflüchtet. Das Projekt wurde dennoch, wenn auch nur zögerlich, ohne Christos Anwesenheit bekannt. Es tauchten zwar einige seiner visionären Zeichnungen und Collagen auf Kunstmärkten und in Galerien auf, er aber sagte zum Projekt nichts.

Erst im Februar 1976 gelang es Karl Ruhrberg, Leiter des Berliner Künstlerprogramms des Deutschen Akademischen Austauschdiensts (DAAD), Christo nach Berlin zu locken. Christo machte sein Projekt in aller Form publik; prompt tauchte eine Schlagzeile auf: »Der Reichstag in Trevira«; es hagelte Proteste, Christo werde Werbung und nicht Kunst machen.[2]

Selbstverständlich stürzten sich die meisten Gralshüter - die jahrelang nichts dagegen hatten, daß von dem alten Reichstagsgebäude der Schmuck »glatt abrasiert« wurde, auf Christo und gingen allesamt auf die Barrikaden. Sie versuchten, seinen Vorschlag als einen Trick, Geld zu machen oder populär zu werden, als eine Kunstaktion auf Kosten des Steuerzahlers, als eine degradierende und beleidigende Aktion gegen den Reichstag in Cellophan umzudeuten. Die Zeitungen waren voll mit Leserbriefen.

Es gelang Christo und Jeanne-Claude dennoch, im Jahre 1976 Annemarie Renger, wenn auch zunächst nur zögernd, für ihr Projekt zu gewinnen - und im Laufe der Zeit auch einige andere Persönlichkeiten des öffentlichen Le-

Der Reichstag, die Künstler, die jüngste Geschichte

S. 286
Christo 1981.
Wrapped Reichstag,
Project for Berlin.
Collage in 2 parts

bens.[3] Als jedoch der Frau Renger nachfolgende Bundestagspräsident Karl Carstens Ende Mai 1977 Christo einen Korb gab,[4] gaben die Künstler nicht auf; sie versuchten, eine Ausstellung zu machen, um Menschen für das Projekt zu begeistern.[5]

Als Karl Carstens am 23. Mai 1979 zum Bundespräsidenten gewählt wurde, schien es, als würde sein Nachfolger ein Mann, der dem Christo-Projekt wohlgesonnen sei. Doch gewählt wurde der CSU-Politiker Richard Stücklen - bisher einer der vier Vizepräsidenten - am 31. Mai mit 410 von 469 abgegebenen Stimmen. Dieser hatte nichts anders zu tun als gleich in der ersten Nacht seine Meinung über das Christo-Projekt zu Protokoll zu geben; das Projekt hatte erneut eine Niederlage erlitten.[6]

Christo blieb dennoch zuversichtlich und zählte auf die Unterstützung des amtierenden Berliner Senats. Mitglieder des Senats hegten die Hoffnung, daß das Reichstagsgebäude in der nächsten Zukunft einmal einem neuen Zweck zugeführt werden kann. Man konnte ja diese Absichten nur begrüßen und mit Tilmann Buddensieg den Wunsch vieler unterstreichen, daß Christos Projekt das Reichstagsgebäude vor sich selbst retten könnte: »Der Freiraum der Kunst des 20. Jahrhunderts erfaßte den Reichstag bisher nur in gedanklichen Einhüllungen Bruno Tauts, den Entlarvungen John Heartfields und Kurt Tucholskys ... So wurde der Reichstag zu einem Denkmal, dessen Botschaft negiert oder vergessen wurde. Seine eigentliche Funktion als Ort und Sinnbild der deutschen Volksvertretung konnte sich dagegen nur schwer behaupten. Christo und andere könnten das heillose künstlerische Defizit am Reichstag verkleinern und mit dem riskanten Kunstgriff des Anstößigen seine geschundenen Steine wieder zum Reden bringen.«[7] Stücklen wurde - Verhüllung hin, Verhüllung her - am 4. November 1980 wiedergewählt.

Während Christo und Jeanne-Claude unermüdlich ihren Plan verfolgten, gab es andere Überlegungen, was am Platz der Republik, was mit dem Reichstag zu machen sei. Vor allem ist hier über den städtebaulichen Ideenwettbewerb »Deutsches Historisches Museum« mit dem anschließenden Architekturwettbewerb zu sprechen.

Das Christo-Projekt nahm indirekt auf die Entwicklung am Platz und das Reichstagsgebäude Einfluß. Kurz nach dem »Nein« des Bundestagspräsidenten Carstens setzte Berlins Regierender Bürgermeister Dietrich Stobbe das Projekt auf die Tagesordnung einer Senatssitzung Ende Juni 1977. Dort konnte eine abschließende Meinungsbildung nicht erreicht werden. Von Reportern nach der Sitzung zu dem Christo-Projekt gefragt, trat Stobbe die Flucht nach vorne an und kündigte eine »Preußen-Ausstellung im Reichstag« an, was überhaupt nicht auf der Tagesordnung stand und auch nicht besprochen worden war. Auf diese Weise hat das Projekt die Preußen-Ausstellung »positiv provoziert.«[8]

Die Ausstellung fand im Sommer 1981 nicht im Reichstagsgebäude, sondern im Gropius-Bau statt, gab aber zur Anregung eines Museums der Geschichte Anlaß. Es hatte schon viele Jahre lang Unmut in West-Berlin gegeben, daß im Museum für Deutsche Geschichte im Ost-Berliner Zeughaus seit 1952 eine äußerst einseitige Sicht der deutschen Geschichte gezeigt wurde; schon 1973 regte Jürgen Engert in »Christ und Welt« ein »Gegen-Museum« an.[9]

Diesmal, im August, war der Anreger Peter Jochen Winters, anläßlich der Eröffnung der Preußen-Ausstellung: »Die Einrichtung eines historischen Museums in Berlin wäre ein Beitrag zur Aufrechterhaltung und Festigung der Geschichts-, Gefühls-, Sprach- und Kulturgemeinschaft aller Deutschen, kurz: der Einheit der deutschen Nation.«[10]

Diese Anregung mündete in einen städtebaulichen Ideenwettbewerb für den besten Standort eines solchen Museums, bei dem am Ende der Platz der Republik, als »republikanische Mitte« und geeigneter Standort herauskam. Ein Architekturwettbewerb 1987 brachte dem Entwurf des Italieners Aldo Rossi den ersten Preis. Das Reichstagsgebäude wäre beinahe um ein Gegenüber reicher geworden.

Carstens hatte sich enttäuscht gezeigt, daß

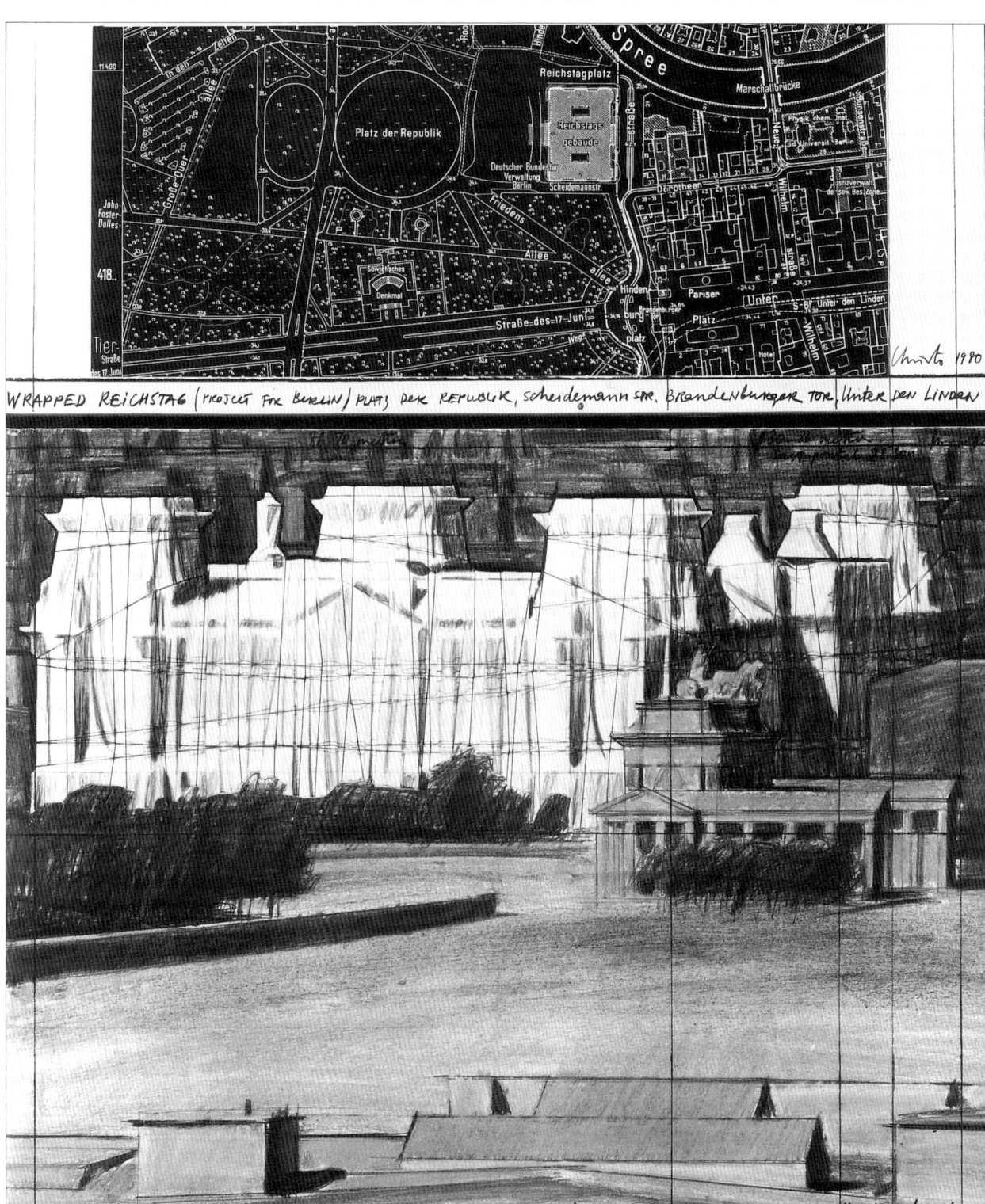

nicht mehr Unterstützung für das Projekt aus Berlin kam. So beschlossen Christo und Jeanne-Claude, »mehr Gas« zu geben; am 17. April 1978 kam es zur Gründung eines »Kuratoriums Wrapped Reichstag« in der Hamburger Wohnung von »Zeit«-Verleger Gerd Bucerius; anwesend und Mitglieder waren u. a. der Versteigerer Ernst Hauswedell, der Rechtsanwalt Heinrich Senfft, Wieland Schmied, Karl Ruhrberg, Otto Wolff von Amerongen, Michael Otto, Arend Oetker, Tilmann Buddensieg, Raimar Lüst, Petra Kipphoff und Carl Vogel.

Ein erneuter Vorstoß der Kuratoriums scheiterte jedoch wiederum an Stücklens ablehnender Haltung.

Wegen eines Bau- und Bankenskandals in Berlin mußte Stobbe im Januar 1981 zurücktreten; er wurde von SPD-Politiker Hans-Jochen Vogel ersetzt, bis Richard von Weizsäcker als Regierender Bürgermeister gewählt wurde. Für das Projekt kam ein engagierter Verfechter in den Senat: Prof. Dr. Wilhelm A. Kewenig, Jurist und nunmehr Senator für Wissenschaft und Kunst. Er hatte sich bereits vor der Wahl für das Projekt erwärmt.

Doch auch er konnte zunächst nicht erreichen, daß sich die Christos mit dem neuen Regierenden Bürgermeister trafen. Erst als Christo bei einer Podiumsdiskussion im Künstlerhaus Bethanien am 5. Mai 1982 - vom Fernsehen aufgezeichnet - auftrat, bat Weizsäcker Kewenig um eine Gegenüberstellung, was am 13. September 1982 in der Wohnung von Kewenig und seiner Frau Marianne stattfand; dies war ein großer Schritt zur Verwirklichung des Projekts. Weizsäcker wäre auch zu Helmut Schmidt gegangen, wenn die Regierung Schmidt-Genscher im Herbst 1982 länger gehalten hätte; Helmut Kohl wurde Bundeskanzler, Neuwahlen wurden für den 6. März 1983 ausgeschrieben; in Bonn gab es keinen Gesprächspartner mehr.

Allerdings wurde nicht Stücklen, sondern Dr. Rainer Barzel Bundestagspräsident; bei der Wahl am 29. März 1983 erhielt er 407 von 509 abgegebenen Stimmen. Just in dem Moment, in dem das Christo-»Projekt für Bis-

cayne Bay, Miami« vollendet wurde, machte Barzel Anfang Mai dem Reichstagsgebäude seine »Aufwartung«, wo er in einem kleinen Kreis zugab, daß das Christo-Projekt »Wrapped Reichstag« doch bei ihm »Gnade« finde.

Als die Christos von Barzels Haltung erfuhren, setzten sie alles daran, mit ihm zu sprechen; tatsächlich gelang es beiden, Barzel bei einem privaten Abendessen für das Projekt ganz zu gewinnen, nur wollte Barzel die Zeit zwischen seiner Genehmigung und der Ausführung auf wenige Monate verkürzen, was die Christos auf Grund der dafür notwendigen technischen Vorbereitung nicht versprechen konnten. Dennoch wollte Barzel im Herbst 1984 seine Genehmigung veröffentlichen.[11]

Inzwischen war Weizsäcker vom Amt des Regierenden Bürgermeisters in das des Bundespräsidenten gewechselt; sein Nachfolger hieß Eberhard Diepgen, und als dieser erfuhr, daß Barzel schon im Herbst 1984 die positive Entscheidung bekanntgeben wollte, bat er diesen, die Entscheidung bis zu den Berliner Wahlen, für März 1985 vorgesehen, zurückzuhalten. Der Bundestagspräsident entsprach Diepgens Wunsch; zwischen dem Projekt und Barzels »Ja« kam dann ein Skandal, so daß Barzel am 15. Oktober 1984 zurücktreten mußte. Als sein Nachfolger wurde der ehemalige Kanzleramtsminister Philipp Jenninger gewählt, er erhielt am 5. November 1984 340 von 471 abgegebenen Stimmen.[12]

Im Sommer 1985 realisierten die Christos das Projekt in Paris »Pont-Neuf empaqueté«, und erhielten viel Zustimmung inner- und außerhalb der Kunstwelt. In Berlin waren beide besonders willkommen, und kamen, auf Einladung des neuen Senators für Kulturelle Angelegenheiten, Dr. Volker Hassemer, im Dezember nach Berlin. Zu Christos Team: Jeanne-Claude, Wolfgang Volz und mir stieß Anfang Dezember 1985 der Bauträger Roland Specker, der 1986 den Verein »Berliner für den Reichstag« gründete, um Unterschriften für das Verhüllungsprojekt zu sammeln. Obwohl Hassemer sich für das Projekt sehr erwärmen konnte, gelang es ihm nicht, Jenninger zu überzeugen.

*S. 288
Christo 1980.
Wrapped Reichstag,
Project for Berlin.
Collage in 2 parts*

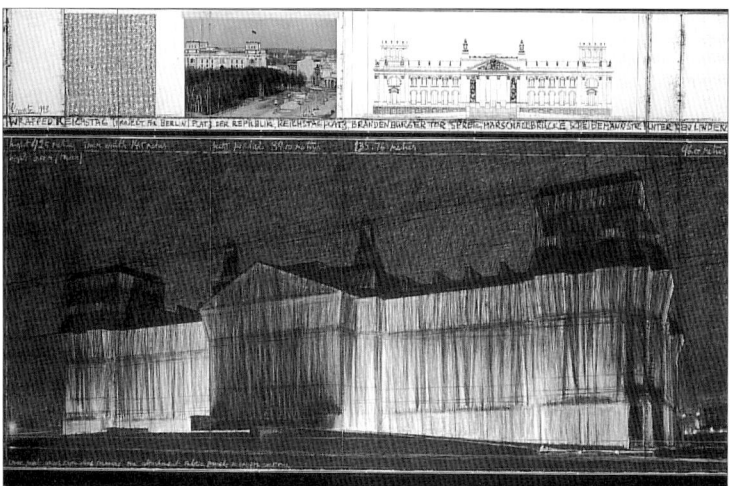

Christo 1993.
Wrapped Reichstag,
Project for Berlin.
Collage in 2 parts

Inzwischen hatten die Berliner Architekten Georg Kohlmaier und Barna von Sartory den Vorschlag gemacht, eine modifizierte Version der Reichstagskuppel zu errichten. Sie erreichten es sogar, daß sich Jenninger mit ihnen vor dem Reichstag im Juni 1985 traf. So veröffentlichten beide ihren Entwurf in der Bauwelt Anfang Februar 1986.

Während Speckers Unterschriftensammlung lief, bemühten sich die Christos um einen Termin, der endlich, am 17. Juni 1987 vorgesehen war. Doch Jenninger ließ in einem Vorabinterview mit dem »Tagesspiegel« am 3. Juni wissen, daß er gegenüber Christo nur seine ablehnende Haltung begründen würde. Als Christo dies las, wußte er, daß er nicht nach Bonn reisen mußte.[13] Am 12. Juni 1987 überreichten die Vorstandsmitglieder des Vereins Roland Specker und Dr. Friedrich Wilhelm Wiethege Herrn Jenninger 70.000 Unterschriften. Sie haben auf ihn keinen Eindruck gemacht.

Doch die Kuppelfrage ließ Jenninger nicht ruhen. In aller Stille hatte er dem Kölner Architekten Gottfried Böhm einen Auftrag gegeben, eine Kuppel für das Reichstagsgebäude zu planen. Wie »still« er gehandelt hat, ist eigentümlich. Da er nicht auf die Idee von Kohlmaier und Sartory rekurrierte, mußte dies bedeuten, daß er sich für die historische Kuppel nicht interessierte; warum aber auf Böhm zugehen? Und warum »geheim«?

Wie »geheim« der Auftrag war, wurde am 6. und 7. Oktober 1988 sichtbar, als die Technische Universität Berlin ein Kolloquium »Das Baudenkmal in der Hand des Architekten. Umgang mit historischer Bausubstanz« veranstaltete. Hauptredner war Böhm. In seiner Rede von ca. 30 Minuten streifte er viele Baudenkmäler, nicht aber seinen Auftrag, eine Kuppel für das Reichstagsgebäude zu entwerfen. Als der Präsident der Architektenkammer, Cornelius Hertling, ihn dazu fragte, wich er aus, gab aber zu, es sei etwas in der Planung, er könne nicht darüber sprechen.[14]

Man kann, man muß darüber spekulieren, warum Böhm diesen Auftrag, diesen Geheimauftrag bekam. Für die Geheimhaltung sprach, daß Jenninger keine Probleme mit der Sowjetunion haben wollte, die ihm Einmischung in eine Berliner Sache vorgeworfen hätte - vielleicht hätten es ihm die Alliierten auch übelgenommen.

Vielleicht war der Auftrag an Böhm eine Art »Wiedergutmachung« für entgangene Aufträge in Bonn. Ein »dunkles« Kapitel. Zwischen der Reichstagsverhüllung, zwischen dem Reichstag und seiner historischen Kuppel stand Philipp Jenninger. Aber nicht lange.

Wenige Wochen nach dem TU-Kolloquium mußte Jenninger zum 50. Jahrestag der Reichspogromnacht vom 9. November 1938 eine Rede im Bundestag halten; die Feier wurde in Bonn am 10. November abgehalten. Wegen Formulierungen, von vielen für antisemitisch gehalten, verließen die meisten Abgeordneten den Plenarsaal und trat Jenninger zurück; an seine Stelle trat Prof. Dr. Rita Süssmuth, früher Ministerin für Familienangelegenheiten. Bei ihrer Wahl am 25. November 1988 erhielt sie 380 von 475 abgegebenen Stimmen.

Was die Reichstagsverhüllung betrifft, begann 1989 sehr ruhig. Einzig auf der Tagesordnung waren Feier und Aufsätze zum Thema 40 Jahre Bundesrepublik Deutschland, 40 Jahre Bundestag. Ich hatte einen Auftrag erhalten, über Parlamentsbauten zu schreiben und hatte dadurch mehr Veranlassung, mich nach Bonn zu begeben. Ich schlug daher den

Christos vor, einen Gesprächstermin mit Frau Süssmuth zu arrangieren. Gleichzeitig bemühte sich Specker in seiner Eigenschaft als Vorsitzender des Vereins »Berliner für den Reichstag e.V.« um einen Termin, der dann am 6. September 1989 mit ihm und dem Vorstandsmitglied Marianne Kewenig stattfand. Der auf ursprünglich 30 Minuten angesetzte Termin dauerte über eine Stunde. Frau Süssmuths Interesse an dem Projekt steigerte sich im Verlauf des Gesprächs. Sie bat um Verständnis, mit Rücksicht auf dem unmittelbar bevorstehenden CDU-Parteitag in Bremen, kein offizielles Statement abzugeben.

Zwei Monate später änderte sich alles. Mit dem Fall der Mauer und der deutschen Einheit kam der Wunsch, dem Grundgesetz gemäß, die Hauptstadt von Bonn nach Berlin zu verlegen. Und erneut war das Reichstagsgebäude zum Kristallisationspunkt deutscher Einheitssehnsucht geworden. Auf die Frage, ob er noch immer am Plan festhalte, antwortete Christo: »Jetzt erst recht!«[15]

Zunächst wurde am 18. März 1990 zum ersten - und letzten - Mal die Volkskammer frei gewählt. Unter dem Kabinett de Maizière wurde eine Währungs-, Wirtschafts- und Sozialunion vereinbart, die am 1. Juli 1990 in Kraft trat.

Am 22. August gegen 21.10 Uhr begann eine Sondersitzung der Volkskammer im Palast der Republik. Als die Sitzung gegen 3.00 Uhr am 23. August zu Ende ging, hatte die Volkskammer »den Beitritt der DDR zum Geltungsbereich des Grundgesetzes gemäß Artikel 23 des Grundgesetzes mit Wirkung vom 3. Oktober 1990« erklärt.

In der Nacht vom 2. auf den 3. Oktober 1990 wurde in einer Feierstunde vor dem Reichstagsgebäude, in Anwesenheit mehrerer Hunderttausend Menschen als Symbol der Vereinigung eine überdimensionale Bundesflagge gehißt.

Am 4. Oktober, begann die erste Sitzung des gesamtdeutschen Bundestags nach der Wiedervereinigung und - nach 57 Jahren - die erste Sitzung eines gesamtdeutschen Parlaments im Reichstagsgebäude - die letzte war am 9.

Dezember 1932 mit einer Saalschlacht zu Ende gegangen. Am 4. Oktober 1990 hieß der Alterspräsident Willy Brandt.

Der neue Bundestag schrieb Wahlen zu einem gesamtdeutschen Bundestag für den 2. Dezember 1990 aus und trat unter dem Vorsitz von Frau Dr. Süssmuth am 20. Dezember im Reichstagsgebäude zu seiner konstituierenden Sitzung zusammen. Der Alterspräsident hieß erneut Willy Brandt.

Doch zuerst mußte die Entscheidung getroffen werden, ob der Bundestag in Berlin tagen würde. Auf Grund eines Passus' im Einigungsvertrag, wonach Berlin zwar Hauptstadt über den Sitz von Parlament und Regierung aber später zu entscheiden sei, tobte ein langer Kampf zwischen den Befürwortern Bonns und Berlins. Über diesen Hauptstadtkampf ist viel geschrieben worden, auch über die Abstimmung am 20. Juni 1991, wonach Berlin nicht nur Hauptstadt dem Namen nach, sondern auch Sitz von Parlament und Regierung wurde, aber auch, daß der Umzug binnen vier Jahren zu erfolgen habe.[16] Am Tage nach der Entscheidung forderte das CDU-MdB Friedbert Pflüger, Frau Süssmuth möge schließlich doch noch der Verhüllung des Reichstags zustimmen. Als ich bemerkte, daß dies im Einvernehmen mit dem Büro der Präsidentin erfolgte, besuchte ich sie, um von ihr zu erfahren, daß sie »fest entschlossen war«, das Projekt zu realisieren. Als ich Christo und Jeanne-Claude davon erzählte, reagierten sie zunächst ungläubig; zu oft hatten sie ähnliches gehört.[17] Doch auch sie beschäftigte ein großes Projekt, die »Umbrellas« in Japan und Californien.

Nach dem Projekt »Umbrellas« im Oktober 1991 schienen nur noch zwei Fragen ungeklärt: a) würde der Bundestag das Reichstagsgebäude als Tagungsort wählen? und b) würde Frau Süssmuth Christo und Jeanne-Claude die Erlaubnis geben, das Haus zu verhüllen?

Die erste Frage wurde am 30. Oktober 1991 geklärt; Peter Conradi rief mich an, um zu sagen, daß er seinen Kampf gegen das Reichstagsgebäude verloren hatte; der Ältestenrat hatte sich soeben mit 15 gegen 1 - seine - Stimme für das Reichstagsgebäude ausgesprochen.[18] Am 20. Dezember lud Frau Süssmuth endlich das Künstlerehepaar nach Bonn ein. Am 9. Februar 1992 kam es dann zu einer ersten Begegnung zwischen Frau Süssmuth, Christo und Jeanne-Claude in der Amtsresidenz der Bundestagspräsidentin in Bonn. Anwesend waren auch Conradi, die Süssmuth-Mitarbeiter Müller und Jung, Roland Specker, Wolfgang und Sylvia Volz und ich. Es gab unterschiedliche Meinungen über den anzustrebenden Termin. Jeanne-Claude wollte so viel Zeit wie möglich haben, weil sie sonst in Zeitnot bei den Vorbereitungen kommen würden. Am 10. Februar besuchten wir Berlin, stiegen auf das Brandenburger Tor, wovon Volz viele Aufnahmen des Reichstags machte.[19] Für die Zukunft des Reichstagsgebäudes hatte Frau Süssmuth ein Kolloquium im Plenarsaal organisieren lassen. Sollte das Reichstagsgebäude umgebaut, restauriert werden, und wenn ja, wie? Die Meinungen prallten aufeinander - Architekten wie der Baumgarten-Schüler Michael Wilkens plädierten für ein minimales »face-lifting«, während Günter Behnisch seine Verachtung für Baumgartens Leistung unmißverständlich ausdrückte. Ich plädierte - egal was entschieden wird - für den Wiederaufbau der Kuppel. Schließlich ging es darum, ob man einen Wettbewerb veranstalte, oder ob man einen versierten Umbauarchitekten wie Karljosef Schattner oder Jochen Brandis mit einem minimalen Umbau beauftragt. Der Bundestag entschied sich für einen großen, internationalen Wettbewerb.[20]

Während für das Projekt die Uhr lief, plante der Bundestag einen Wettbewerb. Bei der Auslobung des »Wettbewerbs Umbau des Reichstagsgebäudes zum Deutschen Bundestag« am 26. Juni 1992, war ich als Sachverständiger für die Baugeschichte des Hauses benannt worden. Die Jury selbst enthielt illustre Namen, so den des Briten Sir Richard Rogers und Schattner. Eingeladen waren 14 ausländische Architekten, u. a. der Brite Sir Norman Foster, der Spanier Santiago Calatrava und der Franzose Jean Nouvel.

Der Wettbewerb litt an vielen Mängeln. Vor allem fehlten konkrete Aussagen darüber, ob eine Kuppel erwünscht war oder nicht, und ob der Plenarsaal mit kreisrunder oder anderer Möblierung ausgestattet werden soll.[21]

Trauriges am Rande, aber für die Geschichte des Reichstagsgebäudes nicht minder bewegend als die Trauerfeier für Walther Rathenau 1922. Schon im September 1992 fehlte Willy Brandt bei der Sitzung der Sozialistischen Internationale im Reichstag. Wenige Wochen später, am 8. Oktober, starb er in seinem Haus in Unkel im Alter von fast 79 Jahren.

Sicher war es auch ein Kristallisationspunkt nationaler Trauer, das die Trauerfeier im Reichstagsplenarsaal stattgefunden hat; anwesend Michail Gorbatschow, bewegend die Abschiedsworte des Brandt-Freundes, des spanischen Ministerpräsidenten Felipe Gonzalez: »Adios, Willy, lieber Freund«.[22] Beschämend der gedruckte Text der Ehrenkompanie für die Trauerfeier des »Bundeskanzlers a. D. Willi Brand«.[23]

Anfang 1992 hatte Frau Süssmuth den Christos gegenüber den Wunsch geäußert, eine Ausstellung des Reichstagsprojekts in Bonn zu veranstalten, um das Projekt voranzubringen. Nur: in Bonn gab es Widerstand, vor allem von der FDP, so daß Frau Süssmuth sich gezwungen sah, die Pläne einer Ausstellung zurückzustellen. Dem Christo-Team - vor allem Wolfgang Volz und mir - gelang es jedoch, eine Ausstellung im Neuen Marstall - in Berlin und leider nicht in Bonn - zu veranstalten. Wir legten den Eröffnungstermin auf Anfang Januar, so daß Frau Süssmuth und die Reichstagsjury anwesend sein konnten. Zur Eröffnung hielt Frau Süssmuth eine bewegende Rede.[24]

Der Wettbewerb hatte für die Christos bessere Folgen als für das Haus selbst. Unter dem Vorsitz Schattners beschloß die Jury, keinen ersten Preis zu verleihen, sondern eine erste Preisgruppe zu schaffen, bestehend aus Foster, Calatrava und Pi de Bruijn. Für die Christos sprang mehr dabei heraus: die Architekten der Jury beschlossen einstimmig, folgendes am Ende des Protokolls zu sagen: »Nach Abschluß der Sitzung des Preisgerichts

... haben sich die Fachpreisrichter der Jury mit der Frage auseinandergesetzt, wie die Umhüllung des Reichstagsgebäudes durch Christo zu bewerten ist. Sie empfehlen dem Deutschen Bundestag, dieses Projekt ausführen zu lassen. Das Projekt hat eine künstlerische Aussagekraft, die den Reichstag nicht abwertet, sondern - im Gegenteil - ihm eine neue Dimension verleiht: Mit der Enthüllung des Reichstagsgebäudes vor dem Umbau zum Bundeshaus wird der Neubeginn in der Geschichte des Baues deutlich gemacht. Das Projekt wird weltweit Aufmerksamkeit und Anerkennung finden und als Zeichen für ein neues offenes Deutschland stehen.«[25]

Das Preisgericht hatte außerdem beschlossen, die Arbeiten im Plenarsaal des Reichstags auszustellen. Das war ein willkommener Anlaß, nach Christos großem Modell zu fragen: Könne es, fragte Frau Süssmuth, mit den Entwurfsmodellen in die Ausstellung gebracht werden? Dies gelang, und nun war das Modell, stellvertretend für das Projekt, ein Bestandteil des Wettbewerbverfahrens. Dies bedeutete, das Modell konnte mit der Ausstellung der Entwürfe nach Bonn gehen.

Am 12. und 13. März 1993 veranstaltete der Bundestag ein zweites Kolloquium. Im Resümee konnte man lesen: »Am Ende des Kolloquiums war von einigen Teilnehmern eine Präferenz für Fosters Konzept zu erfahren. Trotz aller Erläuterungen des Architekten ist jedoch die Kosten- und Nutzenfrage insbesondere für das gewaltige Dach offen.« Es gab mehr Fragen, der Bundestag sollte sie beantworten.[26]

Für das Christo-Projekt begann nun, eher beiläufig, eine Art Lobbyarbeit. Während eines Arbeitsfrühstücks im Reichstagsgebäude, am 9. November, 1992 hatte Frau Süssmuth die Frage bejaht, ob die Christos nur den Ältestenrat werden »bearbeiten« müssen.

Jetzt, im März in Bonn, lernte Christo das CDU-MdB Heribert Scharrenbroich kennen; er sollte zu einem der größten Stützen des Projekts werden; Volz und ich wurden beauftragt, bei Mitgliedern des Ältestenrats Termine zu vereinbaren. Doch es war nicht immer leicht,

jemanden zu einem Termin zu bewegen, dessen Zeitplan mit Sitzungen und Wahlterminen überfüllt ist; wir müßten mit Terminen in ferner Zukunft rechnen. Daher beschlossen die Christos, so oft wie nötig, zusammen oder allein, zu allen Plenarsitzungswochen nach Bonn zu kommen.

Zunächst fanden wir Aufnahme in der Berliner Landesvertretung in Bonn, da es aber Probleme mit Telefonverbindungen gab, zogen wir es vor, im Juni Quartier im Bonner Hotel Maritim zu nehmen. Nachdem wir mit dem Ältestenrat am Ende unseres Lateins waren, begannen wir mit anderen uns wichtig erscheinenden Parlamentariern und Abgeordneten Termine zu vereinbaren.

Parallel zu diesen Bemühungen liefen die Umbau-Vorbereitungen. Die Baukommission hatte bereits am 28. April 1993 die Architekten der 1. Preisgruppe nach Bonn eingeladen und sie gebeten, ihre Entwürfe zu modifizieren, jeder auf bestimmte Weise; alle sollten nicht so viel in das Gebäude zu pressen versuchen, Foster sollte sein »Tankstellen«-Dach durch etwas anderes ersetzen, und de Bruijn seinen Plenarsaal ins Haus verlegen. Die Vorstellung der Projekte war für den 17. Juni in Bonn vorgesehen, und zwar im Fraktionssaal der SPD im Bundeshaus. Nachdem ich als Gutachter nicht mehr benötigt wurde, hatte Calatrava mich als Berater engagiert, so daß ich mit ihm und seinen anderen Beratern in Bonn die Präsentation mitmachen durfte. Einige Parlamentarier, darunter Frau Süssmuth und die Herren Conradi und Kansy, besuchten Anfang Juni die Ateliers von Foster in London und de Bruijn in Amsterdam sowie die Baustelle eines Flughafenbahnhofs bei Lyon, den Calatrava entworfen hatte; nicht eine Architektur, sondern einen Architekten, wie Conradi sagte, wolle man finden.

Nicht eine Jury, sondern eine Art »Miniparlament« begrüßte den Architekten, im Raum waren vielleicht 100 Menschen: Bundestagsmitglieder, Beamte verschiedener Ministerien, Angestellte; Frau Süssmuth hatte den Vorsitz. Jeder Architekt erhielt in etwa eine 3/4 Stunde Präsentationszeit; mit Wertungen hielt man sich zurück. Wenige Tage später entschied die Baukommission des Ältestenrats, den Entwurf von Foster dem Ältestenrat vorzuschlagen. Und am 1. Juni entschied der Ältestenrat wie empfohlen.

Für die Christos und Foster war der Sommer 1993 voll von Unwägbarkeiten. Für die Christos gab es zwei Fragen: 1) würde der Vorstoß klappen; 2) würde es genug Zeit geben, das Projekt zu vollenden? denn irgendwann mußte Foster beginnen, zumal der Beschluß des Bundestags am 20. Juni 1991 von einer Vierjahresfrist ausging.

Mit dem Beginn der Parlamentsarbeit im Herbst waren Christo und Jeanne-Claude und deren Team zur Stelle; von früh bis spät, Termine mit Abgeordneten aller Fraktionen. Wir legten eine »Befürworter-Liste« an, und konnten sehen, wie sie von Woche zu Woche wuchs. Ein »normaler Tag sah so aus: Nach einem guten Frühstück im Hotel fuhren wir - meistens Christo, Jeanne-Claude, Volz und seine Ehefrau Sylvia sowie ich - in einem gemieteten Kleinbus, unser Fahrer war der Fotostudent Aleks Perkovic - zu den Terminen in Bonn; vom Atriumhaus zum Hochhaus Tulpenfeld, vom Langen Eugen zum Fraktionsbau, zum Büro von Frau Süssmuth, manchmal zu anderen Liegenschaften; es gab Termine mit Politikern und mit Journalisten. Jedes Gespräch war interessant. Für die Dokumentation bat Volz immer um Fotoerlaubnis - fast immer wurde sie erteilt.

Meist sprachen Christo oder Jeanne-Claude - entweder dolmetschten Volz oder ich - und erklärten das Projekt; der oder die Abgeordnete fragte meist nach der Finanzierung, weniger oft nach Umweltschutzmaßnahmen und dann hörten wir, man würde dem Projekt seine Zustimmung geben oder auch nicht; im überwiegenden Teil der Gespräche bekamen wir die Erlaubnis, den Namen auf unsere Liste zu setzen. Am Ende, im Februar 1994, standen 311 Namen auf der Liste.

Daß wir Erfolg hatten, hängt vielleicht damit zusammen, daß wir soviele »Hinterbänkler« aufsuchten; oft werden sie nicht so ernstgenommen, und von manchen hatte ich das Gefühl, daß sie sich mehr von Christos Besuch geehrt fühlten. Einen anderen Teil des Erfolgs kann man darin sehen, daß die Christos zu sich selbst sagten: »Jetzt oder nie!«; denn sie wußten, das Haus wird umgebaut, und danach gab es keine Chance mehr. So trieb die Christos eine nervöse Energie an, die für den Erfolg dieser Arbeit sicherlich wichtig war. Und sicher war das Engagement von Frau Süssmuth - sie telefonierte, sie eröffnete Ausstellungen, gab Interviews - von unschätzbarem Wert.

Im September erfuhren wir von Foster, daß sein vorläufiger Zeitplan den Umbaubeginn auf Februar 1995 legte. Dies bedeutete, daß das Projekt in den Wintermonaten Dezember 1994/Januar 1995 realisiert werden mußte; demzufolge werde die Entscheidung für das Projekt spätestens in Januar 1994 erfolgen müssen - eine deprimierende Aussicht! Roland Specker, in Bausachen erfahren, wischte die Furcht beiseite: Niemals seien solche Pläne eingehalten worden, die Christos müssen sich nicht sorgen. Specker hatte natürlich recht: Als Foster seine nächsten Pläne der Baukommission im Januar 1994 vorlegte, löste er eine Diskussion um Kuppel und Plenarsaal aus, die seine Zeitplanung durcheinander brachte.

Im Dezember 1993 gab es einige Anläufe, das Projekt durch den Ältestenrat zu bringen, sie wurden aber von Projektgegnern torpediert; ähnliches geschah im Januar 1994. Ende Januar gelang es jedoch, einen interfraktionellen Antrag auf Plenarbeschluß zu lancieren, und mit dem Datum vom 3. Februar ging er in Druck; unterschrieben wurde er von 218 Abgeordneten, u. a. von ehemaligen Nicht-Befürwortern wie Peter Kittelmann und Frhr. von Schorlemer. Die Debatte war zunächst für den 24. Februar terminiert, später für den 25. Februar.

Am 25. Februar 1994: die 211. Sitzung des Bundestags. 9 Uhr. Frau Süssmuth ruft Tagesordnungspunkt 9 - Drucksache 12/6767, Verhüllter Reichstag - Projekt für Berlin - auf.

Leidenschaftlich hat man diskutiert. Conradi und Scharrenbroich pro Christo, CSU-Fraktionsvorsitzender Wolfgang Schäuble und FDP-Alt-Liberaler Burkhard Hirsch dagegen. Vielleicht aber war es das Schlußwort des SPD-MdB Freimut Duve, das die Stimmung im Bundestag für das Projekt gewonnen hat: »Lassen Sie uns diese neue deutsche, demokratische Gelassenheit durch ein großes Symbol für 14 Tage leisten. Dann gehen wir mit großem Vergnügen und mit großem Ernst in den umgebauten Reichstag.« Die Abstimmung: 292 für die Verhüllung, 223 dagegen.[27]

Großer Jubel, Presserummel; keine Zeitung ohne Meldung, viele mit Bericht, einige mit Kommentar, die meisten freundlich; die Fernsehsender haben nichts versäumt, Zigtausende haben die ganze Debatte auf dem Bildschirm verfolgen können. In Berlin brach große Freude aus. Wenige Stunden später wollten viele wissen, wann genau das Projekt stattfindet; die Hoteldirektoren, die Tourismusbranche schlechthin; wie kann man planen, wie viele werden kommen? Christo konnte zunächst keine Antwort geben. Wer die früheren Erklärungen der Christos liest, weiß, daß sie zwar niemals ein Jahr, aber einen Zeitraum bevorzugt hatten - eine Jahreszeit mit angenehmem Wetter. Um die Unterstützung des Bundestags zu bekommen, hatten sie sich verpflichtet, die Verhüllung so zu machen, daß sie kurz vor dem Beginn des Umbaues durch Foster in Angriff genommen wird. Und dieser Zeitpunkt sollte so liegen, daß eine Verzögerung des Umbaues, und damit eine Verzögerung des Umzugs, nicht eintritt; es hing daher davon ab, wann Foster beginnen konnte bzw. durfte. Hier öffnete sich eine Zeitschere, die vom Senat verursacht wurde. Auf der einen Seite wollte der Senat, daß das Projekt in einer möglichst touristenfreundlichen Zeit stattfindet, auf der anderen Seite, daß sich Foster nicht einen Tag mit seiner Ausführung verspätet. Selbstverständlich ließen sich die Christos fortlaufend von der Umzugsdiskussion unterrichtet und erkannten das Problem. Hätten sie gesagt, sie wollen erst im August oder September verhüllen, hätte man ihnen eine Verzögerung des Umzugs vorgeworfen. Hätten sie gesagt, sie wollen im März 1995 losle-

gen, bekämen sie es mit den Hoteliers zu tun. Also: Christo und Jeanne-Claude haben gesagt: Wir verhüllen den Reichstag, kurz bevor Foster beginnt. Wann das sein wird, ist ihre Entscheidung nicht. Insgeheim vertrauten sie auf Speckers Einschätzung. Und mit Recht.

Denn kurz nach der Bundestagsentscheidung begann erneut die Auseinandersetzung über die Kuppel. Sir Norman hatte sein großes Dach schon bei der 2. Phase des Wettbewerbs fallenlassen und durch ein einfaches ersetzt; dies befriedigte viele Abgeordnete nicht, besonders den früheren Bundesbauminister Oscar Schneider von der CSU. Und Schneider sorgte dafür, daß Foster zu immer neuen Kuppelvarianten griff; zeitweilig entstand ein Zweikampf zwischen Schneider und Conradi, der für beinahe alles, was Foster vorschlug, warb; es ging so weit, daß diejenigen, die sich gegen Fosters Kuppellösungen aussprachen, der Verzögerung des Umzugs bezichtigt wurden. Da aber Foster weder eine wirkliche Kuppellösung konnte noch wollte, dauerte es bis Juni 1994, um zu einer Lösung zu kommen, die eine tragbare Basis für die Weiterplanung lieferte; eine Kuppel ja, aber keine historische.[28] So konnten Volz und Specker mit der Planung ruhig fortfahren.

Am 23. Mai 1994 wurde zum ersten Mal seit Gründung der Bundesrepublik Deutschland ein Bundespräsident im Reichstagsgebäude gewählt, Roman Herzog. Am 1. Juli wurde er, auch im Plenarsaal des Reichstags, feierlich in sein Amt eingeführt. Schließlich dürfte ein frischgebackener Alterspräsident, der Kommunist Stefan Heym, im Reichstagsplenum am 10. November 1994 die Frage stellen: »Ist hier eine(r) älter als ich?«[29]

Seit dem Bundestagsbeschluß ist viel geschehen. Am 8. Mai 1994 wurde die »Verhüllter Reichstag GmbH« gegründet; das Büro, dessen Geschäftsführer Roland Specker und Wolfgang Volz sind, zog am 1. Oktober aus einem Provisorium am Hohenzollerndamm in die Ebertstraße 27, schräg gegenüber dem Reichstag, in ein Haus, das für den Verein deutscher Ingenieure um die Jahrhundertwende errichtet worden war.

Als am 18. Oktober 1994 der Vertrag zwischen der GmbH und dem Bundestag unterschrieben wurde, standen die Termine fest: Am 17. Juni 1995, sofern es die Wetterlage es zuläßt, werden die Arbeiter damit beginnen, das Reichstagsgebäude in 100.000 m² mit Aluminium bedampftes Polypropylentuch zu hüllen; diese Arbeit soll bis zum 23. Juni abgeschlossen sein, der Zustand des Verhülltseins dauert voraussichtlich bis einschließlich 6. Juli; die letzten Spuren vom Projekt sollen bis zum 23. Juli 1995 verschwunden sein.

Die neu gegründete Bundesbaugesellschaft Berlin (BBB) trägt die Verantwortung dafür, das Gebäude ab dem 17. Juni frei von baulichen Einrichtungen übergeben wird.

Zusätzlich hat der Landeskonservator die Reste Baumgartens und Wallots genauestens vermessen und festhalten lassen.

Volz und Specker vergaben den Auftrag für den Stoff an die Firma Schilgen GmbH in Emsdetten, für die Aluminiumbeschichtung an die Firma Rowo Coating GmbH in Herbolzheim, für die ganzen Ingenieursleistungen an die Firma IPL Ingenieurplanung Leichtbau GmbH in Radolfzell und die Bauleitung an das Architekturbüro Mann in Berlin. Die nach vielen Gesprächen mit dem Bauamt Tiergarten erarbeitete Bauanfrage hat zur Erteilung der Baugenehmigung am 23. Februar 1995 geführt. Von Herbolzheim sind die Stoffbahnen nach Taucha bei Leipzig und nach Vetschau bei Cottbus gegangen, um nach Schnittmusterbogen geschnitten und genäht zu werden. Sie kamen von dort nach einem noch geheimen Ort in der Nähe von Berlin, wo sie gelagert und neu gerollt werden.

Es gibt mehrere Mißverständnisse, die es auszuräumen gilt. Das Projekt heißt »Christo und Jeanne-Claude WRAPPED REICHSTAG, Project for Berlin«. Viele scheinen nicht zu wissen, daß dieses Projekt, wie in der Vergangenheit, ein künstlerisches Werk beider, Christos und Jeanne-Claudes, ist. Christo fertigt Collagen und Zeichnungen in seinem Studio in New York an, wo er ganz ohne Assistenten arbeitet, um das Projekt zu finanzieren: Geschätzte Kosten: 12 Mio. DM. Denn eine

der wichtigsten Komponenten des Projektes ist jene, daß nicht der Steuerzahler, nicht Sponsoren, sondern Christo und Jeanne-Claude das Projekt bezahlen.

Ausgehend von der New Yorker Wohnung wird das Projekt in allen seinen Einzelheiten geplant; die Wünsche - künstlerische, technische, kaufmännische - gehen an das Berliner Büro, wo sie in die Tat umgesetzt werden.

In Berlin hat sich eine beinahe natürliche Arbeitsteilung entwickelt; Während Volz für die technische Seite seine Talente voll entfaltet, kann Specker mit seinem kaufmännischen Geschick das Projekt durch die steuerlichen und arbeitsrechtlichen Klippen führen. Volz hat die Firmen gefunden, die den Stoff gewebt, aluminisiert, geschnitten und genäht haben; er hat die Firma IPL in Radolfzell ausfindig gemacht, die die Ingenieurleistung erbringt, er fand die Fassadenkletterer, die die Verhüllung ausführen. Er organisierte die komplizierten Tests - umwelttechnisch vom Umweltbundesamt, bautechnisch vom Bundesamt für Materialprüfung. Specker verhandelt Verträge aus, kümmert sich um die Organisation. Zusammen haben sie Dutzende von Sitzungen mit Behörden und Versicherern und Journalisten absolviert. Eine ideale Arbeitsteilung, die dem Projekt zugute kommt.

Was für ein langer Kampf. Von August 1971, als Christo und Jeanne-Claude den Vorschlag erhielten, das Reichstagsgebäude zu verhüllen, bis heute sind fast 24 Jahre vergangen.

Das Reichstagsgebäude - es hat eine Geschichte und auch eine Zukunft. Dafür zu planen und zu entwerfen, hat der Bundestag Sir Norman Foster engagiert. Er mußte schon feststellen - ein Asbestgutachten im Herbst 1993 bestätigte es - daß das Haus, besonders der Plenarsaal, erheblich asbestverseucht ist. Dies mußte zwischen dem 1. Februar und 24. April 1995 entfernt werden; dazu wurden die Rabitzwände entfernt, die Baumgarten und die Bundesbaudirektion überall haben einbauen lassen; als dieses Manuskript in Druck ging, hatte man gerade einige der Graffiti entdeckt, die Rotarmisten Anfang Mai 1945 an

Das Projekt »Wrapped Reichstag«
Im Spiegel der Presse

Radiokultur Nr. 22, Jan. 1994;
DIE REICHSTAGSUMHÜLLUNG IST KÜNSTLE-
RISCH BELANGLOS, ABER WAS SCHADET SIE
DENN?

gleicher Artikel in: Die Welt, 8.1.1994; Fußnote in der Geschichte des Belanglosen
von Wolf Jobst Siedler

Mit was für dürftigen Erfindungen man doch
ein Lebenswerk bestreiten kann. Mitte der
fünfziger Jahre hat der in Bulgarien geborene
... ja, was ist Christo eigentlich: Maler (aber
er malt nicht wirklich), Bildhauer (aber es gibt
keine Skulpturen von ihm), Grafiker (aber sie
sind eigentlich nur ein Nebenprodukt seiner
Arbeit) ... sagen wir also: Künstler, seine erste
»Verhüllung« inszeniert. Seitdem ist Christo
ständig mit Verhüllungen beschäftigt, und er
erregt immer aufs neue Aufmerksamkeit damit. Jetzt sind es schon fünfunddreißig Jahre,
in denen er dergleichen Kunststücke vorführt,
und das Staunenswerteste daran ist, daß jedes
Mal wieder das Spektakel die Kunstwelt bewegt.

Seit zwei Jahrzehnten ist es das Berliner
Reichstagsgebäude, das es ihm angetan hat ...
Wallots Reichstagsgebäude ist ein typischer

Christo und
Michael S. Cullen 1993

301

Wilhelminischer Bau, genauso pompös-auf-trumpfend wie Raschdorffs Dom am anderen Ende der Linden. Die künstlerische oder kunsthistorische Bedeutung der Architektur kann es mithin nicht sein, die Christo so enthusiastisch von dem Bau reden läßt und die seit zwanzig Jahren zu immer erneuten Aus-einandersetzungen führt. Was ist es dann, was zu jenem nicht nachlassenden Meinungsstreit führt? Zuerst, in den siebziger Jahren, hat Christo gesagt, daß er das Parlament durch die Verhüllung hervorheben, nämlich enthüllen wolle, damit jener Bau in das Bewußtsein tre-te, in dem Hitler seine großen Reden hielt und das Dritte Reich seine Exzesse feierte.

Dann wurde er sehr schnell belehrt, daß der Reichstag ja schon wenige Wochen nach der Machtübernahme durch einen nie geklär-ten Anschlag ausbrannte, und Hitlers große Reden hier nie gehalten wurden.

Aber das focht Christos Neigung zum Reichstagsgebäude nicht an; er zog hilfsweise ein anderes Argument heran. Es gäbe keinen anderen Ort in Europa, sagten er und die Ver-teidiger des Verhüllungsprojektes, der in ver-gleichbarem Maße hart an der Mauer stehe und ein Symbol für die Teilung Berlins, Deutschlands und Europas sei ... Warum also muß eben an dieser Stelle das neueste Akti-ons-Kunststück stattfinden, wenn der Reichs-tag weder der Versammlungsort der Ge-waltherrschaft noch der Brennpunkt der Spal-tung der Welt war?

... Nun ja, die Argumente kommen und gehen, man soll sie nicht allzu ernst nehmen. Wer hat Zweifel daran, daß Christo morgen neue Begründungen für die Notwendigkeit einer Verhüllung finden wird, wenn sich die Lage ändert? Der Kunstwert des Spektakels wird sich in ziemlich engen Grenzen halten, aber der Schaden auch. Wer redet denn ernsthaft noch davon, daß die Würde der deutschen Volksvertretung beschädigt werde, wenn ein künstlerisch ziemlich zweifelhaftes, 1933 aus-gebranntes Gehäuse für einige Wochen ver-hüllt wird? ... Das Spektakel Christos soll in Gottes Namen stattfinden ... Sein Leerstand auch Jahre nach der Wiedervereinigung - und

wohl noch für ein weiteres Jahrzehnt - ist der eigentliche Skandal und nicht seine zeitweili-ge Verkleidung.

Neue Zeit, 13.1.1994:
»Meine Zustimmung gibt es nur, wenn es zwanzig Jahre lang so bleibt.«

(CSU-Landesgruppenchef Michael Glos zu Plänen, das Reichstagsgebäude in Berlin durch den Verpackungskünstler Christo ein-hüllen zu lassen.)

Süddeutsche Zeitung,
21.1.1994
OFFENBARUNGEN

Um die Jahreswende 1970 galt Helmut Kohl
als Mentor, Förderer und Beschützer der schönen Künste, insoweit ein Lichtblick in der
Einöde christdemokratischer Kulturpolitik. Er
ließ den Nachlaß von Max Slevogt sammeln
und in dessen zweiter Heimat, der Pfalz, aus-
stellen, er sorgte dafür, daß der Bahnhof
Rolandseck restauriert und jungen Musikern
zur Verfügung gestellt wurde, er schaffte es
sogar, daß sich Heinrich Böll zum Gespräch
in der Mainzer Staatskanzlei einfand. Im
Weinkeller des historischen ehemaligen Zeug-
hauses der Deutschordensritter gab der Ministerpräsident Kohl rauschende Feste. Damals
wollte er Bundeskanzler werden und hoffte,
mit einem progressiven Image in der muffigen
CDU das Ziel eher zu erreichen. Inzwischen
ist er geworden, was er anstrebte, und da kommen die Strukturen zum Vorschein, die er
damals kaschierte. Schon kürzlich fiel er in
der Fraktion wegen der Heftigkeit seiner
Attacke auf Günter Grass auf, den er einen
»Prediger des Hasses« nannte. Jetzt hält er es
mit denen, die Christo daran hindern wollen,
den Reichstag zu verhüllen. Dagegen wäre
nichts einzuwenden, denn das Projekt ist nun
einmal umstritten und die vorübergehende
Verpackung des grauen Klotzes an der Spree,
der die Spuren der Verletzungen trägt, die ihm
im zurückliegenden Jahrhundert zugefügt
wurden, ist nicht nach jedermanns Geschmack. Kohl dagegen ist in dem unkriti-
schen Milieu, in dem er sich bewegt, nicht
gewöhnt, seine Entscheidungen zu begründen,
seine Beweggründe zu erläutern und seine
Argumente öffentlich vorzutragen. Gegentei-
lige Meinungen, und seien sie noch so gut fun-
diert, diffamiert er als Beiträge zur Demago-
gie. Christo irrte wohl, als er etwas von oben
herab verkündete, des Kanzlers Meinung sei
auch nur eine von vielen, Kohl habe über die
Verhüllung nicht zu entscheiden. Das ist zwar
formal richtig, aber die CDU/CSU hört immer
noch auf ihn und sie will, wie sich gezeigt hat,

ohne ihn nicht einmal über das Thema diskutieren. Beinahe wäre Kohl gelungen, was er
anstrebte, mit Hilfe parlamentarischen Filibu-
sterns die Verwandlung des steinernen Sau-
riers solange hinauszuzögern, bis seine Reno-
vierung beginnt. Nun sind Christo unwillent-
lich jene zu Hilfe gekommen, die ihn vom
Reichstag fernhalten wollten. Sie haben eine
öffentliche Debatte erzwungen, in der sich
Befürworter und Gegner offenbaren müssen.
Kommen dabei auch allerlei Ungereimtheiten
zum Vorschein, läßt sich wenigstens ausmachen, von wem sie stammen. dr.

Der Tagesspiegel Berlin,
25.1.1994,
Leitartikel
PACKEN WIR'S EIN
Von Heinz Ohff

Anfang der siebziger Jahre besuchte ein Berliner Fernsehteam den Aktionskünstler Christo in seinem New Yorker Atelier, es ging schon damals um die Reichstagsverpackung. Als Christo kurz den Raum verließ, räumten die Filmleute alles ein bißchen telegener zurecht. Madame Christo bemerkte die Änderungen sofort. Sie reagierte mit einer vehementen Gardinenpredigt, ja einer Standpauke zum Thema unberechtigte Eingriffe in Sachen Kunst.

Der Künstler lächelte etwas verlegen. Er hat viel Humor. Mit der Philippika ging er trotzdem einig. Es waren Kunstwerke willkürlich verrückt worden, was einem Sakrileg gleichkam. Kunst müsse man behandeln, als sei sie - dies Wort fiel - ein Heiligtum. Man mag das für eine leichte Übertreibung halten. Aber es zeigt doch den Ernst und den - wenn man so will - fast altmodischen Standpunkt, den Christo der Kunst gegenüber einnimmt.

Daß er diese nicht als Jux versteht oder betreibt, haben inzwischen nicht nur die Kunstfreunde weltweit verstanden. Sein Werk ist durchweg populär geworden, von den Verschnürungen all der Flaschen, Büchsen, Tische, Koffer, Motorräder und selbst lebenden Menschen seiner Frühzeit über Museum of Modern Art, Turm von Spoleto, Pont Neuf und Kunsthalle Bern bis hin zum spektakulären Vorhang im Tal des Colorado und der Verpackung eines Teils der australischen Küste.

Man weiß längst: es geht Christo nicht um Verletzung, Verhöhnung, Ironisierung. Er will das jeweils von ihm gewählte Objekt nicht lächerlich machen. Im Gegenteil: die von ihm produzierten (und bezahlten) Verpackungsmaterialien legen einen Mantel von großer ästhetischer Schönheit, auch von handwerklicher Sorgfalt und künstlerischem Sachverstand um oder über den Gegenstand, die Landschaft, das Gebäude. Der Vorgang einer derartigen Verhüllung kommt einer Enthüllung gleich, denn der Blick der Menschen auf Kunst ist anders als der auf einen toten Gegenstand. Wie sehr eine Kulissenhaut architektonisch zum Stadtbild beitragen (und Perspektiven verändern) kann, hat sich gerade in Berlin eben bei der gemalten Stadtschloß-Fassade auf dem Marx-Engels-Platz gezeigt.

Aber der Reichstag? Es sind viele Gründe gegen die Verpackung eingewendet worden, die Christo nun schon seit Jahrzehnten mit einer Hartnäckigkeit verfolgt, von der sich Berlin geschmeichelt fühlen könnte, und die meisten von ihnen haben Gewicht. In dieser Zeitung sind einst vor allem zwei Einwände vorgebracht worden: eine Gebäudeverpackung sei nichts entscheidend Neues mehr und der Reichstag eigentlich das falsche Objekt. Er sei mehr oder weniger durch einen Irrtum zu jener historischen Größe geworden, gegen die van der Lubbe seinen Brandsatz schleuderte und auf die die sowjetischen Soldaten ihre Siegesfahnen pflanzten. Weder im Kaiserreich noch gar zwischen 1933 und 1945 hat er im Mittelpunkt deutscher Politik gestanden. Und die Zeit, in der er für die deutsche Demokratie stand, dauerte nur kurz.

Die Einwände dürften durch die Ereignisse der jüngsten Vergangenheit an Bedeutung verloren haben. Aus seiner Lage im symbolischen und tatsächlichen Niemandsland ist das Gebäude an eine historische Nahtstelle versetzt worden, der man eine definitive Sinnbildlichkeit nicht absprechen kann. Sie kommt der speziellen Ästhetik Christos entgegen. Seine Reichstagsverpackung als Zeugnis einer (schwierigen) Wiedervereinigung? Ist das zu hoch veranschlagt? Überinterpretiert?

Bislang hat man sich als Ver- oder Enthüllungsobjekte für den Künstler gut auch andere Objekte vorstellen können, geeigneter und vielleicht schöner als unser Reichstag. Die Alhambra, das Taj Mahal, der Schiefe Turm von Pisa, der Zuckerhut in Rio de Janeiro ..., hübsche, bekannte und bedeutungsvolle Gebäude oder Berge gibt es überall auf der Welt. Ob zur Zeit, was den historischen Augenblick betrifft, auch nur ein einziges Gebäude mit dem Berliner Reichstag konkurrieren kann, steht zu bezweifeln.

Die Zeit ist reif. Unter Christos Händen kann das Berliner Bauwerk wenn nicht zum Heiligtum, so doch zum Potitikum werden. Sagen wir es mit dem Anflug von Heiterkeit, die dem Unternehmen nicht schlecht anstünde: packen wir's ein.

Die Welt,
2.2.1994
ETWAS MEHR STIL, BITTE!
Von Hans-Peter Schwarz

... Christos Projekte sind nicht ohne Reiz. Ob man seine mit Synthetikgeweben erzielten Verfremdungen von Landschaften und von öffentlichen Gebäuden Kunst nennen soll, ist eine Frage der Definition. Jedenfalls versteht der gebürtige Bulgare sich zusammen mit seiner Frau Jeanne-Claude auf die Inszenierung ästhetischer Effekte und er ist ein guter Salesman seiner Ideen.

Das erklärt auch, weshalb er mit seiner Idee für Berlin so weit gekommen ist. Im großen und ganzen hat er bisher überwiegend Sozialdemokraten der Stadt überzeugen können, doch nicht allein sie. Willy Brandt stand seinem Vorhaben mit fröhlicher Sympathie gegenüber. In der Union gehen die Meinungen stärker auseinander. Helmut Kohl und Wolfgang Schäuble gehören zu denen, die unter Verweis auf die geschichtliche Bedeutung der Meinung sind, daß sich Christo das falsche Objekt ausgesucht hat. Rita Süssmuth, die Bundestagspräsidentin, zeigte sich bislang begeistert. Ein »Meinungsbild« in der Bonner Unionsfraktion ergab gestern mehrheitlich Ablehnung.

...Daß sich der umtriebige Christo »the Reichstag« als lohnendes Objekt erkoren hat, wird ihm niemand verdenken wollen. Nachdenklich macht es aber, daß so vergleichswei-

se viele Politiker wenig Sinn für Symbolkraft und Würde dieses Parlamentsgebäudes aufbringen, das vor 100 Jahren fertiggestellt wurde und seither die Hoffnungen und die Tragik der jüngsten deutschen Geschichte anschaulich macht wie sonst nur wenige Bauwerke.

Ist es vorstellbar, daß das britische Parlament die Verhüllung von Westminster Palace, der amerikanische Kongreß die des Capitols oder Frankreich die des Palais Bourbon auch nur in ernsthafte Erwägung ziehen könnte? Weshalb aber hat sich Christo dann an das Berliner und Bonner Polit-Establishment mit der Absicht herangepirscht, eines der großen Symbole deutscher Geschichte und zu allem noch den Sitz des Parlaments für einen Einwickelungs-Gag zu nutzen? Ist es nur der Reiz des Wallot-Baus? Oder reizt auch deutsche Stilunsicherheit?

Man sage nicht, das Projekt rechtfertige sich, weil mittels Verfremdung bei der Bürgerschaft »ein Denkprozeß in Gang gesetzt« würde. Mit diesem Argument wird hierzulande seit 1968 jeder Unfug zum Tiefsinn hochstilisiert.

... Ein Parlament und eine Politikerklasse, die lange kein sicheres Empfinden dafür hat, was gehörig und ungehörig, was würdig und unwürdig ist, wenn es sich um Gags handelt, wird auch wenig Würde aufbringen, wo es wirklich darauf ankommt. Ein derart stilunsicheres Parlament bräuchte sich nicht darüber zu wundern, wenn ihm Politikerverachtung entgegenschlägt.

Die Welt,
4.2.1994
<small>BRIEFE AN DIE WELT</small>

... Wie kann ein Historiker die nie geminderte Symbolkraft des Capitols und des britischen Parlaments ... dem schreiend widersprüchlichen Symbolwert des Berliner Reichstagsgebäudes gleichsetzen? Die Lobpreisungen des neuen Bonner Glashauses in den Debatten um die Neunutzung des Reichstages hängen dem Wallot-Bau mit jener Leichtfertigkeit und Stillosigkeit, die man den Verhüllungsfreunden vorwirft, die Symbolkraft aller scheußlichen Abgründe der reichsdeutschen Geschichte an. Hat man in Washington, London oder Paris die gesamte Pracht einer parlamentarischen Bilderwelt des geeinten Reiches mit der Verbohrtheit von Preßlufthämmern abgeschlagen? Käme man in Washington auf den Gedanken, eine ausgebrannte, aber wiederherstellbare Kuppel nicht wiederherzustellen, sondern in mühseliger Kleinarbeit zu sprengen, weil sie »wilhelminisch« sei? Das, verehrter Herr Kollege, sind nur ein paar jener nur deutschen Widersprüche in der deutschen Geschichte, die nur ein Künstler von dem Range Christos bewußt machen und heilend auflösen könnte.

Vielleicht stimmen die Christo-Gegner unter den Parlamentariern der Verhüllung noch zu, damit sie ... einem Künstler die Schuld an der Politikverdrossenheit zuschieben können.

Im ubrigen kann ich nicht abwarten, unsere gesetzgebenden Volksvertreter seit den Tagen von Carlo Schmid und Adolf Arndt endlich mal wieder über Kunst debattieren zu hören. Ich liefere allen Interessenten eine lange Liste von den edelsten Kunstwerken, die seit der Antike von den Zeitgenossen als Teufelswerk, Irrsinn, Verunglimpfung nationaler Symbole oder als Gag bezeichnet wurden.
(Tilmann Buddensieg, Bonn)

Die Welt (Berlin-Teil),
4.2.1994
<small>DIE DISKUSSION IST TEIL DES KUNSTWERKS</small>
von Ulrich Rosenbaum

Wird er nun verpackt oder nicht? ... Hätte die Union allein zu entscheiden, stünde es schlecht um das Projekt. Am Dienstag waren in einer Probeabstimmung 159 dagegen, 69 dafür, mehr übrigens, als Kenner vermutet hatten. Christdemokraten wie Johannes Gerster und Volkmar Köhler, denen man es vom politischen Habitus her nicht zugetraut hätte, erwiesen sich als glühende Christo-Anhänger. Köhler pries ihn als ernsthaften Künstler und begründete das Projekt so: »Wir packen den Reichstag ein und hinterher den Bundestag aus.« Damit spielte er auf die wechselvolle, nicht immer glückliche Geschichte des Wallot-Baus ebenso an wie Helmut Kohl, der darin aber gerade ein Argument gegen die Verpackung sieht. Auch Fraktionschef Schäuble ist dagegen und wird wohl am 25. Februar auch im Bundestag reden.

Trotz alledem: Eine knappe Mehrheit für das Projekt, das im Frühjahr 1995 mit Filtertextilien aus ostdeutscher Produktion - sie können hinterher als Wasserfilter benutzt werden - realisiert werden soll, ist trotz der mehrheitlichen Ablehnung in der Union dennoch zu erwarten. Die SPD will erst am 22. Februar diskutieren, aber es dürfte nur sehr wenige Verpackungsgegner geben. Bei der FDP ist das Meinungsbild »durchwachsen«. Letztlich kommt es auch darauf an, wie viele Abgeordnete überhaupt an der einstündigen Debatte und anschließenden Abstimmung teilnehmen. Da die Befürworter engagierter sind als die Gegner, werden sie auch stärkere Präsenz zeigen.

Christo wird die Debatte von der Besuchertribüne verfolgen. Sein Ziel hat er schon halb erreicht. Denn die Diskussion über das provokante Projekt ist Teil des Kunstwerks selber.

Die Woche,
3.2.1994
Freimut Duve

Christos Idee (fast eine Utopie der Kunst), ein Stück Welt nur für einen Moment zu verhüllen, wird verspottet vor ihrer Verwirklichung, sie wird gefeiert in der Erinnerung, wenn das Stück Welt längst wieder enthüllt ist. (Bei der politischen Utopie ist es genau umgekehrt). Christo verhüllt Stücke einer Welt, die wir Menschen täglich neu deformieren. Der Reichstag, verhüllt für eine Zeitminute der Geschichte Mitteleuropas, läßt innehalten. Nachdenken. Und jetzt ist der besondere Moment dafür. Das Gebäude ist noch nicht wirklicher Tagungsort, trägt noch immer einen Rest jener Halbwirklichkeit, in der wir den Deutschen Bundestag neben der Mauer in Berlin Jahrzehnte fast zelebriert hatten. Die Argumente dagegen lose Steine auf dem Trottoir der Gegenwart. Wer will, kann damit werfen. Die Gedanken dafür Kulturmaterial auf dem Bürgersteig der Zukunft. Wer kann, kann damit bauen. Wir sollten das können.

STIMMEN ZUR VERHÜLLUNG
Roger Willemsen:

Wenn es eine Kunst ist, die CDU zu einer Meinungsverschiedenheit zu bewegen, dann ist der verpackte Reichstag Kunst. Sonst ist er genau das, was sich der Gaffer unter Kunst vorstellt: organisierte Unvernunft, große Geste, diffuse Botschaft. Während zeitgenössische Werke, die sich um den Titel »Kunst« bewerben, ihre marginale Rolle in der Gesellschaft reflektieren und selber flüchtig werden, beleiht Christo noch immer den überkommenen Begriff des Erhabenen als vulgären Ausdruck für den eigenen künstlerischen Appetit auf Bedeutung. Daß aus diesem Vorhaben eine Sache der Öffentlichkeit wird, daß überhaupt ein Künstler mit der Hybris auftritt, seine Sache zur nationalen Angelegenheit zu erklären, verrät einen Kunstbegriff der Geniezeit, als die Inspirierten noch »Schöpfer« genannt wurden, als Rasende auftraten und das Volk erzogen. Allein die Tatsache, daß die Gegner Christos gern mit dumpfpatriotischen Argumenten auftreten, macht es ihm leicht, alles, was in der Natur contra Christo auftritt, »banausisch« zu nennen. Dabei verweist der »Gehalt« seines Bemühens auf längst verweste Begriffe der Moderne: Daß der Gebrauchswert einer Sache verkappt wird, um ihren ästhetischen zu prononcieren, das hat der Dadaismus radikaler formuliert. Christos dekorative Stückchen haben nur noch kraft der Unverschämtheit ihres Anspruchs mit Kunst zu tun.

Rita Süssmuth:

Die Verhüllung des Reichstages wäre in vielfacher Hinsicht ein Glücksfall: für den Reichstag, für Berlin und für Deutschland. Das wichtigste Symbol unserer parlamentarischen Demokratie würde durch die künstlerische Heraushebung gewürdigt. Das Gebäude rückte mit diesem internationalen Ereignis ins Zentrum der Öffentlichkeit. Berlin könnte sich damit wieder einmal als weltoffener, kunstfreudiger Ort präsentieren. Die Stadt wäre darüber hinaus ein Publikumsmagnet, nach bisherigen Erfahrungen ist mit drei Millionen Besuchern zu rechnen. Von Deutschland ginge ein Signal der Ermutigung und des Optimismus um die Welt.

Sabine Vogel:

Im Zuge der modernen »nichtbejahenden/subversiven Affirmation« könnte die »kathartische« Umdeutung des »Schlachthauses deutscher Geschichte« per »Riesenkondom« in ein silbergraues Raumschiff Enterprise schon fast wieder ein positives Argument sein. Abgesehen vielleicht von Hans Haackes Trümmerfeld »Germania« (Venedig-Biennale '93) bleiben die Kunstschaffenden jede Reaktion auf die ansonsten allgegenwärtige Wende schuldig. Brachland in den Köpfen wie am Potsdamer Platz. Aus Hilflosigkeit darüber, daß die Geschichte gar nicht zu Ende ist, wärmt man nun vergreiste Ideen aus der antiautoritären Kinderstube auf. Der verhüllte Reichstag hätte heute eine visuelle Kraft, gegen die das Plastik-Stadtschloß sich geradezu als ein Hort provokanter poliästhetischer Phantasien ausmachte.«

Irmgard Schwaetzer:

Die Verhüllung des Reichstages kostet den Steuerzahler keinen Pfennig. Sie ist ein eindrucksvolles Symbol für den Neubeginn unseres Parlaments in der Hauptstadt. Die Enthüllung ist für mich das eigentliche Startzeichen für den Umbau des Gebäudes. Die Bereitschaft für solche Projekte wäre ein gutes Zeichen dafür, daß auch ein aus Berlin regiertes Deutschland nicht im Muff von Gartenzwergen und Obrigkeitsdenken erstickt.

Christoph Tannert:

Da läßt einer seit Jahrzehnten nicht locker, seine Schutzmäntel über Inseln und unbestimmte Talgründe zu breiten, damit sich Erinnerung einnistet, und geht nun, angeblich im Namen der Kunst, freiwillig in die Irre, um den künstlerischen Unverstand und den politischen Spurenverwischern seine goldglänzende Pelle überzuziehen. Christo, Freund der Trauerschleier, wer reitet Dich? Du nimmst Deine Spitzkehren von der falschen Seite. Die Verpackung von Herrschaftsarchitektur kann nur entgleisen zu einem Schattenboxen incl. Kitschparty.

Rudolf Augstein:

Ich finde viele Projekte des Künstlers Christo bemerkenswert. Aber ich finde auch, daß angesichts der ja nun einmal unbestreitbaren Armut so vieler Berliner überlegt werden muß, ob es wohl angebracht ist, gerade den Reichstag verpacken zu lassen. Es wird doch wohl schwerlich einer glauben, und auch ich glaube das nicht, daß hier nicht direkt und/ oder indirekt Steuermittel mit verwendet werden. Die Leute sind doch nicht naiv, und warum sich einen ganz unnützen Unmut zusätzlich aufhalsen. Wäre die Verpackung des Reichstags eine durchsichtige saubere Sache, so würde ich mich nicht einen Moment dafür interessieren. So aber meine ich, daß mehr politischer Schaden als kultureller Nutzen angerichtet würde, und das kann niemand wollen. Im übrigen: An dem Wallot-Bau liegt mir wirklich nichts, von mir aus hätte er auch ganz weggebombt werden können.

Anhang

Anmerkungen

PROLOG

1. Deutscher Parlaments-Almanach, (Hrsg.) Georg Hirth,
9. Ausgabe, Berlin 1871; Bernhard Vogel/Dolf Sternberger; Die Wahl der Parlamente, Band I: Europa · Erster Halbband, Berlin 1969, S. 214 (zit.: Vogel/Sternberger). Eine Meile = 7.420,44 m, eine Quadratmeile = 55,0629 km². (Rüdiger Schütz, Übersicht über die territoriale Entwicklung Brandenburg Preußens, in: Preußen-Ploetz, Freiburg 1983, S. 33.).
2. Hans Boldt (Hrsg.), Reich und Länder. Texte zur deutschen Verfassungsgeschichte im 19. und 20. Jahrhundert, München 1987, S. 449 - 479.
3. Heinrich Ritter von Poschinger, Fürst Bismarck und der Bundesrat, Bd. 1, Stuttgart und Leipzig 1897, S. 2.
4. Laurenz Demps, Berlin-Wilhelmstraße, Eine Topographie preußisch-deutscher Macht, Berlin 1994.
5. Dazu: Gerhard Brunn, Die deutsche Einigungsbewegung und der Aufstieg Berlins, in: Theodor Schieder/Gerhard Brunn (Hrsg.), Hauptstädte in europäischen Nationalstaaten, München/Wien 1983, S. 22f.
6. Gerhard Stoltenberg, Der deutsche Reichstag 1871-73, Düsseldorf 1955, S. 15.
7. Vogel/Sternberger, S. 314.
8. Gerald Kretschmer, Geschäftsordnungen deutscher Volksvertretungen, in: Hans Peter Schwarz/Wolfgang Zeh (Hrsg.), Parlamentsrecht und Parlamentspraxis in der Bundesrepublik Deutschland, Berlin 1989, S. 293; Norbert Lammert (Hrsg.), Die Geschäftsordnungen deutscher Parlamente seit 1848, eine synoptische Darstellung, mit einer Einführung von Dr. Norbert Lammert, Bonn 1986, S. 10f.
9. Stoltenberg, op. cit, S. 15ff.
10. John C. G. Röhl, The Kaiser and his Court, Wilhelm II and the Government of Germany, Cambridge (UK), 1994, S. 131
11. Rolf Fuhlrott, Deutschsprachige Architekturzeitschriften, München 1975, S. 99f.
12. Peter Lemburg, Ein Rückblick, Anmerkungen zur Berlin-Preußischen Bauorganisation im 19. Jahrhundert, in: Bauwelt Nr. 19/20, Mai 1992, S. 1054f.
13. Umfassend hat K. E. O. Fritsch alle Fragen in Zusammenhang mit dem Preußischen Staats-Bauwesen in der DBZ 1872 und 1873 abgehandelt; siehe DBZ 1872, Nrs. 36, 37, 38, 46, 47, 48, 49, 50, 51, 52 und DBZ 1873, Nrs. 10, 14, 16, 18, 20, 22, 26, 34, 94, 96, 104, 106.
14. Jonas Geist, Klaus Kurvers, Das Berliner Mietshaus, 1740-1862, München 1980, S. 470ff
15. Die durch die Bundesakte von 1815 geschaffenen Provinziallandtage wurden keineswegs abgeschafft; je nach Provinzbestand lebten sie fort; einige, z.B. in Danzig, wurden neu geschaffen.
16. Helmut Engel, Parlamentarische Provisorien, die Tagungslokale der preußischen Parlamente von 1847 bis zur Reichsgründung, in: Der Preußische Landtag, Bau und Geschichte, hrsg. von der Präsidentin des Abgeordnetenhauses von Berlin, Berlin 1993, S. 19 (zit.: Engel/PP).
17. ebd., S. 19
18. Für London siehe: Port, Houses of Parliament; Für Paris - die Pläne und Antworten kamen von Jacques Hittorf - und Washington siehe Geh. Staatsarchiv Preuß. Kulturbesitz, MÖA, Rep 93B, Bd. 1849, Akten betreffend den Bau eines Ständehauses für die Versammlung der Volksstände in Berlin vom 30. April 1848 bis 4. April 1867, Korrespondenz, (nicht paginiert), 26., 27. August
19. Engel/PP, S. 19
20. ebd., S. 19
21. Notizblatt des Architekten-Vereins zu Berlin 149, Bl. I, II, VI, VII; Engel/PP, S. 19ff.
22. Wolfram Götze, Das Parlamentsgebäude, Historische und ikonologische Studien zu einer Bauaufgabe, Dissertation, Leipzig 1960, S. 67, (zit.: Götze); Engel/PP, S. 20.
23. Richard Borrmann, Die Bau- und Kunstdenkmäler von Berlin, Berlin 1893, Nachdruck 1982, S. 325 (zit.: Borrmann); Notizblatt des Architektenvereins zu Berlin, N. F. 1848-50, S. 41ff. Wochenblatt des Architekten-Vereins zu Berlin, Nr. 36, 6. September 1867, S. 350ff.; Borrmann, op. cit., S. 324; Dr. de la Chevallerie, Zur Vorgeschichte der Grundstücke Leipziger Straße 75/76 und 77, in: Zeitschrift des Vereins für die Geschichte Berlins, Heft 1, 1939, S. 32f.
24. Isidor Kastan, Berlin, wie es war, Berlin 1919 S. 75.
25. LIZ, 22. März 1851, S. 182.
26. LIZ, 22. März 1851, S. 182.
27. Erste Kammer, Stenographisches Protokoll, 12. März 1851.
28. Erste Kammer, Stenographisches Protokoll, 2. Mai 1851.
29. Michael S. Cullen, Leipziger Straße 3, eine Baubiographie, in: Mendelssohn-Studien, Bd. 5, 1982, passim. (zit.: Cullen/MS).
30. Uwe Kieling, Berlin - Baumeister und Bauten. Von der Gotik bis zum Historismus, Berlin 1987, Stuttgart 1989, (zit.: UK/BB).
31. Theodor Fontane, Wanderungen durch die Mark Brandenburg, Dritter Teil - Havelland, Berlin (Ullstein-Tb) 1982, S. 125f.
32. Die Geschichte der Eiben ausführlich in: Michael S. Cullen, Mendelssohn, in: Le musée sentimental de Prusse, Katalog (Hrsg.) Marie-Louise Plessen und Daniel Spoerri, Berlin 1981, S. 276ff.
33. Cullen/MS.
34. Martin Spenkuch, Zu einem unbekannten Aspekt preußischer Parlamentsgeschichte, in: Helmut Engel und Wolfgang Ribbe (Hrsg.), Hauptstadt Berlin - Wohin mit der Mitte?, Berlin 1993, S. 43f. Im übrigen war die »mythisierte Vorgeschichte« für manches gut. So ließ der Herrenhauspräsident Eberhard Graf zu Stolberg-Wernigerode 1866 in Einladungen schreiben: »es ist ohne Zweifel damit in Verbindung, daß König Friedrich Wilhelm IV. der damaligen Ersten Kammer ... diese ihm lieben Räume zugestand.« Spenkuch, op. cit., S. 44.
35. Kastan, op. cit.
36. Borrmann, op. cit., S. 324.
37. Engel/PP, S. 21 und 23.
38. Abg. Haus, Stenographi-

sches Protokoll,
23. November 1866.
39. Manch Abgeordneter beklagte sich in Privatbriefen; so Florens Heinrich von Bockum-Dolffs. Vgl. Horst Conrad und Bernd Haunfelder (Hrsg.), Preußische Parlamentarier, Ein Photoalbum, Düsseldorf 1986, S. 12.
40. Abg. Haus, Stenographisches Protokoll, 4. März 1857.
41. Jürgen Reiche, Das Berliner Reichtagsgebäude, Dokumentation und ikonographische Untersuchung einer politischen Architektur, Dissertation Berlin 1988, S. 52 und 394. Über andere Unzulänglichkeiten siehe das Stenographische Protokoll, Abg. Haus, 10. März 1858, S. 95, sowie Engel/PP, S. 24, 26f.
42. Preis-Aufgabe zum Schinkelfeste, am 13. März 1858, in: Zeitschrift für Bauwesen, 1858, Spalte 518ff.
43. Eva Börsch-Supan, Berliner Baukunst nach Schinkel, 1840-1870, München 1977, S. 802f. Im Jahre 1871 leitete Lauenburg zusammen mit einem Baumeister Koch den Bau des provisorischen Reichstagsgebäudes nach dem Entwurf von Friedrich Hitzig, Martin Gropius und Heino Schmieden.
44. Engel/PP, S. 27f.
45. Abg. Haus, Stenographisches Protokoll, 28. Juli 1862. Vgl. die Zeitschrift Organ für christliche Kunst XII. Jahrgang, 1862, S. 189-191.
46. Abg. Haus, Stenographisches Protokoll, 3. März 1863.
47. Promemoria von Heinrich Herrmann, 4. April 1871, in: Geheimes Staatsarchiv Preußischer Kulturbesitz (Merseburg), Civil-Cabinet, Rep. 2.2.1., Bd. 218, S. 72ff. (zit. Promemoria Herrmann).
48. Hans-Otto Schembs, Hauptstadtkatalog, Bonn

1989, S. 128f.
49. Nach der damaligen Zählung war der Reichstag, der 1871 zusammentrat, nicht der erste, sondern der von 1867. 1892 erschien ein Werk von Hermann Robolsky über »25 Jahre Reichstag«, 1907 ein Werk »Das Schwabenalter des Reichstags«. Das Schwabenalter waren 40 Jahre. Über die Gründe für die Verwendung des Wortes Reichstag siehe Otto Becker, Bismarcks Ringen um Deutschlands Gestaltung, Heidelberg 1958, S. 185, 287ff, 859; für das Parlament favorisierte der Kronprinz - nachmalig Kaiser Friedrich III. - die Bezeichnung Reichstag; Bismarck schloß sich dieser Empfehlung an. Im Verfassungsentwurf war das Wort nicht zu finden, weil Bismarck Napoleons III. Furcht »Preußen wolle seine Machtsphäre mit der Zeit auf Süddeutschland ausdehnen«, nicht neue Nahrung geben wollte, (S. 859). Bismarck bevorzugte zur Herstellung einer Tradition mit der älteren, der Reichsgeschichte, für die Kammer der anderen Ländern den Namen Bundesrat, damit Kontinuität mit der jüngsten Geschichte dokumentiert werde.
50. Bericht Itzenplitz' an Bismarck, 27. August 1866, Geheimes Staatsarchiv Preußischer Kulturbesitz (Merseburg), Ministerium für Handel und Gewerbe, Rep. 93B, Bd. 1920, S. 1ff.
51. Die Gartenlaube, 1868, S. 309.
52. Engel/PP, S. 51.
53. Abg. Haus, Stenographisches Protokoll, 23. November 1866.
54. Abg. Haus, Stenographisches Protokoll, 24. November 1866.
55. Geheimes Staatsarchiv Preußischer Kulturbesitz (Merseburg), Ministerium für

öffentliche Arbeiten, Rep. 93B, Bd. 1950, Akten betreffend den Neubau eines Landtags-Gebäudes in Berlin, vom 17. August 1867 bis 25. März 1884, Brief vom 17. August 1867, in dem auf den Brief vom 7. März Bezug genommen wird.
56. Promemoria Herrmann.
57. Der Erweiterungsbau des alten Abgeordnetenhauses in Berlin, in: Wochenblatt des AV zu Berlin, Nr. 36, 6. September 1867, S. 350ff.
58. Hermann Robolsky, Der Deutsche Reichstag, Geschichte seines fünfundzwanzigjährigen Bestehens 1867 - 1892, 2. Auflage, Berlin 1897, S. 25.
59. Daheim, 1869, S. 617. Über die Mängel des Hauses siehe auch das stenographische Protokoll der Sitzung des Reichstags des Norddeutschen Bundes vom 28. Februar 1867.
60. Promemoria Herrmann.
61. Geheimes Staatsarchiv Preußischer Kulturbesitz (Merseburg), Civil-Cabinet, Rep. 2.2.1., Bd. 218, S. 60 bis 67, 72 bis 75a.
62. Götze, S. 70.
63. Die erste, beinahe vollständige Darstellung über die Geschichte des Platzes, hat Vf. für das Landesarchiv 1992 besorgt: »Platz der Republik - Vom Exerzierplatz zum Regierungsviertel«, Katalog zur Ausstellung des Landesarchivs Berlin vom 25. September bis 15. Dezember 1992 (Organisation: Uwe Schaper und Gerd Müller, unter Mitarbeit von Andreas Mahal und Sabine Preuß), S. 14-15 (Zit: Exerzierplatz).
64. Exerzierplatz, S. 18f.
65. Exerzierplatz, S. 23; Florian von Buttlar (Hrsg.), Peter Joseph Lenné, Volkspark und Arkadien, Berlin 1989, S. 71ff.; Harri Günther, Sibylle Harksen, Peter Joseph Lenné,

Pläne für Berlin, Bestandskatalog der Lennépläne in der Plankammer der Staatlichen Schlösser und Gärten Potsdam-Sanssouci, Teil II. Berlin, Potsdam 1989, S. 36ff.; Harri Günther, Sibylle Harkensen, Peter Joseph Lenné, Katalog der Zeichnungen, Tübingen 1993, S. 110ff. Geheimes Staatsarchiv Preußischer Kulturbesitz (Merseburg), Rep. 2.2.1. (Civil-Cabinet), Band 28626, S. 92ff.
66. zu Kroll vgl. Hans J. Reichhardt, Bei Kroll 1844 bis 1956, Etablissement, Ausstellungen, Theater, Konzerte, Oper, Reichstag, Gartenlokal, Ausstellungskatalog des Landesarchivs Berlin, Berlin 1988, passim; Thomas Wieke, Vom Etablissement zur Oper. Die Geschichte der Kroll-Oper, Berlin 1993.
67. Strack hatte bei der Siegessäule keinen Einfluß auf Drakes Viktoria-Entwurf, diesen hatte Wilhelm I. persönlich zur Ausführung bestimmt.
68. Zur Siegessäule vgl. Paul Ortwin Rave, Irmgard Wirth, Die Bau- und Kunstdenkmäler von Berlin, Tiergarten, Berlin 1955, S. 203ff.; Exerzierplatz, S. 36ff.; Klaus Dettmer, Die Grundsteinlegungsurkunden der Siegessäule, Drei Begründungen für ihren Bau und eine für ihren Standortwechsel, in: Jahrbuch des Landesarchivs Berlin, Berlin 1984, S. 49-70; auch Jutta von Simson, Die Berliner Säulenmonumente, in: Berlin und die Antike, Katalog zur Ausstellung im Schloß Charlottenburg, hrsg. von Willmuth Arvenhövel, Berlin 1979, S. 207ff.; auch: DBZ, Nr. 35, 1. September 1870, S. 279f. Nr. 36, Nr. 37, S. 400; Geschichtslandschaft Berlin - Orte und Ereignisse, Tiergarten, Vom Brandenburger Tor

zum Zoo, Historische Kommission zu Berlin (Hrsg.) Helmut Engel, Berlin 1989, S. 106-122 (Marie-Luise Kreuter) und S. 123-182 (Andreas Hoffmann).
69. Exerzierplatz, S. 27ff.
70. Konstanty Kalinowski, Die Bildergalerie des Grafen Athanasius Raczynski. Angelika Wesenberg, Raczynski in Berlin, in: Konstanty Kalinowski/Christoph Heilmann (Hrsg.) Sammlung Graf Raczynski. Malerei der Spätromantik aus dem Nationalmuseum Poznan, Katalog zur Ausstellung, Alte Nationalgalerie Museumsinsel. Staatliche Museen Preußischer Kulturbesitz. 18. 12. 1992-14. 2. 1993, München 1992.
71. Geheimes Staatsarchiv Preußischer Kulturbesitz (Merseburg), Rep. 2.5.1., Preußisches Justizministerium, Nr. 5821-5823, Raczynski Familienfideikommiss. 1817-1938; Civil-Cabinet, Rep. 2.2.1., Nr. 31049; Rep. 93B., Ministerium der Öffentlichen Arbeit, Band 1920, S. 95ff.
72. Cullen, Raczynski, Jahrbuch des Landesarchivs, S. 29, 45f.
73. Michael S. Cullen, Das Palais Raczynski, in: Konstanty Kalinowski, Christoph Heilmann (Hrsg.), Sammlung Graf Raczynski. Malerei der Spätromantik aus dem Nationalmuseum Poznan. Katalog zur Ausstellung, Alte Nationalgalerie Museumsinsel, Staatliche Museen Preußischer Kulturbesitz. 18. 12. 1992-14. 2. 1993, München 1992; K. E. O. Fritsch, Gebäude für öffentliche Sammlungen in: Berlin und seine Bauten. Teil 1. S. 165, Berlin 1877.

REICHSTAGSPROVISORIEN 1871-1894

1. Michael S. Cullen, Leipzi-ger Straße 3, Eine Baubiographie, in: Mendelssohn-Studien, Bd. 5, Berlin 1982.
2. Wenige Tage zuvor hatten einige »Männer« einen Aufruf für den Bau eines monumentalen Reichstagsgebäudes in mehreren Zeitungen veröffentlicht. Anführer des Aufrufs war der Wissenschaftler Hermann Grimm, Sohn von Wilhelm Grimm, dem Märchensammler.
3. Petition des Architekten-Vereins zu Berlin, DBZ, 13. April 1871.
4. Delbrück schrieb dem Minister des Königlichen Hauses, Freiherrn von Schleinitz, aus Versailles bereits am 23. Dezember 1870, und fragte an, ob das Grundstück und der Garten dieses Ministeriums in der Wilhelmstraße 73 für die »Herstellung eines angemessenen Gebäudes für die Verhandlungen des Reichstages« käuflich zu erwerben seien. GSPK (M), Civil-Cabinet, Rep. 2.2.1, Band 218, S. 57.
5. Über Delbrücks Vorschlag schrieb die DBZ am 6. April 1871: »In gewohnter kleinlicher Weise« begonnen, genüge dieser Plan, »um den Geist, der in der ganzen Vorlage waltet, scharf zu charakterisiren. Von dem Gedanken, daß es sich hier thatsächlich um den bedeutendsten und dem Range nach ersten Monumentalbau des deutschen Volkes handelt, ... ist hier keine Spur zu entdecken ... So entsteht ein Bild, wie es der großen Aufgabe nicht kläglicher und kümmerlicher gedacht werden kann«.
6. RTS, 29. März 1871.
7. RTS, 29. März 1871.
8. RTS, 29. März 1871.
9. Wer Selbstmord begangen hat, war nicht zu ermitteln. RTS, 29. März 1871.
10. RTS, 29. März 1871.
11. Reichenspergers aus-schweifender Exkurs in die Stilfrage hatte durchaus kabarettistische Züge, wie etwa in der Behauptung, daß der englische Premierminister Palmerston der Gotik als von den Jesuiten erfunden ablehnend gegenüberstehe, was ihm in Deutschland »ohne weiteres den Hals brechen« würde. Freilich: Palmerston »wollte nichts mit ... gotischem Stil zu tun haben«. So schrieb Scott über seinen gotischen Entwurf für das englische Foreign Office 1859; Palmerston erreichte, daß Scott seinen Entwurf zu einer italianisierenden Gotik umzeichnete; Scott wird die Interna dieser Bauepisode Reichensperger genüßlich erzählt haben. Ian Toplis, The Foreign Office, An architectural history, London 1987, S. 95.
12. RTS, 19. April 1871.
13. Einige, so Reichensperger, haben jedoch gegen bescheidenes Honorar ihre Erfahrungen in der Kommission an die Presse verkauft. Unruh führte ein Tagebuch, dessen Passagen über die Tätigkeit der Kommission von Heinrich von Poschinger 1895 veröffentlicht worden sind.
14. 1848 hatte man in Wien ein provisorisches Landtagsgebäude in Fachbauweise errichtet.
15. Heinrich Ritter von Poschinger, Fürst Bismarck und die Parlamentarier. Bd. 1 - Die Tischgespräche des Reichskanzlers, Breslau 1894, S. 357ff.
16. GSPK (M), Ministerium für öffentliche Arbeiten, Rep. 93B, Bd. 1924, S. 80 - 89.
17. RTS, 15. Juni 1871.
18. RTS, 15. Juni 1871.

1. Heinrich G. Kolbe, Geschichte der Königlichen Porzellanmanufaktur zu Berlin nebst einer einleitenden Übersicht der geschichtlichen Entwicklung der ceramischen Kunst, Berlin 1863. / Werner Martin, Manu-fakturbauten im Berliner Raum seit dem ausgehenden 17. Jahrhundert. Die Bauwerke und Kunstdenkmäler von Berlin. Beiheft 18, Berlin 1989.
2. Aus der Hauptstadt. Zwanglose Gedanken über die Pläne zum Reichstagsbau. Von »Einem der 382«, in: Die Gegenwart, Nr. 28, 25. Mai 1872. (Der Reichstag umfaßte 382 Abgeordnete / d.V.)
3. Josef Erzgräber (Hrsg), »Koeniglich Berlin« 1763 - 1913. Gedenkblatt zum 150jährigen Jubiläum der Königl. Porzellan-Manufaktur Berlin, Berlin 1913.
4. Heinrich Ritter von Poschinger, Bismarck und die Parlamentarier, Erster Band. Die Tischgespräche des Reichskanzlers, 2. Aufl. 1894, S. 357 ff.
5. Gustav Möller, Die Verlegung der Königlichen Berliner Porzellan-Manufaktur, in: ZfB, 1873, Sp. 305f.
6. K. E. O. Fritsch, Berliner Neubauten. VIII. Das provisorische Haus des deutschen Reichstages, in: DBZ Nr. 39, 28. September 1871, S. 309.
7. DBZ Nr. 39, 28. September 1871, S. 309.
8. Der Jahresverdienst eines Bauarbeiters machte nicht einmal 1.000 Mark aus, allein die Miete für eine Arbeiterwohnung in Wedding, Moabit oder Kreuzberg kostete ca. 300 Mark im Jahr. Die Forderungen vom 7. Mai 1871: Kürzung des Arbeitstages um eine Stunde, Entlohnung von

Überstunden mit vier Silbergroschen sowie der Sonntagsarbeit mit vier Mark und ihre Begrenzung bis 15 Uhr. Zum Streik siehe »Volksstaat«, Juni-Oktober 1871.

9. DBZ Nr. 42, 19. Oktober 1871.

10. Ulk, 22. Mai 1872.

11. Julius Lessing, Das neue Parlamentshaus, in: National-Zeitung. 15. Oktober 1871.

12. Wilhelm Neumann/Julius Emmerich, Das provisorische Reichstagsgebäude, in: Berlin und seine Bauten. Teil 1. S. 292-294, Berlin 1877; Weitere Baubeschreibungen: Clemens Freyer, Der Deutsche Reichstag, S. 103-108, Berlin 1888; Max Ring, Eine Sitzung des Reichstages, in: Die Gartenlaube, 1874, S. 291ff.; Eduard Schmidt-Weißenfels, Im neuen Reichstagssaal, in: Ueber Land und Meer. Bd. 28, 1872, S. 10ff; F. (d.i. Karl Emil Otto Fritsch), Das provisorische Haus des deutschen Reichstages, in: DBZ Nr. 39, 28. September 1871, S. 306ff.; Norddeutsche Allgemeine Zeitung, 13. Oktober 1871; J. L. (d. i. Julius Lessing), Das neue Parlamentshaus, National-Zeitung, Nr. 483, 3. Beiblatt, 15. Oktober 1871.

13. K. E. O. Fritsch, Berliner Neubauten. wie Anm. 6, S. 307.

14. RTS, 27. Januar 1875.

15. Windthorst führte weiter aus: »Es ist ein Stuhl zertrümmert; das Glas hat, wie Sie an dem Platze des Herrn von Bockum-Dolffs sehen können, ein ganzes Stück weggeschnitten; wäre dieses Glas auf den Kopf oder einen anderen Körpertheil gekommen, wäre dieser weggeschnitten. ... Die Sache ist gar nicht gleichgültig; denn wenn das letzte Stück, auf den Platz des Herrn von Puttkamer gefallen wäre, so hätte es wahrschein-

lich den Stirnschädel des verehrten Herrn Kollegen eingeschlagen. Das ist doch nicht gleichgültig (Heiterkeit)«.

16. Staatsarchiv Hamburg, Akten der Hanseatischen Gesandtschaft in Berlin, C9: Raumbedürfnis für das Reichstagsgebäude nach den gutachtlichen Aeußerungen der einzelnen Dienststellen und des Büreau-Direktors des Reichstags, Berlin, 8. Januar 1882.

17. Der Verein stand unter Leitung des Reichstagsmitgliedes und Journalisten Louis Franz Georg Viereck, der auch den Pachtvertrag schloß.

18. Offizielle Begründung für das »Gesetz gegen die gemeingefährlichen Bestrebungen der Sozialdemokratie« waren zwei fehlgeschlagene Attentate auf Wilhelm I., die aber in keinerlei Beziehung zur Sozialdemokratie gestanden hatten. Das Gesetz verbot alle als sozialistisch verdächtigen Organisationen und Publikationen und richtete sich in letzter Konsequenz gegen alle demokratischen Bestrebungen. Als der Reichstag am 25. Januar 1890 mit 167 gegen 98 Stimmen die fällige Verlängerung ablehnte, war dies der letzte Anlaß für die Entlassung Bismarcks im März 1890.

19. August Stein, Irenäus, Frankfurt/M. 1921, S. 104-113.

REICHSTAGSBAU-WETTBEWERB 1872

1. GSPK (M), Ministerium der öffentlichen Arbeiten, Rep. 93B, Bd. 1924, S. 38ff.

2. GSPK (M), Ministerium der öffentlichen Arbeiten Rep. 93B, Bd. 1924, S. 86ff.: Protokoll der 6. Sitzung der Commission zur Vorbereitung des Baus eines Reichstagsge-

bäudes.

3. Von der Haude & Spenerschen Zeitung am 13. April 1871 in Vorschlag gebracht.

4. Fritsch hatte in einer Serie von Artikeln der DBZ mehrere Vorschläge gemacht; einen noch zu schaffenden Platz gegenüber dem Dönhoffplatz unweit des Spittelmarkts (DBZ, 23. März 1871); an der Ecke Lennéstraße/Königgrätzerstraße (DBZ, 11. Mai 1871); in der verlängert gedachten Jägerstraße zwischen Wilhelm- und Königgrätzerstraße (DBZ, 11. Mai 1871).

5. Protokoll vom 15. Juni 1871, wie unter Anm. 1 vermerkt.

6. Protokoll der 7. Sitzung am 17. Juni 1871, Stelle wie unter Anm. 1.

7. Im Protokoll steht: »Nach Verlesung und Genehmigung des Protocolls der vorigen Sitzung legte Herr Geheime Rath Herrmann den in mittelst von ihm bearbeiteten Plan für das Emplacement des Reichstagsgebäudes am Königsplatze vor. Im Anschluß an diese Darlegung wurde von Herrn Duncker nochmals die Wahl des Platzes an der Nordseite des Königsplatzes zwischen Moltke-, Bismarck- und Roonstraße empfohlen. Die Kommission fand jedoch nach nachmaliger Besprechung keinen Anlaß, von den in voriger Sitzung über die Wahl des Platzes gefaßten Beschlüssen wieder abzugehen.« (Sitzungsprotokoll vom 17. Juni 1871).

8. GSPK (M), Ministerium der öffentlichen Arbeiten, Rep. 93B, Bd. 1924, S. 96f. Protokoll der Sitzung der Reichstagsbaukommission vom 12. Juli 1871.

9. Protokoll der Sitzung vom 12. Juli 1871, wie vorhergehende Anm.

10. GSPK (M), Ministerium

der öffentlichen Arbeiten, Rep. 93B, Bd. 1924, S. 33ff.

11. GSPK (M), Civil-Cabinet, Rep. 2.2.1., Bd. 218, S. 88ff. Brief von Delbrück an den König vom 4. Oktober 1871.

12. GSPK (M), Civil-Cabinet, Rep. 2.2.1., Bd. 218, S. 90.

13. Das Recht, unmittelbar mit dem Kaiser zu sprechen, ohne den Kanzler oder seine Minister zuvor einzuschalten.

14. H. v. Poschinger, Erinnerungen aus dem Leben von Hans Viktor von Unruh, Stuttgart 1895, S. 215.

15. GSPK (M), Rep. 93B, Band 1924, S. 100ff.

16. GSPK (M), Civil-Cabinett, Rep. 2.2.1., Bd. 218, S. 107f.

17. Briefe Raczynskis an den Grafen Adhemar d'Antioche vom 17. bzw. 26. Januar 1872, Privatbesitz.

18. Petition des Verbandes deutscher Architekten- und Ingenieur-Vereine, DBZ, 16. November 1871.

19. DBZ, 16. November 1871.

20. RTS, 24. November 1871. Auch die nachfolgenden Zitate entstammen, wenn nicht anders vermerkt, dieser Debatte.

21. DBZ, 23. November 1871.

22. Gemeint war Gottfried Semper, gebürtiger Altonaer und nach der Revolution von 1848 als deren aktiver Teilnehmer von der Sächsischen Regierung steckbrieflich gesucht. Siehe auch DBZ, 23. November 1871.

23. Zeitschrift für bildende Kunst, etwa 21. Mai 1872.

24. DBZ, 14. Dezember 1871.

25. Neue Freie Presse (Wien), 22. Dezember 1871.

26. Kölnische Volkszeitung, 18. Dezember 1871. Natürlich schimmert hier der Streit zwischen dem Berliner Schinkel-Schüler Fritsch und dem passionierten Neugothiker Reichensperger durch.

27. Bay HStA, Ministerium

des Auswärtigen, MA 76277, S. 20ff.

28. Bay HStA, Ministerium des Auswärtigen, MA 76277, S. 20ff.

29. DBZ, 7. Dezember 1871, S. 398.

30. Teilnehmerliste siehe Anhang. Der 1687/88 von Johann Arnold Nering um einen Innenhof errichtete eingeschossige alte Marstall Unter den Linden war 1695 - 1697 für die Unterbringung der Akademie der Künste aufgestockt und 1696 - 1700 für die Societät (Akademie) der Wissenschaften durch Martin Grünberg bis zur Dorotheenstraße erweitert worden. Das am 20. August 1743 ausgebrannte Gebäude hatte Johann Boumann bis 1747 in veränderter Gestalt wieder aufgebaut. Bevor das Alte Museum am Lustgarten entstand, waren Anfang des Jahrhunderts mehrere Versuche gemacht worden, einen Teil des Gebäudes als Kunst-Museum umzubauen. Der alte Marstall fiel 1903 dem Neubau der (Kgl.) Preußischen Staatsbibliothek von Ernst Eberhard von Ihne zum Opfer.

31. DBZ, 2. Mai 1872; siehe Anhang für Liste.

32. Kölnische Zeitung, 14. Mai 1872.

33. So von Ludwig Pietsch in der Vossischen Zeitung vom 12. Dezember 1881 behauptet.

34. Dieter Dolgner, Architektur im 19. Jahrhundert, Ludwig Bohnstedt, Leben und Werk, Weimar 1979, S. 119f.

35. Politisches Archiv des Auswärtigen Amtes, Bonn, I B Generalia 7a, Bd. 1 u. 2.

36. RTS, 7. Februar 1876.

STANDORTSUCHE
1872-1881

1. GSPK (M), Ministerium der öffentlichen Arbeiten, Rep. 93B, Bd. 1924, S. 229ff., Brief Delbrück an Weishaupt vom 26. September 1872.

2. Brief von Raczynski an Grafen Adhemar d'Antioche vom 24. November 1872. Privatbesitz. Tatsächlich wurde das Grundstück vermessen; GSPK (M) Ministerium der öffentlichen Arbeiten, Rep. 93B, Bd. 1924, S. 238ff.

3. Brief von Raczynski an Grafen Adhemar d'Antioche vom 23. Dezember 1872. Privatbesitz.

4. RTDS 103, 11. Mai 1873. »Bericht der Delegirten des Deutschen Reichstages zu der Kommission für Errichtung eines Reichstagshauses«.

5. RTDS 8, 5. Februar 1874, und BRDS Nr. 18, 26. Januar 1874: »Bericht der Sub-Kommission für die Vorbereitung zur Erbauung eines Parlamentsgebäudes des Deutschen Reichstages.«

6. Eugen Richter, Im alten Reichstag, Berlin 1894, S. 63.

7. GSPK (M), Civil-Cabinet, Rep. 2.2.1., Band 218, S. 170ff.

8. GSPK (M), Civil-Cabinet, Rep. 2.2.1., Bd. 218, S. 180; Brief Delbrücks an den Kaiser vom 4. November 1874.

9. Dieser Brief lag ursprünglich in den Akten des Staatsministeriums, die aber zum Thema Reichstag als solche nicht mehr vorhanden sind. Zum Glück hat Dr. H. O. Meisner den wichtigsten Passus in der Deutschen Allgemeinen Zeitung Nr. 133 vom 20. März 1938 abgedruckt; diesen wiederum druckte Dr. Hans J. Reichhardt in seinem Essay zum Katalog »...bei Kroll 1844 - 1957«, Katalog zur Ausstellung des Berliner Landesarchivs über Krolls Etablissement, Berlin 1988, S. 57f.

10. Werner Frauendienst (Hrsg.), Bismarck. Die gesammelten Werke, Bd. 6c, Berlin 1935.

11. Vgl. Anm. 9.

12. RTDS 154, 19. Januar 1876; Heinrich von Poschinger, Fürst Bismarck und der Bundesrat, Stuttgart und Leipzig 1898, Bd. III., S. 239; New York Times, 20. Januar 1876.

13. RTDS 201, 1. Februar 1876; RTDS 214, 5. Februar 1876.

14. Kaiser Wilhelm I. und Bismarck, Anhang zu den Gedanken und Erinnerungen von Otto Fürst von Bismarck, I., Stuttgart/Berlin 1901, S. 264f.

15. RTDS, 7. Februar 1876.

16. Unter Septenat wurde der siebenjährige Militärhaushalt verstanden.

17. Michael Stürmer, Regierung und Reichstag im Bismarckstaat 1871 - 1890. Cäsarismus oder Parlamentarismus. Düsseldorf 1974, S. 131f.

18. DBZ, 5. Februar 1876.

19. Richard Steche, Ein Situationsprojekt für das neue Reichstagsgebäude, in: Zeitschrift für bildende Kunst, 12. Jg. (1877), S. 156-159.

20. National-Zeitung, 24. April 1879.

21. Zofia Ostrowska-Keblowska, Polish Residences-Museum in the XIXth century, in: Studies in Art History, Breslau 1980, S. 80; Andrzej Tomaszewski, Polnische Aristokraten und die Berliner Kultur des 19. Jhs., in: Wissenschaftskolleg Jahrbuch 1981/82, Berlin 1983, S.294.

22. Wochenblatt für Architekten und Ingenieure (WfAuI), 9. Mai 1879. (Brief datiert vom 3. Mai).

23. Deutsches Montagsblatt, 23. Januar 1882.

24. BayHStA, MA 76277, S. 168ff. Gedruckter Brief von Bohnstedt, am 24. Juni 1879 eingegangen.

25. DBZ Nr. 46, 1879, S. 235.

26. WfAuI, Nr. 8, 20. Juni 1879, S. 57f.

27. RTDS, 10. Juli 1879.

28. Wenn solches mit Blick auf die Diskussionen 120 Jahre später um Spreeinsel und -bogen - von der wirtschaftlichen Situation bis zum gestalterischen Vermögen der Architektenschaft - sehr aktuell klingt, sollte es zu denken geben.

29. RTDS, 10. Juli 1879.

30. WfAuI Nr. 9, 27. Juni 1879, S. 65.

31. RTS, 29. April 1881.

32. RTS, 29. April 1881, S. 904f.

33. Moritz Busch, Tagebuchblätter, III. Band, Leipzig 1899, S. 34f.

34. So in den Akten des Preußischen Innenministers, Rep. 77, Band 8, Teil 2, mehrere Briefe und Gegenbriefe zwischen Mai und September 1881. GSPK (M).

35. Zum Beispiel Forckenbecks Brief vom 8. Oktober 1880; GSPK (M), Rep. 77, Bd. 8, Teil 2, S. 321ff.

36. Vorlage zur Beschlußfassung, betreffend die unentgeltliche Ueberlassung des für den Bau des Reichstagsgebäudes auf dem Königsplatze benöthigten, der Stadtgemeinde Berlin gehörenden Straßenterrains an den Reichstag. Stadtverordnetenversammlung, Nr. 467, 23.8.1881. (DS der StVV in der Magistratsbibliothek, Berlin).

37. RTS, 13. Dezember 1881.

38. Bayreuther Blätter, Januar 1882.

39. Hermann Maron, Das neue Reichstagsgebäude. Ein Mahnwort in letzter Stunde. Tägliche Rundschau, 19. März 1882.

40. RTDS, 8. Dezember 1881 über den Erwerb der anderen Grundstücke.

Der Wettbewerb 1882

1. Die Quellenlage des Wettbewerbs 1882 ist eine grundsätzlich andere als die von 1872. Die Handakten des Kommissionsvorsitzenden fehlen, dafür sind wesentlich mehr öffentliche Äußerungen von Fachleuten in der Fachpresse verfügbar, die mit zwei Blättern - mit dem Centralblatt der Bauverwaltung und dem Wochenblatt für Architekten und Ingenieure - erheblich erweitert worden war. Andererseits war eine große Zeitung - die Haude & Spenersche - schon 1874 eingegangen; deren Kommentare zum Prozeß fehlen. Hilfreich dagegen die Berichte der Bundesratsmitglieder, die sie an ihr jeweiliges Auswärtiges Amt schickten.
2. Hamburger Staatsarchiv, Ausw. Amt der Hansestadt, Krügerpapiere.
3. Die Gegenwart, Nr. 29, 22. Juli 1882, S. 61ff.
4. Bohnstedts Eingaben bei Krüger, wie Anm. 2.
5. Berliner Fremdenblatt, 8. Januar 1882.
6. DBZ Nr. 3, 11. Januar 1882, S. 13.
7. DBZ, 29. April 1882.
8. Haeger hatte das Palais Raczynski 1866 umgebaut.
9. DBZ, 17. Juni 1882.
10. GSPK (M), Civil-Cabinet, Rep. 2.2.1, Bd. 219, 24. Juni 1882.
11. Alle Telegramme Nachlaß Wallot, Berlin.
12. Vossische Zeitung, 28. Juni 1882.
13. Deutsches Montagsblatt, 3. Juli 1882.
14. Kölnische Zeitung, 30. Juni 1882.
15. National-Zeitung, 25. Juni 1882.
16. Angaben zu Biographien und Werken: Uwe Kieling, Berlin - Baumeister und Bauten. Von der Gotik bis zum Historismus. Berlin 1987. Stuttgart 1989. Archiv Uwe Kieling. Allgemeines Künstler-Lexikon von der Antike bis zur Gegenwart. Hrsg. von U. Thieme/F. Becker/H. Vollmer. Bd. 1-37. Leipzig 1907 - 1950.
17. Dieter Dolgner, Architektur im 19. Jh., Ludwig Bohnstedt, Leben und Werk, Weimar 1979, S. 121.
18. Theophil R. von Hansen, Skizze eines Entwurfs für das Gebäude des Deutschen Reichstags zu Berlin, Wien 1882.
19. ebd.
20. National-Zeitung, 25. Juni 1882.
21. Rudolf Theilmann (Hrsg.), Die Lebenserinnerungen von Eugen Bracht, Karlsruhe 1973.
22. Bundesarchiv, Außenstelle Potsdam, Reichskanzleramt, Betr.: Reichstagsgebäude 1877 - 1894.
23. DBZ, 9. August 1876(!), Preise für ihre Reichstagsentwürfe erhielten Bohnstedt, Mylius & Bluntschli, Kayser & v. Groszheim, Ende & Böckmann, Lange u. Bühlmann, Pflaume.
24. WfAuI, 28. Juli 1882.
25. Die »Vossische Zeitung« vom 1. August 1882 brachte eine andere Version des Wahlverfahrens: »Das Verfahren, welches die Jury bei der Beurtheilung und Prämiirung eingeschlagen hat, war im Wesentlichen folgendes. Nach Ausscheiden von etwa 60 Projekten, die zu den besseren und besten gezählt wurden, erhielt jede der vier Sectionen 15 Projekte durch das Loos zuertheilt. Die einzelnen Sectionen, deren Zusammensetzung durch je zwei Sachverständige und drei Parlamentarier schon vorher durch die Reichsbehörde bestimmt war, ertheilten nun gesondert den ihnen vorliegenden Entwürfen Nummern oder Censuren, also entweder I., Ia., Ib., II., III. usw. Sobald alle Sectionen mit ihrer Beurtheilung fertig waren, wurde ein Wechsel vollzogen in der Art, daß nach Entscheidung durch das Loos die Censuren jeder Section einer anderen Section zur Controlle überwiesen wurden. Erst nachdem die hierbei sich ergebenden Meinungsverschiedenheiten in gemeinsamer Verhandlung ausgetauscht und berücksichtigt waren, die Jury also in Uebereinstimmung bezüglich derselben sich befand, wurden die 16 besten Projekte, die also entweder mit I. oder Ia. etc. bezeichnet waren, zusammengehängt und nochmals sorgfältig gegeneinander abgewogen. Hierauf ertheilte Herr Oberbaurath von Egle Namens der Sachverständigen ein Referat, schlug in deren Auftrag fünf Projekte als die besten vor und empfahl ebenso für die beiden ersten Preise die Entwürfe, als deren Verfasser sich nachher die Herren Wallot und Ende ergaben. Nach diesem Berichte der Sachverständigen und ganz unabhängig von demselben ging nun die Abstimmung vor sich, indem zunächst die Stimmen für die ersten Preise abgegeben wurden. Hierbei erhielt Wallot von 21 Stimmen 19, während nach ihm Thiersch sehr knapp die erforderliche absolute Majorität erhielt (11 Stimmen von 21). Auch über jedes fernere prämiirte Project ist einzeln abgestimmt worden und ist es also keinenfalls den Sachverständigen vorzuwerfen, wenn schließlich Ende den dritten Preis erhielt. Alles, was in dieser Beziehung also über und gegen Professor Adler und die Jury vorgebracht werden, ist einfach unrichtig.«
26. Busse hatte bereits in der Subkommission zur Aufstellung des Bauprogramms im Januar des Jahres mitgewirkt. Als seine Teilnahme an dem Wettbewerb bekannt wurde, teilte er in einem öffentlichen Brief mit, daß er auf einen Preis verzichten würde, falls er ausgezeichnet werde. Daraufhin erließ der Minister der öffentlichen Arbeiten eine Verfügung, wonach die Baubeamten seines Ministeriums zukünftig seine Genehmigung einholen müssen, wenn sie sich an einem öffentlichen Wettbewerb außerhalb ihrer Dienstzeit beteiligen wollen. Selbstverständlich führte dieser Erlaß zu politischen Querelen. In der Erklärung des Ministers hieß es, daß die höhere Genehmigung einzuholen sei, »damit er ermessen könne, ob diese Nebenarbeiten ihren amtlichen Obliegenheiten nicht Abbruch thun«. Die »Liberale Correspondenz« untersuchte »die Berechtigung des Ministers zu einer derartigen Ueberwachung der Privatthätigkeit der Beamten« und fand, »daß das Recht des Ministers nicht so weit« reichte. Das »Berliner Tageblatt« schrieb am 1. August 1882: »Die Kabinettsordre vom 13. Juli 1839, so führt der Artikel der genannten Korrespondenz aus, macht nur die Uebernahme eines Nebenamtes oder einer Nebenbeschäftigung, mit welcher eine fortlaufende Remuneration verbunden ist, von einer - widerruflichen - Genehmigung abhängig; dieselbe Bestimmung ist in das Reichsbeamtengesetz übergegangen.« Der Erlaß bekräftigte also nur, was seit eh und je Praxis war, führte aber zu einer größeren Distanzierung zwischen den privaten und beamteten Architekten.
27. National-Zeitung, 30. Juni 1882.
28. Zürich, FA 45. Brief Wal-

lots an Bluntschli, 9. Juli
1882.
29. National-Zeitung, 28. Juli
1882.
30. Germania, 18. Juli 1882.

ÜBERARBEITUNG UND
AMTLICHE BEGUTACHTUNG
1882-1884

1. Vossische Zeitung, 5. Juli
1882.
2. GSPK (M), Civil-Cabinet,
Rep. 2.2.1, Bd. 219, S. 127ff.,
Brief Boettichers an Wilmowski, 26. August 1882.
3. DBZ, 30. Dezember 1882,
RTDS 186, 8. Februar 1883,
S. 10.
4. Eckart Henning, Die Akademie des Bauwesens, in:
Mitteilungen des Vereins für
die Geschichte Berlins, 77.
Jg., Heft 2, April 1981, S.
290ff.
5. Handbuch für den preußischen Staat, Jg. 1898, Artikel
Akademie des Bauwesens.
6. Henning, op. cit, loc. cit.
7. ebd.
8. ebd.
9. WfAuI, Februar 1883, S.
68ff. RTDS 186, 8. Februar
1883, S. 10.
10. ebd.
11.ebd.
12. Elsa Krüger, Friedrich
Krüger - ein Lebensbild, Weimar 1909, S. 353.
13. GSPK (M), Ministerium
der öffentlichen Arbeiten,
Rep. 93B, Bd. 1921, S. 255ff.
14. GSPK (M) Civil-Cabinet,
Rep. 2.2.1, Bd. 219, Brief des
Unterstaatssekretärs Paul Eck
an den Chef des Civil-Cabinets Karl von Wilmowski
vom 23. Januar 1883.
15. National-Zeitung, 10.
Februar 1883.
16. Karl Oldenburg, Aus Bismarcks Bundesrat. Berlin
1929, S. 83f.
17. Zürich, FA 45.
18. Vgl. auch DBZ, 12. Mai
1883.

19. Der Bär, 26. Mai 1883.
20. DBZ, 2. Juni 1883.
21. Notizen Wallots, Nachlaß
Wallot, Berlin.
22. DBZ, 11. August 1883.
23. Auszug aus der Rede
Boettichers am 9. Juni 1883
im Reichstag, DBZ, 13. Juni
1883.
24. RTDS, 8. Juni 1883.
25. Zur Proportionalität von
Platzumbauungen und Ensem-
bles: H. Maertens, Der optische Maßstab oder Die Theorie und Praxis des ästhetischen Sehens in den bildenden Künsten. Bonn 1877;
Nikolai Nikolajewitsch Baranow, Die Silhouette
der Stadt. Städtebau und
Denkmalpflege. Deutsche
Bearbeitung: Uwe Kieling,
Berlin 1983.
26. RTDS, 9. Juni 1883.
27. Mitten in der »heißen
Zeit« am Reichstagsbau zog
die Familie am 1. Oktober
1889 nochmals um nach
Charlottenburg in die Bis-
marckstraße.
28. DBZ, 4. August 1883.
29. Zürich, FA 45.
30. Baugewerks-Zeitung,
10. Oktober 1883, S. 696.
31. GSPK (M), Civil-Cabi-
nett, Rep. 2.2.1., Bd. 219,
Brief Boettichers an Kaiser
Wilhelm I., vom 16. Juni
1883 und Randerlaß Kaiser
Wilhelms I. vom 22. Juni
1883.

VOM ENTWURF ZUR GRUND-
STEINLEGUNG

1. National-Zeitung, 3. Juli
1882, Berliner Tageblatt, 5.
Juli 1882.
2. Berlin und seine Bauten,
Berlin 1877, S. 407f.; Irmgard
Wirth, Die Bauwerke und
Kunstdenkmäler von Berlin.
Bezirk Tiergarten. Berlin
1955.
3. ZfbK, 27. April 1882.
4. National-Zeitung, 16. Juli

1882. RTDS 186, 8. Februar
1883.
5. Denkschrift betreffend die
Gräflich Raczynski'sche
Gemäldegalerie, 26. Februar
1883. GSPK (D), Justizministerium,
Rep. 2.5.1., Bd. 5822.
6. Der Maler Albert Hertel
hielt den Abriß in einem kleinen - 50 x 31,5 cm - Ölbild
vom Februar 1884 fest; das
Bild befindet sich in der Plankammer der Stiftung Schlösser und Gärten Potsdam-Sanssouci und wurde in der Ausstellung des Berliner Landesarchivs (Nr. III/7) »Vom
Exerzierplatz zum Regie-
rungsviertel« 25. September
bis 15. Dezember 1992
gezeigt. Die Umwandlung des
Areals zu einer Baustelle hielt
der Architekt Carl Theodor
Wilhelm Houssele fest; er
wohnte auf der anderen Seite
der Spree, am Schiffbauer-
damm; seine Zeichnungen
haben sich erhalten und wurden in Kopie in einer Ausstellung über die Geschichte des
Reichstags in der Kongreßhal-
le im Frühjahr 1995 gezeigt.
Vgl. Berliner Morgenpost, 13.
Februar 1995.
7. Das Reichstagsgebäude von
Paul Wallot, Leipzig 1913, S.
37f., CBBV, 17. Januar 1885.
8. CBBV, 17. Januar 1885.
9. »Die erste künstlerische
That auf dem Bauplatz des
Reichstagsgebäudes«, in: Die
Post, 12. Juni 1884. Zei-
tungsausschnitt. GSPK (M),
Ministerium der öffentlichen
Arbeiten, Rep. 93B., Bd.
1922, S. 100.
10. RTDS Nr. 48, Denkschrift
über die Ausführung des
Reichstagsgebäudes, 26. März
1884.
11. ebd.
12. Meyers Konversations-
lexikon, 6. Auflage, Band 13,
- zwischen S. 678 und 679 -
Übersicht der deutschen
Reichsbehörden.

13. wie Anm. 7.
14. Cornelius Gurlitt, Des
Reichshauses Baugeschichte,
in: Moderne Kunst, Vol. X,
1895, S. 118.
15. DBZ, 27. Oktober 1883.
16. Carl Friedrich Schlegel,
Die Lehre von den Baumaterialien, Leipzig 1857.
17. Baugewerks-Zeitung, 12.
Dezember 1885. Vertragstext
in: Peter Mayer, Das Reichstagshaus in Berlin. Als
Manuskript gedruckt, Berlin
1979.
18. Zeitschrift des Vereines
deutscher Ingenieure, passim
13. September - 11. Oktober
1884; Gesundheits-Ingenieur,
Nr. 2, 9-16, 1884; DBZ, 24.
Mai, 4. Juni und 7. Juni 1884,
19. Januar 1885; Vossische
Zeitung, 14. Oktober 1894;
The Building, 17. Januar
1885; The Times, 23. Dezember 1886; The American
Architect and Building News,
14. Februar 1885; Hamburgischer Correspondent, 25.
Dezember 1895.
19. GSPK (M), Civil-Cabinet,
Rep. 2.2.1., Bd. 219, Brief
Heinrich von Boettichers an
Kaiser Wilhelm I. vom 21.
Mai 1884.
20. National-Zeitung. 3. Juli
1882.
21. BTB, 16. Januar 1883.
22. GSPK (M), Civil-Cabinet,
Rep. 2.2.1, Bd. 219, S. 157ff.
23. DBZ, 30. Dezember 1882;
Der Bär, 17. April 1883;
BTB, 16. Januar 1883.
24. GSPK (M), Civil-Cabinet,
Rep. 2.2.1., Bd. 219, S. 191ff.
25. National-Zeitung, 9. Juni
1884.
26. Bei der Bergung der
Grundsteinkapsel wurde entdeckt, daß Boetticher seine
Visitenkarten in sie eingelegt
hatte. Neue Zeitung, 4. Juni
1951. Für die Liste siehe
Magistratsvorlage Nr. 348
»betreffend die Beteiligung
der städtischen Behörden an
den für die Feier der Grund-

steinslegung des neuen Reichstags-Gebäudes zu treffenden Veranstaltungen«, DS der StVV, 26. Mai 1884.
27. Magistratsvorlage Nr. 361 »betreffend die Theilnahme von Vertetern der städtischen Behörden an der Feier der Grundsteinlegung für das Reichstagsgebäude« vom 28. Mai 1884, DS der StVV, 28. Mai 1884.
28. Staatsarchiv Potsdam, Pr. Br. Rep. 30C, Bd. 12604.
29. Zu dieser Aufnahme - sie dürfte in keiner Geschichte des Reichstagsgebäudes fehlen - hat sich ein Schlüsselblatt gefunden, aus dem die Namen von 74 abgebildeten Personen hervorgehen. Darunter befinden sich 17 Generäle, 1 Konteradmiral, 9 andere Offiziere, 5 Minister, 12 Bundesratsbevollmächtigte und 6 MdR! Wallot steht nicht mit weißer Maurerschürze am Grundstein, sondern mit dem Rücken zur Kamera in der unteren Reihe als 2. von links (neben ihm, links, Haeger).
30. The Times, 10. Juni 1884.
31. Dresdner Nachrichten Nr. 164, 12. Juni 1884, S. 2.
32. Dresdner Tageblatt, 11. Juni 1884.
33. Im »Deutschen Montags-Blatt« vom 9. Juni 1884.
34. Wallot benutzte diesen Ausdruck in seinen Briefen sehr oft.

ENTWÜRFE UND BAUAUS-FÜHRUNG 1884-1889

1. Der Bär, 19. Juli 1884, S. 610.
2. RTG/PW, S. 37.
3. Minister der öffentlichen Arbeiten Maybach und Friedrich Adler an Bismarck, 19. September 1884, in GSPK (M), Ministerium der öffentlichen Arbeiten, Rep. 93B, Bd. 1922, S. 111f.
4. CBBV, Nr. 3, 17. Januar 1885, S. 25f.
5. RTG/PW, S. 40; Der Bär, 20. September 1884.
6. GSPK (M) Ministerium der öffentlichen Arbeiten, Rep. 93B, Bd. 1922, Briefe von Maybach und Adler vom 20. und 28. November 1884; Civil-Cabinet, Rep. 2.2.1., Bd. 219, vom 2. Februar 1885 und 10. März 1888.
7. Der Bär, 20. September 1884, S. 747-748.
8. BTB, 25. Oktober 1884.
9. RTG/PW, S. 40.
10. Berliner Verkehrszeitung, 26. November 1885, aufbewahrt im Märkischen Museum.
11. BTB, 28. Februar 1886.
12. Baugewerks-Zeitung, 9. Dezember 1885, S. 924.
13. Baugewerks-Zeitung, 12. Dezember 1885, S. 932.
14. CBBV, Nr. 51, ca. 20. Dezember 1885, S. 539.
15. RTDS Nr. 118, 3. März 1888.
16. Baugewerks-Zeitung, 6. Februar 1886.
17. GSPK (M), Ministerium der öffentichen Arbeiten, Rep. 93B, Bd. 1922. Brief vom 28. März 1886, Brief vom 24. April 1886, ebd.; Baupolizeiakte. Eine weitergehende Genehmigung erhielt Wallot am 15. November 1886. RTDS 14, 3. März 1888; auch die Baugewerks-Zeitung vom 6. Februar 1886, S. 91.
18. GSPK (M), Ministerium der öffentlichen Arbeiten, Rep. 93B, Bd. 1922, S. 133.
19. Denkschrift über die Ausführung des Reichstagsgebäudes, RTDS Nr. 118, 3. März 1888.
20. LHS Koblenz, Nachlaß Reichensperger. Briefe von Wallot an Reichensperger vom 31. Dezember 1886 und 1. Januar 1888. RTG/PW, S. 40.
21. GSPK (M), Ministerium der öffentlichen Arbeiten, Rep. 93B, Bd. 1922, 14. April

1888, S. 172ff.
22. Brief Wallots an Bluntschli vom 28. Juli 1887, Zürich FA 45
23. Brief Wallots aus Karlsbad an Bluntschli, 28. Juli 1887, Zürich FA 45.
24. RTBK-Sitzung, 18. Februar 1888, BayHStA, MA 95488, RTDS 14, 12. November 1887.
25. Brief Wallots an Bluntschli, 19. Juli 1888, Zürich FA 45.
26. RTDS Nr. 178, 15. Dezember 1890.
27. ebd.
28. ebd.
29. Wallot an Bluntschli, 3. Januar 1889, Zürich, FA 45.
30. GSPK (M), Civil-Cabinet, Rep. 2.2.1., Bd. 220, S. 32ff.
31. ebd., S. 40.
32. ebd., S. 23f.
33. ebd., S. 25.
34. ebd., S. 26ff.
35. Brief Wallots an Bluntschli, 3. Februar 1887, Zürich FA 45.
36. GSPK (M), Civil-Cabinet, Rep. 2.2.1., Bd. 220, S. 41ff.
37. Wilhelm an Bismarck, 22. Oktober 1886, im Politischen Archiv des Auswärtigen Amtes, Bonn (wo man diesen Brief niemals vermutet hätte).
38. Otto von Bismarck, Die gesammelten Werke, Bd. 6c, Nr. 340, S. 345f. Werner Frauendienst lag der oben zitierte Brief von Wilhelm an Bismarck nicht vor.
39. GSPK (M), Civil-Cabinet, Rep. 2.2.1., Bd. 220, Boetticher an Wilmowski, 4. November 1886, S. 44ff.
40. Brief Wilmowskis an Boetticher, 8. November 1886, GSPK (M), Civil-Cabinet, Rep. 2.2.1., Bd. 220, S. 48.
41. GSPK (M), Civil-Cabinet, Rep. 2.2.1., Bd. 220, S. 51ff.
42. Wallot an Reichensperger, 31. Dezember 1886, HSA Koblenz, Nachlaß Reichensperger.

43. RTDS Nr. 14, Denkschrift über die Ausführung des Reichstagsgebäudes, 24. November 1887.
44. BayHStA, MA 95488, 14. April 1888.
45. GSPK (M), Ministerium der öffentlichen Arbeiten, Rep. 93B, Bd. 1922, 21. Dezember 1888, S. 200ff.
46. Brief Wallots an Bluntschli, 3. Januar 1889, Zürich FA 45. Darin sagt Wallot, der Besuch sei »vor einigen Tagen« abgestattet worden.
47. Brief Wallots an Bluntschli, 1. Januar 1889, Zürich FA 45.
48. Über ihn ist nichts außer seinem Familiennamen bekannt.
49. Brief Wallots an Bluntschli, 3. Januar 1889, Zürich FA 45.
50. Brief Wallots an Bluntschli, 20. März 1889, Zürich, FA 45.
51. Rudolf Theilmann (Hrsg.), Die Lebenserinnerungen von Eugen Bracht, Karlsruhe 1973, S. 140f. Daß für Wilhelm II. dieses »Mittun« nicht nur einmal vorkam, war den Zeitgenossen klar; so hat er seinen Blaustift bei Franz Schwechten wieder benutzt, als er ihm ca. 1893 die Pläne für die Kaiser-Wilhelm-Gedächtnis-Kirche vorlegte (Vera Frowein-Ziroff, Die Kaiser-Wilhelm-Gedächtnis-Kirche, Entstehung und Bedeutung, Berlin 1982, S. 155), und noch einmal bei den Plänen von Gauss und Robert Leibniz für das Adlon Hotel 1905 (Claudia Jansen-Fleig, Das Hotel Adlon, in: Mitteilungen des Vereins für die Geschichte Berlins, Januar 1995, S. 334.
52. Brief Wallots an August Reichensperger vom 28. Januar 1890. Nachlaß Wallot, Berlin.
53. Baupolizeiakte.
54. Cornelius Gurlitt, Das

neue Reichstagsgebäude, in: Kölnische Zeitung, 28. Juli 1889, 2. Beiblatt.

BAUAUSFÜHRUNG 1890-1894

1. Carl Zehnder, Maler-Architekt, Ideal-Architekturen, Katalog der Ausstellung an der Eidgenössischen Technischen Hochschule Zürich, 8. - 28. Mai 1981, S. 7.
2. Brief Wallots an Bluntschli, 9. Mai 1890, Zürich FA 45.
3. RTDS, 17. Mai 1890.
4. RTDS Nr. 178, 15. Dezember 1890.
5. ebd.
6. ebd.
7. ebd.
8. RTS Nr. 51, 24. Januar 1891, S. 1160.
9. Lexikon der Kunst. Architektur, Bildende Kunst, Angewandte Kunst, Industrieformgestaltung, Kunsttheorie, Bd. IV, Q - S. Leipzig 1977.
10. RTS Nr. 51, 24. Januar 1891.
11. GSPK (M), Finanzministerium, Rep. 151 1C, Bd. 50, S. 200ff.
12. Adolf Hitler, Mein Kampf (158.-159. Aufl., München 1935, S. 291). Im übrigen besaß Hitler erhebliche Kenntnisse des Reichstags und vom Parlamentsgebäude in Wien, wenn auch nur solche Marginalia, die die Häuser und ihre Institutionen in möglichst schlechtem Licht zeigen.
13. Brief Wallots an die Ehefrau von Friedrich Bluntschli, 12. Juli 1891, Zürich, FA 45.
14. DBZ, 2. September 1891.
15. DBZ, 9. September 1891.
16. Brief Wallots an Bluntschli, 31. Dezember 1892, Zürich, FA 45.
17. RTDS 178, 15. Dezember 1890.
18. Briefe im Nachlaß Wallot, Berlin.
19. David Grove, Ausgeführte Heizungs- und Lüftungsanlagen von David Grove, Textband, Berlin 1895.
20. Brief Friedrich Thierschs an Bluntschli, 6. November 1892. Zürich, FA 45.
21. Baupolizeiakte.
22. Der Bär, 17. März 1894.
23. CBBV, 14. November 1896.
24. Dresdner Nachrichten, 7. Dezember 1894.
25. Vorwärts, 3. Februar 1894.
26. Baupolizeiakte.
27. Brief Thierschs an Bluntschli, 6. November 182, Zürich, FA 45.
28. Hamburger Fremdenblatt, 27. April 1893, Hamburgischer Correspondent, 27. April 1893, Schlesische Volkszeitung, 27. April 1893, Berliner Tageblatt, 27. April 1893, Frankfurter Zeitung, Nr. 117, 2. Morgenblatt, 28. April 1893, Münchener Neueste Nachrichten, Nr. 194, Vorabendblatt, 28. April 1893.
29. Münchner Neueste Nachrichten, Nr. 198, 30. April 1893.
30. Brief Wallots an Bluntschli, 6. Mai 1893, Zürich FA 45.
31. Brief Wallots an Bluntschli, 28. Dezember 1893, Zürich FA 45.
32. Frankfurter Zeitung, Nr. 117, 2. Morgenblatt, 28. April 1893.
33. Zitiert in der Frankfurter Zeitung, Nr. 117, 2. Morgenblatt, 28. April 1893.
34. Cornelius Gurlitt, Der Kaiser und Wallot, in: Die Gegenwart, Nr. 19, 1893.
35. Mitteilung des ehem. Zentrales Staatsarchiv (Merseburg) an den Verfasser vom 14. August 1981.
36. Thieme/Becker, ad vocem.
37. Chlodwig Fürst Hohenlohe-Schillingsfürst, Denkwürdigkeiten, Stuttgart/Leipzig 1907, Bd. 2, S. 11f.
38. John C. G. Röhl (Hrsg.), Philipp Eulenburgs Politische Korrespondenz. Bd. II., Im Brennpunkt der Regierungskrise 1892 - 1895. Boppard am Rhein 1978, S. 1405f.
39. Nachruf auf Lützow in: CBBV, 28. April 1897, S. 196.
40. Neue Freie Presse, 2. Oktober 1894.
41. CBBV, 13. Oktober 1894.
42. Cornelius Gurlitt, Erinnerungen an Paul Wallot und den Reichstagsbau, in: Stadtbaukunst, 15. Oktober 1921.
43. Brief Wallots an Bluntschli, 27. Juni 1894, Zürich, FA 45.
44. Baupolizeiakte.
45. GSPK (M), Civil-Cabinet, Rep. 2.2.1., Bd. 220, S. 89 - 99.
46. ebd., S. 101f.
47. ebd.,S. 107ff.
48. BLA, 4. Dezember 1894.
49. BLA, 5. Dezember 1894.

VOLLENDUNG UND INBESITZNAHME 1894

1. Dresdner Nachrichten, 7. Dezember 1894.
2. Frankfurter Zeitung, 6. Dezember 1894.
3. Wippchen, Sonntags-Beilage des Kleinen Journals, 9. Dezember 1894. Exemplar im Privatbesitz.
4. BLA, 5. Dezember 1894.
5. Vossische Zeitung, 6. Dezember 1894.
6. BTB, 5. Dezember 1894.
7. BLA, 5. Dezember 1894.
8. Wilhelm war tatsächlich über die Summe verärgert: Bei der Schlußsteinlegung zum Reichsgerichtsgebäude von Ludwig Hoffmann in Leipzig am 26. Oktober 1895 sagte Wilhelm zu Boetticher: »Sehen Sie sich an, was Hoffmann hier für 7 Millionen geleistet hat, und was hat Wallot mit 24 Millionen fertig gebracht?« Wolfgang Schäche (Hrsg.), Ludwig Hoffmann, Stadtbaurat von Berlin 1896 - 1924, Lebenserinnerungen eines Architekten, Berlin 1983, S. 110.
9. Brief Wallots an Bluntschli, 16. Januar 1895, Zürich FA 45.
10. John C. G. Röhl (Hrsg.), Philipp Eulenburgs Politische Korrespondenz. Bd. II., Im Brennpunkt der Regierungskrise 1892 - 1895. Boppard am Rhein, 1978, S. 1424f.
11. Hamburger Echo, 8. Dezember 1894.
12. Dresdner Nachrichten, 5. Dezember 1894.
13. Berliner Tageblatt, 7. Dezember 1894. Die »Umsturzvorlage« war eine Gesetzesnovelle zur Verschärfung der Strafen für politische Delikte; sie wurde am 17. Dezember 1894 in den Reichstag eingebracht und scheiterte am 11. Mai 1895. Lexikon der deutschen Geschichte, Stuttgart 1979, S. 1225
14. Friederike Becker (Hrsg.), Frank Wedekind - Lautenlieder, München 1989, S. 194. Das ganze Gedicht heißt »Ein politisch Lied« und ist auf den Seiten 191 bis 195 gedruckt.
15. Hinckeldeyn war lange Zeit Herausgeber des Centralblatt der Bauverwaltung und der eigentliche Autor des Haupttextes der berühmten Wallot-Mappe »Das Reichstagsgebäude von Paul Wallot«, Leipzig 1913.
16. Vossische Zeitung, 9. Dezember 1894.
17. BLA, 9. Dezember 1894.
18. Vossische Zeitung, 9. Dezember 1894.

DIE AUSSCHMÜCKUNG DES REICHSTAGSGEBÄUDES 1888-1908

1. siehe vor. Kapitel, Anm. 8), S. 259.

2. Werner Hegemann, Das steinerne Berlin, Berlin 1930, S. 403.

3. Brief Wallots an Bluntschli, 19. Mai 1890, Zürich FA 45.

4. RTS, 6. Oktober 1891; Das Atelier, Heft 24, 15. Oktober 1891, S. 9; ebd., Heft 22, Mitte November 1894.

5. H. Ahrens, Das deutsche Reichstagshaus in seinem heraldischen Schmucke und seinen Inschriften, in: Vierteljahresschrift für Wappenkunde, etc., 23/1895, S. 461.

6. Brief Wallots an Fritsch, um 1890 (undatiert), Nachlaß Wallot, Berlin.

7. Lerchenfeld schrieb zahlreiche Briefe, in denen er Minister Crailsheim seine Bemühungen beschrieb, Aufträge nach Bayern zu bekommen. Siehe z.B. seine Übersicht vom 10. Mai 1894. Die Bildhauer Maison und Eberle, der Maler Hupp, die Firmen Riedinger, Seitz, Kiene und Pössenbacher finden dort ebenso Erwähnung wie die Steinbruchbesitzer bzw. -pächter Ackermann in Weißenstadt, Burgpreppach, Gefrees, Waldstein usw. BayHStA, MA 95488.

8. Brief Wallots an Delbrück, Nachlaß Delbrück, Staatsbibliothek Preußischer Kulturbesitz, Berlin/Unter den Linden.

9. Bundesarchiv Koblenz, Reichsamt des Innern, Rep. 43, Protokoll des Reichstagsbeirats, 17. März 1891.

10. Reiche, Diss., S. 333.

11. Jutta von Simson, Fritz Schaper 1841 - 1919, München 1926, S. 26.

12. Jürgen Reiche, op. cit., S. 345.

13. Herbert Neupert, Der Bildhauer Prof. Rudolf Maison. Die Wiederentdeckung, in: Transrhenania, Nr. 54, April 1980, S. 10 - 14.

14. Zeitschrift des bayer. Kunstgewerbe-Vereins, München 1895, Heft 10, Bogen 1.

15. Cornelius Steckner, Der Bildhauer Adolf Brütt, Heide 1989; daselbst ein Kap. über sein Zusammenwirken mit Wallot, Ss. 163 - 167.

16. Hauptstaatsarchiv Stuttgart, Sitzung der RTAK vom 15. Januar 1900.

17. Marzanastein; vermutlich ein Stein aus Marzana in der Nähe von Verona.

18. Briefe von Bracht und Schönleber, Nachlaß Wallot, Berlin.

19. CBBV, 11. Dezember 1897.

20. RTS, 10. Mai 1904.

21. RTDS 84, 11. Januar 1896.

22. RTS, 31. Januar 1896.

23. RTS, 11. Dezember 1897.

24. RTS, 13. Dezember 1897.

25. BayHStA, MA 95488, S. 249ff.

26. Vorschlag des Haushaltsausschusses vom 13. Januar 1898, RTDS 84; dort wird vorgeschlagen, sieben MdR und drei Mitglieder des Bundesrats in die Kommission zu wählen. BRSP, 10. März 1898, bei BayHStA MA 95488, S. 262; selbst dieser Vorschlag war leicht umstritten, weil in der RTBK der Reichstag bisher durch acht, der Bundesrat durch fünf Mitglieder vertreten waren; dennoch machte der Bundesrat dagegen keine Probleme. Hauptstaatsarchiv Stuttgart, Brief des Finanzministeriums an Varnbüler, 8. März 1898.

27. Zeitschrift für bildende Künste, 26. Mai 1898; dort irrtümlich 2. Mai als Sitzungstag angegeben.

28. Protokoll der Sitzung bei Hauptstaatsarchiv Stuttgart.

29. RTS, 1. März 1899.

30. ebd.

31. 5. Mai 1898, Lerchenfeld an Crailsheim, BayHStA, MA 95488, S. 273ff.

32. Hauptstaatsarchiv Stuttgart, E 130 b Bü, 1893.

33. Schlesische Zeitung, 28. März 1899.

34. RTS, 1. März 1899.

35. Hauptstaatsarchiv Stuttgart, E 130 b Bü. 1893.

36. Brief Wallots an Thiersch, 10. März 1899, Nachlaß Wallot, Berlin.

37. Dresdner Neueste Nachrichten, 12. März 1899; Schlesische Zeitung, 22. März 1899.

38. Die Zukunft, 11. März 1899.

39. Zeitschrift für bildende Kunst, 8. Juni 1899, Spalte 427f.

40. Katalog der deutschen Beteiligung an der Weltausstellung in St. Louis, Vorwort von Alfred Lichtwark. Im Katalogteil selbst fehlt jeder Hinweis, daß die Bilder ausgestellt waren; auch fehlen Abbildungen; auch Reiche ist der Meinung, daß die Bilder in St. Louis nicht zu sehen waren.

41. Cornelius Gurlitt, Der Platz der Republik und der Wallotbau, in: Wasmuths Monatshefte, Juli 1930, S. 341.

42. Reiche, Diss., S. 260, 437.

43. wie Anm. 35.

44. Brief von Lerchenfeld an Crailsheim, 22. März 1899, BayHStA, MA 95488, S. 301ff.

45. RTS, 20. März 1899.

46. ebd.

47. ebd.

48. ebd.

49. Lustige Blätter, Nr. 18, 1899.

50. Lerchenfeld an Crailsheim, 22. März 1899, BayHStA, MA 95488, S. 301ff.

51. Brief Wallots an Bluntschli, 10. Juni 1899, Zürich FA 45.

52. Wallot beantwortete Fragen der Ausschmückungskommission vom 27. Dezember 1911 betreffend die Beschaffenheit und Farben von Gobelins. Reichstags-Bericht, RAI, 20. Mai 1912, im Nachlaß Lewald, Potsdam.

53. National-Zeitung, 26. März 1899.

54. Deutsche Revue, Juni 1899.

55. Sitzungsprotokoll der Kommission, 15. Januar 1900, Hauptstaatsarchiv Stuttgart, wie angemerkt.

56. Die Kunst, 19. November 1900.

57. Vossische Zeitung, 5. März 1901.

58. Reiche, Diss., S. 260.

59. Die Kunst, 4. April 1901.

60. Reiche, Diss., S. 260.

61. BRSP, 5. Januar 1905.

62. BRSP, 14. Dezember 1905.

63. Die Post, 7. Dezember 1908.

64. Reiche, Diss., S. 261.

65. Die Kunst, 7. Juli 1904.

66. Reiche, Diss., S. 261.

67. Die Kunst, 7. Juli 1904.

68. Die Kunst, 3. August 1905.

69. Die Kunst, 12. September 1907.

70. Die Kunst, 29. Oktober 1908.

71. Gustav Stresemann, Paulskirche und Reichsgründung, in: National-Zeitung, 2. Januar 1909.

72. Die lediglich als Entwurf erhaltene Skizze im Koblenzer Stadtmuseum zeigt nicht deutlich genug, ob sie tatsächlich eine Studie war.

73. Reiche, Diss., S. 438.

74. Bundesarchiv, Außenstelle Potsdam, Reichskanzlei, Rep. 07.01, Bd. 1842.

75. Die Post, 2. Dezember 1908.

76. Die Post, 5. Dezember 1908; zit. nach Friedrich Dernburg, der diese Sätze im Berliner Tageblatt geschrieben hatte.

77. Neue Preußische (Kreuz-) Zeitung, 4. Dezember 1908.

78. Die Jugend, Nr. 51. 1908.

79. Werkstatt der Kunst, 15.

Februar und 1. März 1908
(wohl 1909); Das Recht, 10.
Februar 1909, S. 90ff. Siehe
auch Max Osborns Betrach-
tung in der National-Zeitung,
12. Dezember 1908.
80. Stresemann, op. cit.; Reiche, Diss., S. 439.
81. In Fotos des Reichstagsbrandprozesses, der teilweise
im Saal des Hauptausschusses
im Reichstagsgebäude stattfand, kann man die Teile
eines Bildes ausmachen, das
hinter dem Rücken des
Gerichtspräsidenten Dr. Bün-
gert an der Wand hängt; das
ist das große Bild vom Mittelfeld.
82. Emile Wetterlé, Les cou-
lisses du Reichstag, Paris
1918, S. 32. Dies wußte auch
Barbara Tuchmann in ihrem
Werk »The Guns of August«,
Tb-Ausgabe, New York May
1979, S. 150, zu berichten.

DAS REICHSTAGSGEBÄUDE
UND SEINE UMGEBUNG
1894 BIS 1920

1. Der Bär, 1. September
1894.
2. Nikolai Baranow, Die Silhouette der Stadt. Städtebau
und Denkmalpflege. Deut-
sche Bearbeitung: Uwe Kieling, Berlin 1985, S. 65.
3. H. Maertens, Der optische
Maßstab oder Die Theorie
und Praxis des ästhetischen
Sehens in den bildenden Künsten, Bonn 1877.
4. ebd.
5. DBZ, 4. August 1894.
6. Der Bär, 1. September
1894.
7. ebd.
8. DBZ, 4. August 1894.
9. Der Bär, 1890, S. 587,
CBBV, 1895, S. 275 und
287f; 1897, S. 473; Hermann
Müller-Bohn, Die Denkmäler
Berlins in Wort und Bild,
Berlin 1905,S. 65f.; Irmgard
Wirth (Hrsg.), Die Bauwerke

und Kunstdenkmäler von Berlin, Bezirk Tiergarten, Berlin
1955, S. 214.
10. CBBV, 7. November
1908.
11. Marie-Luise Kreuter, Platz
der Republik, in: Helmut
Engel, Stefi Jersch-Wenzel,
Wilhelm Treue (Hrsg.), Tiergarten, Teil 1, Vom Brandenburger Tor zum Zoo,
Geschichtslandschaft Berlin -
Orte und Ereignisse, Band 2,
Berlin 1989, S. 106ff. (zit.:
Kreuter).
12. Das Wort hat Wolfgang
Schäche geprägt.
13. Kreuter, S. 113.
14. ebd.
15. ebd., S. 114.
16. Dieter und Ruth Glatzer,
Berliner Leben 1914 - 1918,
Berlin 1983, S. 61ff.
17. Siehe vor. Kap. Anm. 82.
18. Hellmut Gerlach, Erinnerungen an die Große Zeit,
XVI. Die Lügenzentrale, in:
Weltbühne Nr. 49, 8. Dezember 1925, S. 859ff.
19. Kreuter, S. 114.
20. Norddeutsche Allgemeine
Zeitung, 29. August 1915;
Kreuter S. 114; Cullen, Platz
der Republik, Berlin 1992, S.
50.
21. Manfred Overesch, Friedrich Wilhelm Saal, Droste-
Geschichts-Kalendarium,
Chronik deutscher Zeitge-
schichte, Bd. 1, Die Weimarer
Republik, Düsseldorf 1982, S.
9.
22. John G. C. Röhl, The Kaiser and his Court, Cambridge
(England), 1994, S. 209.
23. Johann Viktor Bredt, Der
Deutsche Reichstag im Weltkrieg, Berlin 1926. (Das Werk
des Untersuchungsausschusses
der Verfassungsgebenden
Deutschen Nationalversammlung und des Deutschen
Reichstag 1919 - 1926 [zu
den Ursachen des Kriegs und
des Zusammenbruchs], 2.
Abteilung, Der innere Zusammenbruch, Band 8.), S. 198.

24. O. B. Server, Matadore
der Politik, Berlin 1932, S.
10. Usrprünglich war dieses
Portrait von Oldenburg-
Januschau im »Querschnitt«
unter dem Rubrum »Matadore
des Reichstags« erschienen;
der Reichstag also als Stier-
kampfarena.
25. Vossische Zeitung, 29.
November 1902.
26. ebd.
27. ebd.
28. Der Verein Berliner Presse hielt zahlreiche Versammlungen, Konzerte und Bälle
im Reichstag ab; am 5.
November 1899; am 31. Januar 1903; am 11. November
1906; am 17. November
1907; zwischen dem 21. und
dem 26. September 1908;
zwischen dem 7. und dem 10.
Januar 1909, am 25. November 1909 sowie zwischen dem
19. und 20. November 1910.
29. Vossische Zeitung, 3.
Oktober 1901.
30. Ernst Rudolf Huber,
Dokumente zur deutschen
Verfassungsgeschichte, Band
3, Stuttgart 1990 (3), S. 253.
31. Manfred Rauhe, Die Parlamentarisierung des Deutschen Reiches, Düsseldorf
1977, S. 432f.
32. Ernst Rudolf Huber,
Dokumente zur deutschen
Verfassungsgeschichte, Stuttgart 1900 (3), S. 278f.
33. Manfred Rauhe, op. cit.,
S. 422, Bredt, op. cit., S. 273.
34. Vorwärts, 5. Dezember
1894.
35. RTS, 12. Dezember 1894.
36. BLA, 11. Dezember 1894.
37. BTB, 11. Januar 1895,
Parlamentsausgabe.
38. GSPK (M) Civil-Cabinet,
Rep. 2.2.1., Bd. 220, S. 114.
39. Frankfurter General-
Anzeiger, 27. Januar 1895,
29. Januar 1895.
40. Frank Wedekind, Gedich-
te und Chansons, München
1979, S. 147f. Vermutlich
wurde Wedekind durch einen

Vortrag und die sonstigen Bemühungen des Architekten
Karl Hinckeldeyn bezüglich
der Inschrift angeregt.
Hinckeldeyn löste zugleich
eine Fülle weiterer Schriften
aus, die weniger witzig waren
und die Frage tatsächlich zu
einer »Querelle allemande«
stilisierten.
41. Bundesarchiv, Außenstelle
Potsdam, Reichskanzlei,
Briefwechsel Wahnschaffe-
Valentini.
42. Friedrich Soennecken. Die
Aufschrift am Reichstagsgebäude »Dem Deutschen
Volke«, Bonn 1915.
43. Delbrück an Bethmann
Hollweg, 25. September 1915,
Bundesarchiv, Außenstelle
Potsdam, Reichskanzlei, S.
54.
44. Bundesarchiv, Außenstelle
Potsdam, Reichskanzlei.
45. Peter Behrens, In Erinnerung an gemeinsame Arbeit,
in: [Festschrift für] Anna
Simons, München-Berlin
1934.
46. Bundearchiv, Außenstelle
Potsdam, Rep. 92, Nachlaß
Th. Lewald.
47. Karl Jacobs' Lebenslauf in
Leipziger Bühnenblätter, Neues Theater, Spielzeit 1939/40,
Heft 10. Jacobs wurde am
20.Oktober 1895 in Wiesbaden geboren. Seine letzte
Arbeit war als Leiter der Ausstattung am Neuen Theater in
Leipzig; er starb in Coswig
am 3. Januar 1936.
48. Bundesarchiv, Außenstelle
Potsdam, Reichskanzlei.
49. Bundesarchiv, Aussenstel-
le Potsdam, Reichskanzlei.
Albert Loevy starb in Berlin
am 24. November 1925.
Während der Hitlerzeit wurde
die Firma »arisiert«, die verbliebenen Familienmitglieder
nach Auschwitz deportiert
und ermordet. Nach einer
Mitteilung des Historikers
Armin D. Steuer, Bad Mün-
stereifel, 17. April 1993.

50. Spandauer Zeitung, 23. Dezember 1916.

ARBEITEN UND LEBEN IM REICHSTAG 1894-1932

1. RTS, 16. Mai 1925.
2. Jubelschrift zum 50jährigen Stolzetag. Sonderdruck des Magazins für Stenographie. Berlin 1892.
3. Paul Schlenther (Hrsg.), Der Verein Berliner Presse und seine Mitglieder 1862 - 1912 zum Fünfzigjährigen Bestehen nach Sitzungsprotokollen und Jahresberichten im Auftrage des Vorstandes zusammengestellt, Berlin 1912, S. 38. (Zit.: Schlenther).
4. BTB, 18. März 1908.
5. Berliner Börsen-Courier, 21. März 1908.
6. Schlenther, op. cit., S. 38f.
7. Frankfurter Zeitung, 25. März 1908.
8. Weltbühne, 22. Februar 1927
9. Telesfor Szafransky, Humor im Deutschen Reichstag, Berlin 1894, S. 181.
10. August Stein, Irenäus. Frankfurt/Main 1921 S. 100f.
11. Stein, op. cit., S. 99.
12. Das neue Reichstags-Restaurant und seine Angestellten, in: Gastwirtschaftsgehilfe Nr. 2., 7. Februar 1895, gefunden in der Akte I. HA, Rep 120 BB, Abt. IIb, Fach 1, Nr. 10, Akten betr. die Verhältnisse des in dem Gewerbe der Gast- und Schankwirtschaft beschäftigten Dienstpersonals, Ministerium für Handel und Gewerbe, GSPK.
13. Stein, op. cit., loc. cit.
14. ebd.
15. 74. Sitzung des Haushaltsausschusses, 24. Juni 1925. RTDS III. Wahlperiode 1924/25. Diese Protokolle sind nicht wörtlich abgefaßt, deshalb bleiben Zitate im Konjunktiv.
16. 91. Sitzung des Haushalts-

ausschusses, 27. November 1925. RTDS III. Wahlperiode 1924/25.
17. 104. Sitzung des Haushaltsauschusses, 30. Januar 1926, RTDS III. Wahlperiode 1924/26.
18. RTS, 25. März 1927.
19. Matheo Quinz, Reichstag, in: Querschnitt, März 1927, S. 163.

NEUE PHASEN DER PLANUNG

1. Walther Lambach, Die Herrschaft der Fünfhundert, Berlin 1926, S. 92.
2. 74. Sitzung des Haushaltsausschusses, 24. Juni 1925, RTDS III. Wahlperiode 1924/25.
3. ebd.
4. Für das Bauprogramm 1927 siehe Anhang.
5. CBBV, 1. Februar 1928.
6. DBZ, 28. Januar 1928.
7. Stadtbaukunst, 20. Juni 1929.
8. Zitat Fritz Schumacher, in: Tilmann Buddensieg, Der Reichstag und die Künstler. Frankfurter Allgemeine Zeitung, 1. Oktober 1977 (zit. Buddensieg/FAZ).
9. Das neue Berlin, Heft 12, 1929, S. 243.
10. Buddensieg/FAZ
11. Werner Hegemann, Turmhaus am Reichstag, in: Wasmuths Monatshefte. Juli 1930, S. 340.
12. Bruno Taut, Die Reichstagserweiterung in ihrer Beziehung zum Platz der Republik, CBBV, 5. Februar 1930.
13. ebd.
14. CBBV, 5. März 1930.
15. Max Berg, Der Platz der Republik in Berlin, CBBV, 5. März 1930.
16. Denkschrift des Verbandes Deutscher Architekten- und Ingenieur-Vereine vom

15. Februar 1922, Fundort: Baupolizeiakte.
17. Weltbühne, 17. August 1922, S. 177.
18. ebd.
19. Weltbühne, 6. Juli 1922, S. 23. Nach einer Darstellung der Vossischen Zeitung vom 26. Juni 1922 war das Standbild nicht verhüllt.
20. Chronik des 20. Jahrhunderts, 12. Juli 1922.
21. Brief des Innenministeriums an Paul Löbe, 15. Dezember 1922, bei der Baupolizeiakte.
22. Die Weltbühne, Nr. 37, 14. September 1922, S. 298.
23. Die Weltbühne, Nr. 10, 9. März 1926, S. 398
24. Hans-Jürgen Mende (Hrsg.), Wegweiser zu Berlins Straßennamen (Tiergarten), Berlin 1994, S. 139; Weltbühne Nr. 37. 14. September 1926, S. 437.
25. Querschnitt, September 1925, S. 817f.
26. Berliner Tageblatt, 24. und 30. Juli 1925; Berliner Lokalanzeiger, 24. und 25. Juli und 1. August 1925, Vorwärts 24. Juli 1925.
27. Querschnitt, September 1925, S. 817f.
28. ebd.
29. BLA, 1. August 1925.
30. Vorwärts, 24. Juli 1925.
31. Vertrag vom 2. Oktober 1925 im Besitz des Georg Kolbe-Museums, Berlin.
32. Jörg-Uwe Fischer, Parlamentsdebatten im Rundfunk: Politische Erziehung oder politisches Theater, in: Zeitschrift für Parlamentsfragen, Heft 4, 1994, S. 641. (Zit.: Fischer/Rundfunk).
33. Fischer/Rundfunk, S. 642.
34. ebd.
35. ebd., S. 650.
36. ebd., S. 651.
37. ebd.

DAS REICHSTAGSGEBÄUDE ALS SYMBOL DER WEIMARER REPUBLIK

1. Weltbühne, 19. Januar 1922, S. 60f.
2. Kurt Sontheimer, Antidemokratisches Denken in der Weimarer Republik, München 1994 (4), S. 148 (zit.: Sontheimer).
3. Chronik des 20. Jahrhunderts, 19. April 1922.
4. Sontheimer, S. 147.
5. Adolf Hitler, Mein Kampf, 158. - 159. Aufl., München 1935, S. 80ff.
6. Sontheimer, S. 148; aus einem nicht datierten Pamphlet.
7. Joseph Goebbels, Der Angriff, 28. Mai 1928.
8. Albert Schwarz, Die Volksvertretung der Ersten Republik. Die Weimarer Nationalversammlung/Der Reichstag 1920 - 1933, in: Ernst Deuerlein, Der Reichstag. Aufsätze, Protokolle und Darstellungen zur Geschichte der parlamentarischen Vertretung des deutschen Volkes, Bonn 1978, S.92. Dazu auch die Weltbühne Nr. 40, 1. Oktober 1930 mit einem längeren Gedicht Erich Kästners, aus dem hier eine Strophe zitiert werden muß: »Der Reichstag ist ein Schweinestall, wo sich kein Schwein auskennt. Es braust ein Ruf wie Donnerhall; Kreuzhimmelparlament«, S. 509.
9. Heinrich August Winkler, Weimar 1918 - 1933. Die Geschichte der ersten deutschen Demokratie, München 1994, S. 16.
10. Joachim C. Fest, Hitler. Eine Biographie, Frankfurt/Main, Berlin, Wien 1973, S. 412.
11. Vossische Zeitung, 25. Mai 1924.
12. Chronik des 20. Jhs., 19. Februar 1929.
13. Hagen Schulze, Weimar.

Deutschland 1917 - 1933, in: Siedler, Deutsche Geschichte. Sonderausgabe, Berlin 1994, S.392.

14. Albert Schwarz, in: Deuerlein, S. 98.

15. Schmädeke, in: Engel (vgl. Kreuter), S. 93

16. Sebastian Haffner, Die deutsche Revolution, München 1979, S. 81f.

17. ebd., S. 90.

18. Rudolf Morsey, Der Reichstag im Ersten Weltkrieg 1914 - 1918, in: Deuerlein, S. 83

19. Weltbühne, 9. Januar 1919.

20. Baupolizeiakte, Brief an den Berliner Magistrat vom 19. Mai 1919. Siehe auch das Berliner Tageblatt vom 3. Mai 1919; Jungheim besuchte die Gebäude des Preußischen Landtags, der Universität und der Hochschule für Musik.

21. Kreuter, S. 116

22. Schmädeke, wie Kreuter, S. 93; aus diesem Anlaß verabschiedete der Reichstag am 20. Mai 1920 sein erstes Bannmeilengesetz.

23. Vossische Zeitung, 24. Juni 1922.

24. Vgl. auch Winkler, S. 175.

25. Vossische Zeitung, Abendausgabe, 24. Juni 1922.

26. ebd.

27. Vossische Zeitung, Morgenausgabe, 25. Juni 1922.

28. ebd.

29. RSP, 25. Juni 1922, zit. nach Deuerlein, S. 240.

30. Vossische Zeitung, 26. Juni 1922.

31. Ende Juni war die Versetzung des Denkmals noch immer in der Diskussion; wegen der Inflation - die Kosten hätten 39 Millionen Mark betragen - vertagte der Ausschmückungsausschuß die Frage (DBZ Nr. 49, 20. Juni 1923). Apropos Inflation: Walther Lambach berichtet, daß dies die »tolle Zeit« der

Reichstagskasse war; viermal pro Woche standen die Parlamentarier wegen ihrer Diätenauszahlungen Schlange (Lambach, S. 90).

32. Vossische Zeitung, 13. Mai 1925.

33. Vossische Zeitung, 8. Oktober 1929.

34. Weltbühne, 23. April 1929; BTB, 4. Juni 1929.

35. Deutsche Allgemeine Zeitung, 2., 3., 4. September 1929.

36. Geschichtskalendarium, S. 593f.

37. ebd., S. 604.

38. ebd., S. 602.

39. Dieser Staatsstreich wurde durch ein Urteil des Reichsgerichts am 25. Oktober mit der Verfassung für vereinbar erklärt; das Urteil befriedigte jedoch nicht. Der Unterhändler für Preußen war der Ministerialdirektor Arnold Brecht, der Kommissar hieß Franz Bracht; bald machte das geflügelte Wort die Runde: »Brecht hat Recht, aber Bracht hat Macht«.

40. Geschichtskalendarium, S. 605.

41. Julius Hatschek, Parlamentsrecht, Leipzig 1915, S. 202f.; Süddeutsche Zeitung, 9. Februar 1987.

42. Hatschek, op. cit., S. 203.

43. Vorwärts, 30. August 1932.

44. Völkischer Beobachter (Bayernausgabe), 30. August 1932.

45. RTS, 1932, Bd. 454; zit. (und nach der Schallplattenaufnahme korrigiert) in: Katja Haferkorn, Karl-Heinz Leidigkeit (Redaktion), Kommunisten im Reichstag. Reden und biographische Skizzen, Berlin 1980, S. 365ff.

46. Völkischer Beobachter (Bayernausgabe), 1. September 1932.

47. Völkischer Beobachter, 6. Dezember 1932; Vorwärts, 7. Dezember 1932.

48. Vorwärts, 7. Dezember 1932.

Das Reichstagsgebäude zwischen 1933 und 1945

1. Christopher Isherwood, Leb' wohl, Berlin. Ein Roman in Episoden, Hamburg, Stuttgart, Berlin, Baden-Baden 1949, zit. in: Ernest Wichner und Herbert Wiesner (Hrsg.), Industriegebiet der Intelligenz. Literatur im neuen Berliner Westen der 20er und 30er Jahre, S. 76f.

2. André François Poncet, Als Botschafter in Berlin 1931 - 1938, Mainz 1949, S. 95.

3. Dies war übrigens Hitlers dritter, aber vermutlich nicht letzter Besuch im Reichstag; belegt ist ein Touristenbesuch Anfang der 20er Jahre und sein Antrittsbesuch vor dem Reichsrat am 3. Februar 1933; vermutlich hat er das Gebäude auch noch Ende der 30er und Anfang der 40er Jahre besucht, als dort Speer seine großen Architektturmodelle aufstellen ließ.

4. Friedemann Berger, Vera Hauschild, Roland Links (Hrsg.), In jenen Tagen. Schriftsteller zwischen Reichstagsbrand und Bücherverbrennung, Leipzig, Weimar 1983, S. 185. Vgl. auch: E. E. Kisch, Mein Leben für die Zeitung, 1926 - 1947, Berlin und Weimar 1983, S. 337ff, S. 363ff.

5. Frick sagte bereits am 7. März, daß van der Lubbe auf dem Königsplatz aufgehängt werden sollte; die Bekanntmachung im Berliner Verordnungsblatt vom 25. März 1933 trägt die Aktennummer 32/2535, offenbar nach dem Preußenstreich vom 20. Juli 1932 in die Wege geleitet.

6. An dieser Stelle sei auf die beiden Bände einer großen Edition hingewiesen: Der

Reichstagsbrandprozeß und Georgi Dimitroff, Hrsg. vom Institut für Marxismus-Leninismus beim ZK der KPdSU und dem Institut für Geschichte der BKP beim ZK der BKP (Bulgarische Kommunistische Partei, Sofia), Bd. 1 mit Dokumenten bis 30. September 1933 erschien zu Dimitroffs 100. Geburtstag im Juni 1982; Bd. 2 mit Dokumenten vom 21. September bis 23. Dezember erschien 1989; ein dritter Band, bereits angekündigt, wird wohl nicht mehr erscheinen; (hier S. 402ff. des 2. Bds.)

7. ebd., loc. cit.

8. ebd., loc. cit.

9. ebd., loc, cit.

10. ebd.

11. Baupolizeiakte.

12. Seit dem Erscheinen des Buches von Fritz Tobias im Jahre 1959 über den Reichstagsbrand und dem teilweisen Abdruck im Spiegel ist die Kontroverse besonders heftig. Auf der einen Seite stehen Tobias und andere mit der Ansicht, daß van der Lubbe das Feuer allein und ohne Hilfe gelegt habe. Auf der anderen Seite eine Gruppe von Historikern und Publizisten, die zusammen mit dem Berner Historiker Walter Hofer und dem Journalisten und Historiker Edouard Calic die Meinung vertritt, daß Göring und seine Männer nicht nur von dem Brand wußten, sondern ihn auch als Fanal für die Machtergreifung planten. Sie haben sich mit anderen Historikern im Komitee »Internationales Komitee Luxemburg« zusammengetan und betreiben seit vielen Jahren mit großem Erfolg die Propagierung ihrer These. Zeitweilig wurden sie von bedeutenden Politikern wie Willy Brandt, Historikern wie Karl Dietrich Bracher und dem Frankfurter Anwalt

Robert W. Kempner unterstützt. Vgl. auch: Uwe Backes, Karl-Heinz Janßen, Eckhard Jesse, Henning Köhler, Hans Mommsen, Fritz Tobias, Reichstagsbrand. Aufklärung einer historischen Legende, München 1986.
13. Das Komitee war publizistisch sehr aktiv und hat mehrere Bände zur Rechtfertigung der von Calic und Hofer entwickelten Theorie herausgebracht und Sichtbares geleistet, so z. B. die Beschaffung eines vollständigen Satzes der Prozeßakten, die als Kopien in Bern und in Freiburg im Breisgau archiviert sein sollen. Das Komitee hat auch Hunderte von Interviews gemacht und es ermöglicht, daß am 2. Dezember 1975 eine Begehung im Reichstagstunnel stattfand. Seit der Wende ist der Tunnel begehbar, die Akten sollen sich im Bundesarchiv, Außenstelle Potsdam, befinden.
14. Der Tagesspiegel, 30. Dezember 1980; Frankfurter Allgemeine Zeitung, 30. Dezember 1980.
15. Der Tagesspiegel, 31. Dezember 1980.
16. Der Tagesspiegel, 23., 24. April 1981; Berliner Morgenpost, 23. April 1981; Frankfurter Rundschau, 24. April 1981; Süddeutsche Zeitung, 25./26. April 1981.
17. Vgl. auch: Frankfurter Allgemeine Zeitung, 16. Dezember 1987.
18. Klaus-Peter Schulz, Der Reichstag, gestern - morgen, Berlin 1969, S. 287.
19. Persönliche, telefonische Mitteilung durch Herrn Richard Sommerfeld, ehemaliger Chef der Film- und Theater-Ausstattungs GmbH (FTA), Berlin. Er war an der Ausräumung selbst beteiligt.
20. DAZ, 13. Juli 1936.
21. Bundesarchiv, Außenstelle Potsdam, GBI, Bd. 2047,

unpaginiert.
22. ebd.
23. Landesarchiv Berlin, Pr. Br. Rep 107, Nr. 55/2, Bl. 1/2. Für diese Auskunft bin ich Klaus Kürvers, Berlin, dankbar.
24. Die Akten standen unter der Aufsicht des Dr. med. N. Breidenbach, 1984 noch wohnhaft in Überlingen. Zur Bibliothek von Gerhard Hahn, Die Bibliothek des Reichstags, in: Das Parlament, 12. Mai 1995.
25. wie Anm. 21.
26. Peter Gosztony, Der Kampf um Berlin 1945 in Augenzeugenberichten, München 1975, S. 342f. Vgl. auch: Erich Kuby, Die Russen in Berlin 1945, Bern/München 1980, S. 82f.
27. Nach einem Gedächtnisprotokoll von Udo Lauer, Fotojournalist, der die Majorin in Moskau interviewte, in: Bengt von zur Mühlen (Hrsg.), Der Todeskampf von Berlin, Berlin/Kleinmachnow 1994, S. 264f. Allerdings schreibt er ihren patronymischen Namen Vladimirova, es müßte heißen Vladimirovna; merkwürdig ist die Geschichte aber auch deswegen, weil nach einer anderen Überlieferung die Majorin die Rote Fahne nicht am Reichstag, sondern an der Reichskanzlei aufgepflanzt habe. Johann Friedrich Geist/Klaus Kürvers, Das Berliner Mietshaus, Bd. 3, 1945 - 1989, München 1989, S. 131. Ich neige zu der Auffassung, daß diese Version stimmt. Geist und Kürvers zeigen eine Abbildung der Majorin Nikulina aus dem Karlshorster Museum der bedingungslosen Kapitulation, auf der sie vor der Reichskanzlei steht. Wenn sie die Fahne am Reichstag gehißt hätte, hätte das Museum dies kaum unterschlagen. Die Information, sie habe die Fah-

ne am Reichstagsgebäude gehißt, stammt von einem Interview aus dem Frühjahr 1994; da stand Frau Nikulina im 91. Lebensjahr.
28. Ernst Volland/Heinz Krimmer (Hrsg.), Von Moskau nach Berlin. Bilder des russischen Fotografen Jewgeni Chaldej, Berlin 1994. 1995 berichtete er, er habe ein rotes Tischtuch verwendet, Der Tagesspiegel, 4. Mai 1995; taz, 4. Mai 1995.
29. Daniele Mrazkowa und Vladimir Remes (Hrsg.), Von Moskau nach Berlin, Oldenburg 1979, S. 124.
30. Berliner Zeitung, 24. Mai 1945.
31. Berlin-Chronik 1946 - 1948, Berlin 1959, S. 208, sowie freundliche Mitteilung von Dr. Gerhard Hahn; Deutscher Bundestag, siehe auch seinen Artikel in: Das Parlament, 12. Mai 1995.

DAS REICHSTAGSGEBÄUDE NACH DEM II. WELTKRIEG

1. Jürgen Reiche: Berlin, Zukunft nach dem Ende, in: So viel Anfang war nie, S. 36/37
2. Ernst Reuter pflanzte die erste Linde für die Wiederaufforstung des Tiergartens am 17. März 1949. Der Tagesspiegel, 11. Oktober 1953
3. Isaac Deutscher, Berlin - September 1945, in: Klaus R. Scherpe (Hrsg.), In Deutschland unterwegs. Reportagen, Skizzen, Berichte, 1945 - 1948, Stuttgart 1982, S.350ff; ursprünglich erschien der Bericht in Economist, 29. September 1945.
4. Berliner Zeitung, 24. Mai 1945.
5. Wolfgang Benz, Potsdam 1945, München 1986, S. 92; vgl. auch David McCullough, Truman, New York 1992, S. 414ff.

6. Die verschiedenen Vorschläge für die Einteilung Berlins, von den Siegermächten zwischen November 1944 und Juli 1945 aufgestellt, gaben Geist/Kürvers auf S. 178f.
7. Wolfgang Ribbe (Hrsg.) Geschichte Berlins, Bd. 2, München 1988, S. 1030f.
8. ebd.
9. Hans J. Reichhardt, Raus aus den Trümmern, Vom Beginn des Wiederaufbaus in Berlin 1945, Ausstellungskatalog des Landesarchivs Berlin, Berlin 1987, S. 32f.
10. Berlin-Chronik, Berlin 1961, S. 483f..
11. Der Morgen, 4. Januar 1946.
12. Berliner Zeitung, 31. Januar 1946. Locker beschrieb der Autor die Baugeschichte: »Zehn Jahre wurde gebaut, gründlich in die Tiefe und die Breite, denn allzu hoch durfte man nicht... So mußte Wallot seiner Kuppel eins 'aufs Dach' geben.«
13. FAZ, 18. April 1994.
14. Geist/Kürvers/Rausch, Scharoun-Katalog der AdK, Berlin 1993, S. 90.
15. Ribbe, op. cit., S. 1045f.
16. Kultur, Pajoks und CARE-Pakete, Berlin 1990, S. 182.
17. Der Roland von Berlin, 24. August 1947.
18. Tägliche Rundschau, 10. Dezember 1947.
19. Der Tagesspiegel, 20. März 1948.
20. Hanna Reuter in einem Leserbrief an den Tagesspiegel, 5. Mai 1955.
21. ebd., Hitler hat - leider - das Haus mehrmals betreten. Vgl. vorheriges Kapitel und Anm. 64.
22. Der Tagesspiegel, 1. Mai 1948.
23. Die Neue Zeitung, 31. August 1948, zitiert von Jürgen Schmädeke, Der Deutsche Reichstag. Geschichte und

Gegenwart eines Bauwerks, München 1994, S. 116.
24. Der Tagesspiegel, 10. September 1948.
25. FAZ, 31. März 1955.
26. Peter Schindler, Datenhandbuch des Deutschen Bundestags, Bd. 4, 1994, S. 1029.
27. ebd.
28. Hauptstadt Berlin, S. 29 und 209.
29. Der Tagesspiegel, 3. Mai 1950, FAZ, 3. Mai 1950.
30. Baupolizeiakte.
31. Werkbundbericht über das Reichstagsgebäude, Düsseldorf o. D. (um 1959).
32. Weltspiegel/Tagesspiegel, 15. Januar 1950.
33. Der Tagesspiegel, 30. März 1951
34. Der Tagesspiegel. 1. April 1951.
35. Der Tagesspiegel, 3. Mai 1951.
36. Baupolizeiakte. Im Tagesspiegel vom 3. Mai 1951 ist von nur 500 die Rede.
37. wie Anm. 32.
38. wie Anm. 32.
39. Schindler, Bd. 4, S. 1029.
40. Der Tag, 21. Juni 1951.
41. Hauptstadt Berlin, S. 29 und 209.
42. Baupolizeiakte.
43. Der Tagesspiegel, 2. Juni 1951.
44. Schindler, Bd. 4, S. 1029.
45. Siegfried Fröhlich, Die neue Ministerialbürokratie. Die Traditionen des Berufsbeamtentums setzten sich wieder durch, in: Rudolf Pörtner (Hrsg.), Kinderjahr der Bundesrepublik, München 1992, S. 160
46. Der Tagesspiegel, 3. Mai 1952.
47. Der Abend, 6. Mai 1952.
48. Der Tagesspiegel, 4. November 1952.
49. Der Abend, 24. Mai 1994.
50. Berliner Morgenpost, 12. Dezember 1953; Baupolizeiakte.
51. Baupolizeiakte.
52. Der Tagesspiegel, 22.

August 1954.
53. Hauptstadt Berlin, S. 30.
54. sämtlich ebd., S. 30
55. Hauptstadt Berlin, S. 30, und 209, Anm. 17
56. Der Tagesspiegel, 15. Mai 1954, FAZ, 14. Mai 1954; was aus der Aktion wurde, ist nicht bekannt.
57. Der Abend, 24. Mai 1954.
58. wie Anm. 32.
59. Willy Brandt am 6. Februar 1957 im Bundestag.
60. Der Tagesspiegel, 25. März 1955, Telegraf, 26. März 1955.
61. Der Tagesspiegel, 31. März 1955.
62. Der Tagesspiegel, 5. Juni 1955. Hitler hat ihn leider doch betreten: Anfang der 20er Jahre, als er Tourist war; am 3. Februar 1933, um dem Reichsrat seine Aufwartung als Reichskanzler zu machen und am 27. Februar, als der Reichstag brannte. Da sich die Modelle in Menschengröße der Großen Halle, des Triumphbogens und anderer Bauten der Nord-Süd-Achse um 1940 nicht nur im Ateliergebäude der Akademie der Künste am Pariser Platz, sondern auch im Reichstagsgebäude befunden haben, und da er diese Modelle immer bewunderte, muß er auch nach dem Reichstagsbrand das Gebäude noch besucht haben.

DAS REICHSTAGSGEBÄUDE
NACH 1955

1. Hauptstadt Berlin, S. 30
2. Schindler, Datenhandbuch 4, S. 1030.
3. BTS, 26. Oktober 1955.
4. Hauptstadt Berlin, Fußnote 18.
5. Hauptstadt Berlin, S. 31.
6. Vermerk des Senators Mahler über eine Sitzung zur Vorbereitung der Interbau am 17. Juli 1956, Hauptstadt Ber-

lin, S. 31.
7. Hauptstadt Berlin, S. 31.
8. BTS, 6. Februar 1957.
9. Willy Brandt und Gerd Bucerius im Bundestag am 6. Februar 1957.
10. Der Tagesspiegel, 14. Dezember 1956.
11. Der Abend, 18. Dezember 1956.
12. Schindler, Bd. 4, S. 1031.
13. ebd.
14. Der Tagesspiegel, 9. Februar 1957.
15. Der Abend, 18. Dezember 1956.
16. Vermerk Rossow, Werkbundarchiv, nicht datiert (um 1957).
17. Der Abend, 9. Februar 1957.
18. Der Tagesspiegel, 7. März 1957; FAZ, 7. März 1957.
19. Der Tagesspiegel, 7. März 1957.
20. ebd.
21. Der Tagesspiegel, 23. März 1957.
22. Der Telegraf, 26. September 1957; vgl. auch: Die Welt, 8. August 1957.
23. Der Telegraf, 26. September 1957.
24. Werkbundbericht; im Blatt konnte der Artikel nicht gefunden werden.
25. Anna Teut, Soll der alte Reichstagsbau wieder erstehen?, in: Die Welt, 24. August 1957.
26. Hauptstadt Berlin, S. 32.
27. Edgar Wedepohl, Zum Aufbau des Reichstagsgebäudes, in: Bauwelt Nr. 29, 1959, S. 869 (zit: Bauwelt Nr. 29).
28. Bauwelt Nr. 29, 1959, S. 869.
29. Hauptstadt Berlin, S. 32.
30. Berlin: Ergebnis des Internationalen städtebaulichen Ideenwettbewerbs Hauptstadt Berlin, Bundesminister für Wohnungsbau, Bonn und Senator für Bau- und Wohnungswesen, Berlin (Hrsg.), Stuttgart 1960, sowie Hauptstadt Berlin, Internationaler

städtebaulicher Ideenwettbewerb 1957/58, Berlinische Galerie (Hrsg.), Berlin 1990.
31. ebd.
32. Der Tagesspiegel, 1. Oktober 1958.
33. Der Tagesspiegel, 2. Oktober 1958.
34. Der Tagesspiegel, 13. Februar 1959.
35. Bauwelt Nr. 29, 1959, S. 869.
36. ebd.
37. ebd.
38. Franz M. Sitte, Ausbau des ehemaligen Reichstagsgebäudes in Berlin, in: Die Bauverwaltung, Heft 1, 1960, S. 10.
39. Der Tagesspiegel, 8. Oktober 1959.
40. Berlin-Chronik, Band 1959-1960, S. 384.
41. Der Tagesspiegel, 9. Oktober 1959.
42. Heinz Raack, Das Reichstagsgebäude in Berlin, Berlin 1978, S. 77 (zit.: Raack). In der Aufstellung des Tagesspiegels vom 12. Mai 1960 fehlt Riphahns Name.
43. Raack, S. 77.
44. Der Tagesspiegel, 9. Januar 1960.
45. ebd.
46. Baumgarten, Katalog der Adk, S. 220.
47. ebd.
48. ebd.
49. Raack, S. 78.
50. ebd.
51. Raack, S. 82.
52. Baumgarten, Katalog der AdK, S. 220.
53. Raack, S. 77.
54. Baumgarten, Katalog der AdK, S. 221.
55. ebd.
56. ebd., S. 220f.
57. ebd., S. 221.
58. ebd.
59. Peter Mayer, Das Reichstagshaus in Berlin. Die Wiederherstellung 1956 - 1973 und die bauhistorischen Grundlagen, Berlin o. J., als MS gedruckt von der Bundes-

tagsverwaltung. Raack, op. cit.

60. Raack, S. 82.

61. Der Nachlaß von Paul Baumgarten dem Älteren liegt im Landesarchiv Berlin. Der Nachlaß vom »Reichstags«-Baumgarten liegt in der Akademie der Künste, Berlin.

62. Mayer, S. 76.

63. Mayer, S. 67.

64. ebd.

65. Der Tagesspiegel, 19. August 1962.

66. Mayer, S. 67, 76, Tagesspiegel, 22. März 1963; 12. November 1963.

67. Der Tagesspiegel. 18. Oktober 1963.

68. Der Tagesspiegel. 11. November 1963.

69. Der Spiegel Nr. 23, 1. Juni 1970, Berliner Morgenpost, 2. Juni 1970, Die Welt, 2. Juni 1970, BILD, 2. Juni 1970.

70. Mayer, S. 84.

71. Schmädeke, S. 116

72. Mayer, S. 84.

73. ebd., S. 83.

74. ebd,

75. ebd., S. 87.

76. Hans Werner Bepler, persönliche Mitteilung.

77. Raack, S. 150.

78. ebd.

79. Bepler, persönliche Mitteilung.

80. Raack, S. 150.

81. Raack, S. 138

82. Mayer, S. 90, Raack S. 150, Schmädeke.

83. Bepler, persönliche Mitteilung.

84. Schmädeke, S. 122; Berliner Morgenpost, 4. März 1969; Raack. S. 123.

85. Bepler, persönliche Mitteilung.

86. Raack, S. 151.

87. Kolloquium Reichstag, Stenographischer Bericht, Berlin, 14./15. Februar 1992, Deutscher Bundestag, Bonn, S. 3, 11.

88. Kolloquium Reichstag, S. 10f.

DER REICHSTAG,
DIE KÜNSTLER, DIE JÜNGSTE
GESCHICHTE

1. Der Abend, 7. April 1971.

2. Der Tagesspiegel, 14. Februar 1976; Michael S. Cullen/Wolfgang Volz (Hrsg.) Christo und Jeanne-Claude, Der Reichstag dem Deutschen Volke, Bergisch-Gladbach 1995, S. 52 (zit.: Cullen/Volz).

3. Cullen/Volz, S. 16f.

4. ebd., S. 24 - 48.

5. ebd., S. 58f.

6. ebd., S. 61.

7. Tilmann Buddensieg, Der Reichstag und die Künstler, FAZ, 1. Oktober 1977.

8. Cullen/Volz, S. 52.

9. Michael S. Cullen, Des Deutschen Volkes Stimmgabel. Anmerkungen zur Geschichte eines typischen Wettbewerbs, in: Jahrbuch für Architektur 1987/1988, (Hrsg.) Heinrich Klotz, Braunschweig/Wiesbaden 1987, S. 43. Dort, Ss. 43 - 56 die Entstehungsgeschichte des Deutschen Historischen Museums.

10. FAZ, 15. August 1981.

11. Cullen/Volz, S. 86ff.

12. Schindler, Datenhandbuch Bd. 4, S. 353.

13. Der Tagesspiegel. 3. Juni 1987.

14. Das Baudenkmal in der Hand des Architekten, Umgang mit historischer Bausubstanz, Schriftenreihe des Deutschen Nationalkomitees für Denkmalschutz, Bd. 37, Dokumentation der Tagung des Deutschen Nationalkomitees für Denkmalschutz im Zusammenwirken mit der TU Berlin, der Architektenkammer Berlin und dem BDA Berlin, 6. und 7. Oktober 1988, Technische Universität Berlin.

15. art (Kunstmagazin), Dezember 1990.

16. Siehe dazu: Michael S.

Cullen: Das Ende der Heimspiele in castrum bonum, FAZ, 8. November 1990, nachgedruckt in: Michael Mönninger (Hrsg.): Das neue Berlin. Baugeschichte und Stadtplanung der deutschen Hauptstadt, Frankfurt/Main 1991; auch Klaus von Beyme: Hauptstadtsuche, Frankfurt/Main 1991; auch Die Bundestagsdebatte zu Parlaments- und Regierungssitz. Die gehaltenen und zu Protokoll gegebenen Reden vom 20. Juni 1991, Bonn-Berlin 1991. Interessant ist die Analyse des Wahlverhaltens von Udo Wengst, nachgedruckt bei Schindler, Datenhandbuch, Bd. 4, S. 1034f.

17. Cullen/Volz, S. 122.

18. Schindler, Datenhandbuch, Bd. 4, S. 1313, Berliner Zeitung, 31. Oktober 1991, FAZ, 6. November 1991.

19. Über die Begegnung mit Frau Süssmuth, Cullen/Volz, S. 126f.;

20. Kolloquium Reichstag, Stenographischer Bericht, 14./15. Februar 1992, herausgegeben vom Bundestag.

21. Vgl. Michael S. Cullen: Nur nicht das Kleingedruckte lesen: Beamtentücken, Auslobungslücken: Warum der Reichstagswettbewerb mißglückte und was aus der Geschichte zu lernen ist. in: FAZ, 12. März 1993.

22. Alle Zeitungen zwischen dem 9. und dem 18. Oktober 1992.

23. Original im Besitz des Verfassers.

24. Cullen/Volz, S. 140f.

25. Realisierungswettbewerb Umbau des Reichstagsgebäudes zum Deutschen Bundestag, Dokumentation des Architektenwettbewerbs, Berlin, November 1993, S. 52. (zit.: Dokumentation)

26. 2. Kolloquium Deutscher Bundestag, 12./13. März 1993, Reichstagsgebäude,

Berlin, S. 35 (Text von Sebastian Redecke).

27. BTS, 211. Sitzung, 25. Februar 1994, Stenographisches Protokoll; auch gedruckt in Cullen/Volz, S. 212 - 260.

28. Der Ältestenrat beschloß in Berlin, mit 18 gegen 5 Stimmen, eine Kuppel errichten zu lassen, aber nicht die historische. Vgl. Berliner Zeitungen vom 1. Juli 1994. Das Abstimmungsergebnis wurde von einem Teilnehmer freundlich mitgeteilt.

29. Tagesspiegel, 10. November 1994, 11. November 1994.

30. Die Empfehlung der Baukommission wurde vom Ältestenrat am 28. April angenommen. Zur Sitzanoprdnungsdiskussion: BTS, 9. März 1995.

31. Über die Kuppelfrage war die Diskussion bei Redaktionsschluß noch nicht abgeflaut; vgl. Berliner Zeitungen vom 9. Mai 1995, Die Welt, 10. Mai, Welt am Sonntag, 14. Mai 1995.

Biographien

Paul Wallot

(Die kürzeste und präziseste Biographie des Reichstagsarchitekten wurde von Hans Vollmer für den letzten Band von Thieme/Becker um 1940 verfaßt; die folgende ergänzte Biographie ist in Anlehnung daran entstanden.)

Jean Paul Wallot wurde am 26. Juni 1841 in Oppenheim am Rhein geboren; er entstammte einer Hugenottenfamilie (ursprünglich: Vallot bzw. Valot), die noch vor Aufhebung des Edikts von Nantes (1685) aus dem südlichen Frankreich ausgewandert war und sich in Oppenheim angesiedelt hatte. Schon als junger Mann konnte er gut malen und wirkte bei der Wiederherstellung der gothischen Kathedrale seiner Heimatstadt mit.

In den Jahren von 1856 bis 1859 besuchte er die höhere Gewerbe-, später die Technische Hochschule in Darmstadt. Er begann sein Studium der Architektur bei Konrad Wilhelm Hase 1860 an der Technischen Hochschule Hannover, die er ab 1861 an der Bauakademie Berlin fortsetzte. An der Universität Gießen schloß er seine Ausbildung bei Hugo von Ritgen - dem Denkmalarchitekt der Wartburg - ab, und diente nach bestandenem Examen für ein Jahr in der Bauverwaltung Hessens.

In den Jahren 1864 bis 1868 arbeitete er in Berlin in den Ateliers von Strack, Lucae, Hitzig, Gropius & Schmieden. In den Sommermonaten von 1867 und 1868 reiste er nach Italien - dort war er in die Kämpfe um Rom verwickelt - und England. Nach seiner Heirat 1868 mit einer Kusine ließ er sich als Privatarchitekt in Frankfurt/Main nieder, wo er Heinrich Burnitz und dem ehemaligen Semper-Schüler Alfred Friedrich Bluntschli nähertrat; Bluntschli wurde in der Folgezeit sein bester Freund.

1872 machte er eine zweite Studienreise nach Italien, wo er besonders die Werke von Palladio und Sanmicheli studierte. Danach beteiligte er sich an Wettbewerben um das Na-tionaldenkmal auf dem Niederwald und den Frankfurter Hauptbahnhof. In den 70er Jahren baute er in Frankfurt eine Reihe vornehmer Wohn- und Geschäftshäuser im Stil der deutschen Renaissance, in der Kaiserstraße, in der Friedensstraße und in der Zeil; außerhalb Frankfurts baute er für die Patrizier Bolongaro eine Villa.

Obwohl er bei Wettbewerben mehrfach ausgezeichnet wurde - für einen Friedhof der Dresdner Kreuzkirche erhielt er den 1. Preis, für die Stefaniebrücke in Wien den 3. Preis - wurde Wallots Name erst mit seinem Preis im 2. Reichstagswettbewerb von 1882 bekannt. Zwecks Überwachung des Baus siedelte er 1883 nach Berlin über.

Noch vor der Schlußsteinlegung übernahm Wallot eine Professur an der Dresdner Akademie, wo er von 1894 bis 1911 lehrte und zahlreiche Schüler heranbildete, u. a. Adolf Abel, Theodor Fischer, Gustav Halmhuber, Wilhelm Kreis, Paul Pfann, Wilhelm Rettig, Otto Rieth, Otto Schmalz und Heinrich Straumer. Bald nach seinem Dresdner Amtsantritt erhielt er den Auftrag für den Neubau des Sächsischen Ständehauses an der Brühlschen Terrasse, dem der alte Bau des Palais Brühl zum Opfer fallen mußte.

1894 haben Mitglieder des schwedischen Oberhauses Wallot nach Stockholm eingeladen, um seine Ansichten über den Standort für ein neues Parlamentsgebäude zu hören. Wallot wurde auch von König Oscar empfangen, der ihm ins Gewissen redete, die vor dem Schloß liegende Helgeandsholmen nicht zu befürworten, weil dies des Königs Sicht genommen hätte. Wallot hat dennoch die Insel befürwortet, und das Parlamentsgebäude ist genau auf dieser Stelle errichtet worden.

Bei Abschluß der Reichstagsarbeiten 1894 erhielt Wallot die Ehrendoktorwürde der Universität Gießen und eine große Zahl Ehrenmitgliedschaften in Akademien und Vereinen

S. 332
*Paul Wallot (rechts)
und Thomas Alva
Edison*

des In- und Auslandes. Von Dresden aus leitete Wallot seit 1897 gleichzeitig den 1904 vollendeten Bau des Reichstagspräsidentenpalais in Berlin.

Mit dem Bau eines Parlamentsgebäudes geht offenbar die häufige Mitgliedschaft in Wettbewerbsjurys einher; Wallot hat in mehr als 30 Preisgerichten gearbeitet, sicher aber war die Arbeit nicht so aufwendig wie die für die University of California in Berkeley 1899, wofür er in die USA reisen mußte. Bei diesem von der Millionenerbin Phoebe Hearst finanzierten Unternehmen lernte er Kollegen wie John Belcher, R. Norman Shaw und Walter Cook, aber auch Thomas Edison und den Kandidaten für die US-Präsidentschaft William J. Bryan kennen.

In der Kontroverse um den geplanten Abriß der Knobelsdorffschen Oper in Berlin 1904 bezog Wallot eindeutig Position dagegen; der Abriß konnte verhindert werden.

1911 legte Wallot sein Lehramt an der Dresdner Kunstakademie, neben dem er auch ein solches an der Technischen Hochschule bekleidet hatte, nieder und zog sich nach Biebrich am Rhein zurück.

Wallot war ein durchaus musischer Mensch; er malte leidenschaftlich und widmete sich der Musik; von Saint-Saens soll er begeistert gewesen sein, und er spielte nach übereinstimmender Meinung gut Violine. Was bisher unbekannt war: sein französischer Kollege Jean Louis Pascal schlug Wallots Namen für eine korrespondierende Mitgliedschaft an der Academie Française vor, doch Wallot erhielt nur ein Stimme - wohl von Pascal, während Ihne angenommen wurde. In der Jury - ob Wallot es je erfuhr, ist eher zu verneinen - saß auch Camille Saint-Saens.

Wallot starb am 10. August 1912 in Langenschwalbach am Taunus und wurde auf dem Friedhof in Oppenheim beerdigt.

Biographische Auswahl

Biographische Übersicht zu Personen, die mit der Baugeschichte bzw. der Parlamentsgeschichte des Reichstags in besonderer Weise zu tun hatten (Auswahl).

ADLER, Friedrich Johann Heinrich (15. Oktober 1827 Berlin - 15. September 1908 ebd.); Archäologe und Bauhistoriker, der beste Kenner der norddeutschen Backsteingotik, Mitglied der Jury 1882.

ANGELROTH, Hermann (13. Dezember 1853 Stepfershausen bei Meiningen - 9. Juli 1901 Wiesbaden); Architekt in Wallots Büro.

VON BALLESTREM, Franz Graf (5. September 1834 Plawniowitz/Oberschlesien - 23. Dezember 1910 ebd.); Zentrumsabgeordneter und Reichstagspräsident von 1898 - 1906.

BAMBERGER, Ludwig (22. Juli 1823 Mainz - 14. März 1899 Berlin); MdR (nationalliberal) und Gegner Bismarcks.

BARTNING, Otto (12. April 1883 Karlsruhe - 20. Februar 1959 Darmstadt); Architekt, beratend tätig beim Wiederaufbau des Reichstagsgebäudes nach 1957.

BAUMBACH, Max (28. November 1859 Wurzen - 4. November 1915 Berlin); Bildhauer.

BAUMGARTEN, Paul (d. Ä) (25. Juni 1873 Schwedt - 26. Februar 1946 Berlin); Architekt.

BAUMGARTEN, Paul Gotthilf Reinhold (d. J.) (9. Mai 1900 Tilsit - 9. Oktober 1984 Berlin); Architekt, gewann am 19. 1. 1961 den Wettbewerb zum Wiederaufbau des Reichstages (mit P. B. d. Ä. nicht verwandt).

BECKER, Johann Albrecht (22. Februar 1840 Rostock - 11. Oktober 1911 Gut Mallentin); Architekt im Büro Haeger.

BEGAS, Reinhold (5. Juli 1831 Berlin - 3. August 1911 ebd.); Bildhauer und Lehrer an der Berliner Kunstakademie, gilt als der bedeutendste Bildhauer der wilhelminischen Zeit; schuf mit Cauer und Gaul das Bismarck-Denkmal auf dem Königsplatz.

BEHRENS, Peter (14. April 1868 Hamburg - 27. Februar 1940 Berlin); Architekt, schuf die Inschrift »Dem deutschen Volke«.

VON BENNIGSEN, Rudolf (10. Juli 1824 Lüneburg - 7. August 1902 Bennigsen); MdR, MdRTAK.

BIEHL, Georg (26. Juli 1845 München - 13. Dezember 1895 ebd.); Bildhauer, Stukkateur und MdR; hat für Franz von Stuck die Arbeiten im Reichstagsgebäude ausgeführt; Präsident des Allgemeinen Deutschen Handwerkerbunds (ADH), der seltene Fall eines Handwerkers, der im Reichstag saß und einen Auftrag bei der Ausführung des Reichstagsbaus hatte.

BLÖMEKE, Eduard (16. Dezember 1855 Minden - 20. November 1930 Berlin); Reichstagsbibliothekar.

BLUNTSCHLI, Alfred Friedrich (29. Januar 1842 Zürich - 27. Juli 1930 ebd.); Architekt aus Basel, Freund und Briefpartner Paul Wallots; der Briefwechsel mit ihm gibt am genauesten Auskunft über die einzelnen Stadien des Reichstagsbaus.

BÖCKMANN, Wilhelm (29. Januar 1832 Elberfeld - 22. Oktober 1902 Berlin); Architekt, soziiert mit Hermann Ende (Ende & Böckmann) 1869 - 1895; gehörte 1867 zu den Mitbegründern der »Deutschen Bauzeitung« und war als Unternehmer ein »Hardliner« während der Bauarbeiterstreiks der 70er Jahre.

VON BOETTICHER, Karl Heinrich (6. Januar 1833 Stettin - 6. März 1907 Naumburg); ab 1880 Staatssekretär im RAI, ab 1881 Generalstellvertreter des Reichskanzlers, als solcher dessen Vertreter als Vorsitzender des Bundesrates, auch als »Bismarcks vollendeter Handlanger« apostrophiert.

BOHNSTEDT, Ludwig Franz Carl Eduard Albert, (27. Oktober 1822 St. Petersburg - 3. Januar 1885 Gotha); Architekt, gewann den 1. Preis im Reichstagswettbewerb von 1872; beteiligte sich auch an der zweiten Konkurrenz, freilich ohne den gleichen Erfolg.

BRACHT, Eugen Felix Prosper (3. Juni 1842 Morges/Genfer See - 16. November 1921 Darmstadt); Maler, malte für den Reichstag die beiden Bilder »Bastei in der Sächsischen Schweiz« und »Vorgebirge Kap Arkona auf Rügen«.

BRÜTT, Adolf (10. Mai 1855 Husum - 9. November 1939 Bad Berka); Bildhauer, schuf das Standbild Heinrichs I. in der südlichen Eingangshalle.

BÜNGER, Wilhelm (8. Oktober 1870 Elsterwerda - 20. März 1937 Leipzig); Gerichtspräsident während des Reichstagsbrandprozesses in Leipzig, später sächs. Ministerpräsident.

BUSSE, August Wilhelm Martin Heinrich (27. Januar 1839 Berlin - 9. Januar 1896 ebd.); Architekt, Baubeamter, übernahm 1879 das Ressort Staatsbauten im Reichskanzleramt, 1884 wechselte er in das Reichsinnenministerium und war ab 1889 dort für die Staatsbauten des Reiches verantwortlich.

DEDREUX, Oskar, (18. Dezember 1854 Kaiserslautern - 8. Januar 1929 München); Designer bei der Bronzegußfirma Riedinger,

entwarf die Beleuchtungskörper.

VON DELBRÜCK, Rudolf (16. April 1817 Berlin - 1. Februar 1903 ebd.); seit 1867 Präsident des Bundeskanzleramts (des Norddeutschen Bundes); 1871 - 1876 Präsident des Reichskanzleramtes, späterer Kritiker Bismarcks.

DIMITROFF, Georgi Michailovitsch (18. Juni 1882 Kovachevtsi/Bulgarien - 2. Juli 1949 bei Moskau); bulg. Kommunist, im Reichstagsbrand angeklagt und freigesprochen.

DRAKE, Friedrich (23. Juni 1805 Pyrmont - 6. April 1882 Berlin); Bildhauer, Mitglied der Reichstagswettbewerbsjury 1872, Schöpfer der Viktoria auf der Siegessäule.

DRESSEL, Rudolf (3. Dezember 1839 Berlin - 5. April 1901 ebd.); Gastronom.

EBERLE, Sirius (auch: Syrius) (9. Dezember 1844 Pfronten - 12. April 1904 Bozen); Bildhauer.

EBERLEIN, Gustav Heinrich (14. Juli 1847 Spickershausen - 5. Februar 1926 Berlin); Bildhauer.

VON EGLE, Joseph (23. November 1818 Dellmensingen - 5. März 1899 Stuttgart); Architekt in Stuttgart, Preisrichter 1872, einer der bedeutendsten süddeutschen Architekten.

EMMERICH, Julius, (22. April 1834 Trier - 30. September 1917 Berlin); Architekt.

EMMERICH, Paul (27. Juli 1876 Berlin - 28. September 1958 ebd.); Architekt, Wettbewerb 1927.

ENDE, Hermann Gustav Louis (4. März 1829 Landsberg an der Warthe - 10. August 1907 Berlin–Wannsee); wurde 1874 Mitglied der Akademie der Künste, an der er ab 1885 ein Meisteratelier leitete und deren Präsident er 1895 - 1904 war. 1877 - 1885 Professor an der TH Charlottenburg; nahm zusammen mit Wilhelm Böckmann (Ende & Böckmann) am Wettbewerb 1872, 1882 ohne ihn teil.

FAHRENKAMP, Emil (8. November 1885 Aachen - 27. Mai 1966 Breitscheid); Architekt, Wettbewerb Reichstagserweiterung 1927, Platz der Republik 1929.

FECHNER, Hanns (7. Juni 1860 Berlin - November 1931 Schreiberhau); Maler.

VON FERSTEL, Heinrich Freiherr (7. Juli 1828 Wien - 14. Juli 1883 Wien-Grinzing); einer der bedeutendsten österreichischen Architekten, Wettbewerb 1882.

FISCHER, Theodor (28. Mai 1862 Schweinfurt - 25. Dezember 1938 München); Stadtbaurat von München.

FISCHER-BALING, Eugen (9. Mai 1881 Balingen - 18. Januar 1964); Reichstagsbibliotheksdirektor.

VON FORCKENBECK, Maximilian Franz August (23. Oktober 1821 Münster - 26. Mai 1892 Berlin); von Beruf Rechtsanwalt, war 1866 von der Fortschrittspartei zu den Nationalliberalen und 1880 zur Freisinnigen Partei gewechselt; 1867 - 1892 Mitglied und 1874 - 1879 Präsident des Reichstages, 1873 - 1878 und 1879 - 1892 Mitglied des Herrenhauses. Nach seiner Amtszeit als Oberbürgermeister von Breslau (ab 1872) übte er das gleiche Amt in Berlin von 1878 bis zu seinem Tode aus.

DE FRIES, Heinrich (1887 Orsoy/Niederrhein - Herbst 1938 Werder); Architekt, gewann Wettbewerb 1927.

FRITSCH, Karl Emil Otto
(29. Januar 1838 Ratibor -
1. September 1915 Berlin-
Grunewald); Architekt und
Zeitschriftenredakteur,
Schwiegersohn Theodor
Fontanes. 1866 war er mit
Böckmann, Jacobsthal,
Grüttefien und Stier an der
Gründung des »Wochenblatt
des Architekten-Vereins zu
Berlin« mitbeteiligt, zwei
Jahre später in »Deutsche
Bauzeitung« umbenannt; er
war ihr Chefredakteur bis
1901. Bis zur Niederlegung
seiner Ämter im Jahre 1901
leitete er mit ungewöhnlicher
Energie das auflagenstärkste
und einflußreichste Bau-
Fachblatt Deutschlands.
Zusammen mit Cornelius
Gurlitt half er Wallot bei der
Formulierung seines Vorworts
für die Prunkmappe »Das
Reichstagsgebäude in Berlin
von Paul Wallot«, erschienen
1913 nach Wallots Tod.

GALLE, Reinhold
(18. Dezember 1869
Birkenholzerpechhütte -
27. Oktober 1954 Potsdam);
Direktor des Reichstags
vom 1. April 1923 -
30. September 1934.

GENZMER, Felix August
Helfgott (22. November 1856
Labes/Pommern - 6. August
1929 Berlin); Architekt,
Stadtplaner.

GIERSCH, Ernst (4. Juni 1853
Lissa - 7. September 1891
Berlin); Zimmermann, er starb
an seinem ersten Arbeitstag
am Reichstagsbau.

GÖSLING, Friedrich (Fritz)
Wilhelm Hermann (24. Juni
1837 Holzhausen bei Pyrmont
- 17. Juli 1899 Pyrmont);
Ziegeleibesitzer und Architekt,
nahm mit dem exzentrischsten
Entwurf am Wettbewerb 1872
teil.

GRAEF, Paul Carl Johann
Friedrich (7. März 1855
Bromberg - 9. Februar 1925
Berlin); Architekt im Büro
von Wallot, Herausgeber der
Zeitschrift »Blätter für das
Kunsthandwerk«.

GRENANDER, Alfred Frederik
Elias (26. Juni 1863
Sköfde/Schweden - 14. Juli
1931 Berlin); Architekt in
Wallots Büro, danach viele
Bauten in Berlin, besonders
für die Hochbahngesellschaft.

GROHMANN, Will
(2. Dezember 188/ Bautzen -
6. Mai 1968 Berlin); Kunsthistoriker und Journalist.

GROPIUS, Martin Carl Philipp
(11. August 1824 Berlin -
13. Dezember 1880 ebd.);
Gropius entstammte einer
weitverzweigten Künstler- und
Unternehmerfamilie, besuchte
Gewerbeinstitut
und Bauakademie und ließ
sich 1856 als
Privatarchitekt in Berlin
nieder. Mit Heino Schmieden
gründete er 1866 die
Architekturfirma Gropius &
Schmieden, eine der ersten
erfolgreichen
Architekturfirmen im 19. Jh.
An der Bauakademie wirkte er
ab 1865 als Lehrer
und wurde ein Jahr später zum
Professor ernannt; als
Senatsmitglied der Akademie
der Künste war er ab 1869 für
das preußische
Kunstschulwesen zuständig.
Ab 1867 stand er der von ihm
mitbegründeten
Unterrichtsanstalt am
Kunstgewerbemuseum und ab
1869 der Kunstschule vor.

GROVE, David (27. Juni 1840
London - 3. Dezember 1909
Berlin); Installationsfirmen-
gründer und -inhaber in
Berlin, baute die Heizungs-
anlage des Reichstags.

VON GUÉRARD, Karl Theodor
(29. Dezember 1863 Koblenz -
26. Juli 1943 ebd.); MdR,
MdRTAK.

GURLITT, Cornelius Gustav
(1. Januar 1850 Nischwitz -
25. März 1938 Dresden);
Kunsthistoriker und Freund
Wallots.

HAASE, Hugo (29. September
1863 Allenstein - 7. November
1919 Berlin - vor dem
Reichstag ermordet); MdR,
Mitglied der Regierung der
Volksbeauftragten.

HAEGER, Carl Julius Wilhelm
(1. September 1834 Greifs-

wald - 2. März 1901 Berlin-
Friedenau); Architekt,
Baubeamter, sicher der
Architekt, der den
Reichstagsbau am längsten
begleitet hat. Er hatte bis 1865
an der Bauakademie und
gleichzeitig Kunstwissenschaft
und Mathematik an der
Friedrich-Wilhelms-
Universität studiert und war
anschließend bei der
Ministerial-, Militär- und
Baukommission der Haupt-
und Residenzstadt Berlin und
im preußischen Ministerium
der öffentlichen Arbeiten tätig.
1874 wurde Haeger zum
Bauinspektor ernannt. Er
brachte eine große Erfahrung
mit, als Bauleiter hatte Haeger
mit vielen bekannten Architekten zusammengearbeitet, u.
a. mit Strack, J. Schwedler,
Hitzig, Herrmann und Gropius
& Schmieden. Am 1. Sep-
tember 1883 wurde er als
Leiter des Technischen Büros
zur Reichstagsbauverwaltung
versetzt und 1885 zum Baurat
befördert. Von 1898 bis zu
seinem Tode leitete Haeger
den Bau des Reichstagspräsidentenpalais an der Som-
merstraße.

HEEREMANN VON ZUYDWYCK,
Clemens Freiherr
(26. August 1832 Surenburg -
23. März 1903 Berlin);
MdR, MdRTBK.

HERRMANN, Heinrich
Ludwig Alexander
(13. August 1821 Krotoschin -
30. September 1889 Berlin);
Architekt und Baubeamter;
ab 1886 Präsident der
Akademie des Bauwesens;
im Auftrag des Preußischen
Abgeordnetenhauses bereiste
er zum Studium von
Parlamentsbauten Frankreich
und Belgien.

HINCKELDEYN, Karl Theodor
(5. Februar 1847 Lübeck -
21. Mai 1927 ebd.);
Architekt, Wettbewerb 1882,
Herausgeber des Centralblatt
der Bauverwaltung,
Autor des Werkes »Das
Reichstagsgebäude von Paul
Wallot«, Leipzig 1913
(nicht 1897).

HITZIG, Georg Friedrich
Heinrich
(8. November 1811 Berlin -
11. Oktober 1881 ebd.);
Architekt; hatte sich 1835 als
Privatarchitekt in Berlin
niedergelassen, war 1855 zum
Mitglied der Akademie der
Künste, 1868 zum Senator und
1875 zu ihrem Präsidenten
gewählt worden. Neben
zahlreichen Villen und der
Beteiligung an Grundstücks-
und Baugesellschaften
machten ihn besonders die
Berliner Börse (1859 - 1864,
1880 - 1883), der
Reichsbankkomplex in der

Jägerstraße (1869 - 1876) und
ab 1878 der Bau der
Technischen Hochschule
Charlottenburg unter seiner
Leitung (Entwurf Richard
Lucae) bekannt.

HOFFMANN, Ludwig Ernst
Emil (31. Juli 1852 Darmstadt
- 11. November 1932 Berlin);
Architekt und Berliner
Stadtbaurat; Erbauer des
Reichsgerichts in Leipzig; in
Berlin vor allem durch viele
Schulbauten bekannt
geworden; gehörte zu den
entschiedensten Kritikern
Wallots.

VON HOFMANN, Karl
(4. November 1827 Darm-
stadt - 9. Mai 1910 ebd.);
hessisches Bundesrats-
mitglied; 1877 - 1880
Staatssekretär des RAI und
somit Nachfolger
Delbrücks und Vorgänger
Boettichers.

HOHENLOHE, Chlodwig Karl
Viktor, Fürst zu Hohenlohe-
Schillingsfürst (31. März 1819
Rotenburg/Fulda - 6. Juli 1901
Ragaz); 1866 bayrischer
Ministerpräsident, 1894-1900
Reichskanzler.

VON HOVERBECK, Leopold
Freiherr (25. Juli 1822
Nickelsdorf/Ostpreußen -
12. August 1875
Gersau/Schweiz); Gründer der
Fortschrittspartei und seit
1867 MdR.

VON DER HUDE, Hermann
Philipp (2. Juni 1830 Lübeck -
4. Juni 1908 Berlin);
Architekt, 1860 bis 1892 mit
Hennicke soziiert, allerdings
Wettbewerb 1882 ohne
Hennicke.

HUNDRIESER, Emil (13. März
1846 Königsberg - 30. Januar
1911 Berlin); Bildhauer; zu
seinen bekanntesten Werken
gehören das Kyffhäuser-
Denkmal und die Berolina.

VON IHNE, Ernst Eberhard
(23. Mai 1848 Elberfeld -
21. April 1917 Berlin);
Lieblingsarchitekt von
Wilhelm II.

JACOBS, Karl
(20. Oktober 1895 Wiesbaden
- 3. Januar 1936 Coswig);
Graphiker, hat für Peter
Behrens die Schrift »Dem
Deutschen Volke« gezeichnet.

JANK, Angelo
(30. Oktober 1868 München -
9. Oktober 1940 ebd.); Maler
der Münchner Sezession; sein
Gemälde mit der Darstellung
des Sieges bei Sedan führte
zur Verstimmung Frankreichs.

JUNGHEIM, Bernhard,
(14. September 1857 Berlin -
29. Dezember 1923 ebd.);
Reichstagsdirektor.

KAEMPF, Johannes
(18. Februar 1842 Neuruppin -
25. Mai 1918 Berlin); Reichstagspräsident von 1912 - 1918.

KAYSER, Heinrich Joseph
(28. Februar 1842 Duisburg -
11. Mai 1917 Berlin);
Architekt; ohne Hoch-
schulabschluß wurde Kayser
einer der bekanntesten
Architekten des
wilhelminischen Berlin, 1883
Mitglied der Akademie der
Künste, 1893 ihres Senats und
1907 Professor. Mit von
Groszheim hatte Kayser
bereits ab 1867 bei Orth
zusammengearbeitet, beide
gründeten 1872 die Firma
Kayser & von Groszheim (bis
1911). Groszheim wurde 1887
Mitglied der Akademie der
Künste und 1910 deren
Präsident. Die Firma war vor
allem im Wohn-, Kauf- und
Geschäftshausbau tätig.

VON KEHLER, Friedrich
(1. Oktober 1820 Berlin -
7. Juni 1901 ebd.);
Chefredakteur der Berliner
Zeitung »Germania«; MdR
(Zentrum).

KNACK, Oskar (1. Oktober
1838 Berlin - 17. März 1906
ebd.); Reichstagsdirektor
1879 - 1900.

KOENEN, Matthias (3. März
1849 Bedburg/Köln -
26. Dezember 1924 Berlin);
Ingenieur im Büro Haeger.

KOHTZ, Otto Wilhelm Julius
(23. Februar 1880 Magdeburg
- 22. Dezember 1956 Berlin);
Architekt.

KONWIARZ, Richard
(15. Februar 1883 Posen -
14. Dezember 1960
Hannover); Architekt, Schüler
von Wallot.

KREIS, Wilhelm (17. März
1873 Eltville - 13. August
1955 Bad Honnef), Mitarbeit
am Ständehaus, Dresden

KRIEGER, Ludwig (16. Februar
1887 - 24. April 1974); Direktor des Stenographenbüros des
Reichstags und des
Bundestags.

KRÜGER, Dr. Friedrich
Christian Daniel
(22. September 1819 Lübeck -
17. Januar 1896 Berlin);
Minister-Resident und
Gesandter der Hansestädte in
Berlin, MdRTBK bekannt als
Förderer des Eisenbahnwesens
in Norddeutschland; er war
auch Hobbymaler.

KUEHL, Gotthard
(28. November 1850 Lübeck -
9. Januar 1915 Dresden);
Maler, im Reichstagslesesaal
hingen seine Bilder vom
Hamburger Hafen und von der
Dresdner Frauenkirche.

LASKER, Eduard (14. Oktober
1829 Jarotschin/Posen -
5. Januar 1884 New York);
1866 (seitdem auch MdR).
Mitbegründer der
nationalliberalen Partei, aus
der er 1880 ausschied.

VON LENBACH, Franz Seraph
(13. Dezember 1836
Schrobenhausen - 6. Mai
1904 München); Maler.

VON LERCHENFELD AUF
KOEFERING, Hugo Graf
(21. August 1843 Berlin -
28. Juni 1925 Schloß Koe-
fering bei Regensburg);
beteiligt bei den Reichs-
gründungsverhandlungen in
Versailles; von 1871/1875
Gesandter Bayerns in Berlin
und stimmführender Vertreter
Bayerns im Bundesrat
1880/1919, MdRTBK,
MdRTAK.

LESSING, Otto (24. Februar
1846 Düsseldorf -
22. November 1912 Berlin);
Bildhauer; Großneffe des
Dichters Gotthold Ephraim
Lessing; vor allem bekannt
durch dekorative Bauplastik
und -malerei, zumeist in
Zusammenarbeit mit dem
Berliner Stadtbaurat
Ludwig Hoffmann, sowie
Denkmalplastik.

VON LEVETZOW, Albert
(12. September 1827 Gossow -
12. August 1903 ebd.);
Reichstagspräsident 1881 -
1884 und 1884 - 1895.

LINDNER, Christian Albert (24.
April 1831 Sulza/Weimar -
4. Januar 1888 Berlin-
Dalldorf); Reichstagsoberbibliothekar und Schriftsteller.

LINNEMANN, Alexander
(14. Juli 1839 Frankfurt/Main
- 22. September 1902 ebd.);
Glasmaler; nach dem Studium
an der Bauakademie in Berlin
hat er eine Werkstatt für
Glasmalerei in Frankfurt
gegründet, die bald zu den
renommiertesten in
Deutschland gehörte; nach
dem Tod ihres mit Wallot
befreundeten Gründers wurde
sie von den Söhnen Rudolf
und Otto fortgeführt.

LÖBE, Paul (14. Dezember
1875 Liegnitz - 3.August 1963
Bonn); 1920 - 1933 MdR,
1920 - 1924 und 1925 - 1932
Reichstagspräsident.

LODEMANN, Philipp
(22. Februar 1848 Weener/
Ostfriesland - 1. August 1909
Braunschweig); Ingenieur,
Mitarbeiter Zimmermanns bei
der Berechnung der Kuppel.

VAN DER LUBBE, Marinus
(13. Januar 1909 Leiden/
Holland - 10. Januar
1934 Leipzig); verurteilt, den
Reichstag angezündet
zu haben und dafür
hingerichtet.

LUCAE, Johann Theodor
Richard Volcmar (12. April
1829 Berlin - 26. November
1877 ebd.); Architekt, prägte
als Lehrer an der Bauakademie
ab 1859 und ab 1873 als deren
letzter Direktor die
Architektur-Lehre in Berlin
entscheidend; kurz vor seinem
Tod Mitglied der Akademie
der Künste. Außer zahlreichen
Villen und Wohnhäusern
entwarf er das Stadttheater
Magdeburg.

LÜTHI, Johann Albert
(24. Februar 1858 Zürich -
11. Dezember 1903 ebd.);
Architekt in Wallots Büro.

MAISON, Rudolf (29. Juli 1854
Regensburg - 12. Februar
1904 München); Bildhauer,
schuf die Bronzefigur Ottos
des Großen in der südlichen
Eingangshalle.

MANZEL, Ludwig (3. Juni
1858 Kagendorf/Anklam -
Dezember 1936 Berlin);
Bildhauer, schuf die
Bronzefigur Heinrichs III. in
der südlichen Eingangshalle.

MATZ, Johannes
(26. November 1849 Lübeck -
8. Juni 1913 Halle);
Architekt, Mitarbeiter in
Wallots Büro.

VON MAYBACH, Albert
(29. November 1822 Werne -
21. Januar 1904 Berlin);
preuß. Minister der
Öffentlichen Arbeiten,
federführendes Ministerium
für den Bau des Reichstags.

METZEL, Ludwig
(8. Dezember 1814
Königsberg - 6. Juni 1895
Berlin); Reichstagsdirektor
1867 - 1870.

MÖLLER, Ferdinand Hermann
Gustav (22. März 1826 Erfurt
- 31. August 1881 Berlin);
Architekt und von 1868 bis zu
seinem Tod Direktor der
KPM; lehrte auch an der
Bauakademie; zusammen mit
Hermann Ende hat er 1859
auch das spätere Reichs-
kanzleramt Wilhelmstraße 74
umgebaut.

MÜLLER, Johannes
(24. Februar 1850
Kleinsilber/Arnswalde -
14. Juli 1919 Berlin);
Reichstagsbibliothekar.

ZU MÜNSTER, Georg Herbert
Graf (23. Dezember 1820
London - 28. März 1902
Hannover); vertrat im
Reichstag zwischen 1871 und
1873 Hannover, zunächst für
die Freie Konservative
Vereinigung, dann für die
Deutsche Reichspartei; diente
ab 1873 als Botschafter in
London, ab 1885 als
Botschafter in Paris.

MUTHESIUS, Hermann
(20. April 1861
Großneuhausen - 26. Oktober
1927 Berlin); Architekt.

NAST, Ernst (1855 Berlin -
1943 ebd.); Intarsienkünstler,
hat für den Reichstag die
Kaiserloge und die Hammel-
sprungtüren eingelegt.

VON NEIDHART, Dr. Karl
(10. Oktober 1831 Alsfeld -
14. März 1909 Berlin);
Bevollmächtigter Hessens im
Bundesrat, Mitglied der
RTBK.

NEUPERT, Albert (22. März
1857 Dresden - 6. Juli 1912
Berlin ?); Reichstags-
stenograph.

NIEBERDING, Rudolf Arnold
(4. Mai 1838 Konitz -
10. Oktober 1912 Berlin-
Charlottenburg); Geh.
Oberreg. Rat im Reichsamt
des Innern, MdRTBK;
maßgeblich an der
Ausarbeitung des Baupro-
gramms 1882 beteiligt.

VON NORDECK ZUR RABENAU,
Adalbert Freiherr
(30. Dezember 1817
Darmstadt - 18. März 1892
Friedelhausen); MdR von
1867 - 1881, zunächst bei
keiner Fraktion, dann zur
Liberalen Reichspartei, später
zur Deutschen Reichspartei
gehörend.

ORTH, August (26. Juli 1828
Windhausen - 11./12. Mai
1901 Berlin); Architekt,
Stadtplaner, Teilnehmer an
den Wettbewerben 1872 und
1882.

PERGLER VON PERGLAS,
Maximilian Joseph Karl Ernst
Anton Constantin Freiherr (20.
Mai 1817 München - 6. Mai
1893 ebd.); bereits 1847 als
Legationsrat in Berlin, später

in Athen und Hannover, 1860
nach St. Petersburg (wo
Bismarck schon seit 1859 für
Preußen Gesandter war) und
1866 nach Paris entsandt; seit
1867 in Berlin, 1877 aus dem
Bundesrat ausgeschieden.
Bismarck ließ ihn in Berlin
bespitzeln.

PERSIUS, Friedrich Ludwig
(15. Februar 1803 Potsdam -
12. Juli 1845 ebd.); Hof-
Architekt.

PERSIUS, Ernst Ludwig
Reinhold (27. August 1835
Potsdam - 12. Dezember 1912
Berlin); Sohn von Ludwig
Persius, arbeitete während des
Bauakademiestudiums 1854 -
1864 bei August Stüler und
Karl Lüdecke; 1867
Hofbaumeister in Potsdam,
1876 Direktor der
Schloßbaukommission, 1886
»Architekt des Kaisers«. Von
1886 -1901 war Persius
Preußischer
Denkmalkonservator.

PETERS, Leopold (12. Mai
1843 Berlin - 15. November
1892 ebd.); Maurermeister am
Reichstagsbau.

PFAFF, Albert (12. November
1828 Berlin - 24. Januar 1903
ebd.); Möbelfabrikant in
Berlin.

PFANN, Paul (18. April 1860
Nürnberg - 1. August 1919
ebd.); Architekt im Büro
Wallot.

PFUHL, Johannes (20. Februar
1846 Löwenberg/Schlesien -
3. Mai 1914 Baden-Baden);
Bildhauer.

VON POSADOWSKY-WEHNER,
Arthur Graf (3. Juni 1845
Glogau - 23. Oktober 1932
Naumburg); Staatssekretär des
Reichsamts des Innern und
zugleich stellvertretender
Reichskanzler von 1897 -
1907.

POTTHAST, Franz August
(13. August 1824 Höxter -
13. Februar 1898 Leobschütz);
Reichstagsoberbibliothekar.

PRELLER, Friedrich (d. J.)
(1. September 1838 Weimar -
21. Oktober 1901 Dresden);
Maler, hat den »Dom zu
Speyer« für den Lesesaal
gemalt.

PREUß, Hugo (28. Oktober
1860 Berlin - 9. Oktober 1925
ebd.); Jurist, Politiker,
Verfassungsrechtler.

PRUSKA, Anton
(1. Juni 1846 Goldbrünn/
Böhmen - 24. Juli 1930
München); Holzbildhauer.

PULS, Eduard (8. Juni 1840
Berlin - 1. Oktober 1909
Berlin ?); Metallbauer in
Berlin.

RACZYNSKI, Athanasius Graf
(2. Mai 1788 Posen -
21. August 1874 Berlin);
Kunsthistoriker, Sammler und
Diplomat. (siehe ausf. Biogr.
im Kapitel »Standortsuche
1872 - 1881).

RATHENAU, Walther
(29. September 1867 Berlin -
ermordet 26. Juni 1922 ebd.);
Reichsaußenminister seit
Februar 1922.

REDSLOB, Edwin (22. August
1884 Weimar - 24. Januar
1973 Berlin); Reichskunstwart
in der Weimarer Republik.

REHBOCK, Theodor (14. April
1864 Amsterdam - 17. August
1950 Karlsruhe); Architekt im
Büro Haeger.

Kollegen Gehirn an, drückt und dreht und schraubt, als gelte es, mit der Gewalt eines alles durchbrechenden Argumentirungs-Maschine die gegnerischen Anschauungen durch und durch zu bohren.« (Deutsches Montagsblatt, 1. April 1878). Er gehörte der RTBK an, war im Preisgericht 1872 und pflegte einen ausführlichen Briefwechsel mit Paul Wallot während der Bauzeit des Reichstags.

REICHENSPERGER, August (22. März 1808 Koblenz - 16. Juli 1895 Köln); nach dem Jurastudium Eintritt 1832 in den Staatsdienst, gehörte der katholischen Vereinigung in der Frankfurter Nationalversammlung und im Erfurter Unionsparlament an; bezog Position gegen die Führungsmacht Preußens; Mitglied des Preußischen Abgeordnetenhauses, wo er 1852 mit seinem Bruder Peter die katholische Fraktion (1859 Zentrumspartei) gründete. Zwischen 1867 und 1884 war er MdR für den Wahlkreis Düsseldorf. Als autodidaktischer Kunsthistoriker, zu dessen Freundes- und Bekanntenkreis die Architekten Vinzenz Statz, Friedrich von Schmidt, Sir George Gilbert Scott, die Architekten des englischen Parlaments Sir Charles Barry und Augustus Welby Pugin sowie der französische Neugotiker und Architekt der Wiederherstellung von Nôtre Dame in Paris Eugène-Emmanuel Viollet-le-Duc gehörten, engagierte er sich besonders im Streit um den Baustil für den zukünftigen Reichstag. Seine außergewöhnliche Redegabe war berüchtigt: »Er setzt diese Beredsamkeit wie einen Korkenzieher auf seiner

RICHTER, Eugen (30. Juli 1838 Düsseldorf - 10. März 1906 Berlin); Schriftsteller, Führer der Fortschrittspartei, seit Februar 1867 MdR für Erfurt, 1871 - 1874 für Schwarzburg-Rudolstadt, Januar 1874 bis zu seinem Tode für Arnsberg, gefürchteter Gegner Bismarcks.

RIEDINGER, August (9. Oktober 1845 Augsburg - 15. Januar 1919 ebd.); Bronzefabrikant in Augsburg.

RIETH, Otto (9. Juni 1858 Stuttgart - 9. Oktober 1911 ebd.); Architekt in Wallots Büro.

RIETSCHEL, Hermann (19. April 1847 Dresden - 18. Februar 1914 Berlin-Charlottenburg); Heizungsingenieur.

RÖHLICH, Carl Philipp Alexander (19. Juli 1841 Berlin - 23. Juni 1907 ebd.); Hofgoldlieferant.

RÖMER, Hermann (4. Januar 1816 Hildesheim - 24. Februar 1904 ebd.); MdR, MdRTBK.

SCHAEDE, Bernhard (15. Oktober 1855 Lotzin - Frühjahr 1943 Berlin); Architekt im Büro Wallot.

SCHALLOP, Emil (1. August 1843 Berlin - 9. April 1919 ebd.); Vorsteher des Reichstagsstenographenbüros, Schachmeister.

SCHAPER, Fritz (31. Juli 1841 Alsleben - 29. November 1919 Berlin); Bildhauer.

SCHAROUN, Hans (20. September 1893 Bremen - 25. November 1972 Berlin); Architekt, Stadtbaurat von Berlin 1945/46.

SCHAURTÉ, Louis (22. März 1851 Köln-Deutz - 22. November 1936 Berlin); Gastronom, Pächter des Reichstagsrestaurants.

SCHEIDEMANN, Philipp (26. Juli 1865 Kassel - 29. November 1939 Kopenhagen); MdR, Reichskanzler.

SCHIERHOLZ, Johann Georg Friedrich (27. April 1840 Frankfurt/Main - 2. Februar 1894 ebd.); Bildhauer.

SCHILLING, Carl (22. Juli 1851 - 21. Juli 1909); Steinmetzmeister

SCHMALZ, Otto Louis Hermann (30. März 1861 Carthaus - 6./7. Oktober 1906 Berlin-Charlottenburg); Architekt in Büro Wallot.

SCHMIEDEN, Heino (15. Mai 1835 Soldin - 7. September 1913 Berlin); Architekt, Wettbewerbsteilnehmer 1872 und 1882; war noch vor seinem

Bauakademieexamen 1865 in
das Atelier Gropius
eingetreten. Nach dem Tode
von Gropius führte er die vor
allem dann im
Krankenhausbau tätige Firma
mit wechselnden Partnern
weiter, nach seinem Tode
übernahm sie sein Sohn
Heinrich Schmieden (1872 -
1933).

SCHÖNLEBER, Gustav
(3. Dezember 1851 Bietigheim
- 1. Februar 1917 Karlsruhe);
Maler.

SCHULZE, Friedrich
28. September 1836 Jüterbog -
10. Oktober 1906 Berlin);
Weinlieferant, Pächter des
Reichstagsrestaurants.

SCHWARZ, Rudolf (15. Mai
1897 Straßburg - 3. April
1961 Köln); Architekt, Umbau
der Paulskirche 1948.

SEELING, Heinrich
(1. Oktober 1852 Zeulen-
roda/Thür. - 15. Februar 1932
Berlin); Architekt,
Wettbewerbsteilnehmer 1882,
Gegner von Wallot; hatte nach
dem Bauakademiestudium bei
Kayser & von Groszheim und
Ende & Böckmann gearbeitet;
gehörte 1879 zu den
Gründungsmitgliedern der
Vereinigung Berliner
Architekten, der
Standesorganisation der freien
Architekten im Gegensatz zum
Architekten-Verein der
beamteten Architekten. 1907
Stadtbaurat von
Charlottenburg und 1911
Senator der Akademie der
Künste. Sein Versuch, Wallots
Entwurf 1883 nachträglich zu
diskreditieren und seinen
eigenen zu lancieren, löste
unter den Fachkollegen große
Empörung aus.

SENKING, Anton (30. März
1839 Hildesheim - 10. Januar
1904 ebd.); Herdfabrikant,
Hildesheim

SIEMERING, Rudolf
(10. August 1835 Königsberg
- 23. Januar 1905 Berlin);
Bildhauer, hat Bismarck als
Drachentöter über Sturz der
Mitteltüre, Westfront, in
Sandstein gehauen.

VON SIMSON, Eduard Martin
(10. November 1810
Königsberg - 2. Mai 1899
Berlin); Jurist; konvertierte
vom Judentum zum
Protestantismus; 1848 in die
Frankfurter
Nationalversammlung
gewählt, am 19. Dezember
1848 wurde er deren
Präsident. Als solcher stand er
der Abordnung vor, die dem
König von Preußen die
Kaiserkrone angeboten hat. Er
trat 1849 in die Zweite
Kammer des Preußischen
Landtags ein, war Präsident im
Reichstag des Norddeutschen
Bundes und anschließend im
Reichstag des Deutschen
Reiches. Nach Ende seiner
Tätigkeit als
Reichstagspräsident wurde er
1879 erster Präsident des
Reichsgerichts in Leipzig.
August Bebel nannte ihn den
»Mensch gewordenen
Reichstag«.

STEFFECK, Carl Constantin
Heinrich (4. April 1818 Berlin
- 11. Juli 1890 Königsberg);
Maler, schuf ein Porträt von
Wilhelm I. im Ausschußsaal
des Bundesrats.

STRACK, Johann Heinrich
(6. Juli 1805 Bückeburg -
13. Juni 1880 Berlin);
Architekt,
Wettbewerbsteilnehmer 1872,
studierte 1827 - 1838 an der
Bauakademie, lehrte ab 1839
an der Akademie der Künste,
1841 wurde er dort Professor,
1854 auch Professor an der
Bauakademie. 1842 kam
Strack zum Hofbauamt, mit
seinem Ruhestand 1876 erhielt
er den Titel »Architekt des
Kaisers«.

STRAUMER, Heinrich
(7. Dezember 1876 Chemnitz -
22. November 1937 Berlin);
Architekt, Wallot-Schüler,
Wettbewerbsteilnehmer 1927.

STREITER, Richard
(10. Februar 1861 Wünsiedel -
5. August 1912 München);
Architekt im Büro Wallot.

STRESEMANN, Gustav
(10. Mai 1878 Berlin -
3. Oktober 1929 ebd.); bereits
1907 - 1912 und 1914 - 1918
als Nationalliberaler MdR,
leitete er die Fraktion der
DVP von 1920 - 1923; von
August bis November 1923
Reichskanzler war er bis zu
seinem Tode Außenminister;
1926 erhielt er gemeinsam mit
seinem französischen Kollegen Briand den
Friedensnobelpreis.

STROKIRK, Evert (4. März
1861 Örebro - 29. Oktober
1936 Stockholm);
schwedischer Architekt in
Wallots Büro.

VON STUCK, Franz
(23. Februar 1863
Tettenweis/Niederbayern -
30. August 1928 München);
Maler, der durch seinen
ornamentalen, an Böcklin
erinnernden Stil unter
Anhängern der akademischen
Malerei wenig Freunde hatte.
Aus diesem Grund ist es wohl
offensichtlich auch zum
Skandal mit seinen
Deckengemälden gekommen.

TEICHMÜLLER, Gustav (2. Mai
1862 Bernburg - 28. Mai 1919
ebd.); Architekt im Büro
Wallot.

VON THIERSCH, Friedrich
(18. April 1852 Marburg - 23.
Dezember 1921 München);
Architekt;
Wettbewerbsteilnehmer 1882,
befreundet mit Wallot, gehörte
zu den Hauptvertretern des
Historismus in

Süddeutschland und war in
vielen Wettbewerben
erfolgreich. Thiersch ist einer
der wenigen Wettbewerbs-
teilnehmer, der über die Arbeit
am Entwurf selbst berichtet
hat, 1882 schrieb er an seinen
Vater : »Ich habe in
 dem durch zwei Achsen
symmetrischen Bauwerke die
Idee der Zentralisation durch
eine hohe Kuppel über der
Kreuzung der beiden Achsen
zum Ausdruck gebracht.
Welches Motto würdest Du
wählen? Gern hätte ich ein
recht kurzes, kräftiges mit
Anspielung auf die Einigkeit
und Zentralisierung.«

TUAILLON, Louis
(7. September 1862 Berlin -
21. Februar 1919 ebd.);
Bildhauer und Mitglied im
Reichstagsausschmük-
kungsausschuß.

VON UNRUH, Hans Viktor
(28. März 1806 Tilsit -
4. Februar 1886 Dessau);
MdR (Nationalliberaler),
von Beruf Bauingenieur;
kurzzeitig Präsident der
Preußischen National-
versammlung von 1848;
gehörte im Preußischen
Abgeordnetenhaus zu den
Aktivisten eines Neubaus,
später war er auch
Vorsitzender der RTBK.

VON VALENTINI, Rudolf
(1. Oktober 1855 Crussow -
18. Dezember 1925 Hameln);
1908 bis 1918 Chef des Civil-
Cabinets des Kaisers.

VIRCHOW, Rudolf
(13. Oktober 1821 Schivelbein
- 5. September 1902 Berlin);
Pathologe und Anthropologe,
MdR von 1880-1893, Gründer
und Führer der
Fortschrittspartei; MdA.

VOGEL, August (23. Juli 1859
Berlin - 10. November 1932
ebd.); Bildhauer.

VOGEL, Feodor Rudolf
(11. Februar 1849 Gießen -
27. März 1926 Hannover);
Bauschreiber und Architekt im
Büro Wittig.

VOLZ, Hermann (31. März
1847 Karlsruhe - 11. November 1941 ebd.); Bildhauer.

WAHNSCHAFFE, Arnold
(14. Oktober 1865 Rosenfelde
- 5. Februar 1941 Wien);
Unterstaatssekretär in der
Reichskanzlei; bemühte sich
intensiv 1915 um die
Anbringung der Inschrift.

WEISHAUPT, Theodor
(8. April 1817 Magdeburg -
5 April 1899 Berlin);
Ingenieur und Eisenbahn-
beamter, Ministerial-
direktor im Preußischen
Ministerium für Handel
und Gewerbe.

VON WERNER, Anton
Alexander (9. Mai 1843
Frankfurt/Oder - 4. Januar
1915 Berlin); Maler, 1870/71
offizieller Kriegszeichner im
Hauptquartier der III. Armee;
wurde danach zum Kaiser-
lichen Hofmaler ernannt;
übernahm 1875 das Direktorat
der Hochschule für bildende
Künste und blieb bis zu
seinem Tode im Amt. Mit
seinen pseudorealistischen
Monumentalgemälden, am
bekanntesten wurden in vier
Versionen die »Kaiser-
proklamation in Versailles am
18. Januar 1871« (1873 -
1913), »Berliner Kongreß«
(1878) sowie die
»Reichstagseröffnung« (1893),
trug er wesentlich zur
Verherrlichung der Monarchie
und zur offiziellen
konservativen Geschichts-
propaganda bei.

WIDEMANN, Wilhelm
(28. Oktober 1856 Schwäbisch
Gmünd - 4. September 1915
Berlin); Bildhauer und
Goldschmied; wurde wie
Lessing, mit dem er mehrfach
zusammenarbeitete, haupt-
sächlich durch Bauplastik
bekannt.

VON WILMOWSKI, Karl
Friedrich Adolf Freiherr
(30. Januar 1817 Paderborn -
12. März 1893 Berlin); Chef
des Civil-Cabinets.

WINDTHORST, Ludwig
(17. Januar 1812 Kaldenhof
bei Osnabrück - 14. März
1891 Berlin); MdR (Zentrum),
glänzender Redner und
erbitterter Gegner Bismarcks.

WITTIG, Paul Emil (7. März
1853 Fraustadt - 12. März
1943 Berlin); Architekt und
Ingenieur, Leiter des Ateliers
für Reichstags-Innenein-
richtung.

VON WURMB, Lothar
(30. Januar 1824 Kölleda/
Merseburg - 26. Oktober 1890
Wiesbaden); Jurist und

Mitglied der RTBK; seit 1867
Polizeipräsident in Berlin;
wegen eines Skandals mit
dem Vorwurf einer
Vergewaltigung mußte er
1872 aus dem Amt scheiden
und wurde dafür Regie-
rungspräsident in Wiesba-
den, wo er 1890 starb.

I. Wettbewerb 1872
Die Ausschreibung

Berlin, Dezember 1871.

Das Gebäude soll auf der östlichen Seite des Königsplatzes errichtet werden, und zwar ist als Baufläche ein Maximum von 150 m Länge und 115 m Tiefe angenommen. Die auf der Westseite der Baustelle anzuordnenden Vorbauten sollen dem Mittelpunkte des Siegesdenkmals sich nicht auf mehr als 170 m nähern.

Das Gebäude soll folgende Räumlichkeiten enthalten.

I. AN DIENSTWOHNUNGEN

1. Für den Präsidenten des Reichstages:
8 bis 10 Arbeits-, Wohn- und Schlafzimmer,
2 bis 3 Domestikenzimmer,
einige Fremdenzimmer,
eine Küche, ein Anrichtezimmer und die erforderlichen Vorrathsgelasse, ferner 2 bis 3 Empfangs-Salons, in Verbindung mit einem großen Festsaal von etwa 395 Quadratmetern Flächeninhalt, welcher gleichzeitig zu ausserordentlichen geschäftlichen oder festlichen Versammlungen der Reichstagsmitglieder benutzt werden kann.

2. Für den Bureau-Dirigenten:
bestehend aus 7 bis 8 Zimmern und den zugehörigen Wirthschaftsräumen.

3. Für den Kastellan (Botenmeister):
3 bis 4 Stuben nebst Zubehör.

4. Für die Portiers:
an den Haupteingängen des Gebäudes in Verbindung mit den im Kellergeschosse anzulegenden, aus je 2 Stuben nebst Zubehör bestehenden Wohnungen derselben.

5. Für zwei Hausdiener:
im Kellergeschosse, jede Wohnung, bestehend aus einer geräumigen Stube, Kammer, Küche etc.

II. EINEN SITZUNGSSAAL FÜR DAS PLENUM DES REICHSTAGES

in der Grösse von 620 bis 640 Quadratmetern Grundfläche (excl. Logen), mit Sitzplätzen für 400 Mitglieder.

Derselbe muss ferner enthalten:
Im unteren Raume:

1. eine erhöhte Tribüne mit 2 Sitzen für das Präsidium; zu jeder Seite 3 Plätze für Schriftführer,

2. die Rednerbühne vor dem Präsidentensitz, daneben auf jeder Seite 2 Plätze für Referenten etc.,

3. einen Tisch und die Plätze für 5 Stenographen vor der Rednerbühne,

4. einen Tisch zum Niederlegen von Dokumenten,

5. einen erhöhten Raum mit 50 Plätzen und den erforderlichen Schreibtischen für Mitglieder des Bundesraths;

auf den Tribünen:

6. eine Loge für den Kaiserlichen Hof und die verbündeten Fürsten, mit einem geräumigen Salon und zwei Vorzimmern,

7. eine Loge zur Disposition für die Mitglieder des Bundesraths und des Reichstages,

8. eine Loge für das diplomatische Korps,

9. eine Loge für die Journalisten zu 30 bis 40 Personen,

10. 2 bis 3 kleine reservirte Logen und

11. die Logen für das Publikum zu 250 bis 300 Plätzen.

III. Räume, welche in der Nähe des Sitzungssaales liegen müssen.

1. Ein Geräumiger Vorsaal, resp. abgeschlossenes Vestibül für die Mitglieder des Hauses in Verbindung mit den erforderlichen Garderobe- und Klosetträumen.

2. ein Konferenzzimmer des Präsidenten nebst Vorzimmer,

3. ein Sprechzimmer des Präsidenten,

4. ein Zimmer der Schriftführer,

5. ein Konferenzzimmer des Reichskanzlers nebst Vorzimmer,

6. ein Sprechzimmer desselben,

7. ein Geschäftszimmer des Präsidenten des Reichskanzler-Amts nebst Vorzimmer,

8. ein Sitzungssaal für die Mitglieder des Bundesraths mit 60 Plätzen, nebst geräumigem Vorzimmer,

9. 3 bis 4 Geschäfts- und Sprechzimmer für die Mitglieder des Bundesraths,

10. 2 Sprechzimmer für die Mitglieder des Reichstags,

11. ein Stenographenzimmer mit 25 bis 30 hellen Arbeitsplätzen; hiermit in Verbindung,

12. ein Zimmer zur Korrektur der stenographischen Aufzeichnungen,

13. 1 bis 2 Zimmer für Journalisten,

14. ein geräumiger Erfrischungssaal nebst Buffet und 3 bis 4 Nebenräumen,

15. ein geräumiger heller Lesesaal mit einigen Schreibtischen.

IV. Räume für das Bureau des Reichstages.

1. Ein Geschäfszimmer für den Dirigenten nebst Vorzimmer,

2. 2 Zimmer resp. für die Expedition und Kanzlei,

3. ein geräumiges Lokal für die Registratur,

4. ein Zimmer für den Botenmeister.

Diese Räume, welche womöglich im Erdgeschoss anzulegen sind, müssen zusammen mindestens 345 Quadratmeter enthalten.

5. Ein geräumiges Zimmer zur Expedition der Drucksachen und zum Aufenthalte von 40 bis 50 Kanzleidienern, welches nöthigenfalls im Souterrain anzuordnen ist,

6. ein Archiv von 128 bis 148 Quadratmetern Grundfläche, mit besonderer Sicherung gegen Feuersgefahr.

V. Anderweitige Geschäfts- und Nebenräume.

1. 6 Abtheilungssäle für je 50 bis 60 Personen a 128 bis 148 Quadratmeter,

2. 2 desgleichen, zugleich für Fraktions-Sitzungen zu 100 bis 120 Personen,

3. 6 bis 8 Kommissionszimmer von verschiedener Grösse für resp. 15 bis 30 Personen,

4. die zu diesen Räumlichkeiten erforderlichen Korridore resp. Vorzimmer,

5. ein Zimmer für den Postbeamten des Hauses,

6. ein Zimmer für einen Telegraphenbeamten,

7. die Räume für die Bibliothek des Hauses, die stenographischen Berichte etc. nebst einem Arbeitszimmer für den Bibliothekar und einem Lesezimmer für die Abgeordneten. Für diese Zwecke sind 490 bis 500 Quadratmeter in Aussicht zu nehmen.

8. Ausserdem sind in dem hohen Kellergeschoss die Wirtschaftsräume für den Restaurateur, sowie die für ein solches Gebäude erforderlichen Räumlichkeiten zur Aufbewahrung von Brennmaterial und anderen Utensilien unterzubringen. Es ist ferner für einen Raum zur Aufstellung einer metallographischen Presse mit einigen Setzkästen und einer Handpresse und für einige Zimmer zu sorgen, in denen die im Hause beschäftigten Handwerker ihre Arbeiten vornehmen können.

Das Gebäude muss durchweg feuerfest konstruiert sein und unverbrennliche Treppen erhalten. Die einzelnen Dienstwohnungen, die Räumlichkeiten für die Abgeordneten, die Geschäftszimmer für den Bundesrath, sowie die Logen für den Kaiserlichen Hof resp. für das Publikum sind mit bequemen, von einander abgesonderten Ein- und Zugängen zu versehen.

Stallungen für mindestens 6 Pferde, Remise für mindestens 6 Wagen und eine Kutscherwohnung mit den erforderlichen Nebenräumen sind anzulegen.

Die Konkurrenz-Projekte sollen nicht nur die zweckmässigste Lösung der vorliegenden Aufgabe versuchen, sondern zugleich die Idee eines Parlaments-Gebäudes für Deutschland im monumentalen Sinne verkörpern. Es ist daher in den Entwürfen auf eine reiche Ausschmückung des Aeussern und Innern durch Skulptur und Malerei Bedacht zu nehmen.

CONCURRENZ-BEDINGUNGEN.

Die Projekte - sämmtlich mit den Namen ihrer Verfasser versehen - müssen spätestens bis zum 15. April 1872 an das Reichskanzler-Amt eingeliefert werden.

Es werden keine vollständig ausgearbeiteten Baupläne, sondern zunächst nur Skizzen verlangt, und zwar folgende Zeichnungen:

Die Grundrisse sämmtlicher Geschosse im Maassstabe von 1:200, ferner zwei Ansichten und die zur vollständigen Beurtheilung des Projekts erforderlichen Profile im Maasstabe von 1:150 und eine Perspektive.

Die Darstellung der Konstruktion wird nicht verlangt, dagegen muss der eingefügte Erläuterungsbericht über die Prinzipien der gewählten Deckenbildungen Angaben enthalten und darlegen, welche Heizungs- und Ventilations-Vorrichtungen beabsichtigt werden.

Die bis zum festgesetzten Ablieferungstermin eingegangenen Arbeiten werden zunächst 4 Wochen lang öffentlich ausgestellt und dann einer Jury zur Beurtheilung und Entscheidung über die zu zuerkennenden Preise überwiesen.

Die Jury besteht aus 4 Migliedern des Bundesraths und aus 8 Mitgliedern, welche der Reichstag wählt. Diese Mitglieder wählen dann 6 Architekten und einen Bildhauer in das Schiedsgericht.

II. Wettbewerb 1872
Die Teilnehmer

Bauer, Lorenz, München; Rappershausen/Mellrichstadt
9.10.1846 - München 20.6.1918

Becker, H., Bernburg

Benda, Julius, Berlin; Rauden/Oppeln
21.4.1838 - Darmstadt 6.6.1897

Benignetti, Pio, Rom

Benischek, Jos., Wien

Bluntschli, Friedrich, Frankfurt;
(s. Biographie)

Böckmann, Wilhelm, Berlin;
(s. Biographie)

Bohnstedt, Ludwig, Petersburg;
(s. Biographie)

Bühlmann, Joseph, München; Großwangen/Kt. Luzern 28.4.1844 - München 29.10.1921

Cremer, Robert, Aachen; Aachen
27.12.1826 - Koblenz 17.1.1882

Dahmann, Richard, Berlin; Solingen
31.10.1848 - Berlin 16.12.1920

Daniel, Georg, Parchim; Rehna
15.1.1829 - Parchim oder Schwerin nach 1913

Delden, August von, Berlin

Demmler, Georg A., Schwerin; Berlin
22.12.1804 - Schwerin 2.1.1886

Deville, L., London; London um
1831 - ebda. 25.11.1918

Dümmler, Carl, Schwerin; Löbau
21.6.1849 - 15.6.1933

Durm, Josef, Karlsruhe; Karlsruhe
14.2.1837 - ebd. 3.4.1919

Ebe, Gustav, Berlin; Halberstadt
1.11.1834 - Berlin-Charlottenburg 15.5.1916

Eberlein, Georg, Nürnberg; Linden/
Mittelfranken 13.4.1819 - ebd. 8.7.1884

Edis, Robert William, London,
13.6.1839 - 23.06.1927

Eggers, Theodor, Bremen; geb.
Bremen um 1810

Eggert, G. P. Hermann, Weimar; Burg
3.1.1844 - Weimar 12.3.1920

Ehrig, Guido, Chemnitz; Bautzen
7.10.1827 - 9.6.1873

Elk zyn gedacht, Gent (Motto eines Entwurfs,
Autor unbekannt)

Ellis, Edward Brookes; London, um
1817 - 8.1.1890

Emerson, William, London; Whetstone
1843 - Shanklin/Isle of Wight 26.12.1924
bzw. 1925

Ende, Hermann, Berlin; (s. Biographie)

Enders, Valentin, Berlin; Frankfurt
1849 - wohl 28.3.1900

Fingerling, Paul, Frankfurt/O.;
18.1.1839 - Berlin 27.12.1891

Friebus, Berlin

Frings, Gerhard, Krefeld; Euskirchen
1848 - wohl Köln 26.5.1899

Frings, Johann, Krefeld

Fuchs, Boppard

Geymüller, Heinrich Ad., Frhr. v., Paris; Wien
12.5.1839 - Baden-Baden 19.12.1908

Girard, Otto, Wien
Godwin, Edward, London; Bristol
26.5.1833 - London 6.10.1886

Gösling, Friedrich, Pyrmont; (s. Biographie)

Gorgolewski, Zygmunt, Berlin, Lemberg;
Solec/Posen 14.2.1845 - Lemberg 2.12.1903

Green, William John, London; um
1837 - ebd. 20.11. bzw. 12.1902

Grell, C. F. Schwerin; Hoyerswerda
6.1.1846 - Magdeburg 27.1.1902

Gropius, Martin, Berlin; (s. Biographie)

Groszheim, Karl v., Berlin; Lübeck
15.10.1841 - Berlin 5.2.1911

Güldenpfennig, Arnold, Köln, Paderborn;
Warburg/Diemel 13.12.1830 - Köln oder
Paderborn 23.9.1908

Gugel, Eugen, Delfft; Bergzabern
25.3.1832 - Den Haag 21.5.1905

Haas, Maximilian, Wien; Wien um 1847 - wohl
Innsbruck 2.6.1927

Haesecke, Eduard, Berlin; Wriezen/Oder
9.5.1831 - wohl Berlin 10.3.1921

Hamann, W., Heilbronn

Hauschild, Alfred, Dresden; Hohenfichte
24.10.1841 - Dresden 7.7.1929

Heim, Adolph V.A., Hamburg; Scheßlitz/Bayern
17.6.1843 - Hamburg 15.3.1916

Hellwig, Moritz, Berlin; Berlin
26.10.1841 - Hildesheim 5.5.1912

Hennicke, Jul. Wilh., Berlin; Rauße/Breslau
6.8.1832 - Konstanz 14.10.1892

Herrmann, Heinr. Ludw. Alex., Berlin;
(s. Biographie)

Hildebrandt, Gustav, Berlin; Buschin/Graudenz
24.9.1810 - Berlin-Schöneberg 15.5.1887 bzw.
14.1.1900

Hödl, Theodor, Wien; geb. Cilli 1845

Hotzen, Goslar; Grohnde 17.10.1830 -
Hildesheim 13.3.1922

Hude, Hermann von der, Berlin; (s. Biographie)

Jordan, Friedrich G., Hamburg; Nordheim
1.1.1842 - Wernigerode nach1910

Jummel, Friedrich Ottomar, Leipzig; gest. Leipzig
vor dem 3.6.1921

Junk, Carl Philipp, Paris/Trier; Trier
9.3.1837 bzw. 1839 - Berlin 1889

Kayser, Heinrich Joseph, Berlin; (s. Biographie)

Kerr, Robert, London; Aberdeen
17.1.1823 - London 21.10.1904

Kirchhoff, Marienwerder; Grimmen
2.3.1825 - Koblenz 18.1.1890

Klingenberg, Ernst, Oldenburg, Berlin; Osnabrück
21.5.1830 - Berlin 28.5.1918

Krüger, Julius, Dömitz

Lanciani, Rodolfo, Rom; Rom 1.1.1847 -
ebd. 21.5.1929

Lang, Adolf Alexander, Wien; Prag-Smichow
15.6.1848 - 2.5.1913

Lang, Heinrich, Karlsruhe; Neckargmünd
20.12.1824 - Karlsruhe 6.9.1893

Lange, Berlin

Lange, Emil von, München; Darmstadt
15.11.1841 - München 2.12.1926

Leidenfrost, Philippe, Paris; Paris
16.3.1844 - Fontainebleau 27.1.1908

Lipsius, Constantin, Dresden; Leipzig
20.10.1832 - Dresden 10.4.1894

Lückow, Carl, Schwerin; Rostock um
1830 - Schwerin (?)

Masey, Philipp E., London; London um
1823 - Surrey 18.8.1897

Merzenich, Johannes (Jean), Berlin; Köln
6.12.1842 - Berlin 9.3.1913

Metzger, München

Milczewski, Theodor, Berlin; Danzig
22.8.1827 - 28.10.1901

Moritz, H., Frankfurt/M.

Morre, G.J., Delfft

Muyeken, C., Belgien

Mylius, Karl Jonas, Frankfurt/M.; Frankfurt/M.
6.9.1839 - ebd. 27.4.1883

Nisle, H.,Stuttgart

Orth, August, Berlin;
(s. Biographien)

Pflaume, Hermann, Köln; Aschersleben
26.1.1830 - Würzburg 4.8.1901

Pieper, F.W. August, Dresden/Hamburg

Preusser, Diez an der Lahn

Redtenbacher, Rudolf, Karlsruhe; Zürich
17.5.1840 - Freiburg 21.12.1885

Reichert, Gustav, Marienwerder; Marienwerder
21.4.1831 - 29.2.1908

Rettig, Wilhelm, Karlsruhe/Berlin; Heidelberg
25.2.1847 - 16.1.1932

Rickert, Bruno, Glogau

Robertson, Henry, Hamburg; Hamburg
23.9.1848 - Bad Nauheim 4.7.1882

Roux, Louis François, Paris; Valence
28.9.1838 - ebd. 7.4.1921

Sang, Friedrich, London; Offenbach
14.8.1813 - Twyford Abbey,
England 27.12.1905

Schäfer, Carl, Berlin; Kassel 18.1.1844 -
Karlsfelde/Halle 5.5.1908

Scharrath, Berlin

Schmieden, Heino, Berlin;
(s. Biographien)

Scholtz, R., Berlin, Kairo

Schumann, Ad., Berlin

Schwechten, Franz Heinrich, Berlin; Köln
12.8.1841 - Berlin 11.8.1924

Scott, George Gilbert, London; Gawcott
13.7.1811 - London 27.3.1878

Scott, John Oldrid, London; London
17.7.1841 - Bexhill 30.5.1913

Sommer, Oscar, Frankfurt; Wolffenbüttel
7.12.1840 - Frankfurt 13.2.1894

Spanton, J. H., London

Spielberg, Hermann Aug., Berlin; Helbra
21.10.1827 - Berlin 30.11.1886

Steindl, Imre (Emmerich), Budapest; Budapest
29.10.1839 - ebd. 31.8.1902

Stier, Hubert, Hannover; Hannover
27.3.1838 - Berlin 25.6.1907

Strack, Heinrich Johann, Berlin; (s. Biographie)

Tiede, August, Berlin; Berlin
4.6.1834 - ebd. 14.5.1911

Tochtermann, W., Aachen; Hannover um
1830 - Aachen 13.3.1875

Toner, John, London

Triesethau, Philipp, Berlin

Turner, Thomas, Dublin/Belfast

Valle, Pietro della, Rom

Vespignani, Francesco, Rom;
1842 - 1899

Wahl, J., Wien

Wanstrat, F.A., Braunschweig

Waring, John Burley, England; Lyme Regis
29.6.1823 - Hastings 23.3.1875

Weber, Robert, Leipzig

Weidner, Paul Bernhard, Dresden; Dresden
11.2.1843 - ebd. 30.4.1898

Weinbrenner, Adolf, Mannheim; Rastatt
15.9.1836 - Karlsruhe 19.10.1921

West, William Scott, Washington/Bremen

Wilkinson, Robert Stark, London:Torquay;
St. David, Exeter 12.11.1843 - Montevideo
26.7.1936

Wurm (-Arnkreuz), Alois Maria, Wien;
Wien 26.1.1843 - ebd. 3.2.1920

Wuttke, Otto Hugo Eckhard, Berlin

Zumpe, Albin E., Fürchtegott, Zwickau;
geb. Dresden 17.2.1843

III. Wettbewerb 1872
Abschlußprotokoll der Jury

Anwesend: Sämtliche Mitglieder der Jury.

Herr DUNCKER erschien nach Verlesung und Genehmigung des gestrigen Protokolls. Verhandelt im Gebäude der Königlichen Akademie.
Nach Verlesung und Genehmigung des Protokolls der gestrigen Plenar-Sitzung einigte man sich in der heutigen Plenar-Sitzung der Jury zunächst noch darüber, daß diejenigen vier der ausgewählten sechs Projekte, welchen der erste Preis nicht zuerkannt wird, in dem zu erstattenden Berichten ohne Angabe der größeren oder geringeren Werthe - nach der alphabetischen Namenfolge der Verfasser aufgeführt werden sollen.
Auf Vorschlag des Herrn Appelationsgerichts-Raths REICHENSPERGER, unterstützt von den gestern nicht, resp. nicht während der ganzen Dauer der Sitzung anwesend gewesenen Herren wurden die ausgewählten 5 Projekte - ohne sie örtlich zusammenzustellen - nochmals in Augenschein genommen und von den Herren Referenten kurz erläutert.
Versammlung schritt hierauf zur geheimen Abstimmung über die Ertheilung des ersten Preises, bei welcher im dritten Wahlgange mit 10 gegen 9 Stimmen dem Entwurfe Nr. 66 von Bohnstedt der erste Preis zuerkannt wurde, - die übrigen 9 Stimmen erhielt das Projekt No. 11 von KAISER und von GROSZHEIM, welcher allein zu diesem letzten Wahlgange noch mitzugelassen war.

Die vorangegangenen Wahlgänge hatten folgendes Resultat:

Im 1. Wahlgang erhielt das Projekt

No. 5	ENDE & BÖCKMANN	keine Stimme
" 11	KAISER & v. GROSZHEIM	9 Stimmen
" 48	G.G. SCOTT & J.O.SCOTT	4 Stimmen
" 61	MYLIUS & BLUNTSCHLI	1 Stimme
" 66	BOHNSTEDT	5 Stimmen

im 2. Wahlgange dagegen Projekt

No. 5	ENDE & BÖCKMANN	keine Stimme
" 11	KAISER & GROSZHEIM	9 Stimmen
" 48	G.G.SCOTT & J.O.SCOTT	4 Stimmen
" 61	MYLIUS & BLUNTSCHLI	keine Stimme
" 66	BOHNSTEDT	6 Stimmen

Es entspann sich hierauf eine nochmalige Debatte über die Art des von der Jury zu erstattenden Berichts.
Herr DUNCKER verlas einen von ihm abgefaßten Entwurf, gegen welchen jedoch deshalb Bedenken erhoben wurden, weil in demselben Abweichungen von dem gestern desfalls gefaßten Beschlusse enthalten sind. - Versammlung genehmigte vielmehr den Vorschlag des Herrn Vorsitzenden, daß von ihm nur die Protokolle über die Plenar-Sitzungen mit ganz kurzem Begleitberichte dem Reichskanzler-Amte überreicht werde, weil aus den Protokollen selbst der thatsächliche Verlauf der Verhandlungen vollständig hervorgehe, eine weitere Mittheilung von Motiven für die Beschlüsse etc. aber weder für erforderlich noch für zweckmäßig zu halten sei.
Das Protokoll wurde vorgelesen und genehmigt und damit die Sitzung geschlossen.

A. u. s.
gez. HÖPER
Geh. Secretair als Schriftführer.

Berlin, 7. Juni 1872

IV. Wettbewerb 1882
Die Ausschreibung

PROGRAMM FÜR DEN ENTWURF EINES
REICHSTAGSGEBÄUDES.

1. Februar 1882

Der auf den anliegenden Situationsplänen näher
bezeichnete Platz für die Errichtung des
Reichstagsgebäudes bildet ein Rechteck von
136 m Länge und 95 m Breite. Die Höhenlage ist
nahezu eben. Die Grenzlinien des Platzes dürfen
unter keinen Umständen durch Risalite,
Vorbauten, Freitreppen oder Rampen überschritten
werden.

Die im Programm bezeichneten Flächenmaße der
einzelnen Räume sollen zweckmäßige, durch die
Disposition des Entwurfs bedingte Abweichungen
nicht ausschließen.

In dem Gebäude sollen folgende Räumlichkeiten
vorgesehen sein:

A. EIN SITZUNGSSAAL FÜR DEN REICHSTAG,
600 BIS 640 QM GRUNDFLÄCHE.

Der Sitzungssaal muß von allen Seiten durch
bequem gelegene Thüren zugänglich und, soweit
nicht von der Halle (Foyer) begrenzt, von breiten,
hellen Korridoren umgeben sein. Alle Eingänge
sind gegen das Eindringen von Zugluft zu
schützen. Die Eingänge für die Abgeordneten sind
von denen für den Bundesrath zu trennen. Zwei
der Eingänge für die Abgeordneten, bei
Abstimmungen für Zählungen bestimmt, müssen
einander gegenüber liegen.

Bei Einrichtung des Sitzungssaales ist das
Hauptgewicht zu legen:

1. Auf die Herstellung guter Akustik. Es ist
deshalb Sorge dafür zu tragen, daß diese nicht
durch allzugroße Höhe des Saales und übermäßige
Tiefe der Logen beeinträchtigt werde;

2. Auf helles Tageslicht, sowie auf zweckmäßige
Heizung, Ventilation und Beleuchtung. Es darf
durch die Beleuchtung die Temperatur im Saale
nicht erhöht werden.

In dem Sitzungssaale sind anzuordnen:

a) Amphitheatralisch angeordnete Sitze für 400
Abgeordnete.

Das Steigungsverhältnis des Saalbodens ist wie
1:10 anzunehmen. Die Sitze müssen mit
Rücklehnen und verschließbaren Schreibpulten
versehen, sowie bequem zugänglich sein.
Zwischen je zwei radialen Gängen dürfen sich
nicht mehr als 4 Sitze in einer Reihe befinden. Für
jeden Sitzplatz mit Pult ist ein Raum von 1,10 m
Tiefe und 0,55 bis 0,65 m Breite zu rechnen.

b) Eine erhöhte Tribüne mit dem Stuhle des
Präsidenten, breit und geräumig angeordnet. Zu
beiden Seiten des Präsidentensitzes je zwei
geräumige Sitze für die Schriftführer. Alle diese
Sitze sind mit breiten Pulten zu versehen. Von der
Tribüne aus muß jeder Platz im Saale übersehen
werden können.

c) Die Rednertribüne vor dem Präsidentenstuhle,
etwas tiefer gelegen, mit Lesepult und
Seitentischen. Daneben auf jeder Seite zwei Sitze
mit Schreibpulten für Referenten.

d) Schreibtische und Stehplätze für sechs
Stenographen vor der Rednertribüne. Von den
gegen den Saalraum durch eine Barriere
abgetrennten Stenographentischen sollen die
Stenographen auf kurzem Wege nach dem im
unteren Geschosse gelegenen Stenographensaale
gelangen können, ohne den Sitzungssaal selbst
durchschreiten zu müssen.

e) Zu jeder Seite der Tribüne für das Präsidium
Tische mit 24 Plätzen für die Mitglieder und
Kommissare des Bundesraths. Es wird besonderer
Werth darauf gelegt, daß von allen, auch den
entferntesten Plätzen dieser Tische, die Redner auf
der Tribüne und unten im Saale gut verstanden
werden können.

f) Ein Tisch zum Niederlegen von Dokumenten.

g) Eine Loge mit 12 Fauteuils für den Kaiserlichen
Hof und die verbündeten Fürsten; dazu ein Salon,
ein Vorzimmer und eine Toilette. Diese Räume

müssen rechts von dem Präsidentenstuhl (nicht im Rücken desselben) liegen und durch einen Zugang, getrennt von den übrigen Zugängen, zu erreichen sein.

h) Eine oder zwei Logen mit zusammen 24 Fauteuils für das diplomatische Korps; dazu ein Vorzimmer und eine Toilette.

i) Eine Loge zur Disposition der Mitglieder des Bundesraths mit etwa 40 Sitzplätzen.

k) Eine Loge zur Disposition der Behörden mit etwa 80 Sitzplätzen.

l) Eine Loge für die Mitglieder der deutschen Landtage mit etwa 30 Sitzplätzen.

m) Eine Loge zur Disposition der Behörden mit etwa 60 Sitzplätzen.

n) Zwei reservirte Logen mit je etwa 30 Sitzplätzen.

o) Logen für das Publikum mit zusammen etwa 150 Sitzplätzen.

Die Logen unter i bis o müssen Vorräume mit ausreichenden Garderoben erhalten.

p) Logen für die Vertreter der Presse mit zusammen 80 Sitzplätzen, von denen 60 Plätze verschließbare Schreibpulte erhalten.

Die Logen unter i bis p müssen durch Zugänge, getrennt von allen übrigen Zugängen, zu erreichen sein.
Von allen Logen aus muß der Sitzungssaal gut übersehen, von den Logen unter p müssen die Redner besonders gut verstanden werden können.
Es wird anheimgestellt, einige Logen mäßig, nicht über 1m weit, vor die Saalwände vorspringen zu lassen. Die Logeneingänge sind gegen das Eindringen von Zugluft zu schützen; Nothausgänge sind vorzusehen.

B. RÄUME, WELCHE IM NIVEAU DES SAALBODENS LIEGEN.

1. Eine Halle (Foyer) für die Abgeordneten, in unmittelbarem Anschluß an den Sitzungssaal, etwa 500 qm Grundfläche. Diese Halle soll bei vorkommenden Festlichkeiten sowie bei ausnahmsweise großen Kommissionsberathungen benutzt werden können. Auf eine reichere

architektonische Durchbildung der Halle ist Bedacht zu nehmen.

2. Ein Arbeitszimmer des Reichstagspräsidenten
40 qm

3. Ein Sprechzimmer desselben
40 qm

4. Ein Vorzimmer desselben
20 qm

5. Zwei Zimmer der Schriftführer
je 40 qm

6. Ein Arbeitszimmer des Reichskanzlers
40 qm

7. Ein Sprechzimmer desselben
40 qm

8. Ein Vorzimmer desselben
20 qm

9. Zwei Geschäftsräume für die Chefs der Reichsämter
je 40 qm

10. Ein gemeinschaftliches Vorzimmer
20 qm

Die Zimmer unter 6 bis 10 sind in der Nähe des Sitzungssaales so anzuordnen, daß sie auf kurzem Wege von den Tischen des Bundesraths aus sich erreichen lassen.

11. Zwei Sprechzimmer für die Mitglieder und Kommissare des Bundesraths
je 40 qm

12. Ein Sitzungssal für den Bundesrath, nicht zu entfernt vom Sitzungssal des Reichstags
180 bis 200 qm

Der Saal soll reichliches hohes Seitenlicht oder Oberlicht erhalten. In dem Saale ist ein 1,25 m breiter Sitzungstisch mit 60 Fauteuilsitzen anzuordnen.

13. Ein Vorsal zu diesem Sitzungssale
80 bis 100 qm

14. Zwei Säle für die Ausschußsitzungen des Bundesraths in der Nähe des Sitzungssaales
80 und 40 qm

15. Eine Garderobe für den Bundesrath
40 qm

Die Räume unter 6 bis 15 müssen durch einen Zugang, getrennt von allen übrigen Zugängen zu erreichen sein.

16. Für die Restauration ein Saal mit drei Nebenzimmern, zusammen
140 qm

17. Ein oder zwei Lesesäle für Tagesliteratur
250 qm

18. Zwei Schreibsäle, zusammen
150 qm

19. Mindestens zwei helle Garderobenräume für die Garderobe von 400 Abgeordneten im ganzen.

Die Räume unter 16 bis 19 müssen in möglichst bequemer Verbindung mit dem Sitzungssaale und der Halle stehen.

C. RÄUME, WELCHE NACH IHRER ZUSAMMENGEHÖRIGKEIT AUF DIE VERSCHIEDENEN GESCHOSSE ANGEMESSEN VERTEILT SIND.

1. Sechs theils kleinere, theils größere Sprechzimmer für die Abgeordneten, zusammen
180 qm

Der größere Theil dieser Zimmer ist in der Nähe des Sitzungssaales oder der Halle, möglichst im Niveau derselben, so anzuordnen, daß die Zimmer auch von den Zugängen des Publikums aus leicht sich erreichen lassen.

2. Vier Toilettenzimmer für die Abgeordneten
je 20 qm

3. Sechs Sitzungssäle für die Abtheilungen und Kommissionen des Reichstags für je 60 Personen
130 bis 150 qm

4. Zwei Sitzungssäle für die Abtheilungen und Kommissionen (zugleich für die Fraktionen) des Reichstags für je 150 Personen
je 300 qm

5. Acht Sitzungssäle für je 30 Personen
je 80 qm

6. Einige kleinere Sprechzimmer in der Nähe der Räume unter 3 bis 5.

7. Arbeitsräume für die Vertreter der Presse mit zusammen 80 hellen Schreibplätzen, vertheilt auf mindestens 8 Zimmer
300 qm

Diese Arbeitsräume müssen in möglichst direkter Verbindung mit den Logen der Presse stehen.

8. Ein Vorraum zum Aufenthalt der Zeitungsboten
40 qm

9. Ein Geschäftszimmer des Bureaudirektors
40 qm

10. Ein Vorzimmer desselben
20 qm

11. Ein zweites Vorzimmer desselben, für das Publikum
30 qm

Das Zimmer unter 9 muß auf kurzem Wege von der Präsidententribüne und das Zimmer unter 11 von einem für das Publikum bestimmten Zugange aus zu erreichen sein.

12. Zwei Säle für die Registratur, zusammen
200 qm

13. Ein Kassenzimmer
40 qm

14. Ein Raum für die Kanzlei mit 15 hellen Schreibplätzen.

15. Ein Zimmer zum Kollationiren
20 qm

16. Zwei Räume für Expeditionen der Drucksachen
40 und 100 qm

17. Ein Zimmer für den Botenmeister daneben
60 qm

18. Ein Raum für 60 Kanzleidiener und Boten des Reichstags
100 qm

19. Ein Garderobenraum für dieselben
40 qm

20. Ein Raum für die Kanzleidiener des Bundesraths in der Nähe des Aufganges zu den Sälen des Bundesraths
40 qm

21. Ein helles Archiv mit besonderer Sicherung gegen außen und gegen Feuersgefahr
200 qm

22. Ein Raum zur Aufbewahrung der alten Akten.
200 qm

23. Die Bibliothek des Reichstags.

Die Bibliothek soll eine Grundfläche von 1000 qm nicht überschreiten und eine Repositorien-Ansichtsfläche von mindestens 2500 qm darbieten.

24. Zwei Arbeitszimmer für den Bibliothekar und dessen Gehilfen
60 und 40 qm

25. Ein Lesezimmer für die Abgeordneten
60 qm

26. Ein Schreibzimmer für dieselben
40 qm

27. Ein Dienerraum, nahe dem Zimmer des Bibliothekars
30 qm

Die Räume unter 23 und 24, sowie die unter 24 und 26 müssen untereinander in Verbindung stehen.

D. RÄUME, WELCHE IM UNTEREN GESCHOSS LIEGEN

1. Zwei Säle für die Stenographen mit je 15 hellen Schreibplätzen
je 60 und 40 qm

2. Ein Saal zur Korrektur der stenographischen Aufzeichnungen mit 3 Schreibplätzen und mit Leseplätzen für die Abgeordneten
60 qm

3. An Vestibulen
a) ein Vestibul für die Abgeordneten mit einem bedeckten Haupteingange;

b) eine Einfahrt nebst Vestibul für den Kaiserlichen Hof, die verbündeten Fürsten und das diplomatische Korps;

c) eine Einfahrt nebst Vestibul für den Bundesrath. Es ist gestattet, statt der beiden Einfahrten unter b und c eine einzige, gemeinsame Einfahrt anzuordnen.

d) ein Vestibul für das Publikum.

Bei der Anordnung der Vestibule ist davon auszugehen, daß die Zugänge für den regelmäßigen Geschäftsverkehr, der lokalen Verhältnisse wegen, nicht von der Seite des Königsplatzes genommen werden.

4. Ein Zimmer für die Post
40 qm

5. Ein Zimmer für den Telegraphen
40 qm

6. Raum für Telephoneinrichtungen
40 bis 60 qm

Die Räume unter 4 bis 6 müssen in der Nähe des Vestibuls 3a liegen.

7. Ein Billetbureau neben dem Vestibul 3d.

8. Portierlogen an den Vestibulen.

9. Eine Wohnung für den Hausinspektor von 4 Stuben nebst Zubehör.

10. Drei Portierwohnungen von je 2 Stuben nebst Zubehör.

11. Zwei Wohnungen für Hausdiener oder Heizer, je 2 Stuben und Zubehör.

E. AUSSERDEM

1. Wirthschaftsräume für den Restauratoren.

2. Räume zur Unterbringung einer Dampfmaschine mit Kesselhaus.

3. Räume für Brennmaterial in der Nähe der Heizapparate und des Kesselhauses.

4. Räume für Utensilien.

5. Kleine Werkstätten für Haus-Handwerker.

6. Eine kleine Druckerei.

7. Wachtlokal für Polizei und Feuerwehr
60 qm

ALLGEMEINE BEDINGUNGEN

Das Gebäude muß durchweg feuerfest konstruirt sein.
Die Treppen für den Kaiserlichen Hof beziehungsweise den Bundesrath, sowie die Treppen für die Abgeordneten und endlich diejenige für das Publikum sind vollständig von einander zu trennen. Sie müssen von außen her auf möglichst kurzen und hellen Zugängen zu erreichen sein.

Nebenausgänge für wirthschaftliche Zwecke und für den Dienstbetrieb sind vorzusehen.

Klosetts, Pissoirs und Waschvorrichtungen, letztere in besonderen Räumen, sind in jedem Geschoß und bei jeder Gruppe von Räumen in ausreichender Zahl, hell und geräumig anzulegen.

Auf möglichst direkte und zweckmäßige Tagesbeleuchtung sämmtlicher Räume, welche für den Verkehr und Aufenthalt bestimmt sind, wird großer Werth gelegt.

Um den Geschäftsbetrieb des Reichstags einigermaßen zu veranschlaulichen, sind drei Grundrißzeichnungen des gegenwärtig für den Reichstag benutzten Gebäudes beigefügt.

KONKURRENZ-BEDINGUNGEN

An Entwurfszeichnungen werden verlangt:

1. ein Situationsplan im Maßstabe 1/1000,

2. die Grundrisse sämmtlicher Geschosse 1/200. In die Grundrißzeichnungen sind die Hauptmaße und in jeden einzelnen Raum die Zweckbestimmung sowie der Flächeninhalt deutlich einzuschreiben,

3. die beiden Längsansichten und eine Seitenansicht, sowie die zur vollständigen Klarlegung des Entwurfs erforderlichen Durchschnitte im Maßstabe 1/200,

4. zwei perspektivische Ansichten des Aeußern. Für diese Ansichten sind
a) der Austritt aus dem Brandenburger Thore,
b) der Alsenplatz
als Standorte zu nehmen.

Bei der Konstruktion der Perspektive soll ein Grundriß im Maßstabe 1/200 benutzt und die Bildebene durch die dem Standorte zunächst befindliche Ecke des Reichstagsgebäudes gelegt werden.

Im Interesse einer gleichmäßigen Beurtheilung der Entwürfe ist die strenge Einhaltung der vorstehenden Bedingungen nothwendig. Alle nicht verlangten Zeichnungen bleiben von der Beurtheilung und Ausstellung ausgeschlossen. Beizufügen ist ein Verzeichniß der einzelnen Zeichnungen, sowie ein Erläuterungsbericht, welcher in möglichster Kürze die gewählten Anordnungen und Konstruktionen darlegt.

An der Konkurrenz können alle deutschen Architekten sich betheiligen.

Die Entwürfe dürfen nur mit einem Motto versehen werden. Die Adresse des Verfassers ist in einem mit demselben Motto versehenen geschlossenen Kuvert beizufügen.

Die Einlieferung der Entwürfe, an das Bureau des Reichsamtes des Innern, Wilhelmstraße Nr. 74 W., muß am Sonnabend, den 10. Juni 1882, Mittags 12 Uhr erfolgt sein.

Später eingelieferte Entwürfe sind unbedingt von der Konkurrenz ausgeschlossen.
Für die rechtzeitig eingelieferten Entwürfe wird Quittung ertheilt.

Die Entwürfe gehen zunächst an die Jury zur Beurtheilung und Entscheidung über die zuzuerkennenden Preise. Die Entscheidung wird durch den Reichsanzeiger bekannt gemacht.

Demnächst werden die Entwürfe öffentlich ausgestellt.

Die Jury besteht aus den Mitgliedern der Kommission für die Errichtung des Reichstagsgebäudes und acht an der Konkurrenz nicht betheiligten Sachverständigen.

Die Namen der Jury-Mitglieder werden binnen Kurzem durch den Reichsanzeiger bekannt gemacht.

Für diejenigen beiden Entwürfe, welche nach dem Urtheil der Jury die gestellte Aufgabe am besten lösen, werden

Zwei erste Preise von je 15.000 Mark gezahlt.
Ferner werden
Drei zweite Preise von je 10.000 Mark und
Fünf dritte Preise von je 3.000 Mark
für die zunächst besten Entwürfe gezahlt.

Gegen Zahlung der Preise werden die Entwürfe Eigenthum des Reichs.

Außerdem bleibt vorbehalten, zehn durch die Jury bestimmte Entwürfe für je 2.000 Mark anzukaufen.

Die übrigen Enwürfe werden nach der öffentlichen Ausstellung gegen Aushändigung der Quittung zurückgegeben oder den Verfassern, auf Gefahr derselben, portofrei zurückgesandt.
Nur diejenigen Konkurrenten, welche alle Bedingungen des Programms innehalten, haben Anspruch auf Berücksichtigung bei der Preisertheilung.

V. Wettbewerb 1882
Die Teilnehmer

Angelroth, Hermann Ludwig Erhard;
(s. Biographie)

Barth, Carl Arthur Johannes, Dresden

Begas, Reinhold, Berlin (s. Biographie)

Benda, Julius, Berlin; Rauden/Oppeln
21.4.1838 - Darmstadt 6.6.1897

Bennert, Rudolf; Zürich
1858 - Montepulciano/Italien 8.9.1888

Bluntschli, Alfred Friedrich
(s. Biographie)

Böckmann, Wilhelm (s. Biographie)

Bohnstedt, Ludwig (s. Biographie)

Boldt, Düsseldorf

Brost, Breslau

Bühlmann, Joseph; Großwangen/Kt. Luzern
28.4.1844 - München 29.10.1921

Busse, August Wilhelm Martin Heinrich
(s. Biographie)

Chiodera, Alfred; Mailand
25.4.1850 - Zürich 18.11.1919

Cremer, Wilhelm Albert; Köln
5.11.1845 - Berlin 28.3.1919

Ebe, Gustav; Halberstadt
1.11.1834 - Berlin-Charlottenburg 15.5.1916

Eck, Richard Hugo; Dresden,
3.10.1845 - Zschiela/Meißen 25.8.1900

Eggert, Georg Peter Hermann; Burg
3.1.1844 - Weimar 12.3.1920

Eisenlohr, Ludwig; Nürtingen
17.3.1851 - Stuttgart 1931

Emmerich, Julius; Trier
22.4.1834 - Berlin 30.9.1917

Ende, Hermann Gustav Louis (s. Biographie)

Ferstel, Heinrich von (s. Biographie)

Fittschen, Hinrich; Hedendorf
7.10.1843 - Hamburg 24.11.1903

Frentzen, Georg; Aachen
7.10.1854 - Aachen 26.12.1923

Frey, Theophil; Westafrika
26.4.1845 - Liebenzell vor dem
17.8.1904

Frings, Gerhard; Euskirchen
1848 - wohl Köln 26.5.1899

Gedon, Lorenz; München
12.11.1843 - ebd. 27.12.1883

Gérard, Carl; geb. Brilon/Westf.
18.6.1846

Giese, Ernst; Bautzen
16.4.1832 - Berlin-Charlottenburg
12.10.1903

Giesenberg, Hermann Edgar; Hamburg
13.2.1851 - Berlin 14.1.1892

Gorgolewski, Zygmunt; Solec/Posen
14.2.1845 - Lemberg 2.12.1903

Grosser, Karl; Schmiedeberg,
 3.11.1850 - Breslau 10.12.1918

Groszheim, Karl von; Lübeck
15.10.1841 - Berlin 5.2.1911

Grotjahn, Johannes Martin Friedrich;
Hamburg, 18.10.1843 - Berlin 5.10.1922

Grunert, Kurt; Königsberg
30.5.1843 - Berlin 26.12.1902

Gunolt, August; Wien
21.9.1849 - Graz 26.12.1902

Hallier, Eduard; Hamburg
2.3.1836 - Hamburg 12.6.1889

Hartel, August; Köln
26.2.1844 - Straßburg 28.2.1890

Hauberrisser, Georg Joseph; Graz
19.3.1841 - München 17.5.1922

Hauschild, Alfred Moritz; Hohenfichte
24.10.1841 - Dresden 7.7.1929

Hehl, Christoph; Kassel
11.10.1847 - Berlin-Charlottenburg
18.6.1911

Heidecke, Christian; Dietersdorf/Harz
16.5.1837 - Saalburg 17.11.1925

Heim, Johann Ludwig; Salzungen
8.1.1844 - Berlin 13.11.1917

Heyden, Adolf; Krefeld
15.7.1838 - Berlin 11.6.1902

Heyn, Rudolf; Görlitz
22.9.1835 - Dresden 1.6.1916

Hillebrand

Hinckeldeyn, Karl Theodor (s. Biographie)

Holst, Matthias von; Fellin/Livland
4.10.1839 - Berlin-Charlottenburg 21.4.1905

Hossfeld, Friedrich Oskar; Schulpforta
4.7.1848 - Nieder-Wildungen 15.10.1915

Hude, Hermann Philipp von der (s. Biographie)

Jebens, Ernst, St. Petersburg
26.3.1856 - Hamburg 1.6.1919

Jebens, Guido, St. Petersburg
23.8.1856 - Hamburg 9.8.1924

Kayser, Heinrich Josef (s. Biographie)

Kieschke, Paul; Stettin
14.12.1851 - Baden-Baden 23.3.1905

Kleinwächter, Friedrich; Oels
13.2.1847 - Erfurt 18.2.1898

Klingenberg, Ernst; Oldenburg, Osnabrück
21.5.1830 - Berlin 28.5.1918

Klutmann, Georg Heinrich; Witten
1847 - Berlin 8.6.1905

Krefeld

Krüger, Julius, Dömitz

Krutisch, Carl Philipp Friedrich; Hamburg
22.9.1851 - ebd. 27.12.1895

Kyllmann, Walter; Am Weyer
16.5.1837 - Berlin-Wannsee 10.7.1913

Lange, Emil von; Darmstadt
15.11.1841 - München 2.12.1926

Lange

Lipsius, Constantin;
Leipzig 20.10.1832 - Dresden 10.4.1894

Lissel, Paul; Reichenbach
29.7.1851 -Kairo 2.4.1887

Manchot, Wilhelm; Nidda
19.3.1844 - Frankfurt 7.10.1912

March, Otto; Berlin-Charlottenburg
7.10.1845 - ebd. 1.4.1913

Mylius, Karl Jonas; Frankfurt
 6.9.1839 - Frankfurt 27.4.1883

Neckelmann, Skjold; Hamburg
24.11.1854 - Neckargmund 13.5.1903

Neher, Ludwig Franz Michael; Stuttgart
9.9.1850 - Frankfurt 17.5.1916

Orth, August; Windhausen
26.7.1828 - Berlin 11/12.5.1901

Otto, Martin Paul; Berlin
3.4.1846 - Berlin 7.4.1893

Pflaume, Hermann; Aschersleben
26.1.1830 - Würzburg 4.8.1901

Raschdorff, Julius; Pleß/Schlesien
2.7.1823 - Waldsieversdorf b. Berlin
13.8.1914

Reinhardt, Robert von; Neufflen
11.1.1843 - Stuttgart 5./6.3.1914

Riede, Georg; Mannheim

Riffart, Clemens Hermann; Köln,
3.11.1840 - Düsseldorf 1.1.1914

Rincklake, August; Münster
15.2.1843 - Berlin 19.8.1915

Ritgen, von

Schmidt, Carl; Putbus
23.3.1836 - Breslau 12.4.1888

Schmidt, Franz; Hamburg
8.8.1851 - Altona 19.11.1919

Schmieden, Heino (s. Biographie)

Schreiber, Carl Friedrich Bernhard;
Dresden 19.9.1833 - ebd. 5.3.1894

Schütz (wohl Alexander); Hannover
4.10.1847 - Berlin 24.12.1892

Schulze, Friedrich Otto; Berlin
gest. März 1892 Lugano

Schupmann, Johann Ludwig; Geseke
23.1.1851 - ebd. 2.10.1920

Schwatlo, Carl; Hermsdorf
19.6.1831 - Berlin 24.12.1884

Schwechten, Franz Heinrich; Köln
12.8.1841 - Berlin 11.8.1924

Seeling, Heinrich (s. Biographie)

Sehring, Bernhard; Edderitz
1.6.1855 - Berlin 27.12.1941

Semper, Manfred; Affoltern/Schweiz
3.5.1838 - Weferlingen/Gardelegen
13.9.1913

Sommer, Oscar; Wolffenbüttel
7.12.1840 - Frankfurt/M. 13.2.1894

Speer, Rudolf; Waren
4.3.1849 - Berlin 6.1.1893

Stammann, Hugo; Hamburg
12.5.1831 - Hamburg 1.11.1909

Stier, Hubert; Berlin 27.3.1838 -
Hannover 25.6.1907

Stöckhardt, Heinrich; St. Petersburg
14.8.1842 - Woltersdorf 4.6.1920

Stralendorff, Gregor von; Düsseldorf
30.8.1842 - 8.7.1918

Stroh, Gustav; Baden-Baden
22.2.1846 - 5.12.1904

Thiersch, Friedrich von (s. Biographie)

Thür, Georg; Berlin 5.10.1846 -
Berlin 10.8.1924

Tiede, August; Berlin 4.6.1834 -
ebd. 14.5.1911

Tietz bzw. Titz, Oskar; Berlin-Köpenick
24.8.1845 - Neubabelsberg 20.10.1887

Tschudy, Theophil; Mumpf/Aargau
6.3.1847 - Zürich 15.11.1911

Uhde, Constantin; Braunschweig
23.3.1836 - ebd. 31.5.1905

Voss, Berlin

Wagner, Otto; Wien-Penzing
13.7.1841 - Wien 11.4.1918

Wallot, Paul (s. Biographie)

Warth, Otto; Limbach
21.11.1845 - Karlsruhe 5.11.1918

Weidner, Paul Bernhard; Dresden
11.2.1843 - Dresden 30.4.1898

Weigle, Carl; Stuttgart 21.12.1849 -
ebd. 1932

Weissbach, Karl Robert; Dresden
8.4.1841 - ebd. 8.7.1905

Wolffenstein, Richard; Berlin
7.9.1846 - ebd. 13.4.1919

Zastrau, Friedrich; Freistadt/Schlesien
12.9.1837 - Berlin-Friedenau 2.2.1899

Ziller, Hermann; Potsdam
28.6.1845 bzw. 1848 - ebd. 15.9.1915

Zinnow, Gustav; Berlin 26.1.1846 -
Hamburg 5.1.1934

ANMERKUNGEN ZUR TEILNEHMERLISTE
WETTBEWERB 1882

Der Wettbewerb von 1882 verlangte keine Namen,
sondern Motti von den Einreichern. Viele haben
ihre Namen nicht bekannt gegeben; es wurde deswegen nie eine vollständige Liste aller Einreicher
geschrieben, geschweige denn gedruckt. Die Namen sind mehreren Quellen entnommen und hier
alphabetisch geordnet. Es waren nach vorsichtiger
Schätzung 189 Entwürfe eingegangen. Da bei
dem Wettbewerb von 1872 102 Entwürfe
von 120 Architekten eingingen, ergäbe eine
Hochrechnung 222 Architekten, von denen hier
nur 113 zumindest namentlich ermittelt werden
konnten.
Davon sind 25 bereits 1872 dabei gewesen;
hochgerechnet würde das bedeuten, daß weitere
25 aus der Liste von 1872 kämen. Die Motti
könnten hilfreich sein: Hermann Endes Motto
hieß »Endlich«, Constantin Uhdes »Constanter«.
Wahrscheinlich war »Arminius« Hermann, usw.
Hier bleibt jedoch noch viel zu tun.

VI. Wettbewerb 1882
Abschlußprotokoll der Jury

Nach einer nochmaligen Besprechung über die in
die Klasse I gebrachten Entwürfe trat heute die
Jury in die Berathung über die Preisvertheilung
ein.
Herr Oberbaurath von Egle referirte im Namen der
sachverständigen Mitglieder der Jury über
diejenigen Entwürfe, welche von der Abstimmung
über die Preisvertheilung ausgeschlossen zu
erklären, die Entwürfe:
No. 72, 86, 99, 119, 134, 142.

Nachdem einige, aus der Mitte der Jury gestellten
Anträge, an Stelle einzelner dieser Entwürfe
andere auszuschließen, mit Stimmenmehrheit
abgelehnt waren, trat die Jury dem von Herrn von
Egle befürworteten Antrage bei.
Für die Vergebung der Preise blieben hiernach in
Betracht zu prüfen die Entwürfe:
No. 83, 84, 93, 104, 124, 131, 138, 149, 153, 157.

Mit der Beschlußfassung über den ersten Preis
wurde begonnen. Die Wahl ergab
für den Entwurf 83 die Zahl von 9 Stimmen,
für den Entwurf 124 die Zahl von 19 Stimmen,
für den Entwurf 131 die Zahl von 1 Stimme,
für den Entwurf 149 die Zahl von 6 Stimmen,
für den Entwurf 157 die Zahl von 7 Stimmen,
indem jedes Mitglied die beiden, nach seinem
Urtheil zu krönenden Entwürfe gleichzeitig auf
dem Stimmzettel bezeichnete.

Die einfache Mehrheit der Stimmen hatte hiernach
der Entwurf No. 124 erhalten.

Unter Ausscheidung dieses Entwurfes wurde über
den zweiten der beiden ersten Preise abgestimmt.
Die Wahl ergab sich
für den Entwurf 83 die Zahl von 9 Stimmen,
für den Entwurf 149 die Zahl von 5 Stimmen,
für den Entwurf 157 die Zahl von 7 Stimmen,
also keine absolute Mehrheit.

Man schritt nunmehr zur engeren Wahl zwischen
den beiden Entwürfen, welche die meisten
Stimmen erhalten hatten. Die Wahl ergab sich
für den Entwurf 83 die Zahl von 11 Stimmen,
für den Entwurf 157 die Zahl von 10 Stimmen.
Der Entwurf 83 hatte hiernach die einfache
Mehrheit der Stimmen erreicht und als Sieger für
die ersten Preise wurden proklamirt:
die Verfasser der Entwürfe No. 124 und No. 83.

Es wurde zur Beschlußfassung über die zweiten
Preise geschritten, in der Weise, daß jedes
Mitglied auf seinem Stimmzettel drei Entwürfe für
diese drei Preise bezeichnete. Die Wahl ergab
für den Entwurf 93 die Zahl von 18 Stimmen,
für den Entwurf 131 die Zahl von 20 Stimmen,
für den Entwurf 149 die Zahl von 13 Stimmen,
für den Entwurf 157 die Zahl von 12 Stimmen.

Hiernach hatten die einfache Mehrheit der Stimmen und gleichzeitig die meisten Stimmen erhalten die Verfasser der Entwürfe No 131, No. 93, No. 149. Sie wurden als Sieger für die zweiten Preise proklamirt. Nach dem Ergebnisse dieser Wahlen fielen die dritten Preise den Verfassern der Entwürfe No. 84, 104, 138, 153, 157 zu.

Nachdem noch beschlossen worden war, daß bei der Veröffentlichung der Namen der Sieger in jeder Preisklasse die alphabetische Reihenfolge beobachtet werden solle, wurde zur Ermittlung der Namen geschritten. Der Vorsitzende öffnete die einzelnen, mit dem Motto und der den Entwürfen zugetheilten Nummer versehenen, bis dahin verschlossenen Kuverts und proklamirte die darin enthaltenen Namen, wie folgt:

No. 124 Für Staat und Stadt, Paul Wallot, Frankfurt a/M., 22 Neue Mainzerstraße.
No. 83 Voluntas regum labia justa, Friedrich Thiersch, Architekt, Professor an der Königlichen bayerischen technischen Hochschule zu München,
No. 93 Barbarossa, Cremer & Wolffenstein, Architekten, Berlin, Leipziger Platz 19,
No. 131 Einheit, Kayser & von Groszheim, Architekten, Berlin, N. Hildebrandsstr. No. 9 & 9a,
No. 149 (Zeichen: geteiltes Dreieck) Heinrich Seeling, Architekt, N.W. Berlin, Händelstr. 21,
No. 84 Salus populi suprema lex, E. Giese & P. Weidner, Bureau für Architektur- und Bauausführung, Dresden, Waisenhausstr. 14i,
No. 104 Suscipere et tenere, Hubert Stier,

Regierungsbaumeister, Hannover,
No. 138 Vaterland, L.Schupmann, Regierungs-Baumeister, No. 153 Deutschland, Busse, Regierungsrath im Reichsamt des Inneren, Schillstr. 2; Franz Schwechten, Regierungs-Baumeister,
No. 157 Endlich, Wilhelm Böckmann, Königlicher Baurath, Berlin, Kurfürstendamm 130, Hermann Ende, Königlicher Baurath, Pariser Platz 6a.

Der Vorsitzende schloß hieran die Erklärung, daß die Verfasser des Entwurfes No. 153 Deutschland ihm gegenüber für den Fall, daß ihm ein Preis zufallen sollte, den Verzicht auf die damit verbundene Geldprämie ausgesprochen hätten. Die Versammlung bechloß, in der amtlichen Veröffentlichung über das Ergebnis der Preisvertheilung diesen Verzicht zu erwähnen. Die geöffneten Kuverts sind diesem Protokolle beigefügt. An der Beschlußfassung über die Preise nahmen sämmtliche Mitglieder der Jury theil, an der Beschlußfassung über die Aussonderung der 6 am wenigsten gelungenen Entwürfe vor der Preisvertheilung betheiligten sich sämmtliche Mitglieder der Jury mit Ausnahme des Herrn von Forckenbeck.

In der Sitzung vom 26. Juni vorgelesen und genehmigt.

gez. v. Boetticher   gez. Nieberding
Geheimer Ober-Regierungsrath.
Berlin, 24. Juni 1882

VII. Anstellungsvertrag
Paul Wallots

Der Staatsekretär des Innern.
Berlin, den 16. Juni 1883.

An den Architekten
Herrn Wallot
Hochwohlgeboren

Ich bin bereit Eurer Wohlgeboren die Leitung der Bauarbeiten für das Reichstagsgebäude unter den folgenden Bedingungen zu übertragen:

1, Sie übernehmen die Anfertigung einer neuen Bauskizze unter Beachtung der Ihnen dafür noch zu ertheilenden Direktiven, sowie ferner die Umarbeitung der neuen Skizze, sofern solche für nöthig erachtet werden sollte, nach Maßgabe der Ihnen darüber zugehenden Bestimmungen, und Sie verpflichten sich, diese Vorarbeiten auf das Schleunigste fertig zu stellen.

2, Sie übernehmen alle auf die Architektur und die künstlerische Gestaltung des Baues bezüglichen Arbeiten, während für den technisch-geschäftlichen Theil der Bauvorarbeiten von mir ein Baubeamter berufen wird. Die Abgrenzung des beiderseitigen Geschäftsbereiches erfolgt als von mir zu erlassende Anweisung; Meinungsverschiedenheiten über die Grenze der beiderseitigen Befugnisse bleiben meiner Erledigung vorbehalten.

3, Projekt und Kostenanschläge unterliegen den für Reichsbauten im Allgemeinen vorgeschriebenen, technischen Revisionen. Darüber, wie der Geschäftsgang in den Baubureaus zu regeln ist, in welcher Art die Bauausführung selbst der Berücksichtigung unterliegen soll, inwieweit für die Annahme des Hülfspersonals, für den Abschluß von Verträgen, für spätere Anweisungen von Projekt u. Kostenanschlag und für sonstige Maßnahmen der Bauleitung eine höhere Genehmigung erforderlich ist, werde ich ebenfalls in Form einer Anweisung Bestimmung treffen.

4, Alle von Ihnen für die Zwecke des Baues anzufertigenden Pläne, Dekorationszeichnungen, Details u.s.w. werden Eigenthum des Reiches. So lange Sie für den Bau beschäftigt sind, ist Ihnen die Uebernahme von anderweiten Arbeiten für öffentliche oder Privatwerke nicht gestattet; Ihre laufenden Unternehmungen verpflichten Sie sich bis zum Jahresschluß abzuwickeln oder anderweit abzugeben.

5, Sie verpflichten sich, durch rechtzeitige Lieferung aller nöthigen Entwürfe, Zeichnungen u.s.w. und soweit es sonst in Ihren Kräften steht, dafür zu sorgen, daß die Bauausführung in jeder Weise beschleunigt werde. In allen Fällen, in welchen Sie Berlin für eine längere Zeit als drei Tage zu verlassen wünschen, bedürfen Sie dazu der diesseitigen Genehmigung. Dieser Genehmigung bedarf es auch für die Ordnung Ihrer Vertretung in Fällen der Abwesenheit oder Krankheit.

6, Sie beziehen von dem Tage ab, mit welchem Sie Ihre Stellung antreten, und bis zu dem Tage, an welchem Sie aus derselben scheiden, eine Jahresremuneration von dreißig Tausend Mark, zahlbar am Ende jeden Quartals. Sie erhalten außerdem eine Bauprämie in drei Raten, von denen die erste von zwanzig Tausend Mark nach Vollendung und Abnahme der Fundamentbauten, die zweite mit vierzig Tausend Mark nach Vollendung und Abnahme des Rohbaues, die dritte mit sechzig Tausend Mark nach Vollendung und Abnahme dessen Ausbaues, einschließlich sämmtlicher architektonischer Dekorationen, zahlbar wird. Im Todesfall wird diejenige [Rate?] der Jahresremuneration, welche auf das Sterbequartal fällt, Ihren Erben gezahlt, außerdem von der nächst fälligen Rate der Bauprämie eine der dann bereits vorliegenden Arbeitsleistung nach billiger Schätzung entsprechende Quote Ihrer hinterbliebenen Familie, soweit dieselbe aus einer Wittwe oder ehelichen Nachkommen besteht, alsbald ausgezahlt.

7, Das für die Bureaus und den Bau erforderliche Hülfspersonal wird der Bauleitung auf Kosten des Reiches überwiesen. Die Auswahl der Personen und die Bemessung der Remuneration behalte ich mir, unter thunlichster Berücksichtigung Ihrer Vorschläge, vor. Auch die sonstigen sächlichen Kosten der Bauleitung übernimmt gleich den Kosten der Bauausführung das Reich.

8, Die beiderseitigen Verpflichtungen sollen mit dem 1. Juli d. J. beginnen.
Die Ihnen übertragene Stellung sind Sie jeder Zeit

binnen sechsmonatlicher Frist zu kündigen befugt; ein gleiches Kündigungsrecht steht der Reichsverwaltung zu. Sofern die Kündigung Ihrer Seits erfolgt, gehen Sie des Anspruchs auf die noch nicht fälligen Bauprämienraten verlustig. Erfolgt die Kündigung von Seiten des Reiches, so haben Sie Anspruch auf eine, in gleicher Weise wie unter 6 bestimmt, zu bemessende Quote der nächstfälligen Rate der Bauprämie.

Sofern Eure Wohlgeboren bereit sind, unter den voraufgeführten Bedingungen in die Ihnen zugedachte Stellung einzutreten, sehe ich Ihrer gefälligen Erklärung entgegen. Ich werde, wenn die Erklärung zustimmend lautet, mit dem Empfang derselben die Vereinbarung als abgeschlossen betrachten. Sie wollen in diesem Falle gefälligst alsbald Ihre Uebersiedelung nach Berlin bewerkstelligen.

Ueber die für die neue Bauskizze maßgebenden Direktiven werde ich Ihnen nach Empfang Ihrer Erklärung eine Mittheilung zugehen lassen.

Der Staatssekretär des Innern:
Boetticher

VIII. Natursteine, die für den Bau verwendet wurden

* Koch-Nr.: Hugo Koch,
*Die natürlichen Bausteine
Deutschlands, Berlin
1892*

(Nach Steinbruch geordnet)
S=Sandstein, G=Granit, K=Kalkstein, M=Marmor, (Nummer)=Koch-Nr.*

Name/Bruch/Gebiet	Verwendung
1. Weißenstadt/Fichtelgebirge/Kornbach, Bayern (G) (25)	Sockel, Plinthe, Treppen, Stufen, Podeste.
2. Reuth/Gefrees/Bayern (G) (27+28)	Rampenanlage, Stufen, Westfront.
3. Rackwitz, Alt-Warhau/Schlesien (S) (521-523)	Westfront, Portikus, beide Ecktürme, Südfront, Südostturm, Teile der Ostfront, Figuren über Nordportal, nördlicher Hof, Wandbekleidungen des vorderen Vestibuls der Westfront, Pfeiler, Bekleidungen, durchbrochene Geländer der Abgeordnetentreppe in der Südvorhalle, wie Ostvestibul, Kaisertreppe, Bundesratstreppe.
4. Kudowa/Schlesien (S) (526)	Einzelne Sockelteile, Architrav, einige einfachere Teile, Säule am Nordostturm.
5. Nesselberg b. Hannover (S) (612)	Ostfront, Rücklagen des Untergeschosses und andere Teile.
6. Friedersdorf/Heuscheuergebirge (S) (529)	Teile der Ostfront.
7. Burgpreppach/Unterfranken (S) (383) Publikumstreppe.	Nordostecturm, südlicher Hof.
8. Teutoburger Wald (S) (517)	Nordfront, Untergeschoß.
9. Bayerfeld (S) (407)	Publikumshalle, nördliche Eingangshalle, Verkleidungen, Südvestibul.
10. Pfalzburg-Mittelbron/Vogesen/ Lothringen (S) (495)	Untergeschoß-Teile.
11. Lesina/Dalmatien (K)	Vorhalle d. Bundesrats u. Präsidiums.
12. Marzana/Istrien (K)	Säulenbasen, Skulpturen, Kamin im Bundesratssaal, Vasen, Pilaster.
13. Oberstreit/Strehlen b. Breslau (G) (79)	Innentreppen (16 Stück).
14. Saalburg/Schleiz, Fürstentum Reuß j.L. (M) (280)	Fußbodenbelag der Wandelhallen.
15. Portor (M)?	Kamin im Kaisersalon.
16. Laas, Tyrol (M)	Vorsaal des Kaisersalons, einige Fußböden.
17. Wölsau, Marktredwitz/Unterfranken (Syenit) (99)	Wohl Säulen im Inneren.
18. Rothenzechau, Hirschberg/Schlesien (Dolomit) (308)	Teile unbekannt.
19. Postelwitz/Dresden (S) (734)	Teile unbekannt.
20. Merlera/Istrien (K)	Ornamente.
21. Udelfangen/Rheinprovinz (S) (694)	Nördliche Eingangshalle.

IX. Abmessungen, Materialien, Kosten
Einnahmen und Ausgaben für den Bau
des Reichstags (bis etwa 1912)

1873 wird ein Betrag von 24.000.000 Mark aus der französischen Kriegskontribution für den Bau des Reichstags reserviert; zur Anlage und Verwaltung ist der Fonds im Etat des Reichsinvalidenfonds eingestellt. Teilbeträge werden u.a. in amerikanischen Eisenbahnanleihen angelegt. Als die Zinsen 1879 den Betrag zu 29.617.000 Mark anschwellen lassen, verzichtet der Reichstag auf jede weitere Zinsschöpfung. Die Bauraten werden jährlich abgerufen. Ab 1898 ist der Etat für die Ausschmückung direkt dem Reichstag unterstellt.

Grundstückskosten:

Königsplatz 1 und 3	1.435.000*	
Königsplatz 2 (Raczynski-Palais)	1.100.000	
Sommerstr. 7-9	2.740.000*	
Sommerstr. 5-6, Dorotheenstr. 47, und Teil der Dorotheenstr. 43/44	1.947.437	
	7.222.437	7.222.437

*=Königl.Preuß. Fiskus gehörig. Grundstücke

Wettbewerb 1882	119.000	
Straßenmaßnahmen, -regulierung	200.000	
Wallot Honorar 1883 bis 1894	360.000	
Bauleitung, Architekten, Ingenieure	1.519.663	
	2.198.663	2.198.663

Bauausführung (rd. 21.000.000)

Fundamente und Kellergeschoß		852.000
Rohbau- und Werksteinarbeit		11.576.000
(darunter:		
Rücklagen u. Ecktürme	2.854.140	
Mittelbau d. Süd- u. Nordfront	340.000	
Kuppelaufbau	614.000	
Mittelbau d. Ostfront	550.000	
Mittelbau d. Westfront (erster Teil)	227.000	
	4.585.140)	21.849.100

(Dekorative Arbeiten an der Glashaube (Vergoldung)	269.000	
Heizungs- und Lüftungsanlage	965.000	
Kesselhaus	163.000	
Wasserversorgung und Entwässerung	152.000	
Rampen, Lichtgräben, Bürgersteige	458.000	

Innenausbau	
Wandelhalle	1.020.000
Plenarsaal ohne Gestühl	480.000
Nord- und Südhallen	760.000
Osthalle	190.000
Sieben Haupttreppen	590.000
Erfrischungssäle ohne Ausmalung	220.000
Bibliotheksräume	300.000
Andere Räume	3.065.000
	6.617.000

367

Möblierung	600.000
Beleuchtungsgegenstände	400.000
Teppiche, Vorhänge	<u>275.000</u>
	1.275.000
Kosten der selbständigen Kunstwerke	312.000
Germania von Begas	95.000
(Davon für H. Seitz, Hofkupferschmiede-	
meister, München 38.000)	
Zwei Ritter von Maison	60.000
(Davon Maisons Honorar 22.000)	
Gruppen der Seitenfrontportale	60.000
(Diese Werke wurden aus dem Kunstfonds des	
preußischen Staates bezahlt)	
Vier Sphinxfiguren in der Wandelhalle	50.000
Deckenmalerei für Restauration	87.000
(Davon für O. Hupp, 36.000)	
Friesmalerei im Zeitungssaal	10.000
Honorar Maison, 2 Turmfiguren	7.000
Honorar Eberle, 2 Turmfiguren	7.000

Bei »Möblierung« folgende Posten
an Pössenbacher, München
Holzarbeiten der Restauration, 113. 711
Möbel für die Restauration, 14.028
Gestühl des Bundesratsvorstnds, 26.810
Palisander-Türen, 11.324
(Bei Riedinger Ringkrone 173.000)
Es wurden von Holzmann, Plöger, Schilling u.
Kulmiz in Oberstein/Striegen fr. rd. 1.030.000
Mark Steinmetzarbeiten geliefert, davon
Material aus Burgpreppach, Gefrees, Waldstein,
Bayerfeld

Für Kunstwerke zwischen 1895 und 1912	1.040.620
(für Modelle erhielt ein Bildhauer jeweils 7000 Mk.)	
Bewilligt aber 1912 noch nicht ausgegeben	<u>576.380</u>
Kosten bis zum ersten Weltkrieg	31.670.100

Geldausgaben nach Jahresraten (soweit auffindbar):

1882-83	6.413.644,16
1883-84	863.415,11
1884-85	813.179,77
1885-86	802.271,63
1886-87	1.237.536,84
1887-88	957.573,00
1888-89	1.092.186,00
1889-90 (bis 1.10.1890)	1.973.169,00
	1.493.321,00

Materialmengen:

Ziegelsteine	32.669.000 Stück
Sandstein	30.583 m³
Granit	1,211 m³
Stahl für Kuppel	320 t

Wichtige Abmessungen:

Größte Länge	137,70 m
Größte Tiefe (ohne Freitreppen, Rampen)	103,65 m
Bebaute Grundfläche	11,200 m²
Höhe bis zur Oberkante Hauptgesims/Front	27 m
Höhe bis zum Hauptgesims der Türme	40 m
Höhe bis zur Plattform der Kuppel	59 m
Höchste Punkte der Kuppellaterne	75 m
Höfe, jeweils	28,40 x 15,70 m

X. An der Bauausführung Beteiligte

Abkürzungen:
A = Architekt, Architekten
MdR = Mitglied des Reichstags bzw. Max Schwarz, MdR, Biographisches Handbuch der Reichstagsmitglieder.
RTBK = Reichstagsbaukommission
RTAK = Reichstagsausschmückungskommission
WB = Wettbewerb

1. REICHSTAGSBAU-COMMISSION

a) Mitglieder des Bundesrats

1. Dr. von Boetticher, Kaiserlicher Staatssekretär des Innern, Vice-Präsident des Königl. Preußischen Staatsministeriums, Königl. Preußischer Staatsminister, Excellenz
2. Graf von und zu Lerchenfeld auf Köfering und Schönberg, Königlich Bayerischer Staatsrat und Kämmerer, Außerordentlicher Gesandter und Bevollmächtigter Minister, Excellenz
3. von Baur-Breitenfeld, Königl. Württembergischer außerordentlicher Gesandter und bevollmächtigter Minister, Excellenz
4. Dr. Neidhardt, Großherzogl. Hessischer Wirklicher Geheimer Rat, außerordentlicher Gesandter und bevollmächtigter Minister
5. Dr. Heerwart, Großherzogl. Sächsischer Wirklicher Geheimer Rat, Excellenz
6. Dr. Krüger, außerordentlicher Gesandter und bevollmächtigter Minister der Hansestädte
7. Herrfurth, Königl. Preußischer Staatsminister, Excellenz

b) Mitglieder des Reichstages

8. Graf von Carmer, Königl. Preußischer Kammerherr, Rittmeister a.D., zu Groß-Osten bei Stiebe
9. Dr. von Forckenbeck, Oberbürgermeister von Berlin
10. Gerwig, Großherzoglich Badischer Ober-Baudirektor zu Karlsruhe
11. Goldschmidt, Brauereidirektor zu Berlin
12. Dr. Hammacher, Bergwerksbesitzer zu Berlin
13. Dr. Freiherr Heeremann von Zuydwyk, Regierungsrat a. D., Rittergutsbesitzer zu Münster in Westfalen
14. Hermes (Hugo), Rentier zu Berlin
15. von Kardorff, Königlich Preußischer Landrat, Rittergutsbesitzer zu Oels in Schlesien
16. von Kehler, Kaiserlicher Legationsrat a.D. zu Berlin
17. Graf von Kleist-Schmenzin, Rittergutsbesitzer zu Schmenzin
18. von Levetzow, Präsident des Reichstags von 1881-1884 und 1888-1895, Königl. Preußischer Wirklicher Geheimer Rat, Landesdirektor der Provinz Brandenburg, Excellenz
19. Löwe, Fabrikbesitzer zu Berlin

20. Nadbyl, Rechtsanwalt und Notar zu Breslau
21. Fürst von Pless, Oberst-Jägermeister, General der Cavallerie a.l.s. der Armee, Durchlaucht zu Pleß
22. Rickert, Landesdirektor a. D. zu Karlikau-Zoppot und Danzig
23. Dr. Römer, Senator a.D. zu Hildesheim
24. Schmidt, Erster Vice-Präsident des Reichstages, Fabrikbesitzer zu Elberfeld
25. Siegle, Königl. Württemb. Geheimer Commerzienrat zu Stuttgart
26. Singer, Privatier zu Berlin
27. von Wedel-Piesdorf, Präsident des Reichstages von 1884-1885, Minister des Königlichen Hauses, Excellenz
28. Knaack, Geheimer Regierungsrat, Direktor bei dem Reichstage

2. Reichstagsbauverwaltung

29. Wallot, Paul
30. Haeger, Wilhelm
31. Wittig, Paul

A. Atelier Wallot

32. Rieth, Otto, (9.6.1858 - 10.9.1911)
33. Schmülling, Carl,13.3.1851 - 22.5.1893
34. Schupmann, Ludwig, (WB 1882)
35. Beck, Carl (im Atelier 1882 - 1883)
36. Lüthi, Albert, 24.2.1858 - 11.12.1903
37. Angelroth, Hermann (WB 1882)
38. Gramm, Christian, geb 18.2.1824
39. Matz, Johannes, 26.11.1849 - 8.6.1913
40. Strigler, Philipp, 12.11.1842 - 14.1.1893
41. Strokirk, Evert, 4.3.1861 - 29.10.1936
42. Fischer, Theodor, 28.5.1862 - 25.12.1938
43. Graef, Paul, 7.3.1855 - 9.2.1925
44. Halmhuber, Gustav, 23.3.1862 - 28.8.1936
45. Pfann, Paul, 18.4.1860 - 1.8.1919
46. Rettig, Wilhelm
47. Wulff, Wilhelm, 28.4.1850 - 20.10.1920
48. Streiter, Richard, 10.2.1861 - 5.8.1912
49. Haupt, Wilhelm, geb. Merseburg
50. Zehnder, Carl, 15.12.1859 - 25.7.1938
51. Fürst, Christian, 15.4.1860 - 10.1.1910
52. Grenander, Alfred, 26.6.1863 - 14.7.1931
53. Schmidt, Albrecht Walther, geb. 16.9.1841
54. Schmalz, Otto, 30.3.1861 - 6.10.1906
55. Bode, Friedrich
56. Schaede, Bernhard, 15.10.1855 - Frühjahr 1943
57. Brockmann, Wilhelm, geb. ca. 1841

B. Atelier Haeger

58. Koenen, Matthias, 3.3.1849 - 26.12.1924
59. Becker, Johann Albrecht, 22.2.1840 - 11.10.1911
60. Jeske, Boleslaw, geb. Posen 2.3.1849
61. Müller, Ludolf, geb. ca. 1845
62. Milde, Ernst, geb. ca. 1855
63. Hegemann, Egbert, geb. 22.12.1846
64. Rehbock, Theodor, 14.4.1864 - 17.8.1950
65. Nicolaysen, August Cappelen, gest. 8.5.1909
66. Krauss, Julius, gest. ca. 1892
67. Penseler, August, geb. ca. 1858
68. Schneidewind, Max, geb. ca. 1849
69. Marschall, Wilhelm
70. Kurzynski, Adolf
71. Forstreuter, Rudolf
72. Dennert, Karl
73. Dolge, Friedrich
74. Birlo, Joseph

C. Atelier Wittig

75. Krause, Gustav, 4.1.1847 - 28.1.1894
76. Roensch, Georg, 5.2.1861 - 30.7.1923
77. Meyer, Gustav, 28.5.1868 - 16.3.1954
78. Grunow, Fritz
79. Regling, Fritz
80. Richter, Carl
81. Bambach, Paul
82. Melzheimer, Ludwig
83. Vogel, Feodor, 11.2.1849 - 27.3.1926

3. Reichtagsbaukasse

84. Dietrich, Theodor, 9.10.1850 - 13.5.1927
85. Giebe, Carl, geb. ca. 1843

4. Die Kuppelkonstruktion entwarf:

86. Zimmermann, Hermann, 17.12.1845 - 3.4.1935
87. Lodemann, Philipp, 22.2.1848 - 1.8.1909
88. Fleck, L.

5. Beirat für die Anlage der Heizung und Lüftung

89. Rietschel, Hermann, 19.4.1848 - 18.2.1914

6. Bildhauer und Maler

90. Begas, Reinhold, (WB 1882)
91. Behrens, Christian, 12.5.1852 - 14.9.1905
92. Brütt, Adolf, 10.5.1855 - 9.11.1939
93. Diez, Robert, 20.4.1844 - 6.10.1922
94. Eberle, Sirius, 9.12.1844 - 12.4.1904

95. Eberlein, Gustav, 14.7.1847 - 5.2.1926
96. Felderhoff, Reinhold, 25.1.1865 - 18.12.1919
97. Giesecke, Heinrich
98. Hildebrand, Albert
99. Hundrieser, Emil, 13.3.1846 - 30.1.1911
100. Kaffsack, Joseph, 21.10.1850 - 7.9.1890
101. Klein, Max, 27.1.1847 - 6.9.1908
102. Klimsch, Fritz, 10.2.1870 - 30.3.1960
103. Koch, Max, 24.11.1859 - 18.2.1930
104. Lessing, Otto, 24.2.1846 - 22.11.1912
105. Linnemann, Alexander, 14.7.1839 - 22.9.1902
106. Lock, Michael, 27.4.1848 - 20.2.1898
107. Maison, Rudolf, 29.7.1854 - 12.2.1904
108. Pruska, Anton, 1.6.1846 - 24.7.1930
109. Schaper, Fritz, 31.7.1841 - 29.11.1919
110. Schierholz, Friedrich, 27.4.1840 - 2.2.1894
111. Seliger, Max, 12.5.1865 - 10.5.1920
112. Siemering, Rudolf, 10.8.1835 - 23.1.1905
113. Stuck, Franz, 23.2.1863 - 30.8.1928
114. Vogel, August, 23.7.1859 - 10.11.1932
115. Volke, Friedrich, 27.1.1846 - 1915
116. Volz, Hermann, 31.3.1847 - 11.11.1941
117. Vordermeyer, Mathias, 23.2.1850 - 8.8.1894
118. Widemann, Wilhelm, 28.10.1856 - 4.9.1915

7. Kunsthandwerker, Handwerker und Industrielle

119. Amendt, Carl, Fußbodenfabrikant aus Oppenheim (Oppenheim 17.11.1846 - ebd. 12.08.1917)
120. Baumert, Paul, Kunststeinfabrikant aus Berlin (9.09.1849 - 28.05.1917)
121. Bayreuther, W., Bauinspektor (gest. wohl vor 1907)
122. Behr, Carl, Ingenieur, Möbelfabrik Bembé, Mainz
123. Behrens, Ernst Ludwig Christian, Maschinenfabrikant in Berlin (27. 01.1840 - 15. 02. 1910)
124. Belter, August, Maschinenbaufabrikant (Belter & Vogel)
125. Bembé, Carl, Hofmöbelfabrik in Mainz
126. Berger, Richard, Stukkateur, Berlin, soll das Reichstagsmodell angefertigt haben, das bei der Chicagoer Weltausstellung 1893 zu sehen war
127. Berger, Otto, Möbelfabrikant der Fa. Epple & Ege, Stuttgart
128. Berk, R., Werkmeister der Fa. Benecke, Berlin
129. Biehl, Georg, MdR, Bildhauer und Stukkateur; (München 26.07.1845 - ebd. 13.12.1895)
130. Blank, Theodor H., Tischlermeister der Fa. Bormann, Berlin

131. Blasse, Theodor, Maurermeister-Vertreter für Ramelowsche Erben
132. Blum, Emil, Direktor der Berlin-Anhaltischen Maschinenbau AG (Frankfurt 17. 04. 1844 - Berlin 29. 10. 1911)
133. von Boch, René, Inhaber der Fa. Villeroy & Boch, Mettlach (27. 09. 1843 - 12. 12. 1908)
134. Börner, Oskar, Installationsfabrikant (Berlin 14. 09. 1852 - 7. 07. 1906)
135. Bormann, Chr., Tischlerfabrikant aus Berlin
136. Brechenmacher, Franz, Kunstschmiedemeister, Frankfurt
137. Bünger, Andreas, Tischlermeister, Berlin
138. Claasen, H., Ingenieur der Fa. C. Hoppe, Berlin
139. Cussler, Carl F., Vertreter von Rosenfeld (geb. um 1861 - 19. 02. 1912)
140. Danske, Emil, Berliner (A) Gebr. Lüdtke
141. Dedreux, Oskar, Bronzekünstler bei der Fa. Riedinger (Kaiserslautern 18. 12. 1854 - München 8. 01. 1929)
142. Dellos, Richard, Steinsetzobermeister, Berlin
143. Dittmer, Carl, Werkmeister von P. Wimmel & Co., Hofsteinmetzmeister, Berlin (1830 - 31. 01. 1908)
144. Ege, Carl, Möbelfabrikant, Commerzienrat, Stuttgart
145. Eicke, Robert Heinrich; Quantmeyer & Eicke (27. 11. 1857 - 6. 11. 1932)
146. Ellenberger, W., (A) Fa. Plöger, Berlin
147. Fahnkow, E. Richard, Tischlermeister, Berlin (1854 Bernstein/Saale - Berlin 11. 1937).
148. Flohr, Carl, Ingenieur, Aufzugsfabrikant (Harsum 2. 02. 1850 - Babelsberg 30. 03. 1927)
149. Friedrichsen, Asmus, Bünger & Friedrichsen
150. Gast, E. (Gast & Bruck)
151. Glück, Emil, Vertreter und später Inh. der Fa. Oskar Zucker, Steinhandlung in Berlin (gest. 12. 12. 1904)
152. Glückert, Julius, Hoftischlermeister, Darmstadt
153. Görz, Hermann Gottfried, Direktor der AEG (Mainz 31. 01. 1861 - Berlin 9. 11. 1930).
154. Gradehand, Carl, Zimmermeister, Berlin, lebte noch 1908.
155. Gressin, Adolf, Malermeister, Fa. Müller & Gressin, Berlin
156. Grove, David, Installationsfirmengründer und -inhaber in Berlin (London 27. 06. 1840 - Berlin 3. 12. 1909)
157. Hartert, R., Ingenieur der Berlin-Anhaltischen Maschinenbau AG
158. Hauer, Carl Borromäus, Stukkateur, Kunstmarmorierer in Berlin und Dresden (Reichenbach 10. 12. 1847 - um 10. 03. 1905)
159. Hausding, Alfred, Direktor der Schäffer &

Walcker AG (Hoyerswerda 25. 01. 1844 - Berlin 27. 09. 1927)

160. Hausenblas, Franz, Fa. Riedinger, Augsburg

160a Hausenblas, Josef, Direktor bei der Fa. Riedinger, Augsburg

161. Haynes, E., Werkmeister bei Grove

162. Henschel, E., Tischlermeister, Berlin

163. Hentschel, H.L., Werkmeister von Carl Schilling

164. Herkenrath, H., Mitinh. der Fa. Th. Schmidt & Herkenrath, Berlin

165. Herzau, Carl, Steinmetzpolier (geb. um 1852)

166. Herzberg, Alexander, Ingenieur, Fabrikant, Mitinh. der Fa. Börner & Herzberg (Camin/Westf. 8. 12. 1841 - wohl Berlin 26. 11. 1912)

167. Hesse, Hans, Meister der Fa. Zeidler (gest. um 1904)

168. Hetzer, Otto, Zimmermeister, Weimar

169. Heymann, Alfred, Möbelfabrikant, Hamburg (Hamburg 15. 06. 1852 - ebd. 13. 12. 1941)

170. Hitzigrath, Paul, Tischlereidirektor, Oeynhausen

171. Hoffmann, Julius Adolf, Bronzewarenfabrikdirektor, Wurzen

172. Holzmann, Philipp, Bauunternehmer, (Kreuzmühle 10. 12. 1836 - Frankfurt 14. 05. 1904)

173. Hoppe, Ernst Carl Theodor, Maschinenbaufabrikant (Naumburg 15. 06. 1812 - Berlin 1. 02. 1898)

174. Hoppe, A., Maschinenbaufabrik in Berlin (Locomobile)

175. Hülbe, Georg, Lederkünstler und -unternehmer (Kiel 27. 09. 1851 - Hamburg 16. 11. 1917)

176. Janisch, Carl, Eisenwerkdirektor, Wilhelmshütte, Bornum am Harz

177. Junk, Josef, Ingenieur der Fa. Grove (Wörrstadt 7. 12. 1851 - Potsdam nach 1920)

178. Kaselowsky, Emil Otto Hermann, Maschinenbaufabrikant, Direktor der Berliner Maschinenbau-Gesellschaft, Kommerzienrat, (27. 06. 1837 - 17. 01. 1900)

179. Keller, Fritz, Mitinhaber der Fa. Töpfer & Schädel, Berlin (geb. 25. 03. 1863)

180. Kiene, Hygin, Kupfertreiber (Holzkirchen 11. 01. 1863 - München 6. 01. 1928)

181. Kirchhoff, Xaver, Blitzableiterfabrikant in Berlin, lieferte Blitzableiter für das Reichstagsgebäude; die Firma wurde 1861 gegründet

182. Kleemann, Wilhelm, Vertr. der Fa. Ackermann, Weißenstadt

183. Kleinschmidt, Günther, Schlossermeister, Berlin

184. Klemm, Friedrich bzw. J., Entwässerungsinstallateur, Berlin

185. Knodt, Georg, Kupferschmied, Frankfurt, hat die Figuren von Maison getrieben

186. Köckert, Franz, Jun., Tapezierer und Dekorateur, Berlin

187. Köhn, Otto, Holzhändler-Vertreter, Fa. Zimmermann, Berlin

188. Kraeft, J. Heinrich, Holzhändler-Direktor, Wolgast

189. Kraetke, A., Direktor der Fa. J. C. Spinn, Berlin

190. Kramme, Christ., Bronze-Fabrikant (geb. Bielefeld 5. 07. 1832)

191. Krebs, Anton Richard, Maurermeister (13. 11. 1839, lebte noch 1910)

192. Kreuzberger, Eduard, Inh. der Fa. Kreuzberger & Sievers

193. Kröner, Wilhelm, Direktor der AG für Marmor-Industrie Kiefer in Kiefersfelden (Augsburg 19. 10. 1858 - Kiefersfelden 14. 07. 1927)

194. Lange, Carl, Malermeister, Berlin

195. Lange G., Tischlermeister

196. Lauenburg, Heinrich Christian Johann, (A); als Bauunternehmer vorwiegend an Staatsbauten tätig (Bützow/Mecklenburg 27. 08. 1832 - Berlin 15. 01. 1890)

197. Lehmann, Ernst, Werkmeister der AG für Bauausführungen

198. Lommatzsch, Julius, Tischlermeister in Berlin

199. Lorenz, Heinrich, Direktor der Fa. Pfaff, Berlin

200. Lüdtke, Adolf, Tischler in Berlin

201. Lüdtke, Ludwig, Tischler in Berlin (Carbow 13. 01. 1848 - Berlin 1. 01. 1902)

202. Marcus, Paul, Kunstschmiedemeister in Berlin (Finsterwalde 4. 09. 1854 - Berlin 17. 07. 1932)

203. Marotzke, Theodor, Mitinhaber der Fa. Töpfer & Schädel, Berlin

204. Metzing, Otto, Steinmetzmeister (4. 01. 1847 - 26. 11. 1899)

205. Meiser, Paul, Vetr. der Baumaterialienhandlung Ernst Scheidt bzw. Scheldt, Berlin (geb. 11. 09. 1855)

206. Meyer, Georg, Direktor des Gasapparat- und Gußwerks, Mainz

207. Müller, Carl, Tischlermeister in Berlin

208. Müller, Carl, Dekorateur und Möbelhändler in Berlin (geb. 2. 04. 1851)

209. Müller, A., Malermeister (Müller & Gressin)

210. Odorico, Carlo, Fabrikant für Terrazo- und Marmormosaikfußböden

211. Oertel, Carl Hermann, Maurerpolier (geb. um 1849)
212. Olm, Gottlieb. Tischler in Berlin (um 1846 - 10. 1920)
213. Otto, Wilhelm, Inspektor der AEG
214. Peter, Ludwig Johann, Möbelfabrikant, Mannheim
215. Peters, Friedrich, Klempnermeister, Berlin
216. Peters, Leopold, Maurermeister, Berlin (12. 05. 1843 - 15. 11. 1892)
217. Pfaff, Albert, Möbelfabrikant, Berlin, (Berlin 12.11.1828 - ebd. 24. 01. 1903)
218. Plöger, Otto, Steinmetzmeister, Fa. gegründet 1876. (Hildesheim 5. 05. 1844 - 14. 01. 1919)
219. Plöhn, Hans, Vertreter der Hofspiegelmanufaktur Spinn
220. Pössenbacher, Anton, Möbelfabrikant, München (6. 10. 1842 - 4. 07. 1920)
221. Poschmann, A., Vertreter der Fa. N. Rosenfeld, Linoleum
222. Prächtel, Carl, Möbelfabrikant (Berlin 30. 09. 1838 - 16. 02. 1912)
223. Preetorius, Wilhelm, Mitinhaber der Fa. Bembé, Mainz
224. Puls, Eduard, Metallbauer in Berlin (Berlin 8. 06. 1840 - wohl Berlin 1. 10. 1909)
225. Quadsasel, A., Schlossermeister, Fa. Benecke, Berlin
226. Quantmeyer, Wilhelm Ludwig, Linoleumlieferant, Berlin (Northeim 9. 12. 1859 - Berlin 20. 01. 1934)
227. Rabitz, Hans, Maurermeister, Berlin
228. Rasche, Paul Johann Hermann, Maurermeister und Innungschef (Rügen 17. 05. 1838 - Berlin 1. 03. 1908)
229. Rascher, Georg, Ingenieur, Unternehmer (geb. 5. 10. 1860)
230. Röhlich, Carl Philipp Alexander, Hofgoldlieferant, Berlin (19. 07. 1841 - Berlin 23. 06. 1907)
231. Schädel, August, Telegrafenfabrikant, Berlin
232. Scheidt, Ernst, Baumaterialienhändler, Berlin
233. Scherler, Emil, Metallwarenfabrikant, Berlin
234. Schilling, Carl, Steinmetzmeister (22. 07. 1851 - 21. 07. 1909)
235. Schmidt, Jean, Vertreter der Fa. Philipp Holzmann in Berlin
236. Schmidt, Edwin, Glasermeister, Fa. Brandenburg, Berlin
237. Schmitt, Georg Malermeister (geb. Hirschberg 5. 09. 1856, lebte noch 1916)
238. Schneevogel, Otto, Mitinhaber von Belter & Schneevogel, Berlin

239. Schramm, Edmund, Fußbodenfabrikant und Holzhändler, Berlin-Charlottenburg
240. Schröder, Franz, Tischlermeister, Berlin, Fa. Lommatzsch & Schröder, Berlin S, Kommandanten Straße 44/III
241. Schulz, Ernst, Maurerpolier
242. Schulz, Hermann, Kunstschmiedemeister, Fa. Puls, Berlin
243. Schutzer, Robert, Metallwarenfabrikant, Berlin
244. Seitz, Heinrich, Kupferschmiedemeister (München 8. 12. 1849 - Altmünster/Österr. 19. 04. 1913)
245. Senking, Anton, Herdfabrikant, Hildesheim
246. Sobotta, L., Malermeister, Dekorationsmaler, Berlin, Hallesches Ufer 23 (geb. 20. 04. 1864)
247. Spengler, Franz, Ingenieur und Schlossermeister, Berlin, lieferte Fenster und Türbeschläge für die Fa. Benecke)
248. Steinbrecher, Richard, Vertreter von Gaertler, Darmstadt
249. Stotz, Paul, Erzgießer, Stuttgart (Wasseralfingen 6. 05. 1850 - Veitenhofen bei Kufstein 4. 09. 1899)
250. Teeg, Moritz, Schlossermeister, Berlin
251. Thielemann, Ferdinand Julius Wilhelm, Hofklempnermeister, Berlin (Berlin 25. 06. 1838 - ebd. 19. 11. 1907)
252. Thiemt, Albert, Vertreter der Fa. Scherler
253. Trost, Carl, Tischlermeister, Berlin, Dresdener Straße 81
254. Vogts, Ferdinand Albert, Möbelfabrikant, Berlin (Düsseldorf 2. 12. 1831 - Berlin 19. 05. 1912)
255. Voigt, Friedrich Eduard, Hoftapezierer, Berlin (Buchheim 14. 12. 1846 - Berlin 1. 08. 1915)
256. Wacker, Alexander, Direktor der Elektrizitäts AG, Nürnberg, früher Fa. Schückert (Heidelberg 29. 05. 1846 - Bad Schandau 22. 04. 1922)
257. Wandrey, Max, Direktor der Fa. Kulmi(t)z, Oberstreit 258
258. Weidlich, Moritz, (A) Sächs. Bronzewaarenfabrik
259. Weinrich, H., Holzbildhauer, Berlin
260. Weiss, Anton, Dekorateur der Fa. Bernau in Berlin (27. 02. 1899)
261. Wilking, Franz, Ingenieur, Elektrizitäts AG, Nürnberg
262. Wimmel, Paul, Steinmetzmeister (12. 07. 1841 - 1909)
263. Wirth, Wilhelm, Commerzienrath, Hofmöbelfabrikant, Stuttgart
264. Zeidler, Carl, Steinmetzmeister (1845 - 9. 10. 1906)

265. Zeidler, Otto, Steinmetzmeister (8. 08. 1847 - 23. 09. 1909)
266. Zeyss, Oskar, Reg. Baumeister, Vert. Villeroy & Boch (geb. 1859)
267. Zimmermann, Carl, Mitinhaber der Fa. F. Zimmermann
268. Würbel, Franz Theodor, Maler des Gedenkblatts, (geb. Wien 1838)
269. Eckstein, Adolf, Verleger des Gedenkblatts
270. Eckstein, Julius, dito, (8.01.1856 - 23.09.1907)

AM BAU BETEILIGTE PERSONEN, DIE IN DEM GEDENKBLATT KEINE ERWÄHNUNG FANDEN, SOWIE FIRMENNAMEN.

Ortsangabe nur, wenn außerhalb Berlin.
Aschenbach (siehe Siebert & Aschenbach)

AEG (siehe Görz, Otto, Wilhelm)

AG für Bauausführungen (Lehmann, Ernst)

AG für Bronzewaren (siehe Kraetke)

Barmer Teppichfabrik, Barmen

Barth, Konrad, Vergolder, München, geb. 25.11.1840

Becker, Emil, Teppichfabrikant (Becker & Hoffbauer)

Bender, Paul, Ingenieur (Riedinger, Augsburg)

Benecke, A.L. Kunstschlosser (siehe Berk)

Bergemann, August, Arbeiter, geb. 7.9.1859

Berlin-Anhaltische Maschinenbau AG (siehe Blum, Hartert)

Berliner Maschinenbau AG, vorm. L. Schwartzkopff (siehe Kaselowsky)

Bernau, W., Dekorateur (siehe Weiss, Anton)

Bertuch, Alfred, Fabrikant für Spinde, Schränke, geb. 14.5.1850

Bock, Otto, Arbeiter

Bodenstein, M. Julius, Dekorationsmaler, 4.8.1847 - 16.4.1932

Brandenburg, C., Bauglaser

Bruck, W., Tischlermeister (Gast & Bruck)

Cyclop Maschinenbaufabrik Mehlis & Behrens (siehe Brehrens, Mehlis)

Dehmann, Spoerer & Friedrichs, Teppichfabrik, Linden b. Hannover

Delmenhorster Linoleumfabrik, Delmenhorst

Döring, Heinrich, Arbeiter

Elektrizitäts AG, vorm. Schückert, Nürnberg (siehe Wacker, Wilking)

Engel, Paul, Arbeiter, geb. 30.4.1855

Epple & Ege, Hofmöbelfabrik, Stuttgart (siehe Ege)

Erste Deutsche Patent-Linoleumfabrik Köpenick (siehe Quantmeyer & Eicke)

Estorff, H., Malermeister

Fahnkow, Julius, Möbelfabrikant

Fahnkow, Herrmann, Möbelfabrikant

Ferkel, Rudolf, Maurer, geb. 25.8.1864

Fischbock, Johann, Arbeiter, geb. 16.12.1868

Fiegert, Ernst, Monteur, Fa. Grove

Flatow & Priemer, Möbellieferant

Friedrichs, Teppichfabrikant (siehe Dehmann, Spoerer & Friedrichs)

Friesdorfer Teppichmanufaktur, Friesdorf

Gaebler, Th., Wandbespannungsfabrikant, München, 11.8.1856 - 12.3.1939

Gaertler, A., Metallwarenfabrikant, Darmstadt

Gasapparat- & Gusswerk, Mainz (siehe Meyer)

Gast & Bruck, Tischlermeister

Gevers & Schmidt, Teppichfabrik, Schmiedeberg

Giersch, Ernst, Zimmermann, 4.6.1853 - 7.9.1891

Gladenbeck's Broncegiesserei, Friedrichshagen b. Berlin

Gorgs, Ferdinand, Arbeiter, geb. 24.3.1833

Gossger, Christian, Steinmetzgehilfe, geb. 23.12.1867

Gradler, Otto, Bildhauer, geb. 21.10.1836

Grusat, Christoph, Arbeiter

Grzenda, Arbeiter

Gutehoffnungshütte, Oberhausen

Halle, Gustav, Malergehilfe

Heider, Tapetenfabrikant (siehe Lieck & Heider)

Hein, Lehmann & Co., Trägerwellblechfabrik

Heisener, Julius, Maurer, geb. 23.1.1834

Heuveldop & Hozák, Teppichfabrik, Nowawes b. Berlin

Hoffbauer, Teppichfabrikant (siehe Becker & Hoffbauer)

Holzhüter, Th., Fliesenlieferant (Holzhüter & Schütz)

Hozák, Karl, (siehe Heuveldop)

Hübner, Otto, Arbeiter, geb. 25.3.1860

Hupp, Otto, Maler & Buchillustrator, 21.5.1869 - 31.1.1949

Huth, Gebr., Granitverarbeitung

Kalweil, Gustav, Arbeiter

Keller, Otto, Arbeiter, 9.5.1860 - 27.5.1887

Kiefer AG für Marmorindustrie, Kiefersfelden (siehe Kröner)

Kiessling, Lion, Möbellieferant

Knoll, Steinbildhauer

König, Arbeiter

Königliche Erzgiesserei von Miller, München

Kopp, Steinmetzmeister (siehe Meyer & Kopp)

Kotta, A., Möbellieferant

Kreuzmann, Stukkateur

Krippe, Heinrich, Maurer, geb. 16.9.1826

Kulmann, W., Arbeiter

Kulmitz, C., Granitwerke, Oberstreit b. Striegau (siehe Wandrey)

Ladenthin, Karl, Zimmerer

Landrock, Arbeiter

Lehmann, Anton, siehe Hein, Lehmann

Lieck, Franz (Lieck & Heider), Tapetenfabrikant

Löbner, Franz Louis, Uhrenfabrikant, 26.9.1836 - 16.6.1922

Lübnitz, August, Tischlereibesitzer (Lübnitz & Reese)

Marschall, Möbellieferant

Matscheko, Michael v., Kunststeinfabr., Wien, 27.12.1832 - 29.1.1897

Matschulet, Arbeiter

Mechanische Bautischlerei, Oeynhausen (siehe Hitzigrath)

Mecklenburg, C., Fenstertischler

Mehlis, siehe Cyclop

Meyer & Kopp, Steinmetzfirma

Müller, Rudolf, Arbeiter, geb. 25.5.1865

Müller-Breslau, Heinrich, Mathematiker, 13.5.1851 - 22.4.1925

Nast, Ernst, Intarsientischler, ca. 1855 - 1943

Negri, Gaetano, Monteur, Fa. Grove, 27.2.1865 - 4.5.1894

Noll, Carl, Malergehilfe

Nowack, Paul, Arbeiter

Oskamp, Bildhauer

Pachel, siehe Schmitt & Pachel

Pecht, Steinmetz

Pfarr, Karl, Maurer

Podehl, August, Arbeiter, geb. 13.8.1844

Poweilleiss, Georg, Arbeiter

Priemer, siehe Flatow & Priemer

Prietsch, Oskar, Teppichfabrik, Cottbus

Ramelowsche Erben, Krebs & Lauenburgsche Erben, Maurerkonsortium

Reese, Carl, siehe Lübnitz & Reese

Riedinger, August, Fabrikant, Augsburg, 9.10.1845 -15.1.1919 (siehe Dedreux)

Riegelmann, G., Holzschnitzer

Reinhardt, Alois, Stukkateur, geb. 24.1.1865

Röhlich, H.W., Glaslieferant

Rosenfeld, Nachmann, Fliesenhändler, 23.10.1845 24.5.1892 (siehe Cussler)

Sächsische Bronzewarenfabrik Wurzen (siehe Hoffmann)

Schaefer, Theodor, Arbeiter, geb. 29.12.1858

Schäffer & Walcker, Bronzegießerei (siehe Hausding)

Schalk & Sohn, Möbellieferant, Mansfeld

Scheidenrecht, W., Tischlerfabrikant (Scheidenrecht & Violet)

Schirmer, Arbeiter

Schmid, O., Zementlieferant

Schmidt, siehe Gevers & Schmidt

Schmidt, Th., Metallbaufabrik (Th. Schmidt & Herkenrath)

Schmülling & Baumert, Kunststeinfabrik

Schneider, Franz, Tischlerei, Leipzig

Schredl, siehe Matscheko

Schreiber, F. W., Steinmetz, Inh. Fa. Hauer

Schroeder, Fritz, Bildhauer, geb. 5.8.1868

Schroeder, Wilhelm, Arbeiter

Schütz, siehe Holzhüter

Schulz, Max, Tischlerfabrikant, ca. 1836 9.12.1892

Schwabe, Franz, Maurer, geb. 17.3.1865

Siebert & Aschenbach, Möbellieferanten

Sievers, siehe Kreuzberger & Sievers

Spinn, J.C. & Sohn, Spiegelmanufaktur (siehe Plöhn)

Spoerer, siehe Dehmann, Spoerer & Friedrichsen

Steinland, G., Malergehilfe, geb. 26.2.1833

Strassburger, H., Dachdecker

Struss, Ferdinand, Arbeiter

Teichmüller, Gustav, Architekt, 2.5.1862 - 28.5.1919

Töpfer & Schädel, Fabrik für Elektr. Anlagen

Toll, August, Arbeiter, geb. 4.3.1847

Trietsch, Ewald, Arbeiter

Villeroy & Boch, Tonwarenfabrik, Mettlach

Vogt, Wilhelm, Historiker, Augsburg

Violet, siehe Schneidenrecht & Violet

Walcker, Karl, Gründer der Fa. Schäffer & Walcker, ca. 1826 - 3.11.1891

Weiss, Reinhold, Arbeiter

Wilhelmshütte, Eisenwerk, Bornum a. Harz (siehe Janisch)

Wirths, Th. & Söhne, Möbelbearbeitung, Wolgast (siehe Kraeft), Teppichfabrik, Wurzen

Zucker, Oskar, Steinhandlung (siehe Glück)

XI. Reichstags-
Erweiterungswettbewerb 1927

Preisausschreiben für den Erweiterungsbau des Reichstags Ecke Reichstagsufer und Hindersinstraße.

Die Entwürfe sind bis zum 25. November 1927 an das Büro des Reichstags mit Kennwort und mit Namens- und Wohnungsangabe des Verfassers in versiegeltem, undurchsichtigem Umschlag versehen, kostenfrei gegen Empfangsbescheinigung einzureichen.

PROGRAMM FÜR DIE AUSARBEITUNG

An Unterlagen für den Wettbewerb sind beigegeben:

1 Lageplan 1:500,

1 Plan des Grundstücks 1:250,

1 Grundriß des Hauptgeschosses vom Reichstagsgebäude,

1 Grundriß des Erdgeschosses vom Reichstagsgebäude,

3 Ansichten der Ost-, West-, und Nordseite des Reichstagsgebäudes, die Raumbedarfsnachweisung für den Neubau.

AN ZEICHNUNGEN WERDEN VERLANGT:

a) 1 Lageplan mit Einzeichnung des Gebäudes in M. 1:500.

b) die Grundrisse sämtlicher Geschosse 1:1.200,

c) sämtliche Ansichten i. M. 1:200 einschließlich des verlangten Verbindungsgangs mit dem Reichstagsgebäude,

d) Längs- und Querschnitt i. M. 1:200,

e) 2 Schaubilder von den im Lageplan bezeichneten Standpunkten A und B.

f) Baukostenschätzung nach cbm umbauten Raums mit kurz gefaßtem Erläuterungsbericht. Die Kosten für die innere Einrichtung des Bibliotheksspeichers sind dabei außer Ansatz zu lassen.

BEMERKUNGEN ZUR AUSARBEITUNG

Das zu bebauende Grundstück ist im beigefügten Grundstücksplan rot umrändert und darf bis zu 2270 qm bebaut werden. Der Nachweis der bebauten Fläche ist auf dem Erdgeschoßplan rechnerisch zu führen.

Das Hauptgeschoß des Neubaues muß mit dem des Reichstagsgebäudes durch einen Gang über die Straße in Verbindung gebracht werden.

Im Hauptgeschoß des Neubaues sollen in erster Linie die Lesesäle, die Katalogsäle, einige Bibliothekararbeitsräume und ein Teil der unter II bis IV der Raumbedarfsnachweisung aufgeführten Verwaltungsräume untergebracht werden. Die Räume der einzelnen Gruppen II, III und IV sollen nicht von einander getrennt liegen.

Der Bücherspeicher der Bibliothek ist so zu legen, daß in späteren Jahren eine Vergrösserung desselben durch Heranziehung eines der Nachbargrundstücke möglich ist. Der vorhandene Bücherbestand beträgt gegenwärtig rund 270.000 Bände und soll einen jährlichen Zuwachs von etwa 75.000 erhalten. Der Fassungsraum ist auf 30 Jahre ermittelt. Der Katalogsaal muß in nächster Nähe des Lesesaals für Abgeordnete liegen.

In einem der Archivräume unmittelbar neben dem Archivspeicher (Abfertigungsraum) müssen zwei Aktenaufzüge vorgesehen werden, die auch die darunter anzuordnende Buchbinderei passieren und im Keller in einem Sammelraum endigen sollen. Von dem Sammelraum aus sollen Akten, Bücher und anderes Material durch eine mechanische Transportvorrichtung zum Keller und zur Botenmeisterei im Reichstagsgebäude befördert werden. Vom Keller aus ist auch eine unterirdische Verbindung mit dem Keller des Reichstagsgebäudes vorzusehen.

Die nötigen Treppenanlagen, W. C. und Personenaufzüge sind im Projekt mit vorzusehen.

Zur Beheizung des Gebäudes ist eine Sammelheizung im Anschluß an die vorhandene Heizung vorgesehen.

Die Berliner Polizeibestimmungen sind beim Entwurf zu beachten.

In den Grundrissen sind die Raumbezeichungen und die Raumgrössen einzutragen.

Bewerber, die eine Lösung der Preisaufgabe fristgemäß eingereicht haben, erhalten die für die Unterlagen erhobenen Gebühren auf Verlangen in voller Höhe zurück. Ausgegebene Unterlagen werden bei Verzicht auf die Teilnahme am Wettbewerb nur innerhalb von 14 Tagen nach Eröffnung des Wettbewerbs unter Zurückerstattung der Hälfte der Gebühren zurückgenommen.

Diejenigen Entwürfe, welche nach Ablauf von 3 Wochen nach Schluß der öffentlichen Ausstellung nicht abgeholt sind, werden dem Bewerber nach Oeffnung des betreffenden Briefumschlags kostenlos zugestellt.
    Die Reichstagsverwaltung übernimmt keine Verantwortung für etwaige Beschädigung der Arbeiten.

Die Veröffentlichung des Ergebnisses von dem Wettbewerb erfolgt in der Deutschen Bauzeitung, der Bauwelt, dem Zentralblatt der Bauverwaltung und im Reichsanzeiger.

Die Ausstellung der Entwürfe bleibt vorbehalten.

Berlin, im Juli 1927

Der Präsident des Reichstags
Im Auftrage

Galle
Direktor beim Reichstag

RAUMBEDARFSNACHWEISUNG
FÜR DEN ERWEITERUNGSBAU
DES REICHSTAGS

I BIBLIOTHEK

1 Bibliotheksspeicher mit einer Grundfläche von 700 qm
1 Lesesaal für Abgeordnete 140-150
1 Lesesaal für Publikum 70-90
1 oder 2 Katalogsäle zusammen 150-160
10 Bibliothekarverwaltungsräume je 20-25
10 Bibliothekarbeitsräume für Abgeordnete je 20-25
2 Bibliothekarbeitsräume für Publikum je 20-25

II ARCHIV

1 Archivspeicher mit einer Grundfläche von 120-130 qm
1 Reservespeicher mit zirca 80
6 Archivverwaltungsräume je 20-25
6 Archivarbeitsräume für Abgeordnete u. Publikum je 18-20
1 Heft- und Abfertigungsraum 20-25
1 Botenzimmer 18-20

III PETITIONSARCHIV

1 Magazin 50-70
1 Arbeitszimmer 30-35
2 Arbeitszimmer 20-25

IV KASSE UND KALKULATUR

1 Zahlstelle 40-60
4 Arbeitszimmer je 20-25

V DRUCKEREI UND BUCHBINDEREI

1 Annahme- und Korrekturraum 30-35
1 Setzraum 90-110
1 Maschinensaal 100-120
1 Papierlager 30-35
1 Buchbinderei 60-80

VI SONSTIGE RÄUME

Arbeitsräume für Abgeordnete je 18-20 (möglichst große Zahl solcher Räume ist erwünscht)
3 Sitzungszimmer je 40-50
6 Schreibzimmer je 20-25

2 Räume für automatische Telephonzentrale je 25-30
1 Pförtnerwohnung mit 3 Zimmern, Bad und Zubehör,
1 Beamtenwohnung mit 3 bis 4 Zimmern und Zubehör.

Kleine Kleiderablage in der Nähe des Bibliothekssaals ist erwünscht. In den oberen Stockwerken ist an den Stellen, wo die Aktenaufzüge münden, ein Botenzimmer in der Grösse von 18-20 qm erforderlich.

[Abschrift eines Originals im Nachlaß des Architekten Karl Böttcher in der Plansammlung der TU Bibliothek.]

Abkürzungen

BA	Berliner Anzeiger
BayHStA	Bayerisches Hauptstaatsarchiv München
BLA	Berliner Lokalanzeiger
BP	Baupolizeiakte, Reichstagsgebäude, Bezirk Tiergarten
BB	Berliner Tageblatt
BTDS	Bundestag-Drucksache
CBBV	Centralblatt der Bauverwaltung (später Zentralblatt)
CC	Civil-Cabinet
DAZ	Deutsche Allgemeine Zeitung
DBZ	Deutsche Bauzeitung
DMB	Deutsches Monatsblatt
GSPK (D)	Geheimes Staatsarchiv Preußischer Kulturbesitz (Dahlem)
GSPK (M	Geheimes Staatsarchiv Preußischer Kulturbesitz (Merseburg)
LIZ	Leipziger Illustrierte Zeitung
RAI	Reichsamt des Innern
RTAK	Reichstagsausschmückungs-kommission
RTBK	Reichstagsbaukommission
RTDS	Reichstagsdrucksache
RTS	Reichstagssitzung (Stenographisches Protokoll)
SP	Staatsarchiv Potsdam
WfAuI	Wochenblatt für Architekten und Ingenieure
ZB	Zeitschrift für Bauwesen

Bildnachweis

Archiv des Autors:
Seite 1, 34, 35, 39, 40, 41, 46, 47, 49, 50, 52, 58, 60, 70, 72, 73, 74, 75, 76,77, 81, 82, 84, 86, 87, 93, 100, 102, 108, 110, 111, 112, 113, 114-115, 119, 120, 122, 127, 130, 131, 136, 137, 138, 143, 144, 151, 153, 156, 157, 158, 161, 162, 163, 164-165, 167, 184, 212, 213, 215, 216, 221, 224, 225, 226, 228, 229, 249, 250, 272, 284, 332

Bildarchiv Preußischer Kulturbesitz:
Seite 18, 19, 29, 37, 38, 42, 43, 48, 142, 154, 168, 174, 178, 179, 182, 185, 188, 190, 192, 194, 196, 198-199, 200, 201, 205, 206, 221, 222, 224, 225, 228, 242, 244, 246, 248

Bilderdienst Süddeutsche Zeitung:
Seite 140, 189

Eeva-Inkeri:
Seite 286, 288,
(Copyright: Christo and C. V. J. Corporation. 76-81.)

Cosmos Verlag für Kunst und Wissenschaft, Leipzig:
1. Umschlagseite

Deutsche Fotothek Dresden:
Seite 266

Eriksson, Kristina, Berlin:
Seite 301

Landesbildstelle Berlin:
Seite 126, 152, 177, 209, 210, 227, 229, 232, 238, 239, 245, 251, 252, 253, 254, 255, 257, 259, 260, 261, 263, 269, 271, 273, 274, 275, 277, 279, 280, 297

Märkisches Museum, Berlin:
Seite 32, 33, 36, 135, 145 (2), 146, 147

Merlin Presse:
Seite 304

Muzeum Narodowe w Poznaniu:
Seite 64

Plansammlung der Universitätsbibliothek der TU Berlin:
Seite 44, 53

Wolfgang Volz:
4. Umschlagseite, S. 290
(Copyright: Christo 1993/1994)

BIBLIOGRAPHIE

1. Ungedruckte Quellen

Berlin:

Märkisches Museum:
Fotoabteilung
Graphische Abteilung

Staatsbibliothek:
Handschriftenabteilung

Berliner Feuerwehr-Archiv:
Reichstagsbrand

Bezirksamt Tiergarten:
Baupolizeiakten

Evangelisches Zentralarchiv in Berlin:
Kirchenbücher

Geheimes Staatsarchiv Preußischer
Kulturbesitz:
Nachlaß Schwechten
Rep. 90 - Staatsministerium
Rep. 109 - Seehandlung
Rep. 84a - Justizministerium
Rep. 2.2.1 - Geheimes Zivilkabinett
(CC)
Rep. 93B - Ministerium für öffentliche
Arbeiten (MÖA)
Rep. 77 - Ministerium des Innern
Rep. 120 - Ministerium für Handel und
Gewerbe
Rep. 92 - Nachlässe Werner, Scholz,
Valentini

Landesarchiv Berlin:
Pr. Br. Rep. 30 - Polizeipräsidium
Berlin
Pr. Br. Rep. 42 - Preußische Bau- und
Finanzdirektion
Rep. 202 - Bezirksamt Tiergarten,
Baupolizei, Bauakten
Rep. 180 - Feuersozietät Berlin
Akten der Baupolizei

Staatsbibliothek Preußischer
Kulturbesitz:
Handschriftensammlung

Werkbundarchiv

Bonn:
Politisches Archiv des Auswärtigen
Amtes:
Deutschland Generalia

Dresden:
Sächsisches Hauptstaatsarchiv:
Außenministerium
Gesandtschaft Berlin

Kunstakademie
Ministerium für Volksbildung,
Technische Hochschule
Ständeversammlung

Sächsische Landesbibliothek:
Biographische Kartei

Hamburg:
Staatsarchiv:
Gesandtschaft Berlin

Koblenz:
Bundesarchiv:
Bestand R 43, Reichskanzlei

Landeshauptarchiv:
Nachlaß Reichensperger

München:
Bayerisches Hauptstaatsarchiv:
Gesandtschaft Berlin

Deutsches Museum:
Handschriftensammlung

Stadtarchiv:
Nachlaß Pössenbacher

Nürnberg:
Germanisches Nationalmuseum:
Nachlaß Bracht

Potsdam:
Bundesarchiv
Finanzministerium
Nachlaß Lewald
Reichsamt des Innern
Reichskanzlei
Reichskanzleramt
Reichstag

Staatsarchiv (Orangerie):
Pr. Br. Rep. 30 Berlin C -
Polizeipräsidium Berlin

Stuttgart:
Hauptstaatsarchiv:
Geandtschaft Württ. in Berlin

Zürich:
Zentralbibliothek:
Handschriftensammlung

Zusätzlich gaben Auskunft Archive und
Kirchenbuchämter in Augsburg, Berlin
(Ost), Berlin (West), Dresden,
Frankfurt/Oder, Frankfurt/Main,
Hamburg, Kiel, Lübeck, München,
Stahnsdorf (DDR), Stepfershausen
(DDR), Stuttgart, Wörrisstadt., usw.
Kleine Schriftstücke und Dokumente
kamen aus Privatbesitz.

2. Gedruckte Quellen

Parlaments- und Bundesratsberichte

1. Generalregister zu den
stenographischen Berichten über die
Verhandlungen und den amtlichen
Drucksachen des konstituerenden
Reichstages, des Reichstages des
Norddeutschen Bundes, des deutschen
Zollparlaments und des Deutschen
Reichstages vom Jahre 1867 bis
einschließlich der am 24. Mai 1895
geschlossenen Session 1894/95. Hrsg.
v. Reichstagsbureau, Berlin 1896.

2. Protokolle über die Verhandlungen
des Bundesrats des Deutschen Reiches,
Berlin 1867ff.

3. Stenographische Berichte über die
Verhandlungen der beiden Häuser des
Lnadtages, Haus der Abgeordneten,
1855ff. Herrenhaus 1855ff.

4. Stenographische Berichte über die
Verhandlungen des Deutschen
Reichstags, Berlin 1871ff.

5. Stenographische Berichte über die
Verhandlungen des Reichstags des
Norddeutschen Bundes, 1867-1870.

6. Stenographische Berichte über die
öffentlichen Sitzungen der
Stadtverordneten-Versammlung von
Berlin, 1874ff.

7. Reichstags-Handbuch, Berlin,
jeweils für eine Wahlperiode.

Biographische Nachschlagewerke:

Allgemeine Deutsche Biographie,
Leipzig, 1875-1912.

Allgemeines Künstler-Lexikon von der
Antike bis zur Gegenwart. Hrsg. von U.
Thieme, F. Becker, H. Vollmer, Bd 1-
37, Leipzig 1907-1950. Fortges. u. erg.
von H. Vollmer: Allgemeines Lexikon
der bildenden Künste des 20.
Jahrhunderts, Bd 1ff, Leipzig 1953ff.

Deutsches Biographisches Jahrbuch,
Bd 1-11, Berlin 1914/16-1929.

Kosch, Wilhelm: Biographisches
Staatshandbuch, Berlin 1963.

Kürschners Deutscher Literatur-
Kalender, Berlin-Leipzig 1879ff.
Kürschners Deutscher Reichstag,
Biographisch-Statistisches Handbuch

1912-1917, Berlin und Leipzig 1912.

Neue Deutsche Biographie, Berlin
1953ff.

Schwarz, Max: MdR, Biographisches
Handbuch der deutschen Reichstage,
Hannover 1966.

Kataloge:

Bismarck in der Karikatur, Berlin 1969
(Ausstellungs-Katalog)

Fragen an die deutsche Geschichte.
Berlin 1974 (Ausstellungs-Katalog)

Galeria Atanazego Raczynskiego,
Muzeum Narodowe w Poznaniu, Posen
1981 (Ausstellungs-Katalog der Galerie
Raczynski, Posen 1981)

Gottfried Semper zum 100. Todestag,
Dresden 1979 (Ausstellungs-Katalog)

Friedrich von Thiersch. Ein Münchner
Architekt des Späthistorismus 1852-
192. München (Ausstellungs-Katalog
TU), 1977 (Bearb. H.K. Marschall)

Katalog der Bibliothek der Königl.
Techn. Hochschule zu Hannover,
Hannover 1893

Katalog der Bibliothek der Grossh.
Techn. Hochschule in Darmstadt,
Zweite Aufl., Darmstadt 1902

Katalog der Bibliothek des
Architekten-Vereins zu Berlin, 1909,
1911, 1913

Bibliographien:

Akademie der Künste: ..
zusammenkommen, um von den
Künsten zu räsonieren, Ausstelung
Berlin 1991

Aretin, Karl Otmar von: Das Alte
Reich 1648 - 1806, Band 1, München
1981

Baumgart, Winfried (Bearb.):
Bücherverzeichnis zur deutschen
Geschichte, Frankfurt-Berlin-Wien
1978

Badtstübner-Gröger, Sybille:
Bibliographie zur Kunstgeschichte von
Berlin und Potsdam, Berlin 1968

(Stichwort Reichstagsgebäude, 99 Hinweise)

Bleicken, Jochen: Die Verfassung der Römischen Republik, 6. Aufl., Paderborn, München, Wien, Zürich 1993

Fink, Humbert: Metternich. Staatsmann, Spieler, Kavalier, München 1993

Fuhlrott, Rolf: Deutschsprachige Architektur-Zeitschriften, München 1975

Hagelweide, Gerd (Bearb.): Deutsche Zeitungsbestände in Bibliotheken und Archiven, Düsseldorf 1974

Malberg, A.: Die Literatur des Bau- und Ingenieur-Wesens der letzten 30 Jahre, Berlin 1952

Waetzoldt, Stephan und Haas, Verena: Bibliographie zur Architekturgeschichte des 19. Jhdts., Nendeln 1977

Wolfstieg, A. und Meitzel, Karl: Bibliographie der Schriften über beide Häuser des Landtags in Preußen, Berlin 1915

Bücher-Verzeichnis des Königl. Oberbergamtes zu Dortmund, Dortmund 1912

Parlamentaria. Verzeichnis der parlamentarischen Schriften in der Staatsbibliothek Preußischer Kulturbesitz, Berlin 1970

Zeitungen, Zeitschriften und Periodika:

Allgemeine Rundschau, Allgemeine Zeitung (Augsburg), American Architectural and Engineering News, The Architect, Architektonische Rundschau, Architektonisches Skizzenbuch, Archiv kirchl. Baukunst u. Kirchenschmuck, Der Bär, Baugewerks-Zeitung, Baugilde, Bauingenieur-zeitung, Der Baumeister, Der Bautechniker, Bauwelt, Bayerisches Kunstgewerbeblatt, Berliner Architekturwelt, Berliner Börsen-Courier, Berliner Fremdenblatt, Berliner Illustirte, Berliner Lokal-Anzeiger, Berliner Morgenpost, Berliner Morgenzeitung, Berliner Tageblatt, Berliner Verkehrs-zeitung, Blätter für Architektur und

Kunsthandwerk, The Builder, Building News, Der Cicerone, Daheim, Deutsche Bauhütte, Deutsche Bauzeitung, Deutsche Monatshefte, Deutsche Revue, Deutsches Baugewerksblatt, Deutsches Kunstblatt, Dresdner Anzeiger, Dresdner Journal, Dresdner Nachrichten, Dresdner neueste Nachrichten, Eulenspiegel, Frankfurter Allgemeine Zeitung, Frankfurter Zeitung, Die Gartenlaube, Die Gegenwart, Generalanzeiger für Frankfurt, Germania, Grenzboten, Hamburger Correspondenten, Haude & Spener'sche Zeitung, Im neuen Reich, Journal für Innendekoration, Kladderadatsch, Kleines Journal, Kölner Zeitung, Kölnische Volkszeitung, Kreuz-Zeitung (Neue Preuß. Zeitung), Kunst und Künstler, Kunstchronik, Kunstgewerbeblätter, Kunstgewerbeblatt, Die Kunsthalle, Kunstwart, Leipziger Tageblatt, Leipziger Volkszeitung, Lustige Blätter, Magdeburger Zeitung, Mitt.d.Touristen-Clubs d. Mk. Brandenburg, Mitt.d. Vereins f.d. Geschichte Berlins, Moderne Bauformen, Moderne Kunst, Moderne Neubauten, Münchner Neueste Nachrichten, S. 290ff., Die Nation, Nationalliberale Korrespondenz (Partei-intern), National-Zeitung, Neubauten und Concurrenzen, Neudeutsche Bauzeitung, Neue Bauwelt, Neue evang. Kirchen-zeitung, Neue freie Presse (Wien), Neue preuß. Zeitung (Kreuz-Ztg.), Die neue Zeit, Neue Züricher Zeitung, Nord und Süd, Norddeutsche Allgemeine Zeitung, Norddeutsche Zeitung, Notizblatt des Architektenvereins zu Berlin, Österreich. Wochenschrift f.d. öffentlichen Baudienst, Organ f. christliche Kunst, Pan, die Post, Der Profanbau, Querschnitt, Revue Generale (Brüssel); Rheinischer Kurier, Roberg's Zeitschrift f. praktische Baukunst, Schwedische Bauzeitung, Schwedische Illustrierte Zeitung, Schweizerische Bauzeitung, Simplicissimus, Der Spiegel, Süddeutsche Bauzeitung, Süddeutsche Monatshefte, Süddeutscher Postillon, Süddeutsche Zeitung, Tägliche Rundschau, Tagesspiegel, Le Temps, Tribüne, Über Land und Meer, Ulk, Velhagen & Klasings Monatshefte, Vierteljahresschrift für Wapen-, Siegelkunde usw., Völkischer Beobachter, Volksstaat, Volkszeitung, Vorwärts, Vossische Zeitung, Wasmuths Monatshefte, Der wahre Jakob, Die Weltbühne, Westermanns,

Monatshefte, Wiener Bauindustrie Zeitung, Wippchen, Wochenblatt des Architektenvereins zu Berlin, Wochenblatt für Architekten und Ingenieure, Wochblatt für Baukunde, Die Zeit, Zeitschrift des Architekten- und Ingenieurvereins zu Berlin, Zeitschrift des Verbandes Dt. Architekten- u. Ingenieur-Vereine, Zeitschrift für Architektur- und Ingenieurwesen, Zeitschrift für Bauwesen, Zeitschrift für bildende Kunst (Dioskuren), Zeitschrift für praktische Baukunst (siehe auch Rombergs...), Zentralblatt der Bauverwaltung, die Zukunft, Zur guten Stunde.

Bücher

Adhémar d`Antioche, Comte (Hrsg.): Deux Diplomates. Le Comte Raczynski et Donoso Cortés, Paris 1880

Akademie der Künste (Schriftenreihe der Akademie der Künste): Baumgarten, Paul, Bauten und Projekte 1924 - 1981, Band 19

Akademie der Künste (Hrsg.): Hans Scharoun, Chronik zu Leben und Werk, Berlin 1993

Baedekers Reiseführer

Biennale 80, Basile, Ernesto, Venedig 1980

Bauer, Frank, Le Tissier, Tony, Pfundt, Karen: Der Todeskampf der Reichshauptstadt, Berlin 1994

Baummunk, Bodo-Michael, Brunn, Gerhard (Hrsg.): Hauptstadt. Zentren, Residenzen, Metropolen ın der deutschen Geschichte, Ausstellung Köln 1989

Bayerisches Hauptstadtarchiv: Otto Hupp. Meister der Wappenkunst 1859 - 1949, München 1984/85

Becker, Friederike (Hrsg.): Frank Wedekind. Lautenlieder, München 1989

Beeskow, Hans-Joachim, Hampe, Herbert (Hrsg.): Jahrbuch des Märkischen Museums, Bad IV/1978

Behne, Adolf, Wagner, Martin (Hrsg.): Das neue Berlin, Großstadtprobleme, Reprint von 1929, Basel, Berlin, Boston 1988

Benz, Wolfgang, Graml, Hermann (Hrsg.): Biographisches Lexikon zur Weimarer Republik, München 1988

Berliner Festspiele GmbH: Le Musée Sentimental de Prusse, Ausstellung im Berlin Museum 1981

Berliner Geschichtswerkstatt (Hrsg.): August 1914: Ein Volk zieht in den Krieg, Berlin 1989

Berlinische Galerie, Erich Salomon. Fotografien 1928 - 1938, Berlin 1986

Berlinische Monatsschrift, Dez. 1993 Heft 12, Jahrgang 2,

Beyme von, Klaus: Hauptstadtfunktionen im Interessenkonflikt zwischen Bonn und Berlin, Frankfurt am Main 1991

Bismarck, Otto von: Gedanken und Erinnerungen, o.J.

Boldt, Hans (Hrsg.): Reich und Länder. Texte zur deutschen Verfassungsgeschichte im 19. und 20. Jahrhundert, München 1987

Boll, Walter: Regensburg, 1963

Boockmann, H., Schilling, H., Schulze, H., Stürmer, M.: Mitten in Europa. Deutsche Geschichte,

Bornheim, Werner gen Schilling: Die Kunstdenkmäler der Stadt Koblenz, 1954

Borrmann, Richard: Die Bau- und Kunstdenkmäler von Berlin, Berlin 1893. Nachdruck Berlin 1982.

Börsch-Supan, Eva: Berliner Baukunst nach Schinkel, München 1977

Botzenhart, Manfred: Deutscher Parlamentarismus 1848 - 1850, Düsseldorf 1977

Brette, Armand: Histoire des edifices où ont siégé les assemblées parlamentaires de la révolution française et de la première république, Paris 1902.

Brown, Glenn: History of the US Capitol, Washington 1902.

Brost, Harald und Demps, Laurenz:
Berlin wird Weltstadt, Stuttgart und
Leipzig 1981 (Photographien von F.
Albert Schwartz)

Bruch, Ernst Dr.: Berlin's bauliche
Zukunft, Berlin 1870

Brunn, Gerhard, Schieder, Theodor:
Hauptstädte in europäischen
Nationalstaaten, München Wien 1983

de Burg, W.G.: The Legacy of Ancient
World, London and Turnbridge,
Reprint 1961

Butt, Ronald: A History of Parliament.
The Middle Ages, London 1989

Buttlar, Florian von (Hrsg.): Lenné,
Peter Joseph. Volkspark und Arkadien,
Berlin 1989

Conradt, Sylvia, Heckmann-Janz,
Kirsten: Reichstrümmerstadt, Leben in
Berlin 1945 - 1961, Darmstadt und
Neuwied 1987

Cowles, Virginia: Wilhelm II, Der
letzte Kaiser, Frankfurt/Main 1978

Demps, Laurenz: Berlin-
Wilhelmstraße, Berlin 1994

Deuerlein, Ernst (Hrsg.): Der Reichstag
- Aufsätze, Protokolle, Bonn 1963

Deuerlein, Ernst, Schieder, Theodor
(Hrsg.): Reichsgründung 1870/71,
Stuttgart 1970
Deutscher Ordens-Almanach.
Handbuch der Ordensritter und
Ordensdamen deutscher
Staatsangehörigkeit, Jahrgang 1908/9,
Berlin

Deutsches Architekturmuseum (Hrsg.):
Jahrbuch für Architektur 1987/88,
Wiesbaden 1987

Deutsches Rundfunkarchiv (Hrsg.):
Tondokumente zur Zeitgeschichte 1888
- 1932, Frankfurt am Main 1977

Deutscher Werkbund e.V. Düsseldorf:
Zeitkritische Meinungen
zusammengestellt zum Thema: "Das
Reichstagsgebäude", ca. 1959

Dimitroff, Georgi:
Reichstagsbrandprozess, Berlin 1946,
1978

Dinzelbacher, P. (Hrsg.): Europäische
Mentalitätsgeschichte, Stuttgart 1993

Dolgner, Dieter: Architektur im 19.
Jahrhundert. Ludwig Bohnstedt. Leben
und Werk, Weimar 1979

Dorgerloh, H., Krenzlin, K., Lammert,
A., Purfürst, A.: Pariser Platz Nr. 4 -
Akademie der Künste zu Berlin. Eine
Dokumentation, Berlin 1991

Duchhardt, Heinz: Deutsche
Verfassungsgeschichte 1495 - 1806,
Stuttgart/Berlin/Köln 1991

Eggert, Klaus, Planner-Steiner, Ulrike:
Friedrich von Schmidt. Gottfried
Semper. Carl von Hasenauer,
Wiesbaden 1978

Einholz, Sybille, Wetzel, Jürgen
(Hrsg.): Der Bär von Berlin, Jahrbuch
des Vereins für die Geschichte Berlins,
Folge 43 1994, Berlin/Bonn

Engel, Evamaria: Die deutsche Stadt
des Mittelalters, München 1993

Engel, Helmut, Ribbe, Wolfgang:
Hauptstadt Berlin - Wohin mit der
Mitte?, Berlin 1993

Engel, Helmut, Treue, Wilhelm, Jersch-
Wenzel, Stefi: Tiergarten. Teil 1, Vom
Brandenburger Tor zum Zoo, Berlin
1989

Essers, Volkmar: Johann Friedrich
Drake, München 1976

Fichtenau, Heinrich: Lebensordnungen
des 10. Jahrhunderts, München 1992

Finley, Moses I.: Das politische Leben
in der antiken Welt, München 1986

Flagge, Ingeborg, Stock, Wolfgang
Jean: Architektur und Demokratie.
Bauen für die Politik von der
amerikanischen Revolution bis zur
Gegenwart, Stuttgart 1992

Forschungsinstitut der Deutschen
Gesellschaft für Auswärtige Politik
e.V. (Hrsg.): Dokumente zur Berlin-
Frage 1944 - 1962, München 1962

Forschungsgruppe "Geschichte des
parlamentarischen Kampfes der KPD in
der Zeit der Weimarer Republik:
Kommunisten im Reichstag. Reden und
biographische Skizzen, Berlin 1980

François-Poncet, André: Als
Botschafter in Berlin, 1931 - 1938,
Mainz 1949

Frecot, Janos: Berlin 1870-1910,
München und Luzern 1981

Freyer, Clemens: Der Deutsche
Reichstag, Berlin 1888

Fricke, Dieter et.al. (Hrsg.): Lexikon
zur Parteigeschichte, 1789 - 1945), Bd
1, Leipzig 1983 (DDR)

Fricke, Dieter et.al. (Hrsg.): Lexikon
zur Parteigeschichte, 1789 - 1945), Bd
2, Leipzig 1984 (DDR)

Fricke, Dieter et.al. (Hrsg.): Lexikon
zur Parteigeschichte, 1789 - 1945), Bd
3, Leipzig 1985 (DDR)

Fricke, Dieter et.al. (Hrsg.): Lexikon
zur Parteigeschichte, 1789 - 1945), Bd
4, Leipzig 1986 (DDR)

Fritsch, K.E.O. (Hrsg.): Preisgekrönte
Entwürfe zu dem neuen
Reichstagsgebäude, Berlin 1882.

- Sammelmappe hervorragender
Concurrenz-Entwürfe. Heft IV, 27 Blatt.
Parlamentsgebäude für den Deutschen
Reichstag zu Berlin vom Jahre 1872,
Berlin 1882

Fritsch, K.E.O. und Jacobsthal, Eduard:
Für das Haus des deutschen
Reichstages, Berlin 1873

Frowein-Ziroff, Vera: Die Kaiser-
Wilhelm-Gedächtniskirche, Berlin
1982

Fürnrohr, Walter: Der immerwährende
Reichstag zu Regensburg,
Regensburg/Kallmünz 1987

Il Palazzo de Montecitorio, Rom 1967

Gebhardt, Bruno: Handbuch der
deutschen Geschichte, Stuttgart 1954-
60

Gebhardt, Bruno: Handbuch der
deutschen Geschichte, Bd 11, Stuttgart
1974

Geheimes Staatsarchiv Preußischer
Kulturbesitz: Preußen in der Weimarer
Republik, Berlin, Ausstellung 1982 -
1984

Geheimes Staatsarchiv Preußischer
Kulturbesitz: Der Norddeutsche Bund
1867 - 71, Berlin, 1970 - 1971

Geheimes Staatsarchiv Preußischer
Kulturbesitz: Als die Schranken fielen,
Der deutsche Zollverein, Ausstellung
Berlin 1984

Geheimes Staatsarchiv Preußischer
Kulturbesitz: Allgemeines Landrecht
für die Preußischen Staaten 1794,
Ausstellung Berlin 1994

Georg-Dimitroff-Museum (Hrsg.):
Georgi Dimitroff und der Leipziger
Prozess, Leipzig 1980

Gesetz über die Bildung der neuen
Stadtgemeinde Berlin. Vom 27.4.1920,
Berlin und Leipzig 1921

Glaser, Hermann, Pufendorf von, Lutz,
Schöneich, Michael (Hrsg.): So viel
Anfang war nie, Deutsche Städte 1945
- 1949, Berlin 1989

Görres-Verlag Koblenz (Hrsg.):
Koblenzer Beiträge zur Geschichte und
Kultur, Neue Folge 3, Koblenz 1993

Goodsell, Charles T.: The Social
Meaning of Civic Space. Studying
Political Authority through
Architecture, Kansas 1988

Götze, Wolfram: Das
Parlamentsgebäude. Historische und
ikonologische Studien zu einer
Bauaufgabe, Leipzig, Diss. 1960

Greuner, Ruth (Hrsg.): Paul Wiens.
Stimme der Stadt, Berlin 1971

Groehler, Olaf: Berlin im
Bombervisier. Von London aus
gesehen, 1940 - 1945, Berlin 1982

Haffner, Sebastian: Die deutsche
Revolution 1918/19, München 1979

Hammann, Otto: Bilder aus der letzten
Kaiserzeit, Berlin 1922

Haußmann, Conrad: Schlaglichter,
Reichstagsbriefe und Aufzeichnun-gen,
Frankfurt/M. 1924

Hatschek, Julius: Das Parlamentsrecht
des Deutschen Reiches, Berlin und
Leipzig, 1915 (1. Teil; mehr nicht
erschienen)

Hegemann, Werner: Das steinerne Berlin, Berlin 1930

Helbig, Jörg (Hrsg.): Welcome to Berlin. Das Image Berlins in der englischsprachigen Welt von 1700 bis heute, Berlin 1987

Herles, Helmut: Das Parlament der Regierenden, Stuttgart, Landsberg/L. 1989

Hocker, Christoph, Schneider Lambert: Die Akropolis von Athen, Antikes Heiligtum und modernes Reiseziel, Köln 1988

Hossfeld, Oskar (Hrsg.): Das Reichstagsgebäude in Berlin von Paul Wallot, Leipzig o.J. (1913)

Huber, Ernst Rudolf: Deutsche Verfassungsgeschichte seit 1789, Band III: Bismarck und das Reich, Stuttgart 1963

Huber, Ernst Rudolf: Dokumente zur deutschen Verfassungsgeschichte. Bde. II und III. Stuttgart 1964 und 1966

Hucko, Elmar Matthias, Dr.: Von der Paulskirche zum Museum Koenig. Vier deutsche Verfassungen, Bonn 1984

Huret, Jules: Berlin um Neunzehnhundert. Berlin 1979 (Nachdruck)

Just, Leo (Hrsg.): Handbuch der Deutschen Geschichte, Band 3/II, Das Zeitalter Bismarcks, von Walter Bußmann, vierte, ergänzte Auflage, Frankfurt/Main 1968, Band 4/II, Deutsche Geschichte der neuesten Zeit von Bismarcks Entlassung bis zur Gegenwart: 1. Teil, von 1890 bis 1933, von Werner Frauendienst, Wolfgang J. Mommsen, Walther Hubatsch und Albert Schwartz, Frankfurt 1973

Kerbs, Diethart (Hrsg.): Zeitgenossen. Willi Münzenberg, Berlin 1988

Kessler, Harry Graf: Tagebücher 1818 - 1913. Hrsg. von Wolfgang Pfeiffer-Belli, Frankfurt/M. 1961

Kieling, Uwe: Berliner Baubeamte und Staatsarchitekten im 19. Jahrhundert, Berlin 1986 (DDR)

Kieling, Uwe: Berliner Privatarchitekten und Eisenbahnbaumeister im 19. Jahr-

hundert, Berlin 1986 (DDR)

Klünner, Hans Werner (Bearb.): Preußische Bauten in Berlin, Berlin 1982

Kluxen, Kurt: Geschichte und Problematik des Parlamentarismus, Frankfurt am Main 1983

Kluxen, Kurt (Hrsg.): Parlamentarismus, 5. erweiterte Auflage, Königstein/Ts. 1980

Kohtz, Otto: Das Reichshaus am Königsplatz in Berlin, Berlin 1920

Kolb, Eberhard und Rürup, Reinhard: Der Zentralrat der Deutschen Sozialistischen Republik, Leiden 1968

Krauth, Theodor und Meyer, Franz Sales (Hrsg.): Die Bau- und Kunstarbeiten des Steinhauers, Leipzig 1896, Nachdruck Hannover 1982

Krimmer, Heinz, Volland, Ernst (Hrsg.): Von Moskau nach Berlin, Berlin 1994

Kritische Berichte. Zeitschrift fürKunst- und Kulturwissenschaften:- Inmitten Berlins - das Schloß, 1/1994

Krüger, Elsa: Daniel Friedrich Krüger - Ein Lebensbild. Weimar 1909

Kuczynski, Jürgen: Geschichte des Alltags des Deutschen Volkes, Bd. 3, 1810-1870, Berlin 1981

Kuhn, Waldemar (Hrsg.): Berlin Stadt und Land, Handbuch des Schrifttums, Berlin 1952

Laforgue, Julius: Berlin, der Hof und die Stadt. Zweite Auflage, Frankfurt/Main 1981

Lambach, Walter: Die Herrschaft der 500, Berlin 1926

Lamprecht, Werner: Friedrich Gösling 1837 - 1899, Wiehl 1982

Lange, Annemarie: Berlin zur Zeit Bebels und Bismarcks, Berlin (Ost) 1972

Lange, Annemarie: Das Wilhelminische Berlin, Berlin (Ost) 1967

Larsson, Lars Olof: Die Neugestaltung der Reichshauptstadt. Albert Speers Generalbebauungsplan für Berlin, Stuttgart 1978

Larsson, Lars Olof: Albert Speer. Le Plan de Berlin 1937 - 1943, Stockholm 1978

Lewis, Michael: The Politics of the German Gothic Revival. August Reichensperger, Cambrigde U.S.A. 1993

Löbe, Paul: Der Weg war lang, Berlin 1954

Löschburg, Winfried: Unter den Linden, Berlin (Ost) 1976

Loock, H.-D., Schulze, H. (Hrsg.): Parlamentarismus und Demokratie im Europa des 19. Jahrhunderts, München 1982

Macdonald, William L.: Early Christian & Byzantine Architecture, New York 1971

Mackowsky, Hans Walter: Wallot und seine Schüler, Berlin 1912

Mai, Ekkehard und Watzoldt, Stephan (Hrsg.): Kunstverwaltung, Bau- und Denkmal-Politik im Kaiserreich, Berlin 1981

Mann, Bernhard (Bearb.): Biographisches Handbuch für das preußische Abgeordnetenhaus 1867 - 1918, Bd 3, Düsseldorf 1988

Marchand, Jean: Le Palais Bourbon,

Marschall, Horst Karl: Friedrich von Thiersch, München 1982

Martin, Jochen: Spätantike und Völkerwanderung, München 1990

Matschoss, Conrad: Männer der Technik, Berlin 1925

Mayer, Peter: Das Reichstagshaus in Berlin. Die Wiederherstellung 1956-1973 und die bauhistorischen Grundlagen, Berlin o.J. (Manuskriptkopie durch Verwaltung des Bundestages)

Mende, Hans-Jürgen (Hrsg.): Wegweiser zu Berlins Straßennamen, Berlin 1994

Mendelssohn, Peter de : Zeitungsstadt Berlin, Berlin 1959

Mendelsson, Peter de: Die Geburt des Parlaments, Frankfurt am Main 1983

Meyer, Ferdinand: Der Berliner Tiergarten von der ältesten Zeit bis zur Gegenwart, Berlin 1892

Mikula, Renata, Wibiral, Norbert: Heinrich von Ferstel, Wiesbaden 1974

Miller, Susanne und Potthoff, Heinrich: Die Regierung der Volksbeauftragten 1918/19, Erster Teil, Düsseldorf 1969

Molt, Peter: Der Reichstag vor der improvisierten Revolution, Köln 1963

Morré, Harold: Das Schwabenalter des Deutschen Parlaments, Berln 1909

Morsey, Rudolf: Die oberste Reichsverwaltung unter Bismarck, 1867-1890, Münster i.W. 1957

Mrázková, D., Remes, V. (Hrsg.): Von Moskau nach Berlin, Oldenburg und München 1979

Münzing, Hans J.: Parlamentsgebäude. Geschichte, Funktion, Gestalt. Versuche einer Übersicht, Diss. Stuttgart 1977

Nerdinger, Winfried, Zimmermann, Florian (Hrsg.): Die Architekturzeichnung. Vom barocken Idealplan zur Axonometrie, München 1986

Nicolaische Buchhandlung: Wegweiser für Fremde und Einheimische durch Berlin und Potsdam, Berlin 1821 (Reprint 1980)

Nipperdey, Thomas: Deutsche Geschichte 1866 - 1918, Bd I, München 1990

Ohler, Norbert: Reisen im Mittelalter, München und Zürich 1986

Ostrowska-Keblowska, Zofia: Siedziby-muzwa. Ze studiów nad architektura XIX w., w. Wielkopolsce, in: Sztuke XIX Wieku w Polsce, Warszawa 1979 (Raczynski Bibliothek in Posen)

Pfeffer, Rupert: Die Verfassung der Rheinbundstaaten als Zeugnisse des politischen Denkens in den Anfängen

383

des deutschen Konstitutionalismus, Diss. München 1960

Philipp, Albrecht Dr. (Hrsg.): Die Ursachen des Deutschen Zusammenbruchs im Jahre 1918, Berlin 1926

Picker, Henry: Hitlers Tischgespräche, Frankfurt/Berlin 1993

Planner-Steiner, Ulrike und Eggert, Klaus: Friedrich von Schmidt, Gottfried Semper, Carl von Hasenauer, Wiesbaden 1978

Platz der Republik. Vom Exerzierplatz zum Regierungsviertel, Ausstellungskatalog Landesarchiv Berlin, 1992

Pörtner, Rudolf (Hrsg.): Kinderjahre der Bundesrepublik, München 1989

Pommerin, Reiner: Von Berlin nach Bonn, Köln Wien 1989

Port, Michael H.: The Houses of Parliament, New Haven, Conn. (USA) 1976

Poschinger, Heinrich Ritter von: Fürst Bismarck und die Parlamentarier, Breslau 1894/6

Posener, Julius: Berlin auf dem Wege zu einer neuen Architektur. Das Zeitalter Wilhelms II., München 1979

Der Präsident des Abgeordnetenhauses von Berlin (Hrsg.), Der Preußische Landtag, Bau und Geschichte, Berlin 1994

Pritchard, John: Reichstag Fire, ashes of democracy, New York 1972

Raack, Heinz: Das Reichstagsgebäude in Berlin, Berlin 1978

Rabe, Horst: Deutsche Geschichte 1500 - 1600. Das Jahrhundert der Glaubensspaltung, München 1991

Raczynski, Athanasius: Geschichtliche Forschungen, Berlin 1860, (Bd. 1) und 1863 (Bd. 2)

Raczynski, Joseph A. Graf (Hrsg.): Noch ist Polen nicht verloren. Aus den Tagebüchern des Athanasius Raczynski 1788 bis 1818,

Rapsilber, Maximilian: Das Reichstagsgebäude, Berlin 1894

Rauh, Manfred: Die Parlamentarisierung des Deutschen Reiches, Düsseldorf 1977

Rave, Paul Ortwin und Wirth, Irmgard: Die Bauwerke und Kunstdenkmäler von Berlin, Bezirk Tiergarten, Berlin 1955

Realisierungswettbewerb Umbau des Reichstagsgebäudes zum Deutschen Bundestag, Buch zum Wettbewerb Nov. 1993

Reichhardt, Hans J., Schäche, W.: Von Berlin nach Germania, Ausstellung des Landesarchivs Berlin 1985

Reichhardt, Hans J.: Kapp-Putsch und Generalstreik März 1920 in Berlin, Ausstellungskatalog Berlin 1990

Reichhardt, Hans J.: Raus aus den Trümmern, Berlin 1987

Richardson, L. jr: A New Topographical Dictionary of Ancient Rome, Baltimore and London1992

Ribbe, Wolfgang, Schäche, Wolfgang (Hrsg): Baumeister, Architekten, Stadtplaner, Berlin

Richter, Eugen: Im alten Reichstag, Berlin 1894-6

Ritter, Gerhard A. und Kocka, Jürgen (Hrsg.): Deutsche Sozialgeschichte. Dokumente und Skizzen, Bd. II, 1870-1914, München, 2. Aufl. 1977

Ritter, Gerhard A. (Hrsg.): Regierung, Bürokratie und Parlament in Preußen und Deutschland von 1848 bis zur Gegenwart, Düsseldorf 1983

Robolsky, Hermann: Der Deutsche Reichstag - Geschichte seines 25jährigen Bestehens, Berlin 1893

Röhl, John, C.G.: The Kaiser and His Court. Wilhelm II and the Government of Germany, München 1987

Sabine, George H.: A History of Political Theory, New York 1961

Sack, Alfons, Dr.: Reichstagsbrand, Berlin 1934

Sammlungen der Stadt Regensburg, Reichstagsmuseum, Reihe 9. 4. erweiterte Auflage, Regensburg 1984

Scherpe, Klaus R. (Hrsg.): In Deutschland unterwegs, Stuttgart 1982

Schmädeke, Jürgen: Der Reichstag, 7. Aufl., München 1994

Schnabel, Franz: Deutsche Geschichte im 19. Jahrhundert, Die Grundlagen, Bd. 1, München 1987

Schnabel, Franz: Deutsche Geschichte im 19. Jahrhundert, Monarchie und Volkssouveränität, Band 2, München 1987

Schulz, Uwe (Hrsg.): Die Hauptstädte der Deutschen, München 1993

Schulz, Klaus-Peter: Der Reichstag gestern-morgen, Berlin 1969

Schulze, Hagen: Weimar (Die Deutschen und ihre Nation), Berlin 1982

Schumacher, Martin (Bearb.): Parlamentspraxis in der Weimarer Republik. Die Tagungsberichte der Vereinigung der deutschen Parlamentsdirektoren 1925 bis 1933, Düsseldorf 1974

Schumacher, Martin (Hrsg.): M.d.R. Die Reichstagsabgeordneten der Weimarer Republik in der Zeit des Nationalsozialismus, Düsseldorf 1991

Schwabe, Klaus (Hrsg.): Die preußischen Oberpräsidenten 1815 - 1945, Boppard am Rhein 1985

Schwabe, Klaus (Hrsg.): Oberbürgermeister, Boppard am Rhein 1981

Schwabe, Klaus (Hrsg.): Das Diplomatische Korps 1871 - 1945, Boppard am Rhein 1985

Schwabe, Klaus (Hrsg.): Die Regierungen der deutschen Mittel- und Kleinstaaten 1815 - 1933, Boppard am Rhein 1983

Seeber, Gustav (Hrsg.): Getalten der Bismarckzeit, Bd 1, Berlin 1987

Seeling, Heinrich: Neue Grundrissdisposition zu den Wallotschen Facaden des Reichstagsgebäudes, Berlin 1883

Server, O.B.: Matadore der Politik, Berlin 1932

Simson, Jutta v.: Friedrich Schaper, München 1976

Smith, Baldwin E.: The Dome. A Study in the History of Ideas, Princeton 1950

Soennecken, Friedrich: Dem Deutschen Volke. Die Inschrift auf dem Reichstagsgebäude in Berlin, Bonn 1915

Sontheimer, Kurt: Antidemokrtisches Denken in der Weimarer Republik, 4. Auflage, München 1994

Stahl, Günter (Hrsg.): Blätter um die Freudenberger Begegnung (FBB), Bd 4, Wiesbaden 1992

Städtische Galerie Wolfsburg, Erich Salomon, Berühmte Zeitgenossen in unbewachten Augenblicken, München 1978

Steckner, Cornelius: Der Bildhauer Adolf Brütt, Heide in Holstein 1989

Sternberger, Dolf und Vogel, Bernhard (Hrsg.): Die Wahl des Parlaments und anderer Staatsorgane. Ein Handbuch. Band I: Europa, Erster Halbband, Berlin 1969

Stoltenberg, Gerhard: Der deutsche Reichstag 1871 - 73, Düsseldorf 1955

Streiter, Richard: Das neue Reichstagshaus in Berlin von Paul Wallot, Berlin 1894

Stürmer, Michael: Regierung und Reichstag im Bismarckstaat 1871 - 1880, Düsseldorf 1974

Thomae, Otto: Die Propaganda-Maschine. Bildende Kunst und Öffentlichkeitsarbeit im Dritten Reich, Berlin 1978

Trier, Eduard, Weyres, Willy: Kunst des 19. Jahrhunderts im Rheinland. Architektur II, Profane Bauten und Städtebau, Bd. 2, Düsseldorf 1980

Verein der Freunde und Förderer des Berlin Museums (Hrsg.)) Kultur,

Pajoks und Care-Pakete. Eine Berliner Chronik 1945 - 1949, Berlin 1990

Vierhaus, Rudolf (Hrsg.): Das Tagebuch der Baronin Spitzemberg, 3. Aufl., Göttingen 1963

Voss, Heinrich: Franz von Stuck, München 1973

Wachmeier, Günter: Rom. Die antiken Denkmäler, Zürich und München, 1975

Wacker, Carl: Der Reichstag unter den Hohenstaufen, Leipzig 1882

Wallot, Paul und Wagner, Heinrich: Parlaments- und Ständehäuser, Heft 2 des Handbuchs der Architektur, Zweite Auflage, Stuttgart 1900

Wefing, Heinrich: Parlamentsarchitektur. Zur Selbstdarstellung der Demokratie in ihren Bauwerken, Köln als Mnskrpt., 1994

Wehdorn, Manfred: Die Bautechnik der Wiener Ringstrasse, Wiesbaden 1979

Wesel, Uwe: Frühformen des Rechts in vorstaatlichen Gesellschaften, Frankfurt am Main 1985

Wibiral, Norbert und Mikula, Renata: Heinrich von Ferstel, Wiesbaden 1974

Wieke, Thomas: Vom Etablissement zur Oper. Die Geschichte der Kroll-Oper, Berlin 1993

Wigard, Franz, (Hrsg.): Reden für die deutsche Nation 1848/1849, München 1979

Winkler, Heinrich August, Weimar, München 1994

Witt, Peter-Christian: Friedrich Ebert, Bonn 1982

Wohlberedt, W.: Verzeichnis der Grabstätten bekanter und berühmter Persönlichkeiten in Groß-Berlin und Potsdam mit Umgebung, Berlin 1932ff.

von Zedlitz, Leopold Freiherr, Neuestes Conversations-Handbuch für Berlin und Potsdam, Leipzig 1987 (DDR)

Der Reichstagsbrandprozeß und Georgi Dimitroff, Band 1, Berlin 1982 (Dokumente 27. Februar bis 20. September 1933)

Ein Haus unter den Linden (Unter den Linden 21), Berlin 1938

Das Schwabenalter des Reichstags. Berlin 1909

Reiche, Jürgen: Das Berliner Reichstagsgebäude, Dokumentation und ikonographische Untersuchung einer politischen Architektur. Diss., Berlin 1988

DANK

Es bleibt mir, denen zu danken, ohne deren Hilfe ich meine Arbeit nicht hätte machen können. Die Liste ist lang und wahrscheinlich nicht vollständig; wo ich jemand ausgelassen habe, bitte ich um Verzeihung:

Stephan Waetzoldt, Klaus-Henning Rosen, Tilmann Buddensieg, Reinhard Rürup, Heinrich August Winkler, Hans und Hilde Weitpert, Christo und Jeanne-Claude, Roland Specker, Wolfgang und Sylvia Volz, Jürgen Wetzel, Hans J. Reichhardt, Richard Landwehrmeyer, Alexander Dückers, Doris Schütz, Dagmar Bäck, Michael Ruetz, Dominick Bartmann, Paul Baumgarten, Bernd Zachariae, Nicolaus Sombart, Martin Sperlich, Jochen Poetter, Richard C. Raack, Diether Schmidt, Klaus Dettmer, Ekkehard Krippendorf, Norbert Breidenbach, Wilhelm Treue, Frederik Strokirk, Peter Schindler, Gerhard Hahn, Wolfgang Ribbe, Helmut Engel, Peter Bloch, Otto von Simson, Jürgen Sawade, Stefan Engelniederhammer, Sir Norman Foster, Santiago Calatrava, Erhard Weiß, Uwe Kieling, Siegfried Ebert, Dietrich Winterhager, Alexander Linnemann, Peter Lemburg, Ulrich Maetzel, Stefan Thomas, Hans-Jürgen Heß, Dieter Bierhoff, Eugen Caspary, Joseph Graf Raczynski, Familie von Oppen, Ursula von Kardorff, Edvard Graf Raczynski, Ottilie Wallot, Julius Wallot, Paul Wallot.

Michael S. Cullen

395